“十二五”国家重点出版物出版规划项目
教育部新兴领域教材研究与实践项目
城市交通系列教材　　邵春福　闫学东　总主编

城市交通流理论

（第 2 版）

宋国华　于　雷　主编

北京交通大学出版社
·北京·

内 容 简 介

本书试图用数学方法描述车辆、驾驶人和基础设施的相互关系。本书分 11 章，内容包括绪论、交通流基本参数及调查方法、交通特性的统计分布、驾驶行为与单车运动特性、多车运动的相互作用、交通流基本图模型、交通流的波动与交通波模型、宏观交通流模型、交通运行与交通影响模型、典型城市道路的交通流分析方法及交通流仿真。

本书既可作为交通工程专业本科生教材，也可作为城市交通管理及交通设计工程技术人员的参考书。

图书在版编目（CIP）数据

城市交通流理论 / 宋国华，于雷主编．—2 版．—北京：北京交通大学出版社，2023. 4
城市交通系列教材/邵春福，闫学东总主编
ISBN 978-7-5121-4940-3

Ⅰ. ① 城…　Ⅱ. ① 宋…　② 于…　Ⅲ. ① 城市交通-交通流-高等学校-教材　Ⅳ. ① U491. 1

中国国家版本馆 CIP 数据核字（2023）第 068875 号

城市交通流理论
CHENGSHI JIAOTONGLIU LILUN

责任编辑：韩素华
出版发行：北京交通大学出版社　　电话：010-51686414
地　　址：北京市海淀区高梁桥斜街 44 号　　邮编：100044
印 刷 者：北京时代华都印刷有限公司
经　　销：全国新华书店
开　　本：185 mm×260 mm　　印张：20. 25　　字数：502 千字
版 印 次：2016 年 4 月第 1 版　　2023 年 4 月第 2 版　　2023 年 4 月第 1 次印刷
印　　数：1～1 000 册　　定价：59. 00 元

本书如有质量问题，请向北京交通大学出版社质监组反映。对您的意见和批评，我们表示欢迎和感谢。
投诉电话：010-51686043，51686008；传真：010-62225406；E-mail：press@bjtu. edu. cn。

总 序

现代交通系统对我国城镇化发展具有支撑性和先导性作用，它既是人们生活出行的基本保障，又是带动城市经济社会发展的“先行者”。自改革开放以来，我国的城镇化以年均超1%的速度快速发展，截至2021年底，我国的城镇化率已经超过64.72%。城市交通系统，尤其在超大城市和特大城市，以公共交通为骨干的城市综合交通体系发展迅速，已经有28个省（自治区、直辖市）的51个城市开通了城市轨道交通系统，运营总里程位居世界第一。然而，城市交通拥堵、汽车尾气污染和交通事故多发等“城市病”现象也日趋严重，已经成为阻碍我国城市经济社会发展的社会问题，严重影响市民的生产和生活，人们出行的获得感、安全感不高，更谈不上满足感和幸福感。

“城市病”问题得到了政府和社会各界的广泛关注，但是至今高校尚没有设置城市交通专业，又没有与此对应的系列化、专业化教材，导致城市交通治理人才匮乏。城市交通涉及人文、社会、政治、经济、工程等多个领域，是典型的交叉学科，治理城市交通需要复合型人才。

为满足社会对城市交通专业人才的培养需求，从2012年开始，编者与北京交通大学出版社共同组织北京交通大学交通运输学院交通工程和交通运输2个国家级教学团队的师资力量编写了“城市交通系列教材”，包括《城市交通概论》《城市总体规划》《城市交通调查》《城市交通规划》《城市交通流理论》《城市公共交通》《城市交通管理与控制》《城市交通设计》《城市交通枢纽》《城市道路工程》《城市交通安全》《城市交通经济》《城市智能交通系统》《城市交通专业实验教程》《城市智慧物流》，共15册教材。本系列教材获批了原国家新闻出版广电总局的“‘十二五’国家重点出版物出版规划项目”，并于2016年完成了本系列教材第1版的出版发行。

本系列教材一直作为北京学院的主要参考教材使用。北京学院是北京市教育委员会借助在京高校的优势特色资源为北京市培养特需人才的一项重要工程。北京交通大学依托在交通运输领域的传统优势和特色，于2015年申报北京学院城市交通辅修专业并获批，并于同年招生，至今已经招收了6届。

本系列教材为“城市交通系列教材”的第2版。修订出版第2版的理由如下：首先，本系列教材初版发行6年多来，受到了相关高等院校和科研单位的厚爱。其次，中共中央、国务院于2019年9月发布了《交通强国建设纲要》，于2021年2月发布了《国家综合立体交通网规划纲要》，并把交通强国建设作为国家战略，要求到21世纪中叶，构建安全、便捷、高效、绿色、经济的现代化综合交通体系，打造一流设施、一流技术、一流管理、一流服务，建成人民满意、保障有力、世界前列的交通强国，为全面建成社会主义现代化强国、实现中华民族的伟大复兴中国梦提供坚强支撑；实现“全国123出行交通圈”（都市区1小时通勤，城市群2小时通达，全国主要城市3小时覆盖）和“全球123快货物流圈”（国内1天送达，周边国家2天送达，全球主要城市3天送达），做到“人享其行，物优其流”。最后，城市和都市圈内部的“多规融合”和“多规合一”，京津冀、长三角、粤港澳、成渝等世界级城市群和国家、区域级城市群建设的推进，以及智慧城市、智慧交通和城市治理等对城市交通的知识体系和人才培养提出了新的需求。编写团队为适应上述需求的变革，修订出版本系列教材的第 2 版。

由于编者的水平、时间有限，本系列教材中难免出现疏漏和不足之处，敬请读者批评指正。

编　者

2022 年 10 月

前　言

随着城镇化与机动化进程的快速推进，城市交通问题正日益受到广泛的社会关注。应对城市交通带来的安全、效率、环境等多角度的挑战，是赋予当前及未来相当一段时期内交通工程专业人员的历史使命。上述问题的剖析与解决，需要科学的理论支撑。作为城市交通工程的基础理论，交通流理论试图用数学方法描述车辆、驾驶人和基础设施的相互关系。学习城市交通流理论，掌握交通拥堵、事故、污染等问题的形成机理和发展规律，进而在交通规划、设计、管理、控制各阶段形成科学决策和改善方案，将有助于城市各类交通问题的解决，这正是编写本书的意义。

从 Greenshields 建立第一个交通流基本图模型开始，经过近 90 年的发展，大量学者和工程人员正不断完善和丰富着交通流理论的研究成果。自 2016 年本书第 1 版出版以来，自动驾驶、交通大数据和车路协同等技术的快速发展也赋予了交通流理论新的内涵与发展方向。在保留经典的交通流理论内容的基础上，本书第 2 版以城市道路交通为主体，引入近年来交通流理论研究和应用中的部分新成果，并结合编者的科研经验与教学体会，尝试从交通工程角度引入更多交通流理论的现实应用。本书既可作为交通工程专业本科生的教材，也可作为城市交通管理和交通设计工程技术人员的参考书。

本书分为 11 章，内容包括绪论、交通流基本参数及调查方法、交通特性的统计分布、驾驶行为与单车运动特性、多车运动的相互作用、交通流基本图模型、交通流的波动与交通波模型、宏观交通流模型、交通运行与交通影响模型、典型城市道路的交通流分析方法、交通流仿真。

本书由北京交通大学宋国华教授、于雷教授主编。在编写过程中，上海工程技术大学的朱琳博士，博士研究生赵琦、黎明、费文鹏、张建波、孟冬利、张泽禹、黄健畅、张乐琦、范鹏飞、张慧婷、彭泳鑫，硕士研究生周溪溪、吴亦政、耿中波、岳园圆、张凡、王霞、王璐媛、吕超、李祖芬、王静旖、陈娇杨、鲁洪语、朱鸿钰、朱子俊、陈维等提供了帮助，受到了国家自然科学基金项目 71871015 的支持，在此表示感谢。天地交而万物通，上下交而其志同，限于编者的能力，本书错漏之处在所难免，恳请读者批评指正。

编　者

2023 年 3 月

目　录

第 1 章

绪　　论

在城镇化和机动化快速发展的背景下，我国城市交通正面临着规划、设计、建设、管理、控制等多阶段，以及安全、效率、环境等多角度的多重问题与挑战。交通拥堵、交通环境污染和交通事故已经成为被大众广泛关注的“城市病”问题。许多大城市高峰时间的平均行程速度为 10 km/h 左右，我国 15 个城市每天因交通拥堵造成的经济损失达 10 亿元。道路交通是北京等大城市 $PM_{2.5}$污染的首要污染源，并贡献了超过一半的一氧化碳（CO）、氮氧化物（NO_x）和碳氢化合物（HC）等污染。解决这些问题，是当前及未来相当一段时期内交通工程专业人员的历史使命。对这些问题的科学分析，需要科学的理论支撑。

交通流理论是交通工程的基础理论，为了科学地分析上述问题，必须学习和研究城市交通流中各种要素的基本特性及其相互关系，掌握交通拥堵、事故、污染等问题的形成机理和发展规律，进而在规划、设计、管理、控制各阶段形成科学决策和改善方案。而这正是编写本书的目的与意义所在。

如果将 Greenshields 博士提出的交通流速度-流量曲线看作交通流理论的奠基之作，交通流理论至今已经发展了 80 余年。几十年中，这个依然年轻的学科吸引了大量优秀的科学家和工程师，催生了多学科的交叉融合，产生了丰富、灿烂的研究成果，并广泛应用到了交通工程各类实践中。这些学者于 1959 年在底特律召开了第一届交通流理论国际研讨会（International Symposium on Transportation and Traffic Theory，ISTTT），1963 年，在美国交通运输研究委员会（TRB）成立了交通流理论分委会（Committee on Traffic Flow Theory and Characteristics，AHB45）。直到今天，这些组织仍然活跃并吸引着越来越多来自交通工程、物理学、应用数学、控制理论、经济学等各领域的学者。ISTTT 会议已由开始的每 3 年一次改为每 2 年一次，第 24 届会议于 2022 年 7 月在北京航空航天大学召开。TRB 每年 1 月在美国华盛顿特区召开年会，已经连续召开了 100 多届。这些学者和学术活动正在不断完善和丰富着交通流理论的研究成果。

除了 ISTTT 和 TRB 的各次会议论文集外，这些组织整理研究成果，先后发布了一系列具有时代特征的交通流理论的报告或专著。

- 1964 年美国公路研究委员会（HRB，是 TRB 的前身）发布了 *An Introduction to Traffic Flow Theory*，被视为交通流理论的第一部专著。当时的研究者多为数学和物理学者，专著的章节安排也体现了那个时代的研究特征：第 1、2、3 章分别为流体力学、跟驰模型、排队论。

- 1975 年，TRB 将 *An Introduction to Traffic Flow Theory* 更新为 *Traffic Flow Theory*：*A Monograph*。在此专著中，交通工程学的特征有了鲜明的体现，交通流量、速度、密度的检测和统计特征，以及驾驶行为分析被置于专著的开始位置。
- 2001 年，TRB 联合美国联邦公路局（FHWA）和橡树岭国家实验室（ORNL）发布了 *Traffic Flow Theory*：*A State-of-the-Art Report*。此版基本保持了 1975 年版的内容结构，并突出了交通流理论在信号、非信号交叉口控制中的应用。该书仍然是目前交通流理论领域影响力最大的专著，其篇章结构和主要内容被各国交通流理论相关的书籍所借鉴。

科学技术的发展正不断赋予交通流理论新的内涵。例如，自动驾驶和联网车辆条件下的交通流理论、三相交通流理论、交通流宏观基本图（macroscopic fundamental diagrams，MFD）等。除了专著之外，一些新的专题报告对此进行了较为系统的整理，包括 TRB 发布的 *75 Years of the Fundamental Diagram for Traffic Flow Theory*：*Greenshields Symposium* 等。感兴趣的读者也可以查阅 ISTTT 和 TRB 交通流分委会 AHB45 的各次会议论文集。

在保留经典的交通流理论内容的基础上，本书以城市道路交通为主体，尝试从交通工程角度引入更多交通流理论的现实应用，并引入近年来交通流理论研究中被广泛接受的新的研究成果。本书后续的章节内容如下。

第 2 章：交通流基本参数及调查方法

从流量、速度、密度等交通流参数的基本定义入手，介绍参数概念及其在城市交通流中的基本特征，包括参数在时间和空间上的变化特性、时间平均速度和空间平均速度的区别、密度和时间占有率及车头时距之间的关系。

交通流参数采集是交通工程分析的基本要求，本章从检测原理和设备等生活中容易观察到的现象出发，讨论电磁感应、压力、视频、射频、GPS 等交通流参数采集方式。结合智能手机应用程序，介绍基于手机的交通流数据采集技术。

交通流参数的采集方式不仅决定了其数据类型和物理属性，也影响数据的质量控制和分析处理方法。针对断面数据、区间数据、瞬时数据或轨迹数据，分别有不同的应用方式。

第 3 章：交通特性的统计分布

随机性是现实交通流参数表现出的一个基本特性。例如，单车道 1 800 辆/h 的流量，在实际中所对应的一定不是车头时距均为 2 s 的交通流。

车辆车头时距的分布（或单位时间到达数量的分布）特征直接影响交通流的控制方式，或者影响与其相交道路的通行能力。由此，本章从单位时间到达数量的分布（离散型分布）和车头时距分布（连续型分布）两方面讨论了车辆到达的统计特性，并以观测数据为例，介绍了分布参数的估计和拟合优度检验方法。

由于车辆之间存在最小的安全车头时距，因此移位负指数分布在逻辑上比负指数分布更为合理。在城市交通中，由于受到大量信号灯的影响，交通流被分为两类：一类车流成排队（或拥堵）状态行驶，另一类正常行驶。因此，有人提出了聚束负指数分布来描述城市道路交通流。

本章最后讨论了速度的分布特性及其意义。

第 4 章：驾驶行为与单车运动特性

人的驾驶行为和车辆的动量特性是构成交通流特征的最基本单元要素。只有理解了人的感知反应和控制运动延迟，才能理解跟驰行为的迟滞性，才能理解自动驾驶和联网车辆条件下的交通流特性。只有理解驾驶任务的3个层次，才能理解交通仿真模型和自动驾驶车辆的实现逻辑。

本章进一步从人的感知反应过程，讨论了驾驶人主体差异及其对交通设施、障碍和危险及其他车辆的识认和处理。这些特征最终都反映到了交通流特征及交通设计和管控中，例如，交通流的期望速度分布、加减速分布、停车时距检查和交通标识设计等。

第5章：多车运动的相互作用

车辆的相互影响是城市交通流的另一个重要特征，体现在3个方面：跟驰行为、换道行为和间隙接受行为。本章主要从两车之间的关系来分析多车运动的相互作用。显而易见，如果车辆行驶不受前方车辆约束，那么将加速直到达到自己的期望速度为止。如果受前方车辆约束，则根据前方车辆的位置和速度状态来调整自己的加减速；如果侧方车道可以提供更接近于期望的速度或更快的速度，则车辆有可能通过换道来获取更高的行车速度。是否能够成功换道，则取决于侧方车道的交通流是否能够提供足够的可插车间隙来完成安全换道。

以上是多车运动相互作用的基本逻辑。本章重点从安全距离、刺激-反应、生理-心理等分类讨论了车辆跟驰模型，并从解析和数值仿真角度介绍了跟驰模型的稳定性分析的目的、原理和过程。

第6章：交通流基本图模型

与单车运动特性、跟驰模型、换道模型等不同，本章不再以车辆为主体分析交通流，而是将交通流看作一定范围内可压缩的流体，从流体整体的角度来分析其流量、速度、密度之间的相互关系。本章内容是交通流研究的一个核心命题，Greenshields提出的速度-流量曲线被看作交通流理论的奠基之作。之后Greenberg、Underwood、Edie、Van Aerde等提出了线性/非线性、单段式/多段式等不同形式的交通流参数关系模型，分别有各自的适用条件。

需要指出的是，三参数关系模型中的速度特指空间平均速度。这些关系模型描述的是稳态交通流所展示出的特性。三参数关系曲线可按照一个交通状态变化过程来理解。例如，从凌晨到早高峰，到平峰、晚高峰，再到夜间等交通需求从小变大，又从大变小的过程，分别对应曲线上不同位置的点。交通流参数的关系曲线上边界条件和极值对应的参数值代表了所描述路段的物理属性，包括自由流速度、通行能力、阻塞密度。本章进一步讨论了自由流速度和通行能力的影响因素与获取方法。

本章对流量-密度曲线的“磁滞”（hysteresis）现象、交通流陡降（breakdown）现象，以及三相交通流等近期热点问题进行了介绍。

第7章：交通流的波动与交通波模型

波动是流体的典型特性，交通流亦如此。两个不同状态（密度、速度、流量不同）的流体相遇时，便产生了波。

在道路交通中，不同状态交通流相遇产生的交通波，可以用来描述交通拥堵（或排队）的形成、蔓延和消散。道路瓶颈处、交通事故发生地、施工区或信号灯在不同交通需求条件下引起的交通流的波动特征，是交通管理控制对策的重要依据。例如，根据某时刻快速路交通事故导致的拥堵蔓延的速度来制定上游入口匝道的控制策略。

交通波的波速方程是描述交通流波动的重要工具，而守恒方程是推导波速方程的依据。在不同的条件组合下，交通波可以解释一些有趣的拥堵现象：拥堵向上游蔓延、向下游蔓延，或者是整体向上游移动（对应三相交通流理论的宽移动阻塞）。然而，由于将交通流看作整体忽略了驾驶行为的感知反应时间、车辆的加减速特性，因此简单连续流模型在微观层次（短时间）的交通流分析应用上存在局限性。

第 8 章：宏观交通流模型

本章交通流分析的主体既不是单个或多个车辆，也不是路段上的交通流整体，而是将整个路网纳入分析体系。分析从两方面展开：① 路网在不同交通需求下表现出的性能，属于路网自身的静态物理属性，包括路网容量、平均行程速度与平均流量的关系，以及路网性能随交通需求增大而恶化的速度等；② 路网的交通运行评价模型，属于路网运行的动态运行属性，主要围绕国内外各大城市应用的交通运行指数模型展开。

尽管在不同时期宏观交通流模型有不同的命名和表现形式，但这些研究展现出了清晰的发展脉络和传承关系。从出行时间的等高线图、路网容量、路网速度-流量关系、二流模型到宏观基本图（MFD）模型，其关键解释变量均是围绕影响路网性能的路网等级结构、路网密度、信号灯密度等因素展开的。宏观基本图模型和交通运行指数模型是近年来的研究热点。

第 9 章：交通运行与交通影响模型

本章主要介绍与交通流模型相关的交通运行效率、安全、环境分析方法。在交通运行效率分析中，除了延误、排队长度、停车次数等经典指标外，还重点阐述了行程时间可靠性概念、意义，以及典型的行程时间可靠性指标。交通安全模型围绕交通安全性能函数展开，讨论特定道路交通流特性下的事故与流量之间的关系。交通能耗排放与空气质量模型描述交通能耗排放与交通流速度、车型构成之间的关系，并进一步介绍了污染物排放与空气质量之间的关系模型。交通噪声模型用于描述噪声与交通流及道路属性之间的关系。

第 10 章：典型城市道路的交通流分析方法

道路交通管理与控制是交通流理论分析的主要应用领域。本章以典型的城市道路连续流和间断流分析为主题，阐述了城市快速路、信号控制交叉口、非信号控制交叉口及车辆排队的分析方法。

在城市快速路分析中，出入口匝道引起的交通流合流、分流、交织，以及相应的匝道控制是关键分析要素，而从系统的角度将快速路上出入口匝道，合流、分流、交织段及基本段作为整体分析是重要的分析理念。在信号和非信号控制交叉口的分析中，通行能力和延误计算是重点内容，且与车头时距分布、插车间隙等前面章节的内容有紧密联系，建议读者能够关联思考。

第 11 章：交通流仿真

交通流仿真是交通流理论应用于现实交通分析的重要工具，是连接理论研究和现实应用的重要纽带。

本章以驾驶人的感知反应时间、车辆加减速特性、跟驰模型、换道模型、间隙接受模型等交通流理论分析的主要内容为对象，建立起它们与常见交通流仿真模型（VISSIM 和 PARAMICS）中各模块之间的关联关系，有助于理解交通流仿真模型的原理和结构。

随机性是真实世界交通流的重要特性，本章从上述主要内容论述了随机性在交通流仿真中的具体体现和实现方式。从仿真模型开发的角度，时间推进和事件推进是两类不同的推进机制；从仿真模型应用的角度，数据采集和模型标定是改善仿真精度的关键因素，由此也引出了本章最后对仿真模型正确性及其适用条件的讨论。

第 2 章

交通流基本参数及调查方法

2.1 概　　述

在早期的研究中，为了能够描述交通流的特性，使用了交通流 3 个重要的参数：流量、速度和密度，并利用钟表和计数器等进行实际测量。随着科学技术的发展，测量方法越来越丰富，测量精度也逐渐提高。

需要注意另外两个重要的交通流参数（车头时距、车头间距）与流量和密度之间的关系。车头时距与流量呈倒数关系，车头间距与密度呈倒数关系。

本章首先介绍交通流的基本参数及其衍生的其他参数，参数的定义主要从 Wardrop、Lighthill、Whiteham 和 Edie 的著作中提出。为了能够获取 3 个参数值，需要进行交通调查。常见的交通调查方法有定点调查（point method）、沿路段调查（along a length method）、浮动车调查（moving observe）、小距离调查（short section method）等，可在车辆的行驶时间-距离图中表示，如图 2-1 所示。随着遥感卫星影像精度的提高，基于遥感技术的测量逐渐获得应用。

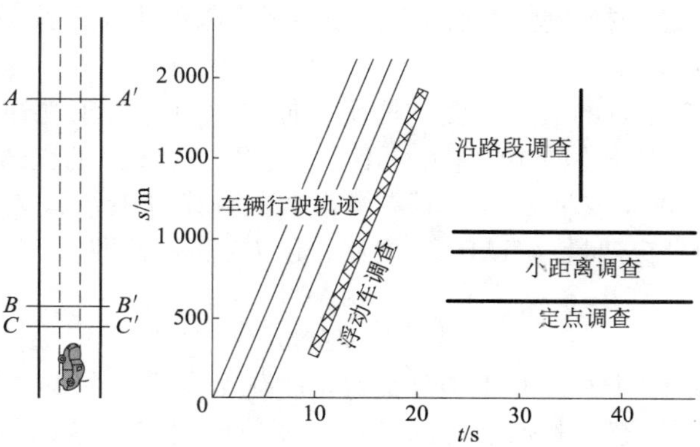

图 2-1　交通流常规调查方法

2.2 交通流基本参数

2.2.1 流量

1. 流量的基本概念

流量（traffic volume）又称交通量或交通流量，是指在单位时间内通过道路某一点、某一断面或某一车道的交通实体数（对机动车而言是车辆数，对行人而言是人数），常用 q 表示。

$$q = \frac{N}{T} \tag{2-1}$$

式中：

T——观测时间；

N——T 时间内通过的交通实体数。

由于车辆的大小不同，须按照一定的换算标准转换为当量小汽车数（pcu）。在住房和城乡建设部发布的行业标准《城市道路工程设计规范》（CJJ 37—2012）中对换算系数做了一定的规定，部分换算系数见表 2-1。

表 2-1　当量小汽车换算系数

车辆类型	小客车	大型客车	大型货车	铰接车
换算系数	1.0	2.0	2.5	3.0

交通量的计时单位一般为时或日，以时为计时单位称为时交通量（hourly volume，HV）；以日为计时单位称为日交通量（daily traffic，DT）。一年的总交通量除以当年的天数得到年平均日交通量（annual average daily traffic，AADT）；一个月的总交通量除以当月的天数得到月平均日交通量（monthly average daily traffic，MADT）；一年内某一周的日交通量平均值为某周平均日交通量（weekly average daily traffic，WADT）。

2. 流量的时间变化特性

流量的时间变化特性是指流量随时间变化而显示出来的规律，按照统计时间的长短可分为月变化、周变化和时变化。

月变化是一年内 12 个月的交通量变化情况，如在北京，由于受开学和节假日活动的影响，3 月和 9 月的交通量比其他月份要高。相反，1、2、7、8 月的交通量比其他月要低。月变化经常选用月变化系数（或称之为月不均衡系数、月换算系数）表示，是年平均日交通量（AADT）与月平均日交通量（MADT）之比，用 $K_{月}$ 表示，即

$$K_{月} = \frac{\text{AADT}}{\text{MADT}} \tag{2-2}$$

北京南二环某断面 12 个月的月平均日交通量变化示意图如图 2-2 所示。

周变化是一周 7 天的交通量变化情况，对于一定的城市道路或路段，交通量的周变化存在一定的规律，如在城市中，工作日交通量变化一般不大，当节假日和休息日来临时，通勤交通流减小，而探亲访友交通流增加。周变化采用周变化系数（或称周日交通量不均匀系数）表示，用 $K_{周}$ 表示，即

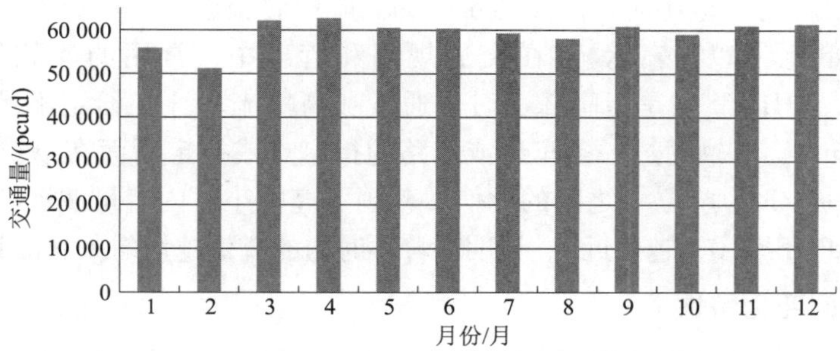

图 2-2　北京南二环某断面 12 个月的月平均日交通量（MADT）变化示意图

$$K_{周} = \frac{\mathrm{AADT}}{\mathrm{WADT}} \tag{2-3}$$

北京永定门桥典型工作周平均日交通量（WADT）变化示意图如图 2-3 所示。

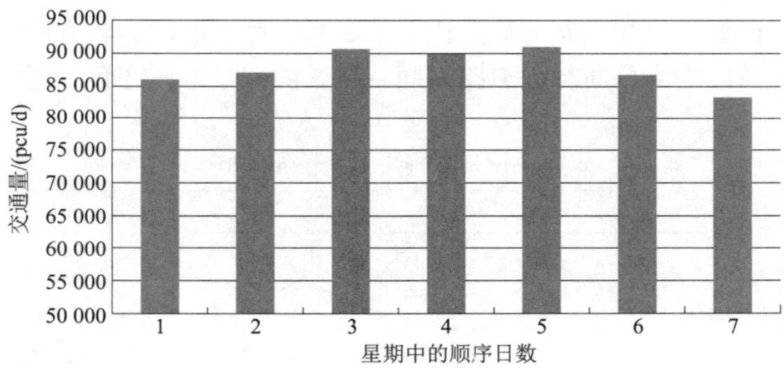

图 2-3　北京永定门桥典型工作周平均日交通量（WADT）变化示意图

时变化是一天 24 h 的交通量变化情况。表示各小时交通量变化的曲线称为交通量的时变图。在城市交通中，根据交通量的时间变化，分为早高峰、平峰、晚高峰。此外，上班时进城方向交通量大，下班时出城方向交通量大，形成潮汐现象。

北京永定门桥道路 24 h 交通量变化示意图如图 2-4 所示。

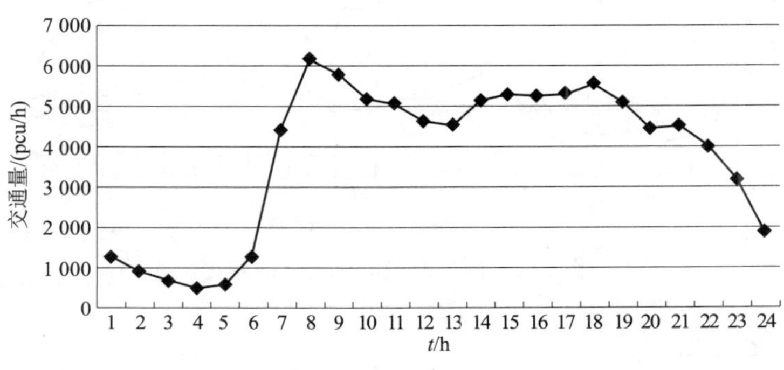

图 2-4　北京永定门桥道路 24 h 交通量变化示意图

在城市道路上，交通量时变图一般呈马鞍形，上、下午各有一个高峰，在交通量呈现高峰的小时称为高峰小时，该小时内的交通量称为高峰小时交通量，它与该天全天交通量之比称为高峰小时流量比（以%表示）。在交通规划和管理中，常用的参数是高峰小时系数（peak hour factor，PHF），它是指高峰小时交通量和高峰流率［在给定不足 1 h 的时间间隔内（通常是 15 min），车辆通过一条车道或道路的指定点或指定断面在单位时间内最大的当量小时流率，以 pcu/h 为单位］之间的比值，刻画了高峰小时内流量波动的情况。

显然，0.25<PHF<1.0，越接近 1，说明高峰小时内的流量越均匀。通常 PHF 为 0.7～0.9。

3. 流量的空间变化特性

流量的空间变化主要研究方向变化、车道变化、路网分布和流向分布等。

1）流量的方向变化

流量的方向变化特点体现了城市的土地利用布局和居民出行规律。主要车流方向和双向交通量的比值，称为方向性系数，此系数值为 0.5～1.0；也可用流向比描述上、下行两个方向流量分布不均衡程度，其值等于主要车流方向流量与次要车流方向流量的比值。在城市交通中，上、下行交通流量的不均衡性导致了道路使用的浪费，因此在交通管理中应采取有效措施加以避免。例如，当某道路的流向比大于 2 时，可考虑调整各方向的车道数，或者将原来的双向行驶道路改变为单向行驶道路。同一路段的流量方向变化如图 2-5 所示。

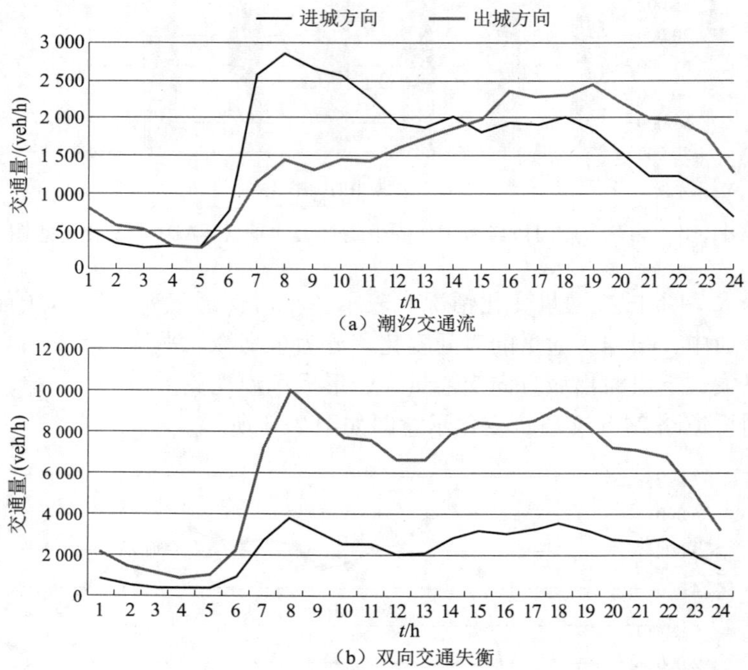

图 2-5　同一路段的流量方向变化

2）流量的车道变化

对于多车道道路，流量在各个车道上的分布变化很大，流量的车道分布取决于交通规则、交通组成、车速和道路出入口的位置与数量、驾驶人出行的起讫点模式及驾驶人的习惯等因素。

3）流量的路网分布

流量的路网分布特征有助于交通管理者制定区域交通管理和交通流疏导措施。一般来说，市中心区尤其是商业中心的道路交通量较大；城市外围地区主干道交通负荷较大。这是因为它们承担了大量的区间交通和出入境交通运输任务。

对于路网中的不同道路，依其等级、功能和所处位置的不同，流量分布有明显的差别。表2-2为北京市不同环路上全天路段平均流量，图2-6为交通量的地理分布专题图。

表2-2　北京市不同环路上全天路段平均流量

路段	全天路段平均流量/veh	路段	全天路段平均流量/veh
东二环	242 884	西二环	197 163
东三环	256 345	西三环	232 626
东四环	287 654	西四环	281 243
东五环	147 815	西五环	148 341
南二环	167 247	北二环	192 265
南三环	183 290	北三环	216 395
南四环	213 740	北四环	272 593
南五环	143 532	北五环	203 361

图2-6　交通量的地理分布专题图

4）流量的流向分布

交叉口每个进口道的流量是不同的（见图2-7）。调查分析交叉口的流向分布对于交通信号配时、交叉口渠化和进口车道布置是极为必要的。

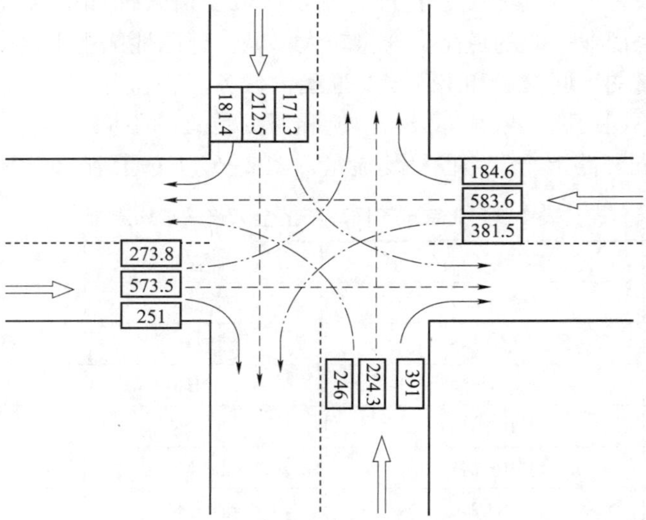

图 2-7　交叉口流量的流向分布

4. 流量与车头时距的关系

车头时距（time headway）是指相邻车辆的车头经过同一地点的时间差，以 h_t 表示。车头时距由两部分组成：前车从车头到达观测点到车尾驶离观测点之间的时间（车辆本身占用时间），和前车车尾驶离观测点到后车车头到达观测点之间的时间（车辆之间的时间间隙）。车头时距是交通流的重要变量之一，在进行道路设计、交通管理时均需要了解车头时距及其分布特性，这是因为：

（1）它影响车辆运行安全、道路服务水平、驾驶行为和道路通行能力；

（2）车辆之间必须保持一定的车头时距，以确保行车安全；

（3）车头时距的分布情况决定了超车、合流和穿行机会；

（4）道路通行能力决定于最小车头时距和车头时距分布。

车头时距的研究和流量分不开，假设总观测时间 T 是所有车头时距之和，根据流量的定义，可以推导出流量和平均车头时距的倒数关系，即

$$q = \frac{N}{T} = \frac{N}{\sum_{i=1}^{N} h_i} = \frac{1}{\frac{1}{N}\sum_{i=1}^{N} h_i} = \frac{1}{\bar{h}} \tag{2-4}$$

式中：

N——T 时间内通过的车辆数；

$\bar{h}$——平均车头时距。

2.2.2　速度

1. 速度的基本概念

速度（speed）主要分为地点（瞬时）车速（spot spead）和平均车速。地点（瞬时）

车速是指某辆车通过某一地点或短路段的瞬时车速，属于微观层面，多用于交通安全分析和道路限速方案的制订；平均车速是指在一定的空间或时间范围内所有车辆速度的平均值，又分为时间平均车速和空间平均车速，属于宏观层面，在交通评价和理论研究中具有重要的作用。

2. 地点（瞬时）车速

地点（瞬时）车速可定义为

$$v = \frac{dx}{dt} = \lim_{(t_2 - t_1)\to 0} \frac{x_2 - x_1}{t_2 - t_1} \tag{2-5}$$

式中：

x_1，x_2——车辆在时刻 t_1、t_2 的位置。

在常规的调查方法中，雷达测速法和微波调查法所测量的速度接近于此定义，但是它们也是基于运动的车辆，在有限的区间和时间上测量走过的距离和花费的时间。在对精度要求不高的情况下，车辆的速度也可以通过小距离调查得到，如利用两个放置得很近（6 m）的感应线圈，这时得到的不是车辆的瞬时速度，而是它的一个近似值。

同一车辆在不同地点的车速不同，不同车辆在同一地点的车速也不同。下面举出 3 种情形，从中可以了解地点（瞬时）车速的变化规律和产生的影响。

（1）信号交叉口：由于控制设施的作用，地点（瞬时）车速变化会造成运行时间的损失。如在信号交叉口，存在两种情形：一种是车辆在上游行驶速度为 50 km/h，接近交叉口时逐渐减速，直到最终停止；绿灯启亮后，再逐渐加速到 50 km/h。另一种是车辆不停止，以 50 km/h 的速度通过交叉口。即使不考虑红灯时刻的停车时间，前一种情况与后一种情况相比，损失时间约 14 s。

（2）超车：以速度 100 km/h 运行的车辆超越速度 60 km/h 的慢车时，首先需减速行驶约 4 s，然后再加速到 100 km/h 进入相邻车道，行驶 10 s 运行 300 m 后返回原车道。超车过程比正常速度行驶将损失 4 s。

（3）坡道：在平直道路上运行速度为 90 km/h 的货车，在 3% 的上坡路段速度减为 60 km/h，在 5% 的上坡路段速度下降到 40 km/h，而在 7% 的上坡路段速度仅为 30 km/h。

3. 平均速度

平均速度是指在一定的时间或空间范围内所有车辆速度的平均值，包括时间平均车速和空间平均车速。

1）时间平均车速

时间平均车速（time mean speed，TMS）是指观测时间内通过某一断面所有车辆地点（瞬时）速度的算术平均值，可定义为

$$\bar{u}_t = \frac{1}{N}\sum_{i=1}^{N} u_i \tag{2-6}$$

式中：

u_i——第 i 辆车的地点（瞬时）速度；

N——观测时间内通过的车辆数。

2）空间平均车速

空间平均车速（space mean speed，SMS）是指车辆行驶一定距离 D 与该距离对应的平均

行驶时间的比值，可定义为

$$t_i = \frac{D}{u_i} \tag{2-7}$$

$$\bar{u}_s = \frac{D}{\frac{1}{N}\sum_{i=1}^{N} t_i} \tag{2-8}$$

式中：

u_i ——第 i 辆车行驶距离 D 的速度；

t_i ——第 i 辆车通过距离 D 所用的时间。

对式（2-8）进行等价变形，则

$$\bar{u}_s = \frac{D}{\frac{1}{N}\sum_{i=1}^{N} t_i} = \frac{D}{\frac{1}{N}\sum_{i=1}^{N} \frac{D}{u_i}} = \frac{1}{\frac{1}{N}\sum_{i=1}^{N} \frac{1}{u_i}} \tag{2-9}$$

因此，理论上空间平均车速可以通过一段时间内定点速度的平均值来计算。对于速度不随地点变化的情况，定点调查没有问题。但是，如果速度沿着路段长度不断变化，定点调查不能真实反映出所测路段的空间平均车速。

空间平均车速也可用行程时间和行程速度进行定义和计算。行驶时间和行程时间的区别在于行驶时间不包括车辆的停车延误时间，而行程时间包括停车时间，为车辆通过距离 D 的总时间。行驶速度和行程速度则分别为对应于行驶时间和行程时间的速度。

空间平均车速的另一种定义是某一时刻路段上所有车辆地点车速的平均值。可通过沿路段长度调查法得到：以很短的时间间隔 Δt 对路段进行两次（或多次）航空摄像，据此得到所有车辆的地点速度（近似值）和空间平均车速，公式为

$$u_i = \frac{s_i}{\Delta t} \tag{2-10}$$

$$\bar{u}_s = \frac{1}{N}\sum_{i=1}^{N} \frac{s_i}{\Delta t} = \frac{1}{N\Delta t}\sum_{i=1}^{N} s_i \tag{2-11}$$

3）时间平均车速和空间平均车速的关系

尽管对于空间平均车速提出了各种不同的定义，但和时间平均车速有所不同。在停停走走的交通条件下，如车辆在没有交通信号控制的街道或交通阻塞严重的道路上行驶时，区分这两个速度显得十分必要。理论上，Wardrop 通过给定空间平均速度方差的系数表示了两个平均车速之间的差异

$$\bar{u}_t = \bar{u}_s + \frac{\delta_s^2}{\bar{u}_s} \tag{2-12}$$

式中：

$\delta_s^2 = \sum k_i (u_i - \bar{u}_s)^2 / K$

k_i ——第 i 股交通流的密度；

K——交通流的整体密度。

空间平均车速和时间平均车速的实测值分布如图 2-8 所示。

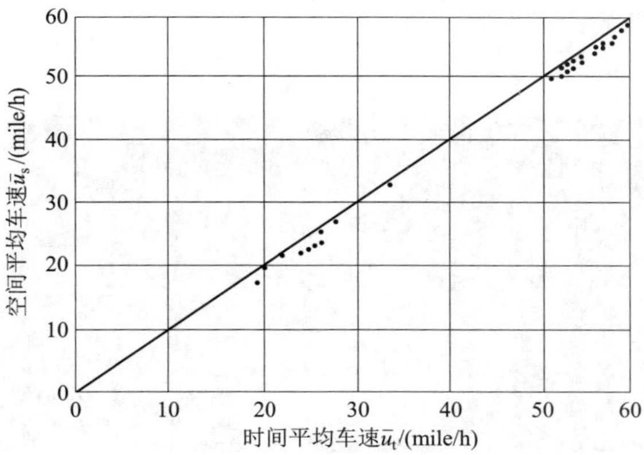

图 2-8 空间平均车速和时间平均车速的实测值分布（HCM 2010）

可以看出，在非拥挤的自由流条件下，两个速度之间的差别很小，大部分车辆以相似的速度前进，则 δ_s^2 较小，而 $\bar{u}_s$ 相对较大。《道路通行能力手册》(*Highway Capacity Manual*) 作为道路交通专业重要参考，在对交通流参数的论述中也指出了空间平均车速和时间平均车速的关系。基于对芝加哥高速公路上获得的数据进行回归分析，得到两种平均车速的线性关系为

$$\bar{u}_s = 1.026\ \bar{u}_t - 1.890 \tag{2-13}$$

但需指出，在实际应用中，受测速设备的检测原理、安装位置、标定维护等因素影响，上述定量关系并不能通用。

4. 延误

延误是指由于交通阻滞和交通控制所引起的行程时间损失。在路段中，由于横向和纵向交通阻滞及交通干扰，车辆不能按畅行速度行驶；在交叉口，由于交通控制，车辆必须等到允许本方向通行时才能通过交叉口，因而导致延误。车辆在路段中受到延误时一般有减速、低速运行和加速 3 个阶段，其延误称为运行延误（operational delay）；车辆在交叉口受到延误时经历减速、停车、走走停停、加速等过程，由信号或其他人为控制所引起，因而称为控制延误（control delay），其中的停车时间称为停车延误（stop delay）。

延误是交叉口服务水平评价指标，在车道分析、交通管制方案效果评价等方面均需要延误数据。延误数据有两个来源：调查和模型估计。

2.2.3 密度

1. 密度的基本概念

密度（density）反映了车辆的空间密集程度，常用 k 表示，是指某一瞬间单位道路长度上存在的车辆数。当研究单车道时，单位为 veh/(km · ln)；当研究多车道时，单位为 veh/km。理论上可以通过航拍图（见图 2-9）对研究路段上的车辆计数，然后由下式计算

$$k = \frac{N}{L} \tag{2-14}$$

式中：

N——路段内的车辆数；

L——路段长度。

图 2-9 路段航拍图

传统的交通工程中用下面的关系计算密度

$$k = \frac{q}{\bar{u}_s} \tag{2-15}$$

此方程最初是由 Wardrop 在 1952 年建立的，仅在可操作的范围内才是精确的。他的推导过程如下：首先，假设交通流由一系列子流构成，每个子流中的车辆都以同样的速度行驶，形成一个随机系列。由于车辆之间位置的随机性，同时各子流中所有车辆有恒定的速度，所以子流中车辆的空间位置将不会改变。

对于流量为 q、速度为 u_i的子流，车辆的平均时间间隔为 $1/q_i$，这段时间内驶过的距离为 u_i/q_i。因为交通流密度为任意时刻单位路段长度上的车辆数（此处距 u_i/q_i内有 1 辆车），所以这个子流的交通流密度为

$$k_i = \frac{q_i}{u_i}，i=1，2，3，\cdots \tag{2-16}$$

下一步是基于总密度的分量来计算总空间平均速度

$$\bar{u}_s = \frac{\sum_i k_i u_i}{k} = \frac{\sum_i q_i}{k} = \frac{q}{k} \tag{2-17}$$

尽管以上方程被称为基本密度方程或交通流基本方程，但它的使用常常超过了潜在的假设。对非拥挤车流（流量为 300～2 200 veh/h），车流运行顺畅，此假设近似成立。但对于阻塞的情况，车流不再满足恒定流的假设。因此，仅在可操作的范围内用速度和流量来计算密度才是精确的。

2. 占有率

密度反映了车辆的空间密集度，而时间密集度则由占有率来反映。占有率（occupancy）o 是指道路上某点或短路段被车辆占用的时间或空间百分比，分为时间占有率和空间占有率。

1）时间占有率

时间占有率是指对一特定时间间隔 T，各个车辆通过检测器的时间总和除以 T 得到的

百分比。对于单个车辆，车辆经过检测器花费的时间是指从车辆前保险杠穿过检测区起始处的时刻到后保险杠离开检测区的时刻为止，与车速 u_i、车长 L_i 和检测器本身的长度 d 有关，即

$$o = \frac{\sum_i [(L_i + d)/u_i]}{T} = \frac{1}{T}\sum_{i=1}^{N}\frac{L_i}{u_i} + \frac{d}{T}\sum_i \frac{1}{u_i} \tag{2-18}$$

将式（2-18）第二部分乘 $N \times \frac{1}{N}$，有

$$o = \frac{1}{T}\sum_i \frac{L_i}{u_i} + d \times \frac{N}{T} \times \frac{1}{N}\sum_i \frac{1}{u_i} = \frac{1}{T}\sum_i \frac{L_i}{u_i} + d \times \frac{q}{\bar{u}_s} \tag{2-19}$$

假设“基本方程”成立，即

$$q = \bar{u}_s k \tag{2-20}$$

式（2-19）将变为

$$o = \frac{1}{T}\sum_i \frac{L_i}{u_i} + d \times k \tag{2-21}$$

注意到 T 是各个车辆车头时距的总和，并且给式（2-21）等号右边第一项分子分母同乘 $1/N$ 并进一步化简，则会得到

$$\begin{aligned} o &= \frac{1}{T}\sum_i \frac{L_i}{u_i} + d \times k = \frac{\frac{1}{N}\sum_i \frac{L_i}{u_i}}{\frac{1}{N}\sum_i h_i} + d \times k = \frac{\frac{1}{N}\sum_i \frac{L_i}{u_i}}{\bar{h}} + d \times k \\ &= \frac{1}{\bar{h}} \times L \times \frac{1}{N}\sum_i \frac{1}{u_i} + d \times k = L \times \frac{q}{\bar{u}_s} + d \times k = (L + d)k \\ &= c_k k \end{aligned} \tag{2-22}$$

式中：

c_k——车身长度与检测器长度之和，m。

因为检测器的长度 d 不变，此方程意味着占有率是密度的常数倍（在车长不变的假设下）。如果车长和速度有所变化，则不能按照上述过程进行简化。

2）空间占有率

空间占有率 o 是指某路段某车道上所有行驶车辆的长度占路段长度的比例，又称为车道占有率。

$$o = \frac{\text{路段上行驶车辆长度}}{\text{路段长度}} \times 100\% \tag{2-23}$$

尽管受现有测量技术的限制，不能用直接测量的方法来测量路段上行驶车辆长度，但是可以通过测量车辆经过车道断面的时间来计算该值。磁感线圈、超声波检测器、远程微波检测器、红外线检测器等均是基于该原理的设备，并在实际工程中广泛应用。这些检测器均检测车辆通过车道断面（占用）的时间 t_i（脉冲长度），然后通过与检测时间 T 之比求出车道占有率。

另外，不同的脉冲形状表示不同的车型，车辆长度长、高度高的大型车辆脉冲长度长且

高，相反小型车的脉冲长度短且低。因此，除了通过累计脉冲的长度计算车道占有率外，还可以通过脉冲的形状区分车辆的类型。

例 2.1 在某道路车道断面上，检测器在 60 s 内检测到车辆的通过时间，见表 2-3，试计算车道占有率。

表 2-3 例 2.1 数据表

车辆数	通过时间/s	车辆数	通过时间/s
1	0.39	8	0.43
2	0.50	9	0.48
3	0.32	10	0.50
4	0.44	11	0.47
5	0.46	12	0.46
6	0.51	13	0.45
7	0.44		

解：车辆通过检测断面的时间总和为

$$\sum_i t_i = 0.39+0.50+0.32+0.44+0.46+0.51+0.44+ \\ 0.43+0.48+0.50+0.47+0.46+0.45=5.85\ (\mathrm{s})$$

$$T=60\ (\mathrm{s})$$

则车道占有率为

$$o=\frac{5.85}{60}\times 100\% = 9.75\%$$

随着占有率的概念在实际交通管理中的广泛使用，有些学者提出在理论研究中占有率应该替代密度，主要有以下两个原因：首先，理论研究和实践工作应该保持一致，如果交通管理部门广泛使用在理论研究中被忽视的变量（占有率），理论研究就失去了意义；其次，密度不能反映车身长度和交通组成的影响，而占有率可以直接反映这两个因素的影响。因此，占有率可以给出路段内车辆数的更可靠的表示，更加准确地说明车辆对道路的利用程度。

3. 密度与车头间距

对应于车头时距，在车流中相邻两辆车车头之间的距离称为车头间距（distance headway）。

车头间距由车辆长度和车辆间距两部分构成，可由下式表示

$$h_{\mathrm{d},n+1} = L_n + g_{n+1} \tag{2-24}$$

式中：

$h_{\mathrm{d},n+1}$——第 n 辆车与第 $n+1$ 辆车的车头间距；

L_n——第 n 辆车车长；

g_{n+1}——第 n 辆车车尾与第 $n+1$ 辆车车头之间的间隔。

车头间距大小关系到交通安全、道路通行能力及服务水平。车辆之间保持多大间距，首先决定于车辆运行安全，当前面车辆突然减速时，后面车辆的驾驶人需要一段反应时间才能实施制动。因此，车辆间距至少大于驾驶人的反应时间内行驶的距离。另外，还要考虑到停

车后与前车应保持一定的安全距离，以及两辆车的制动距离之差。由此可以看出，车速越快，所需要的车头间距越大。在早期的研究中，平均车头间距和车速的关系为

$$\bar{h}_d = \alpha u^2 + \beta u + \gamma \tag{2-25}$$

式中：

u——速度，km/h；

$\bar{h}_d$——平均车头间距，m；

α——与制动减速度有关的常量；

β——与反应时间有关的常量；

γ——停车时的车头间距，m。

车头间距大小影响道路通行能力。最早的通行能力研究就是从车头间距开始的，认为一个车道的道路通行能力可由下式计算：

$$C = 1\,000u/\bar{h}_d \tag{2-26}$$

式中：

C——单车道通行能力，veh/h；

u——速度，km/h；

$\bar{h}_d$——平均车头间距，m。

实际上，式（2-26）只适用于车辆匀速行驶的情形，并没有考虑到车辆的加速或减速的影响。

另外，车头间距与服务水平密切相关。车头间距大，驾驶自由度大，服务水平高。相反，如果车头间距小，驾驶人需要小心驾驶，势必影响车辆运行速度，从而导致服务水平下降。当然，只要车头间距大于某个临近值，较小的车头间距往往会对应较大的通行能力。

2.3　交通流参数的定点测量

定点测量包括人工测量和机械测量。人工测量机动灵活，易于掌握，可精确记录车种、车型、数量、流向等，但需要人力多，劳动强度大，适用于短期的交通量调查。常见的交通量调查记录表见表2-4。

表2-4　交通量调查记录表

调查地点＿＿＿＿＿＿　方　向＿＿＿＿＿＿　调查日期＿＿＿＿＿＿

车道数＿＿＿＿＿＿　调查员＿＿＿＿＿＿　天　气＿＿＿＿＿＿

车型	小客车	大客车	小货车	中型货车	大型货车	大型公交车	合计
6:00—6:15							
6:15—6:30							
6:30—6:45							
⋮							
合计							

机械测量主要依赖于定点检测器。常见的定点检测器基于电磁感应、微波或视频技术等。例如，基于电磁感应的环形线圈检测器是目前国内外广泛使用的车辆检测器，这种检测器一般由环形线圈和信号检测处理单元构成，如图 2-10 所示。

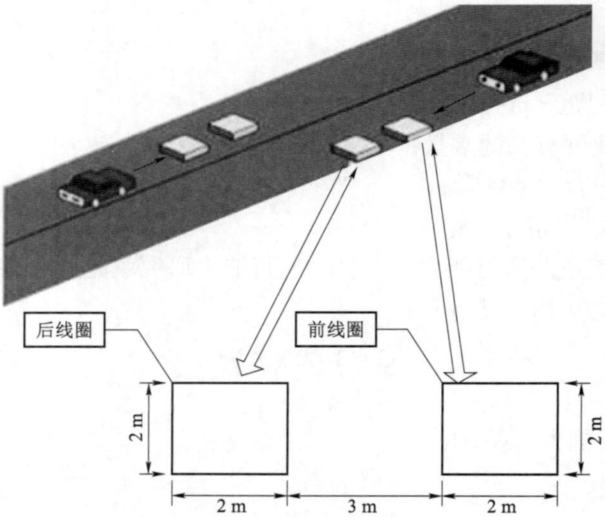

图 2-10 环形线圈检测器

环形线圈检测器的线圈部分埋设在要检测的车道面下，当线圈通电时产生磁场，车辆通过会切割磁场，形成不同的信号。

摄像调查法一般是将摄像机安装在观测点附近的高空处，通过图像识别技术来获得交通量、车速、占有率等数据。

目前各种检测技术日趋成熟，广泛应用于连续式交通量调查监测。

2.3.1 流量的定点测量

若在 T 时间内，通过检测器某一断面的汽车为 N 辆，则流量为

$$q = \frac{N}{T} \tag{2-27}$$

对连续行驶的相邻的两辆车，车头时距 h_i 可以由前后连续两辆车的对应部位到达同一观察点的时间进行计量，再通过以下关系式获得流量

$$q = \frac{N}{T} = \frac{N}{\sum_{i=1}^{N} h_i} = \frac{1}{\frac{1}{N}\sum_{i=1}^{N} h_i} = \frac{1}{\bar{h}} \tag{2-28}$$

式中：

N——T 时间内通过的车辆数；

$\bar{h}$——平均车头时距。

2.3.2 速度的定点测量

测量速度时需分为两类：一类是时间平均速度，另一类是空间平均速度。举例说明，设

有 3 辆汽车，分别以 20 km/h、40 km/h、60 km/h 的速度通过路程为 D 的道路。在该道路上的某一点，时间平均速度为（20+40+60）/3，即 40 km/h。

但是，空间平均速度需要先获得平均行程时间才能计算得到。

平均行程时间为

$$\bar{t} = \frac{1}{3}\left(\frac{D}{20} + \frac{D}{40} + \frac{D}{60}\right) = \frac{1}{N}\sum_{i=1}^{N}\frac{D}{u_i}$$

对于这 3 辆汽车，空间平均速度为

$$\bar{u}_s = \frac{1}{\frac{1}{3}\left(\frac{1}{20} + \frac{1}{40} + \frac{1}{60}\right)} = 32.7\ (\mathrm{km/h})$$

2.3.3 密度的定点测量

由于在定点测量中不涉及路段长度，所以定点调查无法直接获取密度。但在流量、车速可测得的情况下，可通过流量-速度-密度关系推算密度。此外，理论上可以利用定点调查测量时间占有率，原理是在检测的过程中，微波车辆检测器（radar target measuring system，RTMS）或线圈检测器记录了车辆通过产生的波形图，以此来推断占有率，然后通过典型车长来推算密度。

2.4 交通流参数的浮动车测量

尽管大家更熟悉浮动车（floating car）用于路况速度的测量，早期浮动车的提出亦被用于流量调查。在流量调查时，调查人员需要驾驶一辆测试车，在调查线路上往返行驶（一般需 6～8 个来回）。

2.4.1 流量的浮动车测量

浮动车测量先被用于断面交通流量的调查，步骤如下。

（1）测试车首先顺着所测量的交通流方向行驶。车上的观测员记录行程时间、超越测试车的车辆数和被测试车超越的车辆数。

（2）测试车掉头，与所测量的交通流反向行驶。车上的观测员记录行程时间和迎面遇到的车辆数。

（3）计算交通流量、区间平均速度和密度。

$$q = \frac{x + y}{t_c + t_a} \tag{2-29}$$

$$t = t_c - \frac{y}{q} \tag{2-30}$$

$$\bar{u}_s = \frac{l}{t} \tag{2-31}$$

$$k = \frac{q}{\bar{u}_s} \tag{2-32}$$

式中：

t_c——测试车与交通流顺向行驶的行程时间；

t_a——测试车与交通流反向行驶的行程时间；

x——测试车与交通流反向行驶遇到的车辆数；

y——测试车与交通流顺向行驶时的净超车数（超越测试车的车辆数减去被测试车超越的车辆数）；

l——路段长度。

例如，已知 $t_c=352$ s，$x=305$ veh，$t_a=268$ s，$y=4$ veh，$l=6\ 000$ m 时，结果如下：

$$q=\frac{305+4}{352+268}\approx 0.498\ (\text{veh/s})$$

$$t=352-4/0.498\approx 344\ (\text{s})$$

$$\bar{u}_s=\frac{6\ 000}{344}\approx 17.44\ (\text{m/s})$$

$$k=\frac{0.498}{17.44}\approx 0.028\ 6\ (\text{veh/m})$$

2.4.2 速度的浮动车测量

如同水流上漂浮的泡沫塑料的速度可以用于标记水流速度，车流中的个体车辆速度也可被用于标记车流速度，这些车辆被称为浮动车。随着卫星定位技术的应用，将全球导航卫星系统（global navigation satellite system，GNSS）安装在车辆上，实时监测车辆的运行速度，进而可获取车辆所在路段的平均速度，如图 2-11 所示。目前我国运营车辆，如出租车、公交车、危险品运输车等均安装了北斗或 GPS 等 GNSS 设备。在众多城市，利用出租车和导航图商（如高德、百度）等的浮动车数据，进行交通运行状况判别和评价已经获得了良好的应用。

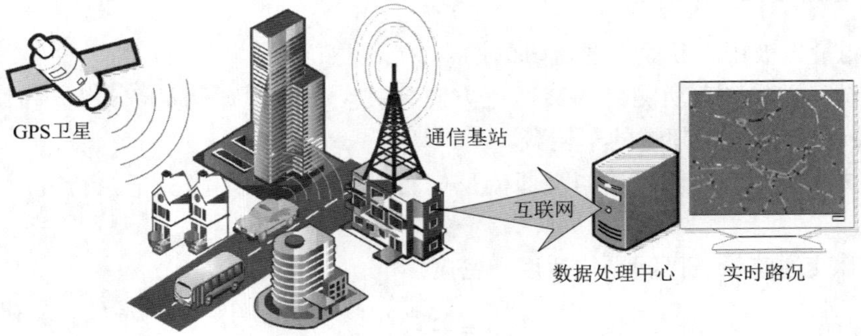

图 2-11　浮动车系统构成

2.5 交通流参数的沿路段测量

沿路段测量主要适用于 500 m 以上的较长路段，由于具有一定的距离，所以测量难度较大，可用无人机航拍或从高层建筑上摄像。首先对观测路段进行连续照相，然后通过图像识别技术获取车辆数据，因此这种方法是调查密度的较准确方法。图 2-12 是美国交通部新一代仿真研究项目（NGSIM）安装在 80 号洲际公路上的摄像机，也用于提取车辆的轨迹信息，包括逐秒的位置、速度、加速度。

图 2-12　沿路段测量的场景与设备（美国 NGSIM 项目 80 号洲际公路）

摄像调查法包括地面高处摄像观测法和航空摄像观测法。地面高处摄像的时间间隔依测定区间长度和交通流速度而异。当区间长度为 50～100 m 时，摄像的间隔可取每 5 s 一个画面。当需要详细分析交通流的时候，可取每秒一个画面。在高速公路上，由于车速高，这时可取每秒两个画面。在测定密度时，在道路上要标明每台录像机所摄范围的道路区间长度，一般有两处标记，也可利用车道分隔线的段数、护栏支柱数或电杆参照物代替。

航空摄影的缩小比例尺，一般可按下式求得

$$\text{缩小比例尺} = \frac{\text{透镜的焦距}}{\text{摄影高度}} \tag{2-33}$$

航测所使用的缩小比例尺，考虑到放大照片的限制，一般取 1/12 000～1/10 000。由于航摄法采用在固定的路段航片上直接数出行驶的车辆数，与常规方法不同之处在于：观测点是在空中沿路线纵断面方向移动，航摄法中不同车流方向对密度的影响如图 2-13 所示。

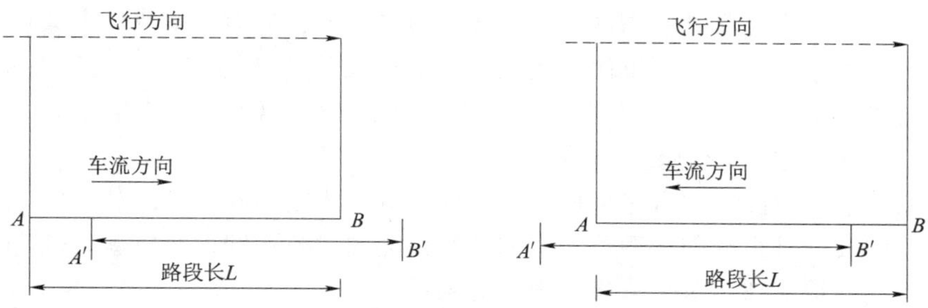

图 2-13　航摄法中不同车流方向对密度的影响

在图 2-13 中，$A-B$ 为首片曝光时的车流位置；$A'-B'$ 为末片曝光时的车流位置；$B-B'$

为末片曝光时车流溢出航段长度；$A'-B$ 与航向同向车流在航片上留有影像的长度。因此，当应用普通飞机进行调查时，求解道路车流密度必须分流向求解，设 K_1、K_2分别为照片中某路段顺、逆航向车流密度（veh/km），则有

$$K_1 = \frac{N_1}{L - u_{s1} \cdot t_L}$$
$$K_2 = \frac{N_2}{L + u_{s2} \cdot t_L} \tag{2-34}$$

式中：

N_1，N_2——照片立体模型中某路段顺、逆航向车道上的车辆数；

u_{s1}，u_{s2}——照片立体模型中某路段顺、逆航向车流空间平均车速，km/h；

L——路段长度，m；

t_L——首尾航片曝光间隔时间，h。

双向车流密度 K 值可采用 $K=K_1+K_2$ 计算。

在计算速度时，虽然每辆车行驶的距离不一样，但所有车辆都是在相同时间段 Δt 内检测到的，于是车辆 i 的平均速度和 N 辆车的区间平均速度为

$$\bar{u}_i = \frac{S_i}{\Delta t} \tag{2-35}$$

$$\bar{u}_s = \frac{1}{N}\sum_{i=1}^{N}\frac{S_i}{\Delta t} = \frac{1}{N\Delta t}\sum_{i=1}^{N} S_i \tag{2-36}$$

式中：

$\bar{u}_i$ ——车辆 i 的平均速度；

S_i ——车辆 i 的行驶距离；

Δt ——时长；

N——观测时间内通过的车辆数；

$\bar{u}_s$ ——区间平均速度。

2.6 交通流参数采集技术

早期的交通流参数采集依靠人工计数和调查表格获得，如按键式人工计数、居民出行调查表等，这些方法至今还有其实用性。感应线圈检测技术、超声波检测技术等随着交通控制或信息服务的需求于 20 世纪 60 年代开始出现，如今获得了普遍应用。远程微波检测技术、视频图像式检测技术和光信标式检测技术等于 20 世纪 90 年代获得应用。21 世纪初，人们又开始利用 GPS 检测技术检测交通流参数。

道路交通流参数检测技术有多种形式。依据检测介质的不同，可以分为压力感应型、电磁感应型、返回波型、视频图像型等。本书按照检测的对象不同，对机动车辆交通流参数采集技术、非机动车辆交通流参数采集技术进行阐述。

2.6.1 机动车辆交通流参数采集技术

机动车辆作为刚体，其交通流参数采集比较容易实现，分为压力感应型、电磁感应型、

返回波型和视频图像型等。

1. 压力感应型

压力感应型有橡胶管型、踏板型、带式开关型、道路格型等。该类型的检测器由于耐久性限制，常用于临时性交通流参数采集。图 2-14 所示为气压管交通检测器。

图 2-14　气压管交通检测器

2. 电磁感应型

常见的电磁感应型检测器包括环形线圈检测器和地磁检测器。地磁检测器埋设在车道下面（或贴附于地表面），通过磁场变化来进行检测，可检测各类型车辆，尤其适合在不便安装线圈的场合使用，但是较难分辨纵向过于靠近的车辆（见图 2-15）。面对停车收费效率低下的现状，地磁检测器有其特有的优势。当驾驶人把车辆停在车位上，地磁检测器能自动感应车辆的到来并开始计时；待车辆离开时，检测器会自动把停车时间传送到中继站进行计费，如此可以大大提高效率。

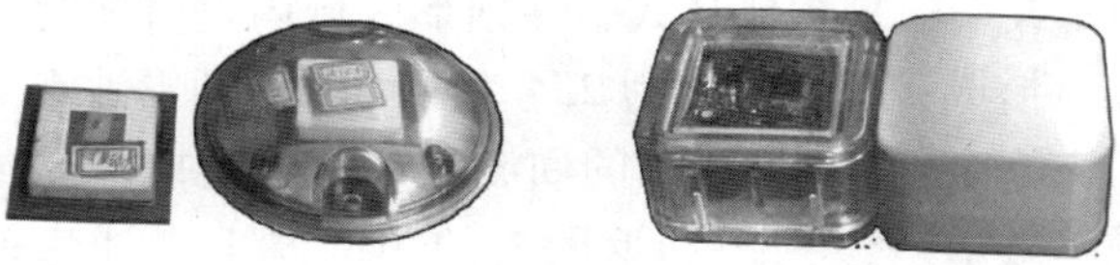

（a）贴附式检测器　　（b）埋入式检测器

图 2-15　地磁检测器（北京交通发展研究中心提供）

环形线圈检测器是在交通工程中普遍使用的一类检测器。它是将环形线圈埋设在车道下面，对通过线圈或存在于线圈上的车辆引起电磁感应变化来检测车辆，计算流量、速度、时间占有率等交通参数，以满足交通控制系统的需要，如图 2-16 所示。该种检测器是目前世界上用量最大的一种检测设备，具有成本低等优点。其不足之处主要有：① 线圈在安装或维护时必须直接埋入车道，这样会暂时阻碍交通流；② 切割路面面积比较大，埋设线圈的切缝软化了路面，容易造成整个路面的下陷；③ 感应线圈容易受冰冻、路基下沉、盐碱等自然环境的影响，使用寿命短；④ 当车流拥堵，车间距小于 3 m 时，其检测精度大幅降低，甚至无法检测；⑤ 影响路面使用寿命，易被重车碾压、施工损坏等。

3. 返回波型

返回波型检测器利用电磁波、声波、红外光的返回波来检测车辆，并通过投影区域的返回波形特征或多普勒频移效应（频率差）来检测速度，常见的是 RTMS 微波检测器（见图 2-17），它通过雷达波检测交通流量、平均车速、车型及车道占用率等，广泛应用于高速公路、城市道路等进行全天候的交通检测。

图 2-16　道路铺装环形线圈检测器

图 2-17　RTMS 微波检测器

（1）RTMS 的工作方式一般采用侧挂式，在扇形区域内发射连续的低功率微波，在路面上留下一条长长的投影，形成一个可以分为 254 个层面的椭圆形波束。用户可定义检测区域为一层或多层。RTMS 根据被检测目标返回的回波，利用感应投影区域内的车辆的进入与离开时间，或者多普勒频移效应（发射波和返回波的频率差）来计算车速。一台 RTMS 侧挂可同时检测多个车道，如图 2-18 所示。

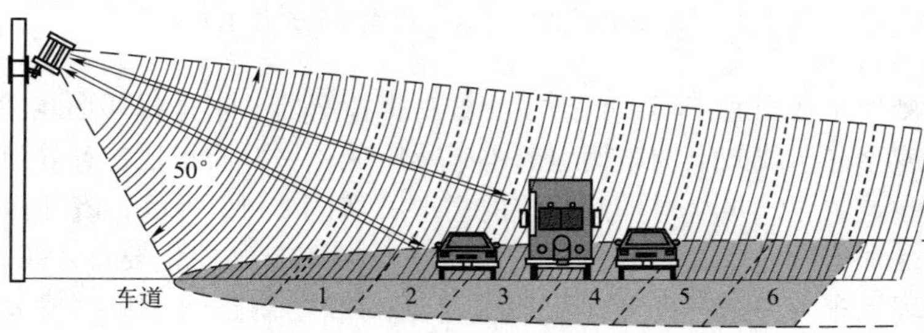

图 2-18　微波车辆检测器工作原理图

（2）超声波检测器：由声波发生器（探头）发射一束超声波，然后接收从车辆或地面反射的反射波，根据反射波返回时间的差别，来判断有无车辆通过（见图 2-19）。由于探头与地面的距离是一定的，所以探头发出超声波并接收反射波的时间也是固定的。当有车辆通过时，由于车辆本身的高度，使探头接收到反射波的时间缩短，则表明有车辆通过或存在。

（3）红外线检测器：类似于 RTMS 与超声波检测原理，设置在车道上方约 5.5 m 处，通过接收车辆反射的近红外线来检测车辆的存在及车速（见图 2-20）。

图 2-19　超声波检测器

图 2-20　红外线检测器

4. 视频图像型

视频检测器是利用视频图像处理技术，将一段道路的交通状况摄制成图像，并通过图形识别检测车辆的存在、速度、车型等信息。

视频检测器将摄像机作为传感器，在视频范围内设置虚拟检测区，车辆进入检测区时使背景图形的特征量发生变化，从而得知车辆的存在，并依此检测车辆的流量和速度。检测器可安装在车道的上方和侧面（见图 2-21）。视频图像型车辆检测器有许多种类（见图 2-22），如 Autoscope 等交通流视频数据检测器。

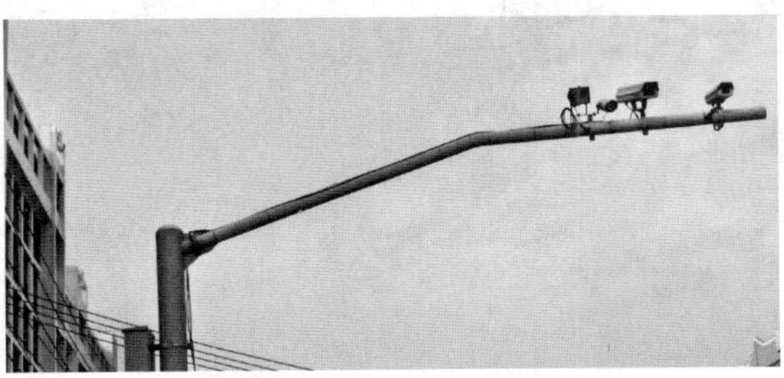

图 2-21　视频检测器探头

图 2-22　携带视频检测器的交通流检测车及其系统操作界面

5. 手机

手机（尤其是智能手机）不仅为居民的生活带来了便利，也为交通的调查提供了新的手段。应用手机定位技术采集交通数据，由于其投资小、覆盖范围广、数据海量等特点，该采集方式以驾驶人和乘客随身携带的手机作为采集设备，通过无线定位技术推算出道路上正在行驶的车辆位置，并由位置数据进一步获取平均速度、旅行时间和交通事件等信息。目前，常见的手机采集数据包括手机 LBS（location based service）模式和 UGC（user generated content）模式。手机定位方法常用的有时间到达差法（TDOA）和辅助卫星定位法（A-GPS）两种。其中，TDOA 是利用通信网络 GSM 网络对手机进行定位，A-GPS 是 GSM 网络和 GPS 卫星相结合对手机进行定位。其定位流程图如图 2-23 所示。图 2-24 为手机定位示意图。

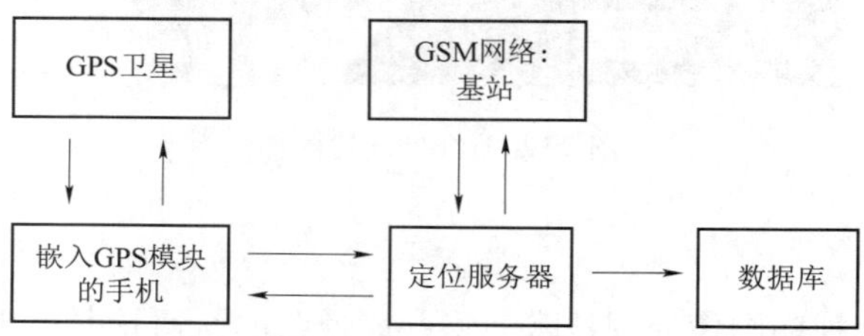

图 2-23　A-GPS 定位流程图

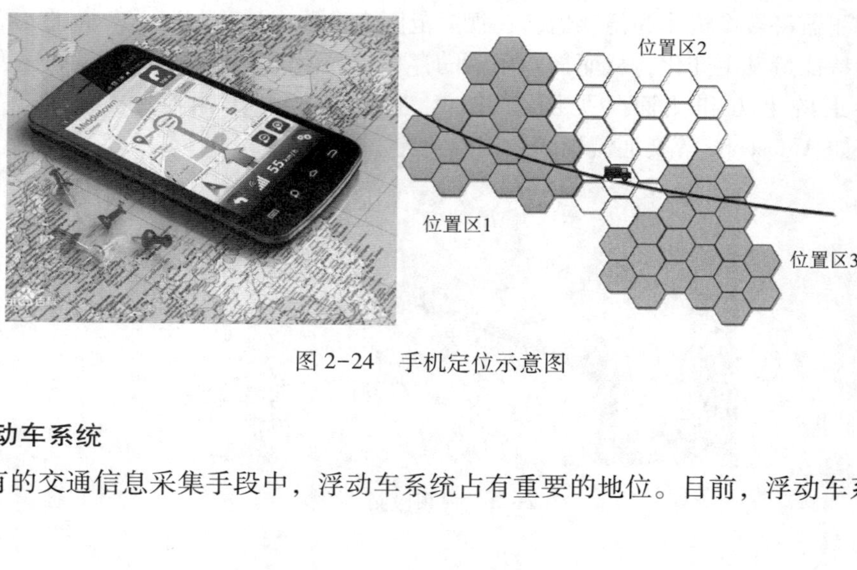

图 2-24　手机定位示意图

6. 浮动车系统

在现有的交通信息采集手段中，浮动车系统占有重要的地位。目前，浮动车系统在国内得到了广泛的发展，如北京、广州、深圳、杭州等十年来都建立了以出租车为主体的浮动车系统，国内学者对浮动车系统的理论、结构和应用进行了深入的研究。一般来说，浮动车系统由车载设备、通信网络、交通控制中心构成。车载设备采集车辆状态信息，如位置、速度、航向等；通信网络将所有浮动车数据传送给控制中心；交通控制中心处理浮动车数据，得到路网中道路的交通状况，并将这些信息通过通信网络反馈给浮动车及其他出行者。浮动车车载设备数据采集方式多样，如卫星定位法、信标法及电子车牌、电子标签法等，其中利用 GPS 定位装置采集数据成本低廉，可以实现数据的连续不间断获取。

浮动车系统在实际中有广泛的应用：一是系统将预测的道路旅行时间和动态路径诱导结果发送给道路上的驾驶人，向驾驶人提供实时交通路况信息和路径导航功能；二是由系统提供实时路况，识别异常交通状况，探测路网中的交通事故，实现突发事件自动报警，防止拥堵蔓延；三是交通管理部门可依据浮动车系统提供的数据，研究城市交通出行规律和偏好，识别瓶颈路段，为缓堵策略和交通规划提供参考。另外，如果以公交车为浮动车，可以预测公交车到站时间，减少乘客等待时间，提高公共交通的吸引力和服务质量；出租车公司还能够得到出租车服务范围、载客距离、载客时间、空驶率等指标，为改善和测量运营效率提供数据支持。实际上，新兴的滴滴打车、专车业务也是基于类似原理展开的。

2.6.2　非机动车辆交通流参数采集技术

我国城市道路交通区别于国外发达国家的显著特征为机动车、非机动车和行人混行，低速和高密度，这种特征在道路交叉口处尤为突出，因此我国城市道路交通流参数采集技术的难度高于国外发达国家以机动车为主的情况。

与作为刚体的机动车辆交通流参数采集技术相比，作为非刚体的非机动车和行人交通流参数采集有其独特性。由于被测物体的物理特性差异，利用现有的成熟技术难以检测。近年来，图像式和激光式被认为是检测非机动车和行人交通的合适方式。

1. 图像式

图像处理技术除用于刚体机动车辆交通流参数采集外，也用于非机动车和行人交通流参数的检测，并且对该技术的研究在近年获得了比较快速的发展，正处于技术和设备的研究开发阶段。研究开发适合我国道路交通特征的数据获取技术、基础设备和系统，并将其应用于城市道路交通控制系统，是近期我国智能交通发展的基础、关键，以及表征自主创新和自主知识产权的重要问题。目前，我国有些研究单位和科研人员进行基于视频图像的非机动车和行人交通流参数采集的研究开发工作，并取得了一定的成果，但由于研究对象的复杂性，在检测精度、采集数据的应用等方面需要继续研究和开发。

2. 激光式

激光式是指将激光检测技术用于非机动车和行人检测的形式，有平面激光式和立体激光式之分。前者为从距路面 80 cm 处水平扫描路面，通过检测距物体的距离的形式采集数据；后者则是利用安装在高处的检测器扫描路面，采集检测范围内所有物体的位置和移动的形式。这两种形式在非机动车和行人拥挤，以致产生重叠的情形下，采集精度降低。

表 2-5 列出了图像式和激光式交通流参数采集用于交叉口时所必需的功能及其适应性。

表 2-5 图像式和激光式采集技术对比

功能及其性质	检测器类型			应用条件
	图像式	平面激光式	立体激光式	
行人及行人密度的检测区域应能分别设定，区域形状原则上为四边形（正方形、长方形、梯形），设定简单	○	◎	◎	○表示现在能任意设定矩形区域
能检测出设定的行人检测区域内有无行人，并输出检测结果	◎	◎	◎	
能测定人行横道的行人密度及其速度，根据情况进行感应式检测，并输出检测结果	◎	◎	◎	
容易设定检测行人密度的阈值	◎	◎	◎	
当人行横道上行人较少时，密度测定不应受进入人行横道的汽车的影响	○	○	○	受车型和停车状态影响，有时汽车会被误判为行人，而不能正确测定行人密度
能把密度测定和低速行人的检测结果作为信号控制条件输出	◎	◎	◎	
感应不良或仪表异常的情况下，能输出异常信号，使行人检测器与信号控制分离	○	○	○	检测不良时输出不能检测的信息
有自我诊断功能，系统恢复正常后能自动恢复工作	○	○	○	必须有系统恢复正常后的自我诊断及自动恢复功能
检测周期尽可能短	◎	◎	◎	每秒检测两次以上
能在 1 s 之内输出检测结果	◎	◎	◎	
在日光、外部光源、建筑物阴影等引起照度变化时应能正常工作	○	◎	◎	○表示检测精度可能受夜间、外部光源等照度变化的影响而下降
雨雪天气、路面状况变化时应能正常工作	○	◎	◎	◎表示通常不受雨雪影响 ○表示因检测基于与路面的对比，精度有可能下降

注：○表示部分功能不足，◎表示功能及性能满足要求。

2.7 “智慧道路”上的交通流参数

智慧交通是交通发展的必然趋势。以自动驾驶和车路协同为典型代表的智慧道路交通是基于传感器、现代通信、智能计算和自动控制等技术，集环境感知、泛在互联、决策规划和多级自动驾驶等功能为一体的综合系统。

自动驾驶车辆一般需要使用到激光雷达、雷达、摄像头、定位、高分辨率地图等，用以帮助车辆判断自身位置、速度、与其他车辆或建筑物的距离、智能识别标志标线和障碍物等。

从发展趋势来看，我国的自动驾驶发展更趋向于车路协同，与实现车的自主驾驶不同，车路协同更注重“智慧的路”和“聪明的车”的协同，通过路侧感知和车侧感知的信息交互实现车辆的自动驾驶和道路的优化管控。车路协同的发展需要大量的感知、通信、计算设备设施，为传统的交通流参数带来了更丰富的获取手段。

2.7.1　车路协同与自动驾驶技术

车路协同采用先进的感知技术、通信技术和新一代物联网、边云协同计算和人工智能等技术，全方位实施车车、车路动态实时信息交互，开展动态行驶中车辆安全控制和道路协同管理，实现人、车、路的高效协同，从而形成安全、高效和绿色的道路交通秩序。

车路协同系统的集成环境一般分为以下 4 类。

（1）车载设备和系统：提供车车（V2V）和车路（V2I）间的无线通信技术支持和车载应用支持。

（2）交通灯/路侧设备和系统：提供路车无线通信（I2V）技术和交通控制中心之间（I2I）的数据交换，并可针对具体应用需求进行数据提供和数据处理。

（3）交通控制中心：通过有线或无线方式与其他路侧基站或信号发射器的数据交换，对数据进行处理及发布。

（4）用户站：可集成于个人用户系统，如导航仪或智能手持设备等。

车路协同系统要素如图 2-25 所示。

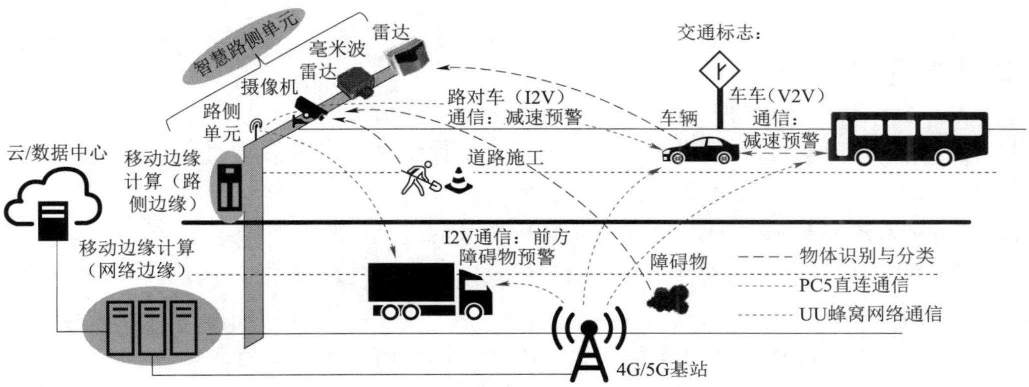

图 2-25　车路协同系统要素

2.7.2　“智慧的路”与交通流检测

智慧的路需要大量路侧传感器实现交通信息的采集和处理，近年来智慧灯杆常作为这些传感器的载体，本书也将介绍路侧单元（road side unit，RSU）和雷视一体设备（见图 2-26）这两类典型的车路协同场景下的交通信息感知设备。

智慧灯杆承担交通数据采集设备（RTMS、视频检测器、RSU、雷达、气象传感器等）悬挂依托，以及部分数据计算和通信功能。

雷视一体指融合雷达和视频感知两者技术优势，协同进行交通数据采集的设备。它将摄像头、毫米波或激光雷达、高性能处理器结为一体，通过内建的统一坐标映射将视频坐标和雷达坐标进行数据融合，实现更大范围和更多天气条件下交通目标的识别与跟踪。雷视一体可实时采集路段流量、车型、速度、轨迹、排队长度等，可增强对道路全天候、大覆盖、高精度、低成本的交通流信息采集。

作为车路协同的两侧，路侧设备单元相对车载单元（on board unit，OBU），一般指部署在路侧的感知、计算和通信设备单元，汇聚路侧交通感知数据和向业务平台传输数据，并将V2X（vehicle to everything）事件、交通参与者信息、地图信息和红绿灯信息等发送给OBU。RSU可布设在前面提到的智慧灯杆上。

图 2-26 雷视一体设备及其布设场景

复习思考题

1. 交通调查的目的和作用是什么？在制订交通规划过程中需要进行什么调查？

2. 交通量调查技术方法有哪几种？各有何特点？

3. 简述交通流参数采集的发展历史及其新技术的进展。

4. 一队汽车在A街进入观测区，向前行进1 200 m抵达B街，记录了下列数据（见表2-6)，试求：

（1）以横轴表示时间，纵轴表示距离，用计算机绘制出车辆的行驶轨迹。

（2）利用距离-时间图求出交通流量、密度和速度。

表 2-6 交通流参数采集数据

车辆编号	到达A街的时间/min	到达B街的时间/min	车辆编号	到达A街的时间/min	到达B街的时间/min
1	0	41	6	13	55
2	2	46	7	15	75
3	3	49	8	20	77
4	5	50	9	25	79
5	10	53	10	30	80

5. 在某道路向西行驶车道的上空，拍摄了两张航空照片，间隔为 10 s。所得资料见表 2-7，试求：

（1）用计算机绘制出车辆的行驶轨迹。

（2）利用距离-时间图求出交通流量、密度和速度。

表 2-7　航拍数据资料

车辆编号	在第一张照片上的位置/m	在第二张照片上的位置/m	车辆编号	在第一张照片上的位置/m	在第二张照片上的位置/m
1	1 500	2 400	6	1 000	1 925
2	1 450	2 150	7	700	1 360
3	1 300	1 950	8	300	1 000
4	1 250	2 000	9	250	1 050
5	1 100	1 850	10	0	900

第 3 章

交通特性的统计分布

3.1 概　　述

在设计新的交通设施或确定新的交通管理方案时，需要定量地预测交通流的某些具体特性，并且希望能用现有的或假设的有限数据做出预报。例如，在某条单向行驶的道路上，如果车头时距大于 10 s，行人就可在两车之间横穿过道路。某一小时内该道路的车流量是 500 辆，问行人在该小时内横穿过道路的机会有多大？如果仅从流量算出平均车头时距为 7.2 s，并由此认为该小时内不可能为行人提供横穿道路的机会，那就考虑不周了。事实上，由于车辆到达具有随机性，其相应的车头时距也是大小不一的，在该小时的 500 个车头时距中，绝不会都是 7.2 s，几乎必然会出现大于 10 s 的车头时距，需要预测大于 10 s 的车头时距出现的次数是多少。为了做出类似上述的各种预测，需掌握交通现象随机性的统计规律，即交通特性的统计分布。

通过本章的学习，读者将会对交通流的一般统计特性有较清晰的认识。

定量描述交通流，一方面是为了理解交通流特性的内在变化关系；另一方面也是为了限定交通流特征的合理范围。为了做到这些，必须定义和测量一些重要参数。基于这些参数及由此而确定的交通流发生的合理范围，交通工程师必须分析、评估，并制订出改造交通设施的规划方案。

结合北京市的实际情况，对交通特性的统计描述如下。

不同道路等级下的流量和速度的 24 h 变化如图 3-1 所示。

车辆的到达在某种程度上具有随机性，描述这种随机性的统计规律有两种方法：一种是以概率论中的离散型分布为工具，考察在一段固定长度的时间内到达某场所的交通数量的波动性；另一种是以概率论中的连续型分布为工具，研究上述事件发生的间隔时间的统计特性，如车头时距。在交通工程中，离散型分布有时也称计数分布；连续型分布用于车头时距分布、速度分布、可插车间隙分布等。

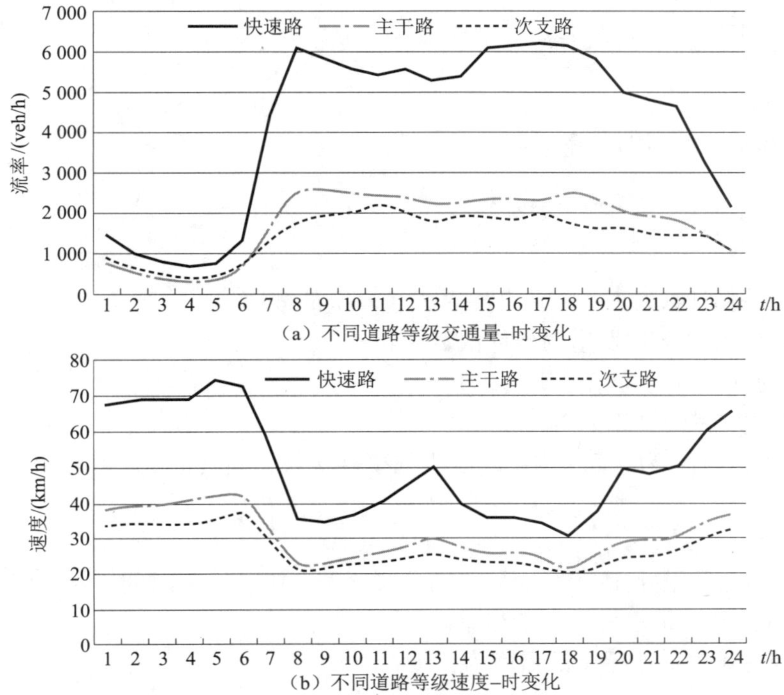

（a）不同道路等级交通量-时变化

（b）不同道路等级速度-时变化

图 3-1　不同道路等级下的流量和速度的 24 h 变化

3.2　交通流参数的离散型分布

离散型分布常用于描述在一定时间间隔内某事件的发生次数，如某交叉口引道入口一个周期内到达的车辆数、某路段一年内发生的交通事故数等。典型的单位时间内的车辆到达数量分布的直方图如图 3-2 所示。交通工程中常用的离散型分布主要有泊松分布、二项分布和负二项分布 3 种。

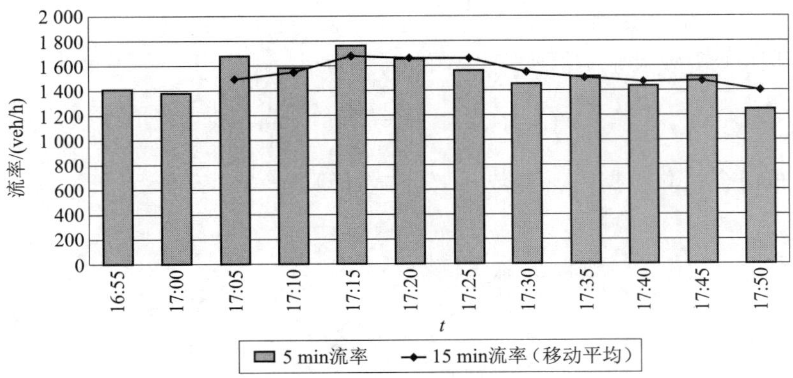

图 3-2　典型的单位时间内的车辆到达数量分布的直方图

3.2.1 泊松分布

1. 基本公式

泊松（Poisson）分布的分布函数为

$$P(X = x) = \frac{(\lambda t)^{x}\,\mathrm{e}^{-\lambda t}}{x!},\ x = 0,1,2,\cdots \tag{3-1}$$

式中：

$P(X=x)$——在计数时间 t 内，事件 X 发生 x 次的概率；

λ ——单位时间内平均发生的事件次数；

t——计数时间，如一个信号周期；

e——自然对数底，取 2.718。

若记 $m=\lambda t$，则 m 为时间 t 内平均发生的事件次数，式（3-1）可表示为

$$P(X = x) = \frac{m^{x}\,\mathrm{e}^{-m}}{x!},\ x=0,1,2,\cdots \tag{3-2}$$

如果 X 表示时间 t 内到达的车辆数，则由式（3-2）可计算时间 t 内恰好到达 x 辆车的概率。同样，可计算以下事件发生的概率。

时间 t 内到达车辆数小于 x 的概率为

$$P(X < x) = \sum_{i=0}^{x-1} \frac{m^{i}\,\mathrm{e}^{-m}}{i!} \tag{3-3}$$

时间 t 内到达车辆数小于或等于 x 的概率为

$$P(X \leqslant x) = \sum_{i=0}^{x} \frac{m^{i}\,\mathrm{e}^{-m}}{i!} \tag{3-4}$$

时间 t 内到达车辆数大于 x 的概率为

$$P(X > x) = 1 - \sum_{i=0}^{x} \frac{m^{i}\,\mathrm{e}^{-m}}{i!} \tag{3-5}$$

时间 t 内到达车辆数大于或等于 x 的概率为

$$P(X \geqslant x) = 1 - \sum_{i=0}^{x-1} \frac{m^{i}\,\mathrm{e}^{-m}}{i!} \tag{3-6}$$

时间 t 内到达车辆数大于 x 但不超过 y 的概率为

$$P(x < X \leqslant y) = \sum_{i=x+1}^{y} \frac{m^{i}\,\mathrm{e}^{-m}}{i!} \tag{3-7}$$

用泊松分布拟合观测数据时，参数 m 按下式计算

$$m = \frac{\text{观测的总车辆数}}{\text{总计间隔数}} = \frac{\sum_{i=1}^{n} x_i f_i}{\sum_{i=1}^{n} f_i} = \frac{\sum_{i=1}^{n} x_i f_i}{N} \tag{3-8}$$

式中：

n——观测数据分组数；

f_i——计数间隔 t 内到达 x_i 辆车这一事件发生的次（频）数；

x_i——计数间隔 t 内的到达数或各组的中值；

N——观测的总计间隔数。

2. 递推公式

当 $x=0$ 时，则

$$P(X=0)=\mathrm{e}^{-m} \tag{3-9}$$

当 $x\geqslant 1$ 时，则

$$P(X=x)=\frac{m}{x}P\ (X=x-1) \tag{3-10}$$

3. 分布的均值 μ 和方差 V 都等于 λt

由概率论可知，泊松分布的均值 μ 和方差 V 都等于 λt，而观测数据的均值 m 和方差 S^2 均为无偏估计。因此，当 S^2/m 显著地不等于 1 时，则意味着泊松分布拟合不合适，在实际应用中，常用此作为能否应用泊松分布拟合观测数据分布的初始判据。S^2 可按下式计算

$$S^2=\frac{1}{N-1}\sum_{i=1}^{N}(x_i-m)^2=\frac{1}{N-1}\sum_{i=1}^{n}(x_i-m)^2 f_i \tag{3-11}$$

4. 适用条件

车流密度不大，车辆间相互影响微弱，其他外界干扰因素基本上不存在，即车流是随机的，此时泊松分布可能较好地拟合观测数据。

5. 应用举例

例 3.1 设 60 辆车随机分布在 4 km 长的道路上，求任意 400 m 路段上有 4 辆车及 4 辆以上车的概率。

解：把式（3-1）中的 t 理解为计算车辆数的空间间隔，则本例在空间上的分布服从泊松分布，即

$$t=400\ \mathrm{m},\lambda=60/4\ 000\ (\mathrm{veh/m}),\lambda t=6\ (\mathrm{veh})$$

$$P(X=0)=\frac{6}{0!}\mathrm{e}^{-6}=0.002\ 5,P(X=1)=\frac{6}{1}P(X=0)=0.015$$

$$P(X=2)=\frac{6}{2}P(X=1)=0.045,P(X=3)=\frac{6}{3}P(X=2)=0.09$$

不足 4 辆车的概率为

$$P(X<4)=\sum_{i=0}^{3}P(X=i)=0.152\ 5$$

4 辆车及 4 辆以上车的概率为

$$P(X\geqslant 4)=1-P(X<4)=0.847\ 5$$

本例中的各项概率可不必通过计算，直接查泊松分布的有关数表而得出。

例 3.2 某信号灯交叉口的周期为 $C=97$ s，有效绿灯时间 $g=44$ s，在有效绿灯时间内排队的车流以 $s=900$ veh/h 的流量通过交叉口，在有效绿灯时间外到达的车辆要停车排队。设信号灯交叉口上游车辆的到达率 $q=369$ veh/h，服从泊松分布，求使到达车辆不致两次排队的周期能占的最大百分率。

解： 由于车流只能在有效绿灯时间内通过，所以一个周期能通过的最大车辆数 $A=gs=44\times900/3\ 600=11$（veh），如果某周期到达的车辆数 N 大于 11 veh，则最后到达的（$N-11$）辆车就不能在本周期内通过而发生两次排队。在泊松分布公式中，有

$$\lambda t=\frac{369\times97}{3\ 600}=9.9\ (\text{veh})$$

查累积的泊松分布表可得，到达车辆大于 11 辆的周期出现的概率为

$$P(X\geqslant11)=0.29$$

不发生两次排队的周期最多占 71%。

例 3.2 的车流如果按每周期 10 辆均匀到达，则任何车辆最多在本周期排一次队就能通过交叉口，但实际车流的到达是时疏时密的，这样就使绿灯时间不能被充分利用。因此，从平均角度来看，每周期都能顺畅通过的车流实际上却会遇到一些不顺畅的周期，由此可看出概率分布的理论和方法是怎样揭示出车流运行的内在规律的。

例 3.3 某路段交通流量为 360 veh/h，车辆到达符合泊松分布。求：（1）在 95% 的置信度下，每 60 s 的最多来车数。（2）在 1 s、2 s、3 s 时间内无车的概率。

解：（1）根据题意，每 60 s 的平均来车数 m 为

$$m=\frac{360\times60}{3\ 600}=6\ (\text{veh})$$

于是，由式（3-2）知，来车分布为

$$P(X=x)=\frac{m^x\mathrm{e}^{-m}}{x!}=\frac{6^x\mathrm{e}^{-6}}{x!}$$

按式（3-10）的递推公式计算，结果见表 3-1。

表 3-1 递推计算结果

x	$P(X=x)$	$P(X\leqslant x)$	x	$P(X=x)$	$P(X\leqslant x)$
0	0.002 5	0.002 5	6	0.162 0	0.611 5
1	0.015 0	0.017 5	7	0.138 9	0.750 4
2	0.045 0	0.062 5	8	0.104 1	0.854 5
3	0.090 0	0.152 5	9	0.069 4	0.923 9
4	0.135 0	0.287 5	10	0.014 7	0.965 6
5	0.162 0	0.449 5			

因此，根据计算结果，在 95% 的置信度下每 60 s 的最多到达车辆数少于 10。

（2）当 $t=1$ s 时，$m=0.1$，由式（3-2）知，1 s 内无车的概率为

$$P(X=0)=\frac{0.1^0\mathrm{e}^{-0.1}}{0!}=0.905$$

同理，当 $t=2$ s 时，$m=0.2$，$P(0)=0.818\ 7$；当 $t=3$ s 时，$m=0.3$，$P(0)=0.740\ 8$。

3.2.2 二项分布

1. 基本公式

$$P(X=x)=C_n^x\left(\frac{\lambda t}{n}\right)^x\left(1-\frac{\lambda t}{n}\right)^{n-x},x=0,1,2,\cdots,n \tag{3-12}$$

式中：

$P(X=x)$——在计数间隔 t 内到达 x 辆车或 x 个人的概率；

λ——单位时间间隔的平均到达率，veh/s 或人/s；

t——每个计数间隔持续的时间（s）或距离（m）；

n——正整数。

$$C_n^x=\frac{n!}{x!\ (n-x)\ !}$$

通常记 $p=\lambda t/n$，则二项分布可写成

$$P(X=x)=C_n^x p^x(1-p)^{n-x},x=0,1,2,\cdots,n \tag{3-13}$$

式中：

n，p——二项分布的参数，$0<p<1$。

如果用 X 表示给定的时间内到达的车辆数，则到达车辆数小于 x 的概率为

$$P(X<x)=\sum_{i=0}^{x-1}C_n^i p^i(1-p)^{n-i} \tag{3-14}$$

到达车辆数大于 x 的概率为

$$P(X>x)=1-\sum_{i=0}^{x}C_n^i p^i(1-p)^{n-i} \tag{3-15}$$

2. 递推公式

当 $x=0$ 时，

$$P(X=0)=(1-p)^n \tag{3-16}$$

当 $x\geqslant 1$ 时，

$$P(X=x)=\frac{n-x+1}{x}\cdot\frac{p}{1-p}P(X=x-1) \tag{3-17}$$

3. 分布的均值 μ 和方差 V

$$\mu=np,V=np(1-p) \tag{3-18}$$

显然有 $V<\mu$，这是二项分布与泊松分布的显著区别，它表征二项分布到达的均匀程度高于泊松分布。

如果通过观测数据计算出样本均值 m 和方差 S^2，则可分别代替 μ 和 V，用以下两式求出 p 和 n 的估计值为

$$p=\frac{m-S^2}{m},n=\frac{m^2}{m-S^2} \tag{3-19}$$

其中，m 和 S^2 可按以下两式计算

$$m=\frac{1}{N}\sum_{i=1}^{N}x_i,S^2=\frac{1}{N-1}\sum_{i=1}^{N}(x_i-m)^2 \tag{3-20}$$

式中：

N——观测的计数间隔数；

x_i——第 i 个计数间隔内的车辆到达数。

4. 适用条件

车流比较拥挤、自由行驶机会不多的车流用二项分布拟合较好。此外，已知二项分布均值 m 大于方差 V，当观测数据表明 S^2/m 显著大于 1 时，表明二项分布可能不适合。

5. 应用举例

例 3.4 在某条公路上，上午高峰期间，以 15 s 间隔观测到达车辆数，得到的结果见表 3-2，试用二项分布拟合。

表 3-2 某条公路上午高峰期间以 15 s 间隔观测车辆到达的数据

车辆到达数 x_i	<3	3	4	5	6	7	8	9	10	11	12	>12
包含 x_i 的间隔出现次数	0	3	0	8	10	11	10	11	9	1	1	0

解： $m=\frac{1}{N}\sum_{i=1}^{N}x_i=\frac{3\times 3+4\times 0+\cdots+12\times 1}{3+0+\cdots+1}=7.469$

$$S^2=\frac{1}{N-1}\sum_{i=1}^{N}(x_i-m)^2$$

$$=\frac{1}{64-1}(3^2\times 3+4^2\times 0+\cdots+12^2\times 1-64\times 7.469^2)=3.999$$

因为 $S^2<m$，用二项分布拟合是合适的。用式（3-19）计算出分布的两个参数：

$$p=\frac{7.469-3.999}{7.469}=0.465$$

$$n=\frac{7.469}{0.465}=16.06 \quad 取为 16$$

因此，拟合表 3-2 数据的二项分布的分布函数为

$$P(X=x)=C_{16}^{x}\times 0.465^{x}\times 0.535^{16-x}$$

例 3.5 在某交叉口最新的改善措施中，欲在入口引道设置一条左转弯候车道，为此需要预测一个周期内到达的左转弯车辆数。经研究发现，来车符合二项分布，并且每个周期内平均到达 20 辆车，有 25% 的车辆左转。求：

（1）左转车的 95% 置信度的来车数。

（2）到达 5 辆车中有 1 辆左转车的概率。

解：（1）由于每个周期平均来车数为 20 辆，而左转车只占 25%，所以左转车 X 的分布为二项分布：$P(X=x)=C_{20}^{x}\times 0.25^{x}\times 0.75^{20-x}$，因此，置信度为 95% 的来车数

$x_{0.95}$应满足：

$$P(X \leqslant x_{0.95}) = \sum_{i=0}^{x_{0.95}} C_{20}^{i} p^{i} (1-p)^{20-i} \leqslant 0.95$$

计算可得：$P(X \leqslant 9) = 0.928$，$P(X \leqslant 10) = 0.970$。因此，可令 $x_{0.95}=9$，即左转的95%置信度的来车数为9。

（2）由题意可知，到达左转车服从二项分布：

$$P(X=x) = C_5^x \times 0.25^x \times 0.75^{5-x}$$

所以

$$P(X=1) = C_5^1 \times 0.25^1 \times 0.75^{5-1} = 0.395\ 5$$

即到达5辆车中有1辆左转车的概率为39.55%。

例3.6 某交叉口进口道，在采样间隔内到达的车辆数平均为10辆，车辆到达符合二项分布，其中有30%为右转车，求在所给定的周期中，不发生右转的车辆的概率是多少？

解：由题意可知：

$$n=10,\ k=0,\ p=0.30,\ 1-p=0.70$$

$$P(0) = C_n^0 \times p^0 \times (1-p)^{n-0} = 0.028$$

因此，在给定的周期中，不发生右转的车辆的概率为2.8%。

3.2.3 负二项分布

1. 基本公式

$$P(X=x) = C_{x+k-1}^{k-1} p^k (1-p)^x,\ x=0,1,2,\cdots \tag{3-21}$$

式中：

p，k——负二项分布参数，$0<p<1$，k为正整数。

如果用X表示给定的时间内到达的车辆数，可计算到达车辆数小于x的概率为

$$P(X<x) = \sum_{i=0}^{x-1} C_{i+k-1}^{k-1} p^k (1-p)^i \tag{3-22}$$

到达车辆数大于x的概率为

$$P(X>x) = 1 - \sum_{i=0}^{x} C_{i+k-1}^{k-1} p^k (1-p)^i \tag{3-23}$$

2. 递推公式

当$x=0$时，

$$P(X=0) = p^k \tag{3-24}$$

当$x \geqslant 1$时，

$$P(X=x) = \frac{x+k-1}{x} \cdot (1-p) P(X=x-1) \tag{3-25}$$

3. 分布的均值μ和方差V

$$\mu = \frac{k(1-p)}{p},\ V = \frac{k(1-p)}{p^2} \tag{3-26}$$

显然有 $\mu<V$，当用负二项分布拟合观测数据时，可以利用样本均值 m 和方差 S^2 代替 μ、V，参数 p、k 可由下列关系式估算：

$$p = m/S^2, k = \frac{m^2}{S^2 - m}\text{（取整数）} \tag{3-27}$$

4. 适用条件

当观测 S^2/m 显著地大于 1 时，特别是当计数过程包括高峰期和非高峰期时，交通量变化较大，用负二项分布描述车辆的到达可能是个较好的选择。当计数间隔较小时，会出现大流量时段与小流量时段，也可用负二项分布拟合观测数据。

3.2.4 离散型分布的拟合优度检验

以上讨论了交通流理论中常用的分布，但在实际应用中，往往很难知道所研究对象的具体分布，而是基于一定的经验，假设其服从某一分布，这种假设是否正确可以用拟合优度检验方法——χ^2 检验加以验证。在交通工程中，χ^2 检验是常用的方法，当现场实测一组交通数据后，若要确定它是否符合某种分布及分布的参数值是多少，就需要进行数据拟合检验。当理论分布与一组观测数据之间的拟合进行比较时，可以用 χ^2 检验评价拟合质量。

1. χ^2 检验解决两类问题

（1）随机变量 x 是否服从某完全给定的概率分布。这里所谓“完全给定的概率分布”，是指不仅给出概率分布的函数式，而且还给出该分布所有各参数的值。

（2）随机变量是否服从某形式的概率分布。这里只是指定了呈什么形式分布（如泊松分布），但并不给出该分布的参数（如泊松分布的 m 值），此时，只好用样本材料去估计该分布的参数。

2. χ^2 检验基本原理及步骤

（1）建立原假设 H_0：随机变量 x 服从该完全给定的概率分布。

（2）选择适宜的统计量。由于样本频率分布在一定条件下又可作为假设概率分布的估计，如果 H_0 成立，那么假设概率分布应与样本频率分布相差不太远。反之，如果样本频率分布与假设概率分布相差甚远，就有理由否定 H_0。

设样本频率分布第 i 组的频数为 f_i，假设概率分布在该组区间上相应的概率为 p_i，若 N 是样本容量，则 $N \cdot p_i$ 就是假设的概率分布存在第 i 组的频数，记为 F_i，称为理论频数。如果 H_0 确实成立，那么 f_i 与 F_i（$i=1, 2, \cdots, g$）应相差不大。这样，可以建立统计量 χ^2：

$$\chi^2 = \sum_{i=1}^{g} \frac{(f_i - F_i)^2}{F_i} = \left(\sum_{i=1}^{g} \frac{f_i^2}{F_i} \right) - N \tag{3-28}$$

（3）确定统计量的临界值。可以证明，在 $N \to \infty$，$g \to \infty$ 时，上述统计量趋向于自由度为 $g-1$ 的 χ^2 分布。在实际应用中，当 N 相当大时，就可应用 χ^2 分布确定上述统计量的临界值 χ^2_α，作为取舍 H_0 的根据。

当选定了显著水平 α 后，根据自由度 ν 的值，可以由表 3-3 查出临界值。

表 3-3 χ^2分布表

ν	α			ν	α		
	0. 10	0. 05	0. 01		0. 10	0. 05	0. 01
1	2. 706	3. 841	6. 635	16	23. 542	26. 296	32. 000
2	4. 605	5. 991	9. 210	17	24. 669	27. 587	33. 409
3	6. 251	7. 815	11. 341	18	25. 989	28. 869	34. 805
4	7. 779	9. 488	13. 277	19	27. 204	30. 144	36. 191
5	9. 236	11. 070	15. 086	20	28. 412	31. 410	37. 566
6	10. 645	12. 592	16. 812	21	29. 615	32. 071	38. 932
7	12. 017	14. 067	18. 475	22	30. 813	33. 924	40. 289
8	13. 362	15. 507	20. 090	23	32. 007	35. 172	41. 638
9	14. 684	16. 919	21. 666	24	33. 196	36. 415	42. 980
10	15. 987	18. 307	23. 209	25	34. 382	37. 652	44. 314
11	17. 275	19. 625	24. 725	26	35. 563	38. 885	45. 642
12	18. 549	21. 026	26. 217	27	36. 741	40. 113	46. 963
13	19. 712	22. 362	27. 688	28	37. 916	41. 337	48. 278
14	21. 064	23. 685	29. 141	29	39. 087	42. 557	49. 588
15	22. 307	24. 996	30. 578	30	40. 256	43. 773	50. 892

（4）求统计检验结论。比较χ^2的计算值与临界值χ^2_α，若$\chi^2 \leqslant \chi^2_\alpha$，则接受$H_0$，即认为随机变量$x$服从假设的概率分布。若$\chi^2 > \chi^2_\alpha$，则不接受原假设$H_0$。

3. χ^2检验的注意事项

（1）总频数应比较大，即样本容量应比较大。

（2）分组应连续，各组的p_i应较小，这意味着分组数g应较大，通常要求g不小于5。

（3）各组内的理论频数F_i不得小于5。如果组内的理论频数F_i小于5，则应将相邻的若干组合并，直至合并后的理论频数大于5为止，但此时应以合并后的实有组数作为确定χ^2时所取用的g值。

（4）确定χ^2自由度ν。当χ^2检验用来解决“某随机变量x是否服从某完全给定的概率分布”这类问题时，ν由下式计算：

$$\nu = g-1 \tag{3-29}$$

若用来解决“某随机变量x是否服从某形式的概率分布”这类问题时，由于只给出什么分布，但没有给出该分布的参数取什么值，这时ν由下式计算：

$$\nu = g-q-1 \tag{3-30}$$

式中：

q——约束数。

由于概率分布的参数值没有给出，计算p_i值时只好由样本资料先对参数做点估计，在所设分布中填入参数的点估计值后计算p_i或F_i值。约束数q就是在概率分布中需要由样本估计的参数个数。常用离散型分布的约束数 q 及自由度 ν 列于表 3-4 中。

表 3-4　常用离散型分布的约束数 q 及自由度 ν

分　布	q	ν
泊松分布	1	$g-2$
二项分布	2	$g-3$
负二项分布	2	$g-3$

（5）置信度水平 α 的取值。由于实测资料是样本，要由样本对总体假设做某种判断，不可能有百分之百的把握，因此，有可能做出“弃真”或“取伪”的错误判断。置信度水平 α 实际上就是“弃真”的概率，置信度水平为 0.05 的含义是指在假设确属成立的前提下，每 100 次检验中，平均有 5 次本应接受的假设却被拒绝了，即犯了统计学中所讲的统计检验的第一类错误。当 ν 固定时，α 取值越大，意味着假设被拒绝的可能性越大。α 取值越小，意味着假设被接受的可能性越大，被拒绝的可能性越小。但正如统计学中所指出的统计检验的第二类错误那样，α 取偏小的值时，“弃真”的可能性减小了，但“取伪”的可能性却增加了，即本来应该拒绝的假设却被接受了。在交通工程中，常见 α 取值有 0.05 和 0.10。

4. 应用举例

例 3.7　试用泊松分布拟合到达车辆分布。

在某段公路上，观测到达机动车车辆数，以 5 min 为计数间隔，结果见表 3-5。试求 5 min 内到达车辆数的分布并检验。

表 3-5　车辆到达观测结果统计

序号	来车数 x_i	观测频数 f_i	$P(X=x_i)$	理论频数 F_i		f_i-F_i	$(f_i-F_i)^2$	$(f_i-F_i)^2/F_i$
1	0	3	0.008 6	2.83	16.28	0.72	0.518 4	0.031 843
2	1	14	0.041 0	13.45				
3	2	30	0.097 4	31.06	31.06	1.06	1.123 6	0.036 175
4	3	41	0.154 4	50.63	50.63	-9.63	92.736 9	1.831 66
5	4	61	0.183 4	60.16	60.16	0.84	0.705 6	0.011 729
6	5	69	0.174 4	57.19	57.19	11.81	139.476 1	2.438 82
7	6	46	0.138 1	45.31	45.31	0.69	0.476 1	0.010 508
8	7	31	0.093 8	30.76	30.76	0.24	0.057 6	0.001 873
9	8	22	0.055 7	18.28	18.28	3.72	13.838 4	0.757 024
10	9	8	0.029 4	4.65	14.43	-3.43	11.764 9	0.815 308
11	10	2	0.014 0	6.59				
12	11	0	0.006 0	1.98				
13	>11	1	0.003 8	1.21				
	总计	328	1.00	328.00		—	—	

解：根据表 3-5 所给出的数据，可知

观测频数为

$$N = \sum_{i=0}^{12} f_i = 328$$

样本均值为

$$m = \frac{\sum_{i=0}^{12} x_i f_i}{\sum_{i=0}^{12} f_i} = \frac{1\,559}{328} \approx 4.753$$

样本方差为

$$S^2 = \frac{1}{N-1}\sum_{i=0}^{12}(x_i - m)^2 f_i = 4.186$$

计算：$\frac{S^2}{m} = \frac{4.186}{4.753} = 0.881$，接近 1.00，可用泊松分布拟合观测数据。拟合过程见表 3-5 第 3～8 列。

统计量χ^2：

$$\chi^2 = \sum_{i=0}^{9} \frac{(f_i - F_i)^2}{F_i} = 5.935$$

在表 3-5 第 5 列中，组序号为 1 的理论频数小于 5，故把其与第 2 组合并，同理，把第 10～13 组合并，则合并后的组数为 9。由于没有给出泊松分布参数值，因而用样本均值估计参数值，根据“估计一个参数损失一个自由度”的原则，最后确定自由度 $\nu=9-1-1=7$，查χ^2分布的分位数表，有$\chi^2_{0.05} = 14.067 > 5.935$。因此，不能拒绝车辆到达数服从泊松分布的假设。

因此，每 5 min 内到达的车辆数可用泊松分布拟合，分布函数为

$$P(X = x) = \frac{4.753^x \mathrm{e}^{-4.753}}{x!}$$

3.3 交通流参数的连续型分布

在交通工程中，连续型分布也可用于描述车辆到达的另一个随机特性，如车头时距分布（见图 3-3）。常用的连续型分布有负指数分布、移位负指数分布和埃尔朗分布。

车头时距的大小影响车辆运行安全、道路服务水平、驾驶行为和道路通行能力。车辆之间必须保持一定的车头时距，以确保行车安全；车头时距的分布情况决定了超车、合流和穿行机会及道路通行能力等。因此，进行道路设计、交通管理需要了解车头时距及其分布特性。

3.3.1 负指数分布

1. 基本公式

$$P(h \geq t) = \mathrm{e}^{-\lambda t} \tag{3-31}$$

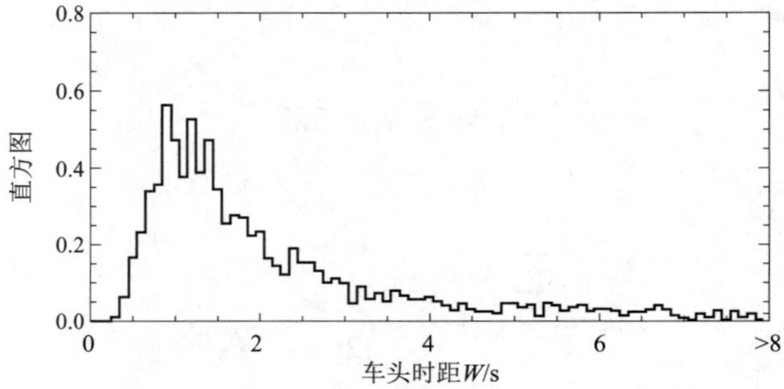

图 3-3　车头时距观测值的直方图（Doenkade）

式中：

$P(h \geqslant t)$ ——到达的车头时距 h 大于或等于 t 秒的概率（其概率曲线见图 3-4）；

λ ——车流的平均到达率，veh/s。

则车头时距小于 t 的概率为

$$P(h < t) = 1 - e^{-\lambda t} \tag{3-32}$$

其概率曲线如图 3-5 所示。

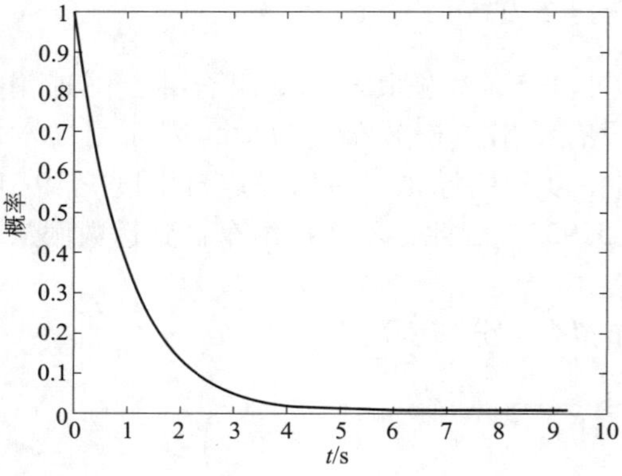

图 3-4　车头时距 $h_t \geqslant t$ 的概率曲线（$\lambda=1$）

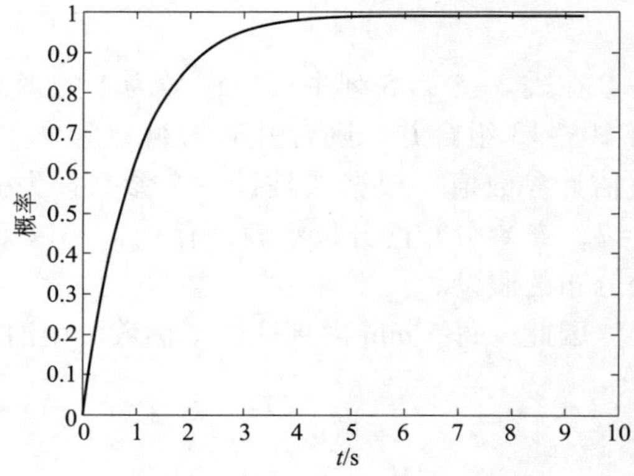

图 3-5　车头时距 $h_t < t$ 的概率曲线（$\lambda=1$）

负指数分布的基本公式可以用泊松分布公式推导出来。设车流对于任意的间隔时间 t，其到达分布均服从泊松分布，则对任意 t，如果在 t 内无车辆到达，则上次车到达和下次车到达之间，车头时距至少有 t，换言之，有

$$P(X = 0) = e^{-\lambda t} = P(h \geqslant t) \tag{3-33}$$

若 Q 表示每小时的交通量，则 $\lambda = \dfrac{Q}{3\,600}$（veh/s），式（3-33）可以写成

$$P(h \geqslant t) = e^{-Qt/3\,600} \tag{3-34}$$

2. 概率密度函数

负指数分布的概率密度函数为

$$P(t) = \frac{d}{dt}P(h < t) = \frac{d}{dt}[1 - P(h \geqslant t)] = \lambda e^{-\lambda t} \tag{3-35}$$

于是

$$P(h \geqslant t)=\int_{t}^{\infty} P(t)\,\mathrm{d}t=\int_{t}^{\infty} \lambda \mathrm{e}^{-\lambda t}\mathrm{d}t=\mathrm{e}^{-\lambda t} \tag{3-36}$$

$$P(h<t)=\int_{0}^{t} P(t)\,\mathrm{d}t=\int_{0}^{t} \lambda \mathrm{e}^{-\lambda t}\mathrm{d}t=1-\mathrm{e}^{-\lambda t} \tag{3-37}$$

3. 分布的均值μ 和方差 V

$$\mu=\frac{1}{\lambda}, \quad V=\frac{1}{\lambda^{2}} \tag{3-38}$$

用样本均值 m 代替 μ 或用样本方差 S^2 代替 V，可得负指数分布的参数 λ。

4. 适用条件

负指数分布适用于车辆到达是随机的、有充分超车机会的单列车流和密度不大的多列车流的情况。通常认为当不间断车流量小于或等于 500 veh/（h · ln）时，用负指数分布描述车头时距是符合实际的。

负指数分布的概率密度函数曲线是随车头时距 h 单调递降的，这说明车头时距越短，其出现的概率越大。这种情形在不能超车的单列车流中是不可能出现的，因为车辆的车头之间至少应为一个车身长，所在车头时距必有一个大于零的最小值 τ 。负指数分布应用的局限性也在于此。

5. 在无信号“十”字形交叉口的作用

设无信号“十”字形交叉口相交道路均为单向行驶交通，其中一条为主干道，另一条为次要道路。在主干道上的车流享有优先通行权，在次要道路上的车流必须给主干道上的车流让路。设主干道上车流的车头时距为 H，只有当 H 比较长时，次要道路上的车流才能在主干道车流两车之间穿越而通过交叉口。H 越长，则可让次要道路上的车流穿越的车辆数越多。当主干道车流流量为零时，设次要道路上的车流的通行能力为λ_1（veh/s），称 $a_0=\dfrac{1}{\lambda_1}$ 为次要道路上的车流的饱和车头时距。a_0 也就是次要道路上的车流的最小车头时距。假设主干道上车流的最小车头时距也是 a_0 ，那么只有当它的车头时距 H 大于 $2a_0$ 时，才能让次要道路上的等候车流中的一辆车穿越 H，否则穿越车就会与主干道上车流的前车或后车形成一个小于 a_0 的车头时距，这就与 a_0 为最小车头时距的假设相矛盾，从而容易引发两车横撞事故。若主干道上车流中能让次要道路上的车流的最短车头时距为 a，则如前所述，a 必须不短于 $2a_0$ 。若主干道上车流的流量为 λ（veh/s），λ 越大，能让次要道路上的车流穿越的车辆数越少，记一个小时内次要道路上的车流能穿越的车辆数为 $c_{次}$ ，则 $c_{次}$ 是 λ 的一个递减函数。确定该函数有两种常用的方法：级数法和积分法。

1）*级数法*

设次要道路上的车流总能保证时时有 n 辆车在排队等候穿越。

把 H 出现的范围从小到大分成 $n+2$ 挡，各挡的出现概率及次要道路上的车流可穿越车数见表 3-6。表 3-6 第 3 列的 3 600λ 为主干道上车流一小时通过的车辆数，即一小时内拥有的车头时距 H 的个数，因此 3 600λP_k 就是车头时距在范围 $a+(k-1)a_0 \leqslant H<a+ka_0$ 内出现的次数，而每次都能让等候的 K 辆车穿越，于是 3 600$\lambda P_k k$ 就等于上述范围的那些车头时距可让次要道路上的车流穿越的总车辆数。对所有（$n+2$）个范围的总车辆数求和，

就是

$$c_{次} = 0 \times P_0 + 3\,600\lambda \sum_{k=1}^{n} k\,P_k + 3\,600\lambda\; nP_{n+1} \tag{3-39}$$

表 3-6 各挡 H 的可穿越车辆数

H 的范围	概率	可穿越车数
$H < a$	P_0	0
$a \leqslant H < a + a_0$	P_1	$3\,600\lambda\ P_1 \times 1$
$a + a_0 \leqslant H < a + 2a_0$	P_2	$3\,600\lambda\ P_2 \times 2$
⋮	⋮	⋮
$a + (k-1)\,a_0 \leqslant H < a + ka_0$	P_k	$3\,600\lambda\ P_k \times k$
⋮	⋮	⋮
$a + (n-1)\,a_0 \leqslant H < a + na_0$	P_n	$3\,600\lambda\ P_n \times n$
$a + na_0 \leqslant H$	P_{n+1}	$3\,600\lambda\ P_{n+1} \times (n+1)$

进一步假定 H 服从负指数分布，那么式（3-39）第二项中的 n 项之和应是

$$\begin{aligned}\sum_{k=1}^{n} kP_k &= \mathrm{e}^{-\lambda a} - \mathrm{e}^{-\lambda(a+a_0)} + 2\mathrm{e}^{-\lambda(a+a_0)} - 2\mathrm{e}^{-\lambda(a+2a_0)} + \cdots + (n-1)\mathrm{e}^{-\lambda[a+(n-2)a_0]} - \\ &\quad (n-1)\,\mathrm{e}^{-\lambda[a+(n-2)a_0]} + n\mathrm{e}^{-\lambda[a+(n-1)a_0]} - n\mathrm{e}^{-\lambda[a+na_0]} \\ &= \mathrm{e}^{-\lambda a} + \mathrm{e}^{-\lambda(a+a_0)} + \mathrm{e}^{-\lambda(a+2a_0)} + \cdots + \mathrm{e}^{-\lambda[a+(n-1)a_0]} - n\mathrm{e}^{-\lambda[a+na_0]} \\ &= \mathrm{e}^{-\lambda a}\left[1 + \mathrm{e}^{-\lambda a_0} + \mathrm{e}^{-2\lambda a_0} + \cdots + \mathrm{e}^{-(n-1)\lambda a_0}\right] - P_{n+1} \\ &= \mathrm{e}^{-\lambda a}\,\frac{1 - \mathrm{e}^{-n\lambda a_0}}{1 - \mathrm{e}^{-\lambda a_0}}\end{aligned}$$

最后，可得

$$c_{次} = 3\,600\lambda\ \mathrm{e}^{-\lambda a}\,\frac{1 - \mathrm{e}^{-n\lambda a_0}}{1 - \mathrm{e}^{-\lambda a_0}} \tag{3-40}$$

如果次要道路进口道充分长（两个交叉口之间距离充分远），可容纳无穷多辆次要道路上的车辆排队等候穿越，那么式（3-40）可化为

$$c_{次} = 3\,600\lambda\ \mathrm{e}^{-\lambda a}/(1 - \mathrm{e}^{-\lambda a_0}) \tag{3-41}$$

称

$$\Delta(n) = 1 - \mathrm{e}^{-n\lambda a_0} \tag{3-42}$$

为次要道路上的车流车道长度对通行能力的折减系数，简称车道长度折减率。

式（3-40）中：$3\,600\lambda\,\mathrm{e}^{-\lambda a}$ 为主干道车流每小时车头时距大于 a 秒的个数；$\dfrac{1 - \mathrm{e}^{-n\lambda a_0}}{1 - \mathrm{e}^{-\lambda a_0}}$ 为每个这样的车头时距能让次要道路上的车流穿越的平均车辆数。用微分学知识，不难证明由式（3-41）确定的 $c_{次}$ 是 λ 的减函数。当 $\lambda \to \infty$时，$c_{次} \to 0$。

如果 H 不服从负指数分布，用级数法不一定能推导出关于 $c_{次}$ 的如式（3-40）那样简单明了的表达式，此时可引用积分法。

2）积分法

设次要道路上的车流的车道可容纳无穷辆车排队等候穿越，H 的概率密度为 $p(t)$，其

他假设与级数法相同。

对于任一大于 a 的 t 及微小增量 Δt，H 在 $t \sim t+\Delta t$ 范围内的概率为 $\Delta tp(t)$，一小时内 H 在该范围内出现的次数为 $3\,600\lambda\Delta tp(t)$。把 H 分割成 a 与 a_0 之和，通过理论推导可知：H 可让次要道路车流穿越的车数为 $0.5+\dfrac{H-a}{a_0}$，于是一小时内在 $t \sim t+\Delta t$ 范围内的那些 H 可让次要道路上的车流穿越的车辆数为

$$3\,600\lambda\Delta tp(t)\left(0.5+\frac{H-a}{a_0}\right)$$

令 $\Delta t \to 0$，并对其从 $t=a$ 到 $t=\infty$求和，就可得到

$$c_{次}=\int_a^{\infty}3\,600\lambda\Delta tp(t)\left(0.5+\frac{H-a}{a_0}\right)\mathrm{d}t \tag{3-43}$$

可以验证，按级数法推导的式（3-41）与积分法推导的式（3-43）一致。关于积分法的具体理论推导过程，这里不再赘述。

设 H 服从负指数分布，车道长度折减率等于1，将

$$p(t)=\frac{\mathrm{d}}{\mathrm{d}t}(1-\mathrm{e}^{-\lambda t})=\lambda\mathrm{e}^{-\lambda t} \tag{3-44}$$

代入式（3-43），可得

$$c_{次}=3\,600\lambda\,\mathrm{e}^{-\lambda a}\left(0.5+\frac{1}{\lambda a_0}\right) \tag{3-45}$$

经验指出，完全由小轿车组成的车流，若流量不超过 600 veh/h，车头时距会服从负指数分布，此时若假设 $a=5$ s，$a_0=2.5$ s，则对应于主干道车流的不同流量 λ，可算出 $c_{次}$，见表 3-7。

表 3-7 不同流量 λ 的 $c_{次}$ 值

λ/	(veh/h)	100	200	300	400	500	600
	(veh/s)	0.027 8	0.055 6	0.083 3	0.111	0.139	0.167
$c_{次}$/（veh/h）		1 297	1 166	1 048	941	844	755

可以看出，主干道车流流量越高，次要道路上的车流达到的通行能力越低。

6. 在信号交叉口人行横道线上行人通行能力研究中的应用

在信号交叉口某个进口道的人行横道线上，在该进口道车流的红灯期，行人可自由地在横道线上穿过道路，设饱和人流是以并排方式穿过的，每排 a 人，穿越能力为 a_1 排/s。在饱和绿灯期内，行人不得穿行。在非饱和绿灯期 g_u 内，车流的车头时距服从负指数分布，分布的参数 λ 就是该车流的流量，车头时距 H 超过 β 秒，行人才可穿行，可穿行的排数为

$$n_2=1+(H-\beta)a_1 \tag{3-46}$$

那么仿照上文的推导，在 g_u 期内可穿过的排数为

$$c_1=g_u\,\mathrm{e}^{-\lambda\beta}(\lambda+a_1) \tag{3-47}$$

一个周期内可穿过的行人数应为

$$c_2=r\,a_1a+g_u\,a\mathrm{e}^{-\lambda\beta}(\lambda+a_1) \tag{3-48}$$

每小时可穿过的行人数，即通行能力应为

$$c_{人} = \frac{3\ 600a}{r+g}[r a_1 + g_u e^{-\lambda\beta}(\lambda + a_1)] \tag{3-49}$$

式中：

$g_u = g - g_s = g - \frac{r\lambda}{s-\lambda}$，

g——有效绿灯时间；

s——该进口道的饱和流量，单位与 λ 相同，veh/s；

r——红灯时间，s。

例 3.8 某信号灯交叉口的一条进口道上的周期时间 $C=110$ s，有效绿灯时间 $g=50$ s，饱和流量 $s=1\ 400$ veh/h，到达流量 $q=400$ veh/h，车头时距服从负指数分布，横道线上行人穿越规则如前文所述，且每排人数 $a=5$，每秒可穿越排数 $a_1=2.4$，最小可穿越车头时距 $\beta=10$ s，求行人在横道线上的通行能力 $c_{人}$。

解：

$$\lambda = \frac{q}{3\ 600} = \frac{400}{3\ 600} = 0.111\ (\text{veh/s})$$

$$g_u = 50 - \frac{(110-50)\times 400}{1\ 400 - 400} = 26\ (\text{s})$$

$$c_{人} = \frac{3\ 600\times 5}{110}[60\times 2.4 + 26\,e^{-0.111\times 10}(0.111+2.4)] = 27\ 086\ (人/\text{h})$$

3.3.2 移位负指数分布

为了克服负指数分布的局限性，移位负指数分布引入了大于零的最小车头时距值 τ。

1. 基本公式

$$P(h \geqslant t) = e^{-\lambda(t-\tau)}, t \geqslant \tau \tag{3-50}$$

$$P(h < t) = 1 - e^{-\lambda(t-\tau)}, t < \tau \tag{3-51}$$

图 3-6 为车头时距 $h_t \geqslant t$ 的移位负指数概率曲线。

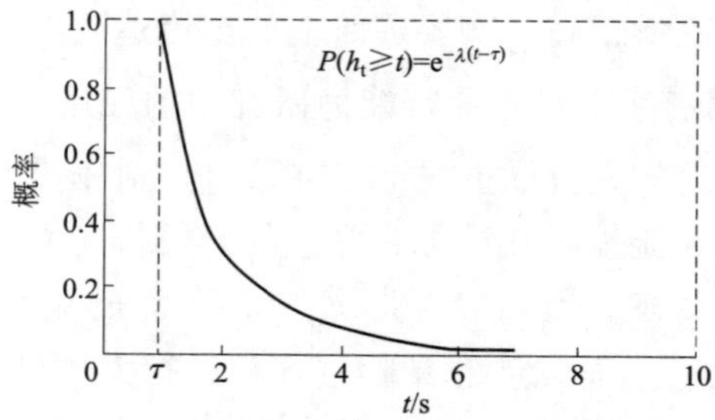

图 3-6 车头时距 $h_t \geqslant t$ 的移位负指数概率曲线（$\tau=1$）

2. 概率密度函数

$$f(t) = \begin{cases} \lambda e^{-\lambda(t-\tau)}, & t \geqslant \tau \\ 0, & t < \tau \end{cases} \tag{3-52}$$

3. 分布的均值μ 和方差 V

$$\mu = \frac{1}{\lambda} + \tau, V = \frac{1}{\lambda^2} \tag{3-53}$$

用样本均值 m 代替 μ、样本方差 S^2 代替 V，则可算出移位负指数分布的两个参数 λ 和 τ 。

4. 适用条件

移位负指数分布用于描述不能超车的单列车流的车头时距分布和车流量低的车流的车头时距分布。

移位负指数分布的概率密度函数曲线是随 $t - \tau$ 单调递降的，也就是说，服从移位负指数分布的车头时距越接近 τ ，其出现的可能性越大。这在一般情况下是不符合驾驶人的心理习惯和行车特点的。从统计角度看，具有中等反应灵敏度的驾驶人占大多数，他们行车时会在安全条件下保持较短的车头时距，只有少部分反应特别灵敏或较冒失的驾驶人才会不顾安危去追求更短的车头时距。因此，车头时距分布的概率密度曲线一般总是先升后降的。

为了克服移位负指数分布的这种局限性，可采用更通用的连续型分布，如埃尔朗分布、韦布尔分布、皮尔逊Ⅲ型分布、对数正态分布、复合指数分布等。

5. 主要车流车头时距服从移位负指数分布，求次要车流的通行能力

令 a，a_0的意义同前文，$n = \infty$，首先求出该分布的密度函数：

$$p(t) = \frac{\mathrm{d}}{\mathrm{d}t}[1 - \mathrm{e}^{-\lambda(t-\tau)}] = \lambda \mathrm{e}^{-\lambda(t-\tau)} \quad , a > \tau , t > \tau \tag{3-54}$$

把此密度函数代入式（3-43），化简后可得

$$c_{次} = 3\,600 \frac{\lambda}{1 + \lambda\tau} \mathrm{e}^{-\lambda(a-\tau)} \left(0.5 + \frac{\lambda_1}{\lambda}\right) \tag{3-55}$$

式中：

$\lambda_1 = \dfrac{1}{a_0}$ ——次要车流的饱和流率。

6. 信号交叉口左转车流的通行能力

信号交叉口的左转车流，相对于对向相冲突的直行车流来说，也属于次要车流，对向直行车流就是优先车流。由于两股车流的冲突点离左转车流的停车线较近，在有专用左转车道的条件下，绿灯一亮，在对向直行车开到冲突点之前，可以让 a 辆左转车先行通过冲突点，a 一般为 1～2 辆。在紧接着的直行车流的饱和绿灯期 g_s内，左转车只能等候，一直等到非饱和绿灯期 g_u内出现大于 α 的车头时距，左转车才能趁此间隙穿过冲突点，此 α 与前文所述一样，是直行车能让对向左转车穿越的最小车头时距。

当直行车流车头时距服从由式（3-50）定义的移位负指数分布，用与上文几乎相同的推导，可以算出一个周期内左转车能通过冲突点的最大车辆数为

$$Q_{\max} = g_u \mathrm{e}^{-\lambda(\alpha-\tau)} \left(\frac{0.5\lambda + \lambda_1}{1 + \lambda\tau}\right) + a$$

于是左转车的通行能力应为

$$C_{左} = \frac{3\,600}{C}[g_u e^{-\lambda(\alpha-\tau)}\left(\frac{0.5\lambda + \lambda_1}{1+\lambda\tau}\right) + a] \tag{3-56}$$

式中：

$C_{左}$——左转车通行能力，veh/h；

C——信号灯周期时间，s；

λ_1——对向直行车流流量为零时左转车的饱和流量，veh/s。

直行车流的车头时距服从移位负指数分布，式（3-56）中的 λ 、τ 是该分布的参数。特别是当 $\tau=0$ 时，λ 等于直行车流的流量 β，以 veh/s 为单位，即当直行车流车头时距服从移位负指数分布时，对向左转车的通行能力为

$$C_{左} = \frac{3\,600}{C}[g_u e^{-\lambda\alpha}\left(\frac{\lambda}{2} + \lambda_1\right) + a] \tag{3-57}$$

当 $\alpha=5$ s，$\lambda_1=1\,440$ veh/h，$a=1$，$C=100$ s，$g_u=50$ s，$C_{左}$ 随直行车流流量 λ 的增加而减小的关系见表 3-8。

表 3-8 左转车通行能力表

λ/							
	(veh/h)	100	200	300	400	500	600
	(veh/s)	0.027 8	0.055 6	0.083 3	0.111	0.139	0.167
$C_{左}$/ (veh/h)		636	525	422	326	234	144
g_u/s		46.3	41.9	36.8	30.8	23.4	14.3

3.3.3 埃尔朗分布

1. 基本公式

埃尔朗分布函数中的参数 K，可以反映自由车流和拥挤车流之间的各种车流条件，K 值越大，说明车流密度大，驾驶人自由行车越困难。因此，K 值是非随机性程度的粗略表示，即车流的非随机性程度随 K 值的增加而增加。K 值不同，分布函数的形式也不同，累计的埃尔朗分布可以写成

$$P(h \geqslant t) = \sum_{i=0}^{K-1}\left(\frac{Kt}{T}\right)^i \frac{e^{-Kt/T}}{i!} \tag{3-58}$$

$$P(h < t) = 1 - \sum_{i=0}^{K-1}\left(\frac{Kt}{T}\right)^i \frac{e^{-Kt/T}}{i!} \tag{3-59}$$

式中：

$P(h\geqslant t)$——车头时距大于或等于 t 秒的概率；

$P(h<t)$——车头时距小于 t 秒的概率；

$T=\frac{3\,600}{Q}=\frac{1}{\lambda}$——车头时距概率分布的平均值，s/veh，其中

Q——车流量，veh/h，

λ——单位时间的平均到达率，veh/s；

K——埃尔朗分布参数，正整数。

在式（3-58）中，当 $K=1$ 时，简化成负指数分布；当 $K\to+\infty$时，将产生均一的车头时距。实际上，埃尔朗分布是皮尔逊Ⅲ型分布当 K 为正整数时的特例。图 3-7 为 λ 固定时不同 K 值对应的埃尔朗分布密度曲线。

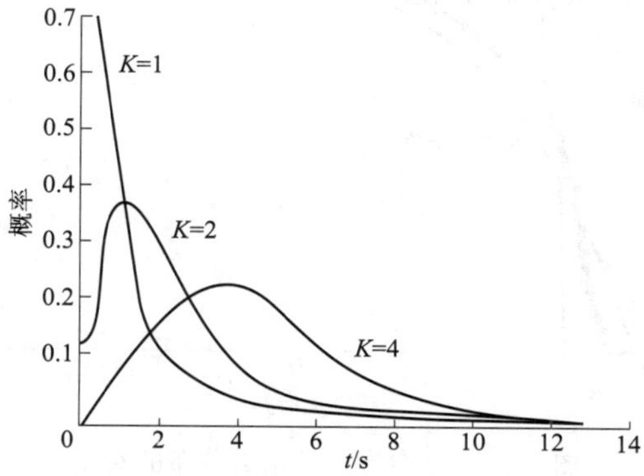

图 3-7　λ 固定时不同 K 值对应的埃尔朗分布密度曲线

2. 概率密度函数

$$f(t)=\lambda\,\mathrm{e}^{-\lambda t}\,\frac{(\lambda t)^{K-1}}{(K-1)!} \tag{3-60}$$

3. 分布的均值 μ 和方差 V

$$\mu=TK, V=T^2K \tag{3-61}$$

当用埃尔朗分布拟合观测数据时，参数 K 由观测数据的均值 m 和方差 S^2用下式估算：

$$K=\frac{m^2}{S^2} \tag{3-62}$$

式中：

K——参数值四舍五入，取整数。

3.3.4　聚束负指数分布

1. 基本公式

研究发现，当交通较拥挤时，出现了两类车流：一类车流按车队状态行驶，另一类车流按自由流状态正常行驶。此时，无论用负指数分布还是移位负指数分布都不能很好地描述车头时距的统计特征。针对此问题，1975 年 Cowan 提出了聚束负指数分布（bunched nagative exponential distribution，或称 M3），分布函数为

$$F(t)=\begin{cases}1-\alpha\exp[-\lambda(t-\tau)], & t\geqslant\tau\\ 0, & t<\tau\end{cases} \tag{3-63}$$

式中：

α——按自由流状态行驶车辆所占的比例；

τ——当车辆按车队状态行驶时，车辆之间保持的最小车头时距；

λ——特征参数。

图 3-8 为 M3 分布与负指数分布的对比。

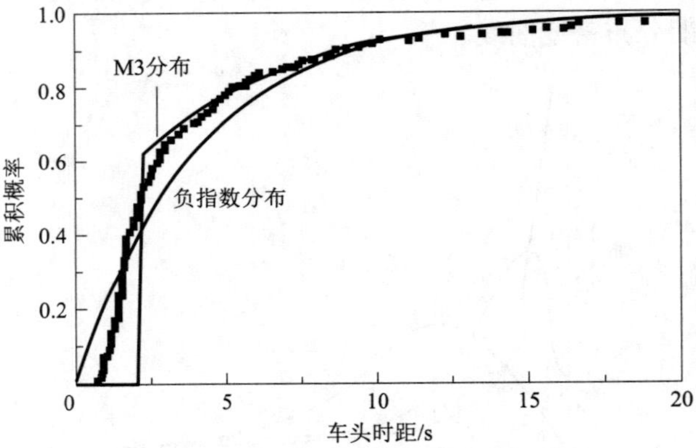

图 3-8 M3 分布与负指数分布的对比

2. 分布的均值 μ 和方差 V

$$\mu = \tau + \frac{\alpha}{\lambda}, V = \frac{\alpha(2 - \alpha)}{\lambda^2} \tag{3-64}$$

需要注意的是，即使车辆按队列行驶，车头时距也有波动。因此，该模型不能刻画很小的车头时距分布。当运用该模型时，往往可根据实际经验确定 λ 值，只要车头时距小于该值，即为车辆呈队列行驶。这样，式（3-64）中只有两个参数未知，可用一般的估算法得出。

3.3.5 其他车头时距分布

针对车头时距，国内外学者先后建立了不同的分布模型。这些模型大体上分为 3 类：一是建立车辆随机到达的概率分布模型，主要有负指数分布、移位负指数分布、正态分布、皮尔逊Ⅲ型分布和埃尔朗分布；二是基于自由交通流和强制交通流而发展起来的概率分布模型，这种分布模型对城市道路系统具有较好的适用性，但是模型的参数比较复杂，这类模型除聚束负指数分布外，还有双倍移位负指数分布等；三是建立在驾驶人、车辆行为与车头时距之间关系上的分布模型，这类模型由于收集数据比较烦琐，处理数据的工作量巨大，因此只适用于一些特殊目的的研究工作中。

上文描述的分布模型属于第一类基于自由流基础上的车头时距分布模型，下面简要介绍其他两类模型。

1. 基于强制交通流的概率分布模型

1）双倍移位负指数分布模型

1991 年 J. D. Griffiths 等人提出了双倍移位负指数分布（double displaced negative exponential distribution）模型：

$$F(x) = \begin{cases} \varphi \lambda_1 e^{\lambda_1 (x-\tau)} + (1-\varphi) \lambda_2 e^{\lambda_2 (x-\tau)}, & x \geq \tau \\ 0, & x < \tau \end{cases} \tag{3-65}$$

式中：

$0 < \varphi \leqslant 0.5$——权重因子；

τ——位移量；

λ_1，λ_2——与交通量有关的常数。

经过实际观测数据的检验，双倍移位负指数函数的左侧部分对车头时距的拟合十分精确。Sullivan 用实际数据对聚束负指数分布模型和双倍移位负指数分布模型进行了比较，发现这两种模型在拟合小车头时距的情况下都是非常精确的，但是双倍移位负指数分布模型的精度要高于聚束负指数分布模型，聚束负指数分布模型的形式却比双倍移位负指数分布模型简单。

2）复合分布模型

其余建立在强制交通流基础上的分布模型，都可以叫作复合分布（composite distribution）模型。这种模型假设车辆的运行处于自由行驶状态或非自由行驶状态，两种状态车辆的车头时距分别服从不同的分布模型。复合分布函数为

$$F(x)=\begin{cases}(1-\theta)F_1(x)+\theta F_2(x), & x \geqslant 0\\ 0, & x<0\end{cases} \tag{3-66}$$

式中：

θ——非自由行驶状态车辆的比例；

$F_1(x)$——自由行驶车辆服从的车头时距分布，一般用负指数分布模型表示；

$F_2(x)$——非自由行驶车辆服从的车头时距分布。

Ovuworie 等人用正态分布对非自由行驶状态的车辆、用负指数分布对自由行驶状态的车辆进行拟合。Koshi 等人也于 1982 年用复合分布模型对单车道上的交通流进行了验证，同时在双车道公路上进行了研究，并建立了以埃尔朗分布和负指数分布相结合的复合分布模型。

2. 基于驾驶人和车辆特性的分布模型

除了以统计概率为基础的车头时距分布模型外，还有一些是以驾驶人、车辆行为和车头时距之间关系为基础的车头时距分布模型。Abdelwahab 等对城市交通中不同道路和交通条件下车头时距进行了深入、细致的研究，建立了回归模型。该模型为

$$N=a_0+\sum_{i=1}^{k}a_iQ^i+\varepsilon, i=1,2,3,\cdots,k \tag{3-67}$$

式中：

N——可通过的车辆数；

Q——交通流率；

a_0，a_i——未知参数；

k——多项式的幂；

ε——随机误差。

式（3-67）用多元回归方法进行估算，不同的交通和道路条件可以得出不同的模型，一般有正态、对数正态、对数-对数等分布模型。

还有一种跟驾驶人和车辆特性有关的分布模型是由 Bonneson 提出的，他在研究车辆驶离交叉路口时，利用驾驶人的反应时间、车辆的加速度和车速等参数建立了以下车头时距模型：

$$h_n = \tau N_1 + T + \frac{d}{u_{\max}} + \frac{u_{\mathrm{sl}(n)} - u_{\mathrm{sl}(n-1)}}{a_{\max}} \tag{3-68}$$

式中：

T——驾驶人的起动反应时间；

τ——头车排队驾驶人的反应时间；

N_1——变量，当 $n=1$ 时 N_1 为 1，当 $n>1$ 时 N_1 为 0；

d——排队车辆之间的距离；

$u_{\mathrm{sl}(n)}$——第 n 辆车通过停车线的速度；

$u_{\max}$——最大速度；

$a_{\max}$——最大加速度。

需要指出的是，在分析车头时距分布时，还要理解车辆速度与车头时距间的关系。

3.4 车速分布模型

3.4.1 基本定义

行车速度也是一个随机变量。研究表明，在乡村公路和高速公路等速度较高的路段上，行车速度呈正态分布特征；在城市道路或高速公路匝道口处，行车速度一般呈偏态分布，如皮尔逊Ⅲ型分布。

对行车速度进行统计分析，一般借助车速频率分布曲线、累积频率分布曲线及相应的数字特征加以分析。车速频率分布，是指在同一地点观测到的以某一确定速度行驶的车辆数 n 与总的观测车辆数 N 的比值。将这样的比值用直角坐标系中的直方图表示出来，将直方图中每一小矩形顶部中点用光滑曲线连接起来而成的曲线称为速度频率分布曲线。由频率分布可绘得累积频率分布曲线。

1. 速度分布中的常见参数

（1）中位车速。中位车速也称 50% 位车速，或者中值车速，是指在该路段上，在该速度以下行驶的车辆数与在该速度以上行驶的车辆数相等。在正态分布的情况下，50% 位车速等于平均车速，但一般情况下，两者不等。

（2）85% 位车速。在该路段行驶的所有车辆中，85% 的车辆行驶速度在此速度以下，只有 15% 的车辆行驶速度高于此速度，交管部门常以此速度作为路段的限制车速。

（3）15% 位车速与速率波动幅度。意义类前。在高速公路和快速道路上，为了行车安全，减少阻塞排队现象，有时要规定低速限制，因此 15% 位车速的测定也是重要的。

85% 位车速与 15% 位车速之差反映了该路段上的车速波动幅度，同时车速分布的标准偏差 S 与 85% 位车速和 15% 位车速之差存在以下近似关系：

$$S \approx \frac{85\%\ \text{位车速} - 15\%\ \text{位车速}}{2.07} \tag{3-69}$$

2. 影响车速分布的因素

车速的变化特性是反映交通流特性的一个重要方面，它说明车速在人、车、路、环境等因素影响和交通流作用下所产生的变化，主要影响因素有以下几个。

1）驾驶人对车速的影响

除与驾驶人的技术水平、开车时间长短有关外，还与驾驶人的个性、性别、年龄和婚姻状况有关。一般开新车、长途旅行的人比本地出行的人开得快，车上无乘客时比有乘客时开得快，青年、男性、单身驾驶人要比中年、女性、已婚的驾驶人开得快。

2）车辆对车速的影响

车型和车龄对地点（瞬时）车速有显著影响，小汽车快于专用大客车，货车更慢，新车快于旧车。运货汽车的平均车速按轻型车、中型车、中型组合车、重型单辆车的次序依次降低。单辆车和组合车的平均车速随总重的增加而降低。

3）道路对车速的影响

驾驶人采用的实际车速不仅与道路等级有关，还与道路实际状况，如平纵线型、坡长、车道数和路面类型等因素有关。另外，街道所处的地理位置、视距条件、车道位置、侧向净空、交叉口间距等对车速也有影响。

（1）道路类型及等级。在高速公路、城市快速路上，车辆一般能按道路线型和交通设施所能容许的车速行驶。但在低等级道路上，车速会受到公共汽车停车站、行人过街道、交叉口、交通信号、高峰交通量、管理设施、城市环境等的限制。例如，北京白天 7:00—20:00 的平均行驶速度为：城市快速路约为 36 km/h，城市主干路约为 23 km/h，城市次干路和支路约为 19 km/h。

（2）平面线型。一般平曲线上车速比直线段上车速低，小半径平曲线上车速比大半径曲线上车速低。在设计车速很低的弯道上，平均车速接近设计车速；在设计车速高的弯道上，平均车速低于设计车速并接近于切线段上观测的平均车速。道路上平均车速与弯道的曲率 D 有明显的线性关系，可用下式表示：

$$u_t = 70.04 - 1.2D \tag{3-70}$$

（3）纵断面线型。道路的纵断面线型对车速影响显著，对货车比对小汽车影响更大。下坡与平坡直线路段相比，对于货车纵坡大致为 5%，对于专用大客车和小汽车纵坡大致为 3%时，平均车速都比平坡直线路段有所增加。当下坡的路段超过此值及上坡时，各类汽车的车速都要降低。重型货车在上坡时，车速随坡长与坡度的增大急剧降低，直至降到等于爬坡车速，以此速度继续爬坡。

（4）车道数及车道位置。当车道多于四车道时，车速与四车道相似，有分隔带的四车道要比双车道和三车道道路的平均车速明显高，三车道上的车速略高于相类似的双车道道路。在行近市区的道路上，入境车辆的平均车速一般比出境车辆的车速高 3～6 km/h，在多车道的道路上，各车道的车速由中间向两侧逐渐降低。

（5）视距。在无分隔带的街道上，当实际能保证的视距小于超车视距路段的百分比增加时，车速显著降低。

（6）侧向净空。在双车道道路上，当侧向净空受到限制时，平均车速要降低 2～5 km/h，城市街道上的地点（瞬时）车速，随单位长度内障碍物数量的增加而降低，这些障碍物包括道路交叉口、铁路交叉口、行人过街道等。

（7）路面。当路面由低级到高级时，车速逐渐增加，路况不良引起车速降低比视距不足引起车速的降低更为严重。一般货车在高级路面上直线行驶，车速可达 60～80 km/h；在次高级路面上行驶时，车速可达 40～60 km/h；在中级路面上行驶时，车速仅为 30～40 km/h。

4）交通环境对车速的影响

（1）交通量。当其他条件相同且不超过临界密度时，平均车速随交通量增加而降低。

（2）交通组成。当有多种车辆混合时，互相干扰使车速降低；当机动车与非机动车分开行驶或用分隔带分开时，车速增高。城市街道的三块板断面的汽车速度要高。在机动车流中，重型车增加和拖挂车增加，则行车速度降低。

（3）超车条件。在具有良好超车条件的情况下车速提高，当交通量增加使超车受到限制时，平均车速随运货汽车的增加而迅速下降。因为车速较快的车辆如不能转移车道超过慢行车辆，就无法提高车速。

（4）交通管理。良好的秩序能显著地提高车速。近年来，在城市实行快慢分流、各行其道之后，车速显著提高。例如，北京前三门大街实行线控后，小汽车速度比线控前提高了 19.5%。

3.4.2 速度分布的正态性

因为车速是在连续的尺度上测量的，平均速度（不管是区间平均还是时间平均）是大于零的数值，人们会想到以正态分布作为速度模型。尽管正态分布有时适用，但在不适用时，可尝试对数正态分布。

不少研究人员用正态分布模拟车速。利昂分析了澳大利亚 31 个郊区观测站在 3 年期间用雷达速度表测量的畅行车流速度。在平坡道路上发现车速分布是正态的，标准差等于各自的算术平均值的 0.17 倍。图 3-9 表示 4 个观测站的累积车速分布曲线。

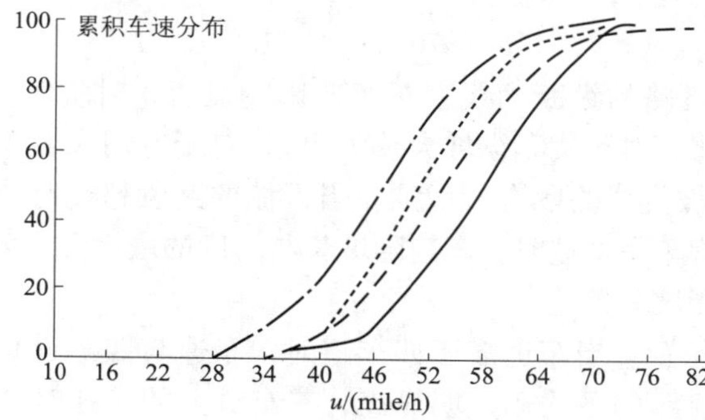

图 3-9 4 个观测站的累积车速分布曲线

虽然车速分布可以用正态分布拟合，但是在不同的交通条件下分布形态各异。例如，车队车型组成不一样导致均值和标准差不同，或者均值相同，但标准差不同，如图 3-10 所示。

图 3-10（a）表示两个不同地点的速度分布，尽管平均速度都是 52 mile/h，但由于虚线代表的车流受较大的交织影响，车速分布的方差较大。图 3-10（b）表示同一地点两类车型的速度分布，虚线为大型车辆的分布，平均速度较低且较为集中；实线为小型车辆的速度分布，速度均值较高但较为分散。

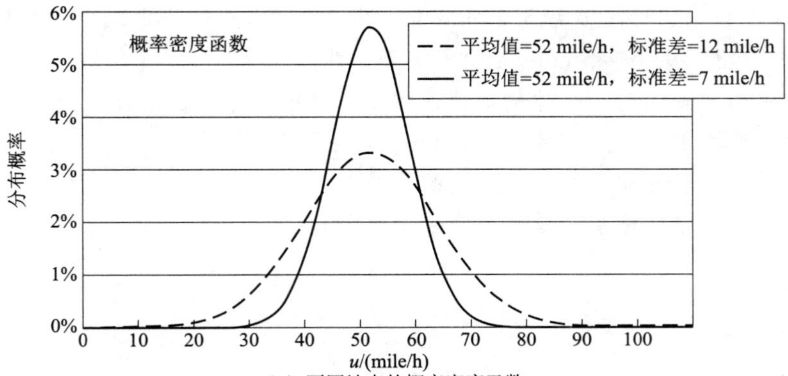

（a）不同地点的概率密度函数

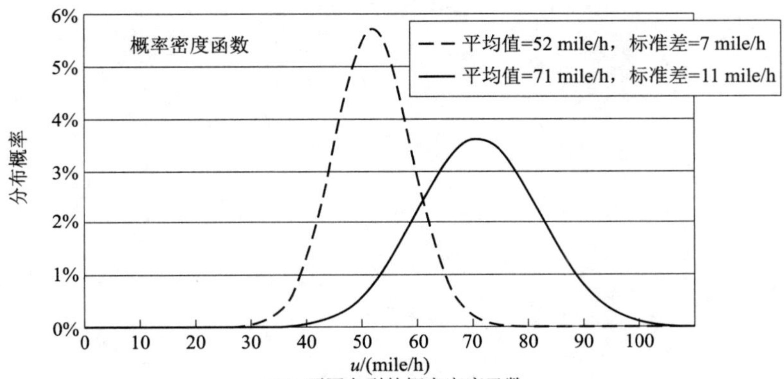

（b）不同车型的概率密度函数

图 3-10　不同的车速分布形态（源于 HCM2010）

复习思考题

1. 试分析泊松分布、二项分布、负二项分布的特点，它们的统计特征参数有哪些？各种分布的适用条件是什么？

2. 负指数分布、移位负指数分布、埃尔朗分布的区别和联系是什么？

3. 对下列数据（见表 3-9）进行分布拟合，并用 χ^2 检验拟合的良好性。

表 3-9　分布拟合的数据

每一间隔时间到达的车辆数	观测频率	每一间隔时间到达的车辆数	观测频率
2	0	8	16
3	1	9	15
4	3	10	5
5	8	11	3
6	7	12	4
7	6	13	0

4. 在城市主干路无分隔带的四车道上，观测运行车速共100组的样本。样本的平均值是35.45 mile/h，样本的标准差是5.2 mile/h。假定运行车速的样本取自正态总体：

(1) 求总体运行于35～45 mile/h的车辆百分数。

(2) 对于95%的置信度，总体的均值、方差、标准差分别位于什么范围？

5. 简述行车速度的统计分布特征指标。

6. 简述时间平均车速和空间平均车速的关系。

7. 简述可插车间隙理论在交通领域的应用场合。

第 4 章

驾驶行为与单车运动特性

4.1 概　　述

车辆的单车运动是交通流最基础的组成部分，而单车运动也是受驾驶人、车辆、道路环境多因素综合作用后的表现形式。对车辆单车运动特征的掌握是理解多车相互作用及交通流模型的基础，由此，本章将从人、车、路、环境等角度阐述各因素对车辆运动的影响。

车辆的单车运动特性通常通过车辆的“行驶轨迹”（trajectory）来观察。图 4-1 展示了一辆轻型车速度从 0 到 60 km/h 的实际行驶轨迹，包括加速度、速度和行驶距离。事实上，如果初始状态和加速度函数已知的话，根据物理定律，车辆的速度、距离完全可以用数学公式表达。速度 $u(t)$ 可以通过对加速度 $a(t)$ 积分求得，如式（4-1）。

$$u(t)=u(t_0)+\int_{t_0}^{t}a(t)\,\mathrm{d}t \tag{4-1}$$

假设加速度公式是线性的，如下式所示：

$$a(t)=y-zt \tag{4-2}$$

将式（4-2）代入式（4-1），就可以计算 t 时刻的速度 $u(t)$：

$$u(t)=u(t_0)+\int_{t_0}^{t}(y-zt)\,\mathrm{d}t\Rightarrow$$

$$u(t)=u(t_0)+\int_{t_0}^{t}y\,\mathrm{d}t-\int_{t_0}^{t}zt\,\mathrm{d}t\Rightarrow$$

$$u(t)=u(t_0)+yt\Big|_{t_0}^{t}-\frac{zt^2}{2}\Big|_{t_0}^{t}\Rightarrow$$

$$u(t)=u(t_0)+y(t-t_0)-\frac{z(t^2-{t_0}^2)}{2} \tag{4-3}$$

在恒定加速度的情况下，行驶距离可以用式（4-3）求解：

$$x(t)=x(t_0)+\int_{t_0}^{t}u(t)\,\mathrm{d}t\Rightarrow$$

$$x(t)=x(t_0)+\int_{t_0}^{t}\left[u(t_0)+y(t-t_0)-\frac{z(t^2-t_0^2)}{2}\right]\mathrm{d}t\Rightarrow$$

$$x(t)=x(t_0)+u(t_0)t+\frac{y(t-t_0)^2}{2}-\frac{z(t)^3}{6}+\frac{z(t_0)^2}{2}t \tag{4-4}$$

假设初始时间和初始距离都为零，则可用下式计算行驶距离：

$$x(t)=u(t_0)t+\frac{y(t)^2}{2}-\frac{z(t)^3}{6} \tag{4-5}$$

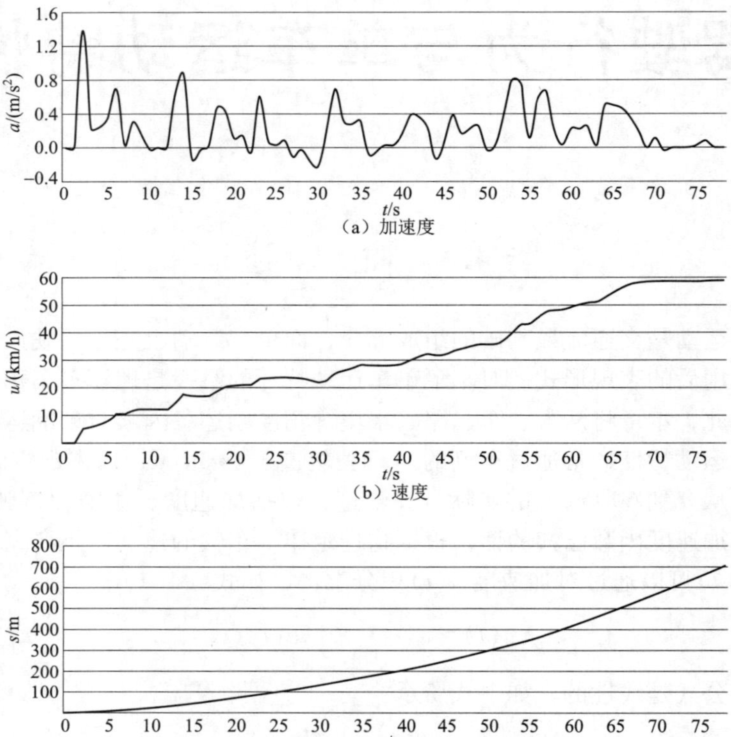

（a）加速度

（b）速度

（c）距离

图 4-1　单车的加速度、速度和距离行驶轨迹

在实际中，计算停车视距（SSD）等参数的公式都是基于恒定加速度的。例如，在《美国公路与城市道路设计标准》（*AASHTO Green Book*）中，用下式计算停车视距：

$$\mathrm{SSD}=1.47vt+1.075\frac{v^2}{a} \tag{4-6}$$

式中：

SSD——停车视距，ft；

v——设计速度，mile/h；

t——停车反应时间，s（推荐值是 2.5 s）；

a——加速度，ft/s^2。

式（4-6）中的第一部分为反应距离，第二部分为制动距离，系数 1.47 和 1.075 用于单位转换。

4.2　驾驶人对车辆运动的影响

人的驾驶行为直接影响车辆活动及车辆之间的相互作用，从而影响交通流的特征。例如，驾驶人对前车车距和加减速的识别与判断过程，与交通流车头间距、时距参数及跟驰模型等直接相关。驾驶行为受驾驶人心理和生理两方面的影响。因此，从心理和生理角度对人的驾驶行为进行特性分析，是揭示交通流特征和规律的必要工作。

驾驶人心理的研究起始于哈佛大学心理学家闵泼格，他认为一位良好的驾驶人应具备特有的注意力，在变化的道路环境中，能够持续地接收和分析众多的行人和汽车移动的信息，善于预见各种变化，并做出迅速、准确的判断。20 世纪 50 年代，随着人机工程学研究的兴起，“机能主义”实验心理学的研究，特别是对信息加工过程的最早尝试侧重于知觉特性，可见度、易读性、醒目性、亮度、照度、视角盲区等得到人机工程学者的关注。

20 世纪 70 年代初期，交通心理学转向认知的研究，认知模型具有离散的特性，较少直接针对基本的知觉（运动技能问题），这个问题是人机工程学家长期以来考虑的主要问题。而认知研究更多的是关心驾驶人的行为特点，如根据静、动态人的认知特性确定道路交通标识的位置、颜色、符号和尺寸等。

对汽车驾驶行为的行程进行分析、测试、建模、仿真与实验的研究，其目的在于揭示驾驶人与道路交通的相关规律，并建立定量描述汽车人机信息传递、转化和处理模型，从而为城市交通流研究提供理论依据。本章内容也是微观交通流仿真、汽车无人驾驶相关研究的重要基础。

4.2.1　驾驶过程分析

驾驶行为是指汽车在行驶过程中，驾驶人通过视觉、听觉和触觉等，将天气状况及道路上运动的车辆、行人、道路交通标志、路面状况、汽车本身的工况等外界信息传入大脑，再根据其知识和经验，做出判断和决策，然后通过手、脚操纵汽车的操纵机构，使汽车的速度和方向发生相应的调整。由此可知，驾驶人的驾驶行为是由信息感知、判断决策和动作组成的一个不断往复进行的信息处理过程，即在感知和判断决策后影响到动作。

综上所述，依据对人行为的刺激（S）-机体（O）-反应（R）经典模式的拓展，驾驶行为可分为 3 个阶段，即感知阶段、判断决策阶段和动作阶段。

1. 感知阶段

驾驶人主要通过视觉、听觉和触觉等来感知道路交通环境因素和车辆性能、状态因素。这一阶段主要是由感觉器官完成的。

汽车在行驶时，驾驶人要根据环境、道路交通标志、信号及车内仪表等提供的信息来进行车辆的控制。如上所述，信息的获取可以通过视觉、听觉、触觉及嗅觉等。但是，据研究表明，驾驶人 80% 以上的信息是通过视觉渠道获得的，其次是听觉。

2. 判断决策阶段

驾驶人在感知信息的基础上，对信息进行分析判断，决定采用相应的操作。这一阶段主要由中枢神经系统完成。一般来说，驾驶人根据获取信息的不同，决定采用不同的操作；不同的驾驶人在获取相同信息的情况下，也会做出不同的决策；并且同一个驾驶人在不同条件下获取相同的信息也可能做出不同的决策。驾驶人之间及自身内在的异质性（inter-and intra-driver heterogeneity）反映驾驶人在决定采取操作时，不仅依靠感知到的信息，同时还依赖于过去接受的教育、经验、技能及当时生理、心理状态等。

3. 动作阶段

驾驶人依据判断决策来操纵汽车或通过汽车信号把信息传递给其他道路使用者，包括变速、转向、制动、超车、打转向灯、鸣笛等。驾驶人对汽车进行控制的操作分为两类：一类是通过加速、减速及制动来控制汽车的纵向运动；另一类是通过转向来控制汽车的横向运动。这一阶段主要由运动器官完成。

驾驶行为不仅是信息感知、判断决策和动作三阶段不间断的多次串联组合，也是三者连锁反应的综合。于是，道路交通系统中驾驶行为（B）可看作驾驶人（D）、汽车（A）、道路（R）和环境（T）相互作用的函数，即

$$B=f(D,A,R,T) \tag{4-7}$$

4.2.2 驾驶任务的层次分析

驾驶任务是一个综合的加工过程，其具有3个层次，分别是：

- 控制层（control level）；
- 引导层（guidance level）；
- 导航层（navigation level）。

在控制层，驾驶任务包括驾驶人与车辆之间的信息传递与控制输入的所有活动。在这一层次中，驾驶行为主要出现在控制界面上。大多数的控制行为是驾驶人的下意识行为，是“技能”层次的认知行为。

在引导层，驾驶行为包括对路面几何线形、危险、交通环境、车辆的动态速度的反应。驾驶人-汽车系统的交互信息主要来自交通控制装置、标识标线、交通状况及其他环境因素，这些因素随着车辆的移动而不断变化。引导层次的驾驶行为是“规则”层次的认知行为。

驾驶行为的最高层次是导航层。在这一层中，驾驶人作为监护者。例如，在路上行驶的时候，出行路径的选择和诱导是依靠交通走廊中有诱导信息的地图来指引行车方向的。导航层的驾驶行为是“知识”层次的认知行为。

在驾驶行为的控制和引导层，驾驶人对车辆的控制逐步从一个主要依靠自己的体力来改变车辆的行驶路线，转变为一个几乎不需费力的信息处理者。随着20世纪40年代助力装置和自动传动技术、50年代巡航控制技术的出现，驾驶人逐步成为“驾驶人-汽车”系统的管理者。对于严重伤残的驾驶人，由于几乎不能提供对汽车实施控制所需的移动与体力，所以在专为残疾人设计的驾驶控制系统中，驾驶汽车所需的体力与实际移动已经几乎减少到零，但是驾驶人对汽车进行控制的基本任务没有变化。

如图4-2所示，驾驶任务可以用一个框图来描述，分别由离散和连续驾驶行为组成。外部输入包括道路、其他车辆、驾驶人自身的输入。

对各层次驾驶任务和特性的全面认识，既有助于揭示交通流的内在规律，也有助于实现车辆的自动驾驶。如谷歌（Google）等的自动驾驶汽车，可以依靠雷达、监控装置和全球定位系统协同合作，利用人工智能、视觉计算，让计算机在没有任何人类主动的操作下，自动

安全地操作机动车辆，如图 4-3 所示。

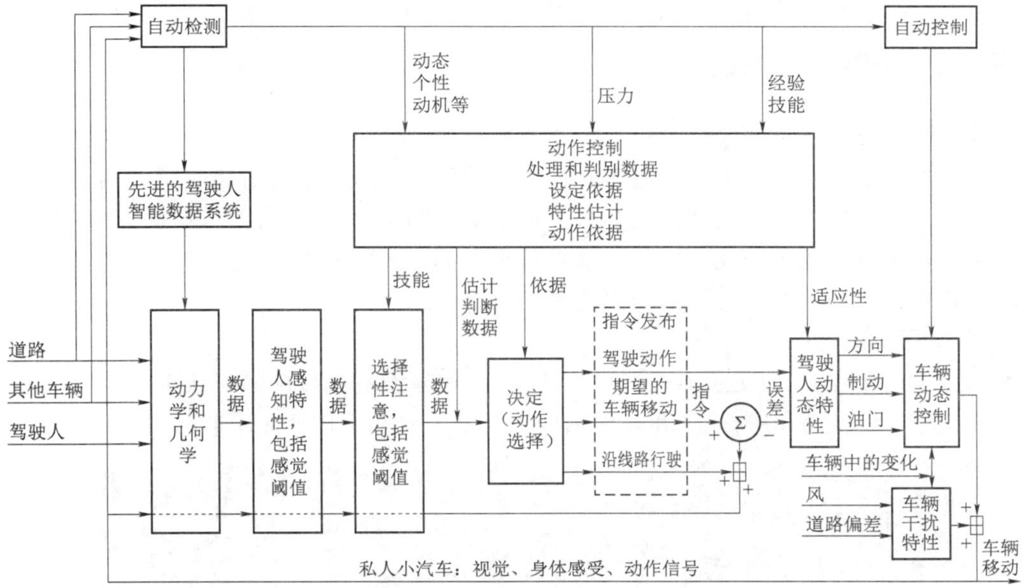

图 4-2　驾驶中人、车、路系统作用框图

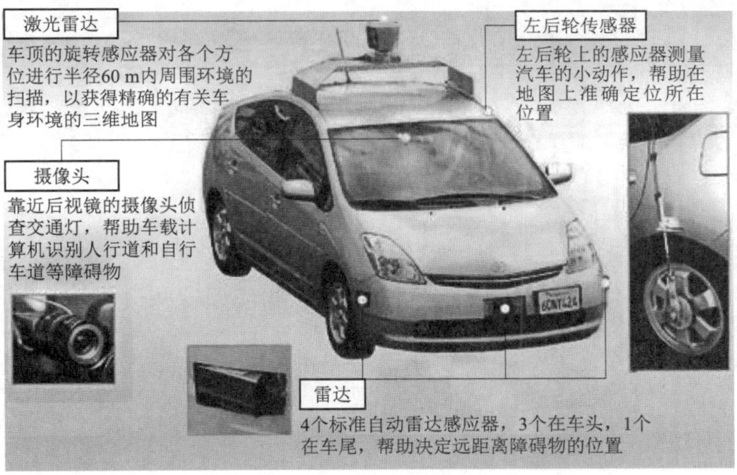

图 4-3　自动驾驶车辆（Google）

其中，车顶的“水桶”形装置是自动驾驶汽车的激光雷达，它能对半径 60 m 内周围环境进行扫描，并将结果以 3D 地图的方式呈现出来，给予计算机最初步的判断依据。前置摄像头：在汽车的后视镜附近安置了一个摄像头，用于识别信号灯，并在车载计算机的辅助下辨别移动的物体，如前方车辆、自行车和行人。左后轮传感器：是自动驾驶汽车的位置传感器，它通过测定汽车的横向移动来帮助计算机给汽车定位，确定它在马路上的正确位置。前后雷达：分别安装了 4 个雷达传感器（前方 3 个，后方 1 个），用于测量汽车与前（和前置摄像头一同配合测量）、后、左、右各个物体间的距离。主控计算机：在后车厢，除了用于

运算的计算机外，还有测距信息综合器，负责汽车的行驶路线、方式的判断和执行。截至2015 年，Google 自动驾驶车辆已经无事故累计行驶超过 160 万 km。

4.2.3　驾驶人的刺激-反应过程

1. 交通设施的视认

在行车过程中，驾驶人需要及时感知外界各种信息。根据统计分析，感觉器官给驾驶人提供的交通信息量比例如下：视觉为 80%，听觉为 14%，触觉、味觉和嗅觉各约 2%。由此可见，视觉是最重要的，挡风玻璃外的信息几乎全部需要驾驶人处理。涉及交通安全设施的主要因素几乎均与车辆距该设施的距离相关，可以归纳为：

- 在视野中识别目标；
- 交通安全设施，如交通标志（见图 4-4）、信号设备等目标的识认距离；
- 交通安全设施的清晰程度和易识别程度，是否有利于理解而采取行动。

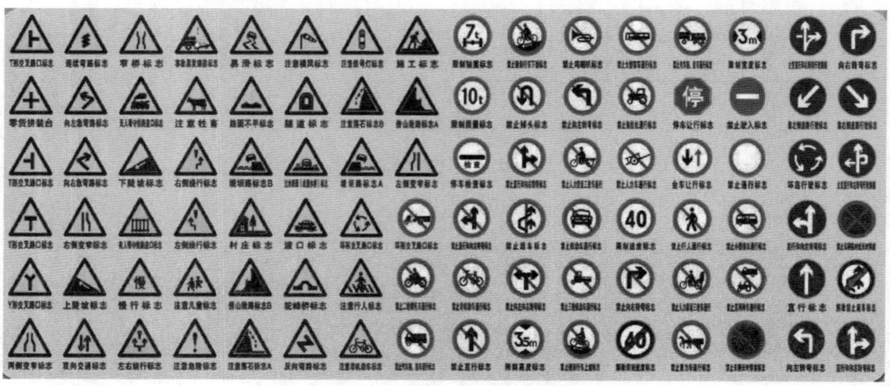

图 4-4　交通标志

图 4-5 描述了交通信号信息处理过程的一个概念模型，以及影响该信息处理过程的众多因素。交通信号的价值体现在驾驶人是否乐于注意并使用这些设施。

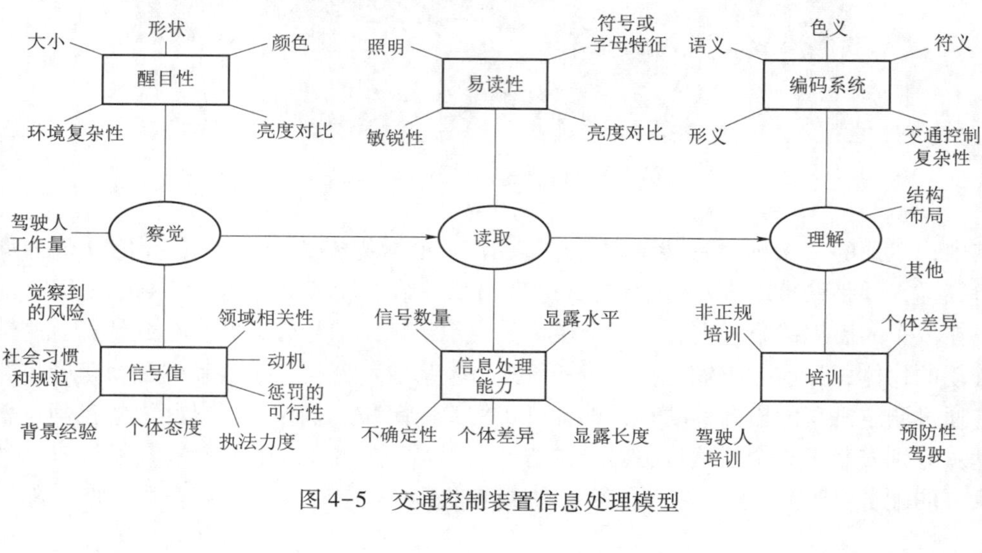

图 4-5　交通控制装置信息处理模型

1）视认时间

从驾驶行为对交通流影响的角度，主要关注的问题是图 4-4 中每个模块的可读性和可理解性。通过对信号交叉口进行观察发现，感知-反应时间与到交叉口的距离之间关系不大（$R^2=0.08$）。下面是驾驶人对信号改变的反应时间的估计。

- 信号变化的平均感知-反应时间为 1. 30 s；
- 第 85%分位的感知-反应时间为 1. 50 s；
- 第 95%分位的感知-反应时间为 2. 50 s；
- 第 99%分位的感知-反应时间为 2. 80 s。

交通标志要使交通参与者在短时内看到、认识并明白其含义，以采取正确的措施。当标志不能立即被理解时，如文字信息标志，必须允许驾驶人在对信息做出操作反应前认读这个信息，然后采取行动，如加速、减速、转弯或停车等。阅读速度受很多因素影响，如文字类型、数量、句子结构、信息顺序，以及驾驶人正在做的任何其他事情等。研究表明，对于一个短单词（4～8 个字母），测验者需要最少 1 s 的观测时间。对于没有经验的驾驶人来说，时间会长一些。每行有 12～16 个字符的标志，最少的阅读时间为每行 2 s。

2）视认距离和易理解性

驾驶人在生理上，对字母、数字和符号信号识别的最大极限就是视觉的分辨能力，这也是人类光学系统作用的结果。计算视角的公式为

$$\Delta=2\arctan\left(\frac{L}{2D}\right) \tag{4-8}$$

式中：

L——目标高或宽度（字母或符号）；

D——眼睛到目标的距离（L、D 取同一单位）。

依据观测对象的视角圆弧、弧度（对于尺寸很小的对象，弧度等于视角圆弧的正切）和识别指数，表 4-1 是美国《交通控制装置手册（MUTCD）》收录的不同视力驾驶人的视认距离的生理限制。对驾驶人而言，识别出字母或符号，还需要其他条件，如文字布局和顺序等。

表 4-1　视力和字母尺寸

Snellen 视力值	字母或符号的视角		易读性指标（视认距离）
国际单位（英制单位）	弧/分	弧度	m
6/3（20/10）	2. 5	0. 000 73	13. 7
6/6（20/20）	5	0. 001 45	6. 9
6/9（20/30）	7. 5	0. 002 18	4. 6
6/12（20/40）	10	0. 002 91	3. 4
6/15（20/50）	12. 5	0. 003 64	2. 7
6/18（20/60）	15	0. 004 36	2. 3

在这一研究领域，普遍存在这样一种观点：英文字母标志的视认距离只是符号标志视认距离的一半。对于某一给定的视认距离，即使是同一被测对象，试验结果也会存在较大差异。例如，MUTCD 中的“自行车穿越”（W11－1）标志，其视认距离的变异系数

(coefficient of variation, CV) 可达 43%，CV 定义为

$$CV=\frac{\text{标准偏差}}{\text{均值}}\times 100\% \tag{4-9}$$

相比之下，非常简单的符号，如“T 形交叉口”（MUTCD W2-4）的变异系数仅为 0.28。对于相同的符号标点，不同被测对象的结果见表 4-2。

表 4-2 交通标志视认距离的变异系数

MUTCD 中交通标志	年轻驾驶人		老龄驾驶人	
	min CV	max CV	min CV	max CV
WG-3 双向通行标志	3.9	21.9	8.9	26.7
W11-1 自行车道标志	6.7	37.0	5.5	39.4
W2-1“十”字交叉口标志	5.2	16.3	2.0	28.6
W11-3 鹿穿越标志	5.4	21.3	5.4	49.2
W8-5 湿滑路面标志	7.7	33.4	15.9	44.1
W2-5 Y 形交叉口标志	5.6	24.6	4.9	28.7

我国的研究表明，视认距离与汉字的笔画有关，以 10 画为基准，笔画为 5 画的汉字视认距离为 10 画的 1.5 倍，笔画为 15 画的汉字视认距离为 10 画的 0.9 倍。视认距离还因字的种类不同而不同，汉字和拉丁字母的视认距离比为 2∶1，即拉丁字母大小可采用汉字的 1/2。此外，随着智能交通的出现，可变交通标志，如可变情报板（variable message sign, VMS）对驾驶人的影响成为研究热点。根据标志设计的原理，交通流中驾驶人对标志识别的视觉能力与传统标志的视觉能力并无太大的差异，但是它提供的动态交通信息会影响驾驶人的驾驶行为，尤其是路径选择行为。

2. 对其他车辆动态特性的视认

在交通流中，车辆是具有运动特征的离散物体，相互之间通过驾驶人对信息的处理和控制建立一定的联系。驾驶人感觉到相邻其他车辆的速度和加速度变化，从而采取相应的措施，其中前车和并行车辆的影响较大。

1）前车

最大动视半径是考虑前车影响的重要参数，并且动视半径随着目标物体的外观尺寸大小而变化。对于目标物体，其最小可觉察动视半径随视域中物体的形态和结构均匀变化。当一个物体以一定速度接近时，视角大小转换变化特性近似线性变化到几何变化之间。图 4-6 描述了一辆以 88 km/h 速度接近车辆的动视半径的变化曲线。

人对物体运动加速度的读取是粗糙和不准确的。驾驶人难以区分出匀变速运动的加速度，除非观察物体持续长达 10～15 s 的时间。

2）并行

周边视力对运动的观察通常不如中心视力敏锐。另外，周边视力虽然非常模糊，但比起固定目标来说运动物体还是容易被感觉到的。周边的一个固定目标（如一辆与驾驶人所驾驶车辆完全同速度行驶的侧面车辆）几乎趋近于消失。

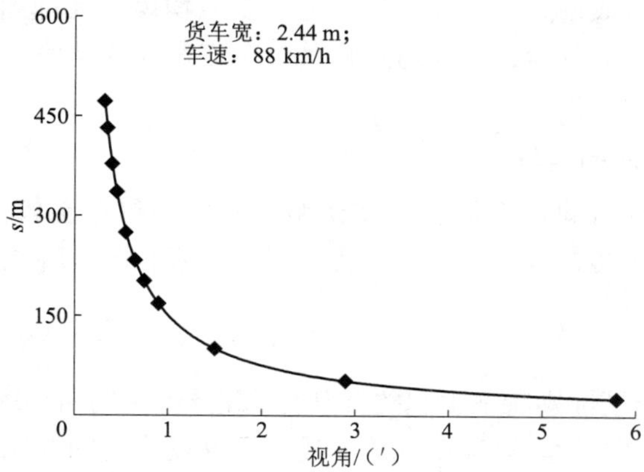

图 4-6 目标物体距离与视角关系

3. 障碍和危险物的觉察、识别和确认

车辆在道路上行驶要面临很多种需要避让或停车的情况。在采取行动之前，目标或危险源首先要被觉察，然后被识别为危险。

1）觉察

1992 年 Picha 将黑色玩具狗、白色玩具狗、橡胶鞋底、树枝、干草包放置于道路上进行实验，记录驾驶人的觉察和识别情况，得出了平均觉察视角最小的为黑色玩具狗，最大的为树枝，具体见表 4-3。

表 4-3 物体觉察视角（白天） 单位：（′）

物体/（in×in）	均值	标准差	95%驾驶人	99%驾驶人
黑色玩具狗，6×6	1.81	0.37	2.61	2.91
白色玩具狗，6×6	2.13	0.87	4.10	4.84
橡胶鞋底，8×18	2.15	0.38	2.95	4.26
树枝，18×12	4.91	1.27	7.63	8.67
干草包，48×18	4.50	1.28	7.22	8.26
合 计	4.10	0.57	4.30	4.67

由表 4-3 的合计项可知，在 95% 置信水平下，白天对着目标方向视角略小于 5′，目标物体可以被 99% 的驾驶人察觉到。研究还发现，黄昏后由于人的视觉敏锐度下降，在同样的对比度下觉察视角约为白天觉察视角的 2.5 倍。

2）识别与确认

在驾驶过程中，一旦觉察到前方道路上的某个物体，驾驶人将完成：① 识别，即无论物体具体是什么，判断它是否是一个潜在的危险；② 确认，即确认物体是什么。如果这个物体（假定是静止的）非常小，可以从车底或车轮间穿过，那么它是什么并不重要，因此首先估计物体的大小。如果物体很大不能从车底穿过，那么必须躲避或制动。研究表明，高度为15 cm 以下的物体很少引发交通事故。

统计表明，道路上构成危险并引起避让行为的多数物体高度都超过 60 cm。通常，驾驶人考虑一个物体是否会构成危险，主要通过将其与车道宽度及其他熟悉的路旁物体对比而得出该物体的大小。

4. 驾驶人对刺激反应的差异

如前所述，不同群体对同一个标识的视认距离实验结果存在较大的变异系数。不同群体，特别是由于性别、年龄、收入水平、教育程度、健康状况、种族等产生的个体差别，称为“个体差异”。

1）性别

1994 年，Ebert 总结了性别特征引起的驾驶行为差异。在手的灵敏度和对颜色的感觉方面，女性比男性强。但是男性具有速度优势，通常女性反应时间要比男性稍长。当然，这些不同只具有统计意义。在交通流分析中，男女的行为差异常忽略不计。

2）年龄

由于生理机能变化，大部分人的视觉反应时间随着年龄的增长而增加，尤其在40～50岁非常明显地增加。此外，驾驶人认知能力的变化是年龄导致理解过程的变化而引起的。视觉和认知能力影响驾驶，具体变化如下。

（1）年龄引起的视觉变化。

① 视力的降低（静态）：15%～25%的 65 岁以上老人视敏度要比矫正视力低 20%～50%。视野范围从 170°逐渐降低到 140°，甚至更小。

② 光损失和散光：一些证据表明，夜间视力降低要比白天快。随着年龄增加，散光和瞳孔的僵硬导致较少的光线能够到达视网膜，白天 60 岁老年人的视力只有 20 岁年轻人的 30%，晚上甚至减少到 1/16。由于散光，高亮度物体周围的圆晕很大程度上遮挡了其周围的低亮度物体。Blackwell 估计：相对于 30 岁的人，老年人必须将物体对比度从 1. 17 增加到 2. 51 才能看清。

③ 炫目：当在夜间行驶时，55 岁的驾驶人从一次炫目中恢复过来大约需要一个 16 岁孩子 8 倍以上的时间。如果预先没有将目光移开或遮挡视线免受强光炫目，老龄驾驶人通常会闭目若干秒来避免长时间的炫目。炫目影响如图 4-7 所示。

图 4-7 炫目影响

④ 物体/背景的辨别：随着年龄的增加，觉察类型也会发生变化，特别是在疲劳情况下，老龄驾驶人可能会错过非常重要的指示信息。老龄驾驶人由于不能够区别物体或背景，有可能造成误识道路标线和设施，导致交通事故的发生。

（2）年龄导致的认知变化。

① 信息过滤：年老、驾驶经验丰富的驾驶人可以忽略不计无关信息，而正确识别有意义的交通信息。

② 被动跟驰运行：因为趋向于降低车速，按照自己的节奏驾驶车辆，被动跟驰运行对老龄驾驶人的行为影响较大。因此，在交通流中有较大比例的老龄驾驶人有可能导致车流速度的降低。

3）驾驶人伤害

① 药物和酒精作用：过量饮酒或使用某些混合药品，导致驾驶机能不同程度地下降，延长感知-反应时间和处置时间。在交通流理论中，影响较大且特别值得关注的是酒精。

② 身体条件：目前，残疾驾驶人的比例还很小，但是随着特殊设备制造技术的进步，其比例将会逐渐增长。多年的行为研究和保险索赔表明，这些驾驶人的行为和其他驾驶人是有区别的。但现有的交通流模型尚未对残疾驾驶人因素给予足够的考虑。

5. 疲劳驾驶对驾驶人反应时间的影响

疲劳驾驶会使驾驶人的驾驶技能失调、下降，对驾驶行为带来不利影响。长时间驾驶车辆，脑部会感到供氧不足而产生疲劳，开始出现意识水平下降、感觉迟钝等症状。如果继续工作，感觉则会进一步钝化，注意力下降，注意范围缩小。这些症状是中枢神经系统在疲劳时出现的保护性反应，同机械设备中的安全阀类似。

据研究，工作一天后，不同年龄的驾驶人，对红色信号灯的反应时间都有不同程度的增加。长时间开车出现疲劳会使感觉迟钝，反应时间延长，失误率增加。对复杂刺激（同时存在红色和声音刺激）的反应时间也相应增加，有的甚至增加2倍以上。

疲劳后，动作准确性下降（对较强的刺激出现弱反应，对较弱的刺激出现强反应）。动作的协调性也受到破坏，以致反应不及时，有的动作过于急促，有的动作过于迟缓。这些现象在制动、转向时表现得尤为明显。

4.2.4　驾驶人的离散驾驶行为与模型

本节将驾驶人对交通标志、周围车辆等“离散事件”的感知与反应行为定义为驾驶人的离散驾驶行为。

以制动为例，结合上述对于驾驶行为影响因素的分析，该部分着重讨论离散驾驶行为中的制动反应时间。制动反应时间分为两部分：“感知-反应时间”和随之而来的“控制运动时间”。一旦感觉及随后的反应产生，那么刺激通过传输神经从中枢神经到达肌纤维，驾驶人开始移动他的肢体。以制动为例，驾驶人从发现紧急情况到把脚移到制动踏板上所需的时间，称为制动反应时间。

1. 感知-反应时间

相对于物理或化学过程，人对刺激的反应实际上是非常慢的。人的机体接受刺激，认识到这种刺激，并开始做出反应所需要的时间，称为反应时间（T）。它并不是指执行反应所

需的时间，而是指刺激和反应之间的时间间隔。被称为“海曼定律”的早期信息视觉理论的反应时间模型为

$$T=a+bH \tag{4-10}$$

式中：

T——反应时间，s；

H——信息量，bit，如果 N 是等概率事件，则 $H=\mathrm{lb}N$；

a——对刺激进行感觉和注意，使信号经神经传入至大脑，由中枢神经进行编码后，经传出神经至效应器官引起反应的整个过程所需的时间；

b——中枢神经系统进行辨别、选择、决策的时间，也可以理解为信息加工速率，即每增加一个比特的信息，中枢神经系统进行处理必须消耗的时间，约为 0.13 s。

上式描述感知-反应时间（perception-response time，PRT），即输入（觉察到刺激）与开始控制之间的时间。如果控制本身的实施时间也计算在内的话，则整个滞后时间就称为响应时间。在反应动作时间相对小到可以忽略的时候，“反应时间（reaction time）”和“响应时间（response time）”有时候也常常交替使用。依据“海曼定律”，感知-反应时间由两部分组成：一部分是决定于刺激、观测、选取、识别的总时间，对于所有驾驶人差别不大；另一部分是随机项，与信息内容等因素有关。

表 4-4 是关于影响制动反应时间的因素，这里的每项内容都来自经验数据。

表 4-4　感知-反应时间

因　素	时间/s	累计时间/s
（1）感知-反应时间	0.31	0.31
眼睛移动时间	0.09	0.4
目标选择	0.6	1
识别	0.5	1.5
（2）开始制动	1.24	2.74

任何通过经验获得的感知-反应时间，在对其统计时都应考虑到：感知-反应时间不可能符合正态分布或高斯分布，而是符合对数正态分布。对数正态分布的概率密度函数为

$$f(t)=\frac{1}{\sqrt{2\pi}\xi t}\exp\left[\left(\frac{\ln(t)-\lambda}{\xi}\right)^2\right] \tag{4-11}$$

其中，决定图形形状的两个主要参数是 λ 和 ξ，可以看出这两个参数跟样本数据的平均值 μ 和标准偏差 δ 有关，以预期反应时间为例，公式为

$$\xi^2=\ln\left(1+\frac{\sigma^2}{\mu^2}\right) \tag{4-12}$$

参数 λ 可以体现出正常标准变量的值（相当于概率）与这些参数有关，方程为

$$\lambda=\ln\left(\frac{\mu}{\sqrt{1+\sigma^2/\mu^2}}\right) \tag{4-13}$$

$$\Phi\left(\frac{\ln(t)-\lambda}{\xi}\right)=0.5,0.85,\cdots \tag{4-14}$$

与 λ 有关的标准值计算如下

$$\frac{\ln(t)-\lambda}{\xi}=Z \tag{4-15}$$

因此，可以通过用 0.00、1.04、1.65 和 2.33 替换式（4-15）中的 Z，求解 $\ln(t)$ 的 50%（中位数）、85%、95%、99%值及 t 值。当观测值很大（大于 50 或更大）时，为了更好地适应一般情况，应该考虑将数据转化为百分值表示的对数正态近似值。当观测数据样本较少时，可以通过估计区间逼近到近似的百分点。

表 4-5 给出了制动感知-反应时间的对数正态分布。表中分两种情况：第一种情况（无预期）为道路上的突发事件，驾驶人会感到吃惊时的感知和反应；第二种情况为有预期，驾驶人被告知会发生突变而需要制动，只是不知道何时制动。

表 4-5　制动感知-反应时间的对数正态分布

平　均	无预期	有预期
	1.31 s	0.54 s
标准差	0.61 s	0.10 s
λ	0.17	-0.63
ξ	0.44	0.18
50%分位数	1.18 s	0.53 s
85%分位数	1.87 s	0.64 s
95%分位数	2.45 s	0.72 s
99%分位数	3.31 s	0.82 s

在表 4-5 的制动感知-反应时间中，第一种情况的 95%分位数制动感知-反应时间为 2.45 s，这一结果很重要，可以用来估计停车视距等。

2. 控制运动时间

驾驶人的制动反应时间由两部分组成：感知-反应时间（PRT）和控制运动时间（movement time，MT）。费茨（Fitts）在 1954 年首次用模型对各种控制运动时间（MT）进行了标定，公式如下

$$\mathrm{MT}=a+b\,\mathrm{lb}\left(\frac{2A}{W}\right) \tag{4-16}$$

式中：

a——最小的反应时间延迟，没有运动，s；

b——参数，取决于经验，随身体部分不同而变化，s；

A——动作幅度，是运动起点到终点的距离，m；

W——车辆宽度（横向移动方向），m；

$\mathrm{lb}\left(\frac{2A}{W}\right)$——难度系数。

人的肢体移动可以用费茨定理通过适当调整参数 a、b 来模型化，参数 a、b 与驾驶人年龄、驾驶条件、工作量大小、危险程度、时间的紧迫性、事前准备等因素有关。另外，一些研究员很快发现费茨定理不能很好地模拟某些控制运动，如不适用于反应时间少于 180 ms 的精确快速移动。对于简短迅速的移动（少于 180 ms）可用下式计算，即与车辆宽度无关：

$$\mathrm{MT}=a+b\sqrt{A} \tag{4-17}$$

在对加速踏板与制动踏板的垂直间距及踏板间距的研究中发现，一个 10～15 cm 的踏板间隔，伴随很小或是没有垂直间距时，控制运动时间在 0.15～0.17 s。当制动踏板高于加速踏板 5 cm 以上时，制动时间将显著延长。若踏板间隔（费茨定理中的 A）改变，踏板规格不变时，平均控制运动时间（MT）是 0.22 s，标准差是 0.20 s。

要注意，感知-反应时间（PRT）和控制运动时间（MT）无关，也就是说，感知-反应时间长并不一定意味着较长的控制运动时间。

4.2.5 驾驶人的连续驾驶行为与模型

在实际操作过程中，驾驶是一个连续的动态过程，即驾驶人通过操纵车辆，根据当前方向来确定将来的行驶路径。车辆位移对时间的一、二阶导数，即速度和加速度，也是通过加速踏板和制动踏板来控制连续变化的。可以想象，自动驾驶车辆对自身的控制是一个连续过程。

早在第二次世界大战期间，人们用不同的等式建模描述道路上驾驶人的驾驶行为。其后，研究人员和工程师们开始研究驾驶传递函数。Tustin 针对防空炮的控制问题展开了传递函数的研究。尽管人的动作是杂乱无章、非线性的，有时甚至不是闭环的，但是在运行轨迹上的动作过程可以用相同的方法描述，即线性反馈控制系统。

1. 驾驶传递函数

在跟驰行驶中，驾驶人需要把握以下两种情况：

（1）根据车道状况、视线中的交通标志和高一级的指令信息认识到期望路线；

（2）车辆当前行驶方向和道路特征。

图 4-8 为 1962 年 Sheridan 提出的概念模型。驾驶过程中有两个输入，$R(t)$ 表示期望输入函数（道路和驾驶人的输入值），$E(t)$ 为系统误差函数，它是道路走向与车辆运动方向 $C(t)$ 之差。驾驶操作过程是对前方路况的预判函数和根据路径实时调整的修正函数。预判和偏差修正函数可以结合起来通过操纵驱动轮来决定车辆的控制输入。驾驶人的操作处理、输出结果和控制反馈组成一个闭环系统。

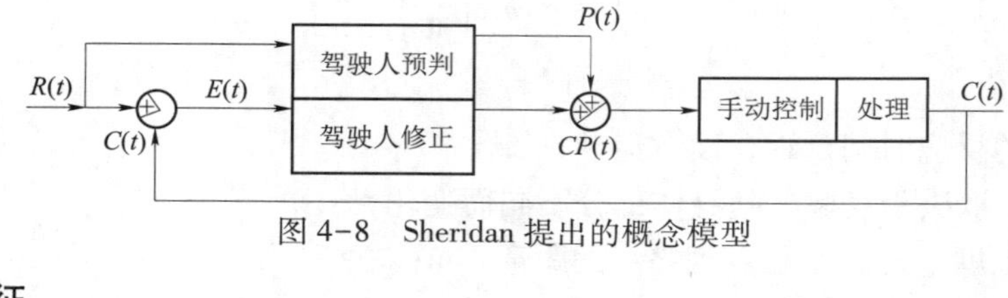

图 4-8 Sheridan 提出的概念模型

2. 模型特征

研究发现，当模型函数的频率大于 0.5 Hz 时，从传递函数输出的振幅将很快衰减到接近零。例如，在公路上，当风吹过或是其他输入时，驾驶人以更快的频率进行修正。输入和输出的时间滞后也随着频率增大而增加。当输入频率为 0.5 Hz 时，延误接近 100 ms；当输入频率达到 2.4 Hz 时，延误几乎增加一倍，达到 180 ms。人的可接受频率正常状态是 1～2 Hz。如果环境比较熟悉，驾驶人可以通过预判操作来提高驾驶效率。Dulas 在 1994 年完成了一项由车内景观和输入任务引起的驾驶操作变化的调查，他发现在实际驾驶中，车辆在车道上±23 cm 或±46 cm 的横向区间内运动。Godthelp 研究了在弯道上驾驶的行为，并描述如下：在曲线运动开始前，驾驶人根据预判条件操作；在曲线运动开始后，预判性驾驶行为很快结束；然后稳态曲线驾驶阶段开始，这时驾驶人开始进行驾驶修正，车辆恢复向前行驶，直到曲线结束。

本节可以结合前述谷歌（Google）自动驾驶车辆，以及后面的跟驰模型和微观交通仿真模型等内容关联阅读与理解。

4.3 车辆属性对车辆运动的影响

车辆属性是交通流理论和交通运行中的重要组成部分。车辆的大小、质量及其发动机特性影响车辆的加速功能，进而影响车辆速度。车辆长度和拖挂装置是其另一个重要的特性，影响车辆对道路的占用及车辆的转向性能。

4.3.1 车辆类型

目前我国车型分类标准种类繁多，不同的行业部门按照行业管理需求而使用不同的车型分类标准，甚至同一部门内也会使用多种标准。例如，交通行业内依据交通运输部《公路交通情况调查统计报表制度》对车型进行分类，见表 4-6，而按照交通行业标准《收费公路车辆通行费车型分类》（JT/T 489—2019），车型分类见表 4-7。作为机动车注册和使用的管理部门，公安部的行业标准《道路交通管理 机动车类型》（GA 802—2019）的车型分类见表 4-8。此外，环保等部门根据车重等参数对车辆种类也有不同的定义。

这些数据是交通流研究中常见的与车型有关的数据来源，在实际分析工作中需注意其参数定义上的差异。

表 4-6 公路交通情况调查车型分类

车型	荷载	备注
小客车	额定座位≤19 座	
大客车	额定座位>19 座	
小型货车	载质量≤2 t	
中型货车	2 t<载质量≤7 t	包括吊车
大型货车	7 t<载质量≤20 t	
特大型货车	载质量>20 t	
拖挂车	载质量>20 t	包括半挂车、平板拖车
集装箱车	载质量>20 t	
摩托车	发动机驱动	包括轻骑、载货摩托车及载货（客）机动三轮车等

表 4-7 收费公路车辆通行费车型分类（JT/T 489—2019）

车辆分类		核定载人数	总轴数（含悬浮轴）	说明
客车	1 类客车	≤9	—	车长小于 6 000 mm 且核定载人数不大于 9 人的载客汽车
	2 类客车	10~19		车长小于 6 000 mm 且核定载人数为（10~19）人的载客汽车
	3 类客车	≤39		车长不小于 6 000 mm 且核定载人数不大于 39 人的载客汽车
	4 类客车	≥40		车长不小于 6 000 mm 且核定载人数不小于 40 人的载客汽车
货车	1 类货车	—	2	车长小于 6 000 mm 且最大允许总质量小于 4 500 kg
	2 类货车			车长不小于 6 000 mm 或最大允许总质量不小于 4 500 kg
	3 类货车		3	—
	4 类货车		4	
	5 类货车		5	
	6 类货车		6	

表 4-8 公安部机动车规格分类（GA 802—2019）

车辆分类		说明
载客汽车	大型	车长大于或等于 6 000 mm 或者乘坐人数大于或等于 20 人的载客汽车
	中型	车长小于 6 000 mm 且乘坐人数为 10~19 人的载客汽车
	小型	车长小于 6 000 mm 且乘坐人数小于或等于 9 人的载客汽车，但不包括微型载客汽车
	微型	车长小于或等于 3 500 mm 且内燃机气缸总排量小于或等于 1 000 mL（对纯电动汽车为驱动电机总峰值功率小于或等于 15 kW）的载客汽车
载货汽车	重型	总质量大于或等于 12 000 kg 的载货汽车
	中型	车长大于或等于 6 000 mm 的载货汽车，或者总质量大于或等于 4 500 kg 且小于 12 000 kg 的载货汽车；但不包括重型载货汽车和低速货车
	轻型	车长小于 6 000 mm 且总质量小于 4 500 kg 的载货汽车，但不包括微型载货汽车和低速汽车（三轮汽车和低速货车的总称）
	微型	车长小于或等于 3 500 mm 且总质量小于或等于 1 800 kg 的载货汽车，但不包括低速汽车
	三轮（三轮汽车）	以柴油机为动力，最大设计车速小于或等于 50 km/h，总质量小于或等于 2 000 kg，长小于或等于 4 600 mm，宽小于或等于 1 600 mm，高小于或等于 2 000 mm，具有三个车轮的货车。其中，采用方向盘转向、由传动轴传递动力、有驾驶室且驾驶人座椅后有物品放置空间的，总质量小于或等于 3 000 kg，车长小于或等于 5 200 mm，宽小于或等于 1 800 mm，高小于或等于 2 200 mm。三轮汽车不应具有专项作业的功能
	低速（低速货车）	以柴油机为动力，最大设计车速小于 70 km/h，总质量小于或等于 4 500 kg，长小于或等于 6 000 mm，宽小于或等于 2 000 mm，高小于或等于 2 500 mm，具有四个车轮的货车。低速货车不应具有专项作业的功能

4.3.2 影响车辆运动特征的主要参数

车辆的运动是两种反向力作用的结果：牵引力和阻力。牵引力由车辆发动机输出，取决于发动机的马力及车辆的质量，是车辆加速的动力。阻力分为空气阻力、滚动阻力（道路和轮胎的相互作用），以及坡度阻力，共同阻碍车辆运动。在此，只对影响交通运行的车辆特性进行分析，不做深入研究。感兴趣的读者，可以阅读文献［6］。影响交通运行的车辆特性主要有以下几项。

（1）吨功率（发动机额定功率与质量的比值，亦称吨马力）。吨功率提供了车辆负载和车辆发动机功率的一个指标，是衡量车辆加速性能和最高速度的重要指标。车辆加速性能对车辆的轨迹有显著影响。由于不同类型的小客车之间没有很高的可变性，所以这个特性对小客车并不是很重要；但是，不同类型的货车之间有显著的变化。

（2）宽度、长度和拖挂设备。车辆的宽度会影响其速度，特别是在较窄的车道行驶时。此外，在其与相邻车道的车辆相遇时，会迫使相邻车道的车辆减速，从而可能影响交通运行。宽度、长度和拖挂装置影响车辆的跑偏特性（后轮与前轮的路径偏离程度）。它们还影响车道设置和车道宽度，特别是水平曲线类型的道路。相邻车道重型车辆的侵占影响了该车道上车辆对车道的使用性，从而影响交通运行。

（3）制动和减速能力。制动是一种复杂的功能，取决于车辆的制动系统（制动扭矩，有无防抱死系统等）及车辆所受阻力。车辆减速性能随车辆大小和质量的增加而降低。

（4）迎风区面积。空气阻力影响车辆的加速度。

（5）车高。通常的交通流分析中并不包含车辆的高度这一因素，但是车高可能会影响跟随车辆的视线，从而影响车辆间距和车头时距，进而影响道路通行能力。

不同类型车辆的性能存在显著差异；同一类型的不同车辆之间也会有差异；甚至，同一辆货车满载和空载的状态下，其最重要的性能“吨功率”都不相同，所以，交通流中车辆行驶轨迹的预测非常困难。此外，车辆的加速度与速度成反相关——速度越低，加速能力越高；反之，随着速度的增加，加速能力逐渐降低。加速度的这种显著变化，也增加了建模的难度。

在不同的分析目标下，车型分类也可以进行组合。

以基于分类的目的相组合。例如，在美国，小汽车和皮卡（pick-up）通常被组合为一类，称之为“客车”，因为交通流数据自动采集设备很难区分它们。HCM 2010 将车辆分为 3 类：客车、卡车、公共汽车/房车。在这种情况下，交通运行分析通常只考虑一种“典型”车的性能。有文献把车辆分为 5 类，并且给出了每一类车型特性的默认值，这在交通分析中具有重要意义。表 4-9 提供了这 5 类车型各自的特性参数。在实际运行中，小客车的平均加速度通常在 $1\sim1.5\ m/s^2$，而货车的要低一些，有些货车的车型可以低至 $0.05\ m/s^2$。需要注意，汽车设计和技术的进步可能会影响这些特性，因此，重新评估这些参数及其对交通流的影响也是必要的。

表 4-9 车辆特性的默认值

车辆类型	长度/m	零速启动的最大加速度/(m/s^2)	最大舒适减速度/(m/s^2)	加加速度/(m/s^3)
客车	4.2	3.0	4.5	2.1
单体卡车	10.5	1.5	4.5	2.1
半挂车	15.9	0.9	4.5	2.1
全挂车	19.2	0.6	4.5	2.1
公交车	12	1.5	4.5	2.1

在交通运行分析中重要的车辆特性参数，对道路设计并不一定重要。在道路设计中，工程师的主要兴趣在于确定“设计车辆”，即道路将来服务的车辆或车辆组。设计人员根据车辆的制动性能来估计停车视距等参数，以及根据车辆的转弯特性来估算弯道宽度等。在这种情况下，交通流中的每个车辆类型的百分比并不重要。然而，评估交通运行不仅需要车辆类型及其特性，还有交通流中不同类型车辆的百分比，以及不同车型比例对交通流特征参数的影响。这种区别的意义在本书的后续章节中体现得尤为明显。

4.3.3 车辆的制动特性

驾驶人最简单的制动方式是“猛踩踏板”。当驾驶人用尽全力，就会产生一个最大减速度。制动距离可用下式表示：

$$d=\frac{V^2}{257.9f} \tag{4-18}$$

式中：

d——制动距离，m；

V——初速度，km/h；

f——轮胎与路面间的摩擦系数，大约等于以 g 为单位的减速度。

图 4-9 给出了驾驶人典型的减速轨迹图。该试验是在干燥路面上，在未知状态下（驾驶人不知何时制动信号给出或制动信号是否给出），当未安装制动防抱死系统（antilock brake system，ABS）的汽车以速度为 64 km/h 行驶的情况下进行的。图中显示出减速度轨迹有一个陡峭的变化，它的峰值接近 0.8g。当制动器完全抱死后，减速度稳定在 0.7g 左右。

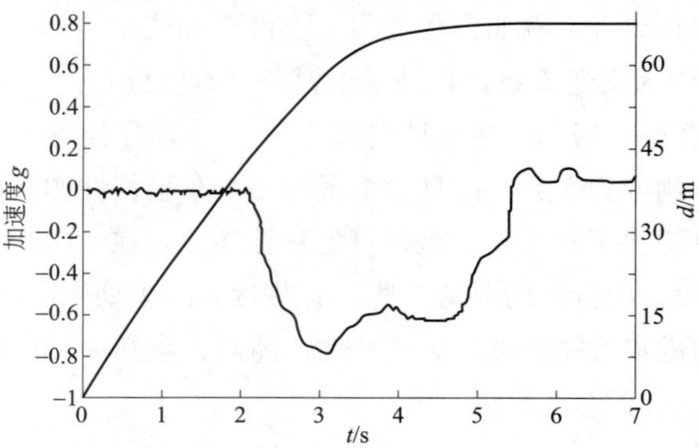

图 4-9 驾驶人典型的减速轨迹图（干燥路面、无 ABS）

图 4-10 显示了同一个驾驶人驾驶同一辆车但在湿滑的路面上的制动过程。它显示出当制动器完全抱死后的减速轨迹，其稳态减速度约为 0.4g。根据实验测试和统计分析，可获得一些在驾驶行为建模中直接应用的制动性能数据，但是与这些数据相符的“稳定状态”因驾驶人的不同而表现出很大的变动，其范围为-0.46g～0.70g。

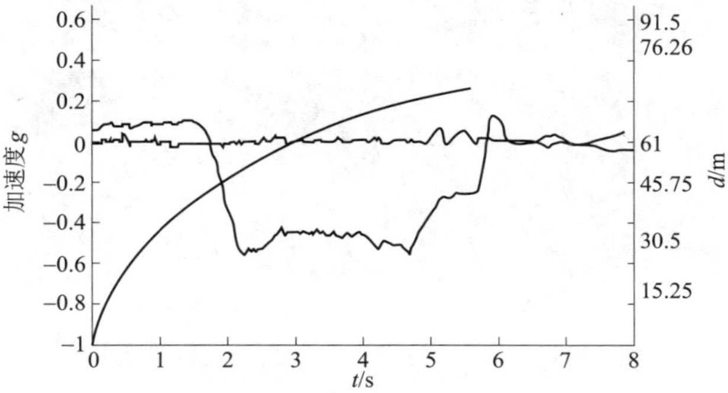

图 4-10　驾驶人典型的减速轨迹图（湿滑路面、无 ABS）

表 4-10 给出了一些经验数据的稳态偏差，它们是驾驶人驾驶自己熟悉的汽车，在封闭道路上行驶时碰到意料之外的障碍物或物体（“无预期事件”）时所做出的反应数据，具体情况见表中所示。表 4-10 同时提供了一些驾驶人在“有预期事件”下，从他们的车上采集到的数据的稳态偏差。在“有预期事件”情景中，虽然驾驶人知道他们要进行制动，但他们不知道信号（车内红灯）什么时候出现。

表 4-10　“无预期事件”和“有预期事件”下最大平稳减速度估计值

情景类型	在“无预期事件”下	在“有预期事件”下
平均	-0.55g	-0.45g
标准偏差	0.07g	0.09g
75%分位数	-0.43g	-0.36g
90%分位数	-0.37g	-0.31g
95%分位数	-0.32g	-0.27g
99%分位数	-0.24g	-0.21g

在同样的路面上行驶时，在“无预期事件”和“有预期事件”下的闭环制动（安装有 ABS）的稳态减速度比约为 1.22。开启、关闭 ABS 对制动的影响实验如图 4-11 所示。

当驾驶人在交叉口前停车时，确定一个理想的制动行为很重要。驾驶人将输入一个预先设置好的制动情形，减速度的大小受制于期望停车位置或前方将要被追上的汽车的稳态速度。最大的“舒适的”减速度大约为-0.3g，即约为 3 m/s^2。

4.3.4　速度与加速度控制

在稳态交通流条件下，驾驶人的主要任务是根据速度表显示，利用加速踏板作为控制输入实现驾驶任务。驾驶人通过向误差显示趋势相反的方向变换踏板位置来校正当前显示速度和期望速度的误差。误差大小取决于许多因素：操作量、期望速度和当前显示速度的关系、

（a）开启ABS　　（b）关闭ABS

图 4-11　开启、关闭 ABS 对制动的影响实验

速度表的位置与设计及影响驾驶人瞬间行为的个人情况等。在交通拥挤情况下，驾驶人根据在交通流中相对于其他车辆的位置作为主要依据完成驾驶任务。还有研究发现，在变换车道时，驾驶人通常会降低速度，而且期望速度比实际速度小 0.3～0.8 m/s。在稳态交通流条件下，速度误差范围估计不超过 ±1.5 m/s，基本服从正弦曲线规律。可以理解的是，巡航驾驶模式将使交通流速度误差的波动显著减少。

车辆可以加速或减速到多高直接受到车辆性能的限制。但实际的加速度，特别是在启动车辆时的加速度，通常要比车辆所拥有的加速性能低很多，这一点对客车来说更为突出。而且，车辆的加速性能随着速度的增大而降低，如图 4-12 所示。车速在达到或高于 48 km/h 时，使人舒适的加速度范围是 0.6～0.7 m/s^2（AASHTO 1990）。驾驶人在宽松环境下更愿意使用的加速度约为车辆最大加速度的 65%。

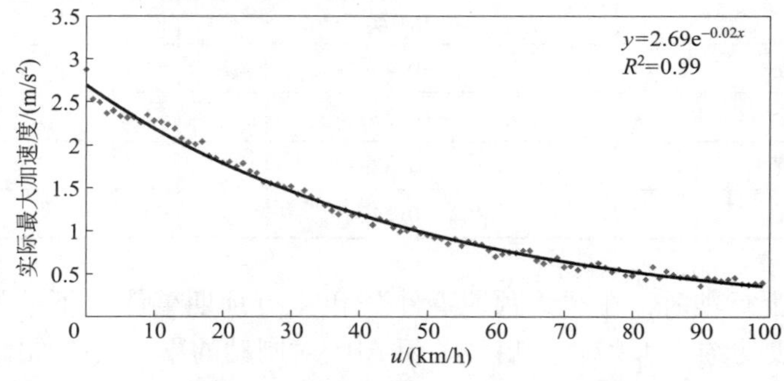

图 4-12　实际交通流中最大加速度随速度的变化

4.4　道路与环境对车辆运动的影响

4.4.1　道路对车辆运动的影响

道路因素包括道路条件（如道路线形、车道数量和车道宽度、路肩结构和路肩宽度、

道路抗滑性能）和运行条件（如交叉口控制方式、信号灯的配置、行人和各类车辆的运行状态）等。

1. 道路类型

城市道路分成快速路、主干路、次干路和支路 4 类。其中快速路是限制出入的无平面交叉的道路，交通量呈现连续流的特征。其他 3 类道路均有平面交叉，呈现间断流的特征。另外，城市道路上混合交通流（机动车、自行车和行人）特征也非常明显。

2. 道路设计

（1）平面。平面主要因素是道路的平面曲率；设计速度越大，需要更大的曲线半径满足车辆高速转弯的要求。平面线形的设计需要考虑最小停车视距（假定恒定减速度）。平面线形及其特性影响自由流速度：半径越小，速度越低。一般来说，车辆在进入曲线段时应减速，离开曲线时应加速进入直线段。

（2）纵断面。指道路纵断面上的线形设计（纵坡、变坡点、竖曲线等），停车视距是设计纵断面的关键因素。就交通运行质量来说，最影响其质量的是道路坡度，特别是对性能较低的重型货车。道路上下坡区段越长，对交通的影响越明显。爬坡速度（crawl speed，在给定坡度的连续爬坡道路上，特定车型可保持的最大持续速度）就是由道路坡度决定的，如图 4-13 中实线所示（来自 HCM 2010）。

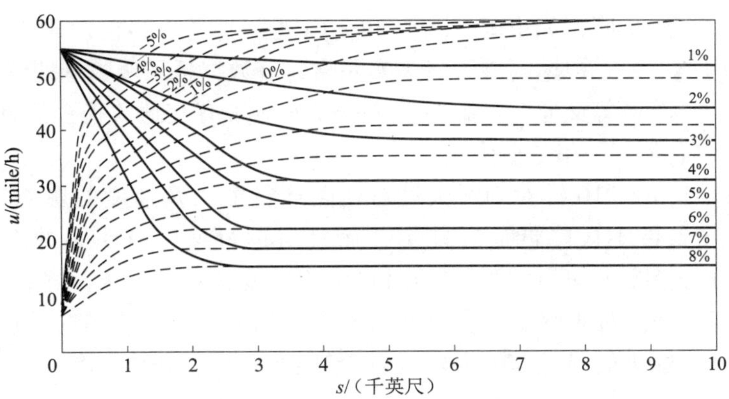

图 4-13 卡车（200 lb/hp）的爬坡速度与坡度和坡道长度的关系

（3）横断面。指车道数、侧向净空和设施的超高。侧向净空和车道宽度已被证明是影响交通运行的两个因素。HCM 2010 指出，当车道宽度小于 12 ft 时，高速公路自由流车速降低 6.6 mile/h，当侧向净空小于 6 ft 时，车速降低 3.6 mile/h。自由流速度也受车道数影响：双车道高速公路较五车道高速公路的自由流车速低 4.5 mile/h。然而，现有的相关研究还比较少，这是因为要收集合适的数据及区分出横断面每个元素对交通流运行的影响是很难的。

一般地，道路设计主要影响该路段本身的速度分布，因为其直接关系到交通流的自由流速度。如前面所述，设计特性、驾驶特性、车辆特性的影响是交互的，因此，线性设计对不同驾驶人和车辆的影响并不一致。此外，每一设计元素都有不同的影响方式。例如，横断面设计对高速公路的影响较城市道路的影响大。城市道路的速度容易受交通信号、匝道数及其他交通方式的影响。

3. 控制方式

交通管制包括交通信号和交通标志（减速让行和停车标志），它们使得交通流中断。交通信号可安置在交叉口和入口匝道上，交叉口信号把通行权分配给冲突的交通流（详见第9章），匝道信号限制进入快速路的交通流（详见第8章）。

减速让行标志一般安置在环形交叉口或匝道，停车标志安装在无信号交叉口处。另一种交通管制方式是近年才被使用的“可变限速”标志，其目的是通过减少道路限速（自由流速度）来控制交通流。这种标志通常被安装在快速路的瓶颈和施工区上游，在预期下游拥堵时来协调和降低交通流速度。

最后，车道控制是交通管理的另一种方式。高速公路或快速路的车道控制可分为：货车的使用政策、高承载车辆（high occupancy vehicle，HOV）车道、高承载收费（high occupancy toll，HOT）车道、潮汐车道，以及临时使用硬路肩；城市道路中还包括公交专用车道、渠化等。

4.4.2 天气对车辆运动的影响

交通工程领域研究较多的天气事件可分为3类：雨、雪及其他（风、雾等），不同类型的天气在强度上又有所不同，如小雨（雪）和大雨（雪）等。目前就雨雪天气对交通影响的研究主要分为两类：一是根据雨雪天气下实测交通流数据，采用数理统计方法定量分析雨雪对道路通行能力、车速等交通流参数的影响；二是对现有交通流模型重新进行参数标定，建立适用于雨雪天气条件下的改进模型。

HCM 2000 和 HCM 2010 针对雨雪天气对道路通行能力及速度的影响进行了整理。该手册认为不利天气条件不仅降低通行能力，而且对运行速度有明显的降低。数据显示，小雨对速度和交通流量影响不大，而大雨时自由流速度相对正常天气条件下观测值降低约15%。而不同强度的降雪对通行能力和速度的影响有明显区别，小雪时速度有3%～10%的下降，而大雪时通行能力会降低30%左右（甚至达到50%）。雨雪天气对交通影响的相关研究见表4-11。

表4-11 雨雪天气对交通的影响

研究者	时间	区域及道路类型	降水类型与等级/（in/h）	速度降低	通行能力降低
HCM 2000	2000	美国	小雨	2%～14%	
			大雨	5%～17%	14%～15%
			小雪	3%～10%	5%～10%
			大雪	20%～35%	25%～30%
Brian Smith Kristi Byrne	2004	美国汉普顿高速公路	小雨（0.01～0.25）	5.0%～6.5%	4%～10%
			大雨（>0.25）	5.0%～6.5%	25%～30%

续表

研究者	时间	区域及道路类型	降水类型与等级/（in/h）	速度降低	通行能力降低
Thomas Maze	2005	美国双子城高速公路	微雨（<0.01）	1%～2%	1%～3%
			小雨（0.01～0.25）	2%～4%	5%～10%
			大雨（>0.25）	4%～7%	10%～17%
			微雪（≤0.05）	3%～5%	3%～5%
			小雪（0.06～0.1）	7%～9%	6%～11%
			中雪（0.011～0.5）	8%～10%	7%～13%
			大雪（>0.5）	11%～15%	19%～27%
Edward Chung Osamu Ohtani	2005	东京城市快速路	小雨	4.50%	4%～7%
			大雨	8.20%	14%
Robert Hranac Hesham Rakha	2006	美国	小雨（>0.01）	2%～3.6%	10%～11%
			大雨（0.01～1.6）	6%～9%	
			小雪（>0.01）	5%～16%	12%～20%
			大雪（0.01～0.3）	5%～19%	
Janice Daniel Jongho Byun	2009	美国新泽西州高速公路	小雨	11%	
			大雨	61%	
			小雪	15%	
			大雪	50%	
HCM 2010	2010	美国爱荷华州高速公路	小雨（≤0.10）		1.17%～3.43%
			中雨（0.1～0.25）		5.67%～10.10%
			大雨（>0.25）		10.72%～17.67%
			小雪（≤0.05）		3.44%～5.51%
			中雪（0.05～0.1）		5.48%～11.53%
			大雪（0.1～0.5）		7.45%～13.35%
			暴雪（>0.5）		19.53%～27.82%
Darcin Akin V. Sisiopiku	2011	土耳其伊斯坦布尔市高速公路	降雨	8%～12%	7%～8%
			小雪	4%～5%（上升）	65%～66%
J. P. Singh P. Shrivastava	2013	印度孟买8号国道	小雨（0～20 mm）		10.20%
			中雨（20～40 mm）		17.90%
			大雨（>40 mm）		23%

4.4.3 其他因素对车辆运动的影响

1. 运行状态

1）同向超车

在大多数情况下，驾驶人超越前车的最大加速度约为 1 m/s²，可以用下式近似表示。

$$a_{\mathrm{GV}} \approx a_{\mathrm{LV}} - \frac{Gg}{100} \tag{4-19}$$

式中：

a_{GV}——最大加速比等级；

a_{LV}——最大加速比水平；

G——梯度（5/8）；

g——重力加速度，9.8 m/s²。

客车的最大加速度能力分布在 3 m/s² 左右。当驾驶车辆以很高的速度开始时，加速度会很小，约为 1 m/s²。在式（4-19）中，超车加速度应该为最大值的 65%。大型货车或拖挂组合车在水平路面上应以不大于 0.4 m/s² 的固定加速度开始加速，当速度达到 100 km/h 时则下降到 0.1 m/s²。

2）对向超车

AASHTO 几何设计指南给出，当初始速度为 56 km/h 时，加速度为 0.63 m/s²；当初始速度为 70 km/h 时，加速度为 0.64 m/s²；当初始速度为 100 km/h 时，加速度为 0.66 m/s²。相对于上面的考虑可知，这些设计指导方针显得十分保守。

3）可插车间隙

驾驶人进入或穿过交通流前，必须预测潜在冲突车辆与自己车辆之间的空间，并决定是否进入或穿过交通流。在一个点上连续车辆到达之间的时间间隔就是时间间隙，临界时间间隙就是连续车辆到达时间的最小值，其间驾驶人要完成合流或穿越。有 5 种可插车间隙存在的情况，分别为：① 左转穿过对向交通，无信号控制；② 左转穿过对向交通，有信号控制（绿灯通过）；③ 从双向交通、停车或让行标志控制交叉口左转；④ 从双向交通、停车或让行标志控制交叉口穿越；⑤ 从双向交通、停车或让行标志控制交叉口右转。《道路通行能力手册（HCM 2000）》给出了设计数据，参见第 5 章表 5-4。

4）合流

在高速公路或相似道路的加速车道进行合流，当车辆以 90 km/h 行驶于四车道上的可插车间隙的基线估计为 4.5 s。理论上，如果车辆几乎以相同的速度行驶，只需 3 辆车长（14 m）的间隙，车辆就会从一车道汇入另一车道。但是，对于这样的车道合流，这是最小值，实际使用时的标定值应至少为该值的两倍。

2. 速度错觉

驾驶人极力想将车速维持一段时间，以至于主观上感觉速度在不断减小（在没有看速度仪表盘的前提下）。许多研究发现，当驾驶人以 112 km/h 的速度行驶 32 km，他们就感觉车速降至 64 km。而行驶的平均速度误差往往比所要求的速度高了大约 20%。当速度限制改变时，类似的结果同样会出现。

同样的研究发现，驾驶人意识到“速度蠕变”而极力去适应它。当速度从低速升到高速时，他们同样认为速度好像比实际速度要快，因此，错觉又出现了，行驶的速度比要求的速度降低了 10% ～20% 。驾驶人必须花几分钟的时间去重新适应它。因此，不能用一个简单的分步函数模拟交通走廊上速度的调整，而是和第一阶段的过阻尼响应大致相似，这个响应能维持 2 s 或更多。

3. 信息输入与注意力分散

在拥挤设施上对畅通交通流起反作用的一个问题是“rubberneck”（驾车时扭头观望）问题。驾驶人通过一个事故点，路旁的异常事件或行为，建筑物或维修工作及其他与驾驶作业不相关的事件容易转移他们的注意力，从而降低其驾驶性能。Lunenfeld 在 *Positive Guidance* 中指出：在道路上或道路附近的不相关事件对驾驶人的期望产生暂时妨碍。由于缺乏精确的驾驶人对这种分心事物的行为数据，可以通过输入一个加速度项来对驾驶人的注意力分散加以研究。这种干扰通常来自以前进方向为中心的 30°锥体区域内，它也可能导致车道偏移振幅的增加。

智能运输系统的出现，导致驾驶环境中显示数目的增大和控制方式的复杂，引起车辆人机界面强信息负荷的出现并使操纵域变得更加拥挤，这种多仪表、多控制器、多显示器的驾驶环境对驾驶能力提出了更高的要求。由于通过车载信息支持系统可以把车载路径与导航、车载车辆使用者服务信息、车载安全咨询与警告、车载标志灯信息显示在屏幕上，导致未来的汽车上将增加多种新的显示及控制等操纵功能，并要求增加仪表板空间约 425. 7 cm^2（如特斯拉汽车）。基于此，一方面，如果要使这些新增功能与传统功能“融洽”地相处于一个仪表板上，车辆的仪表板将变得十分“拥挤”；另一方面，如果要通过遵循“机宜人、人适机”的人机工程设计原理与理念来解决问题，只能局部地降低车辆人机界面的强信息负荷，而不能从根本上实现驾驶环境中人的因素集成与综合。在这种情况下，驾驶行为对交通流的影响也引起了人们的关注，尤其是自动驾驶、智能驾驶等新的驾驶行为对交通流的影响成为驾驶行为研究的新内容和前沿领域。

驾驶人的注意力是有一定限度的。注意力可以分配给别的正在进行的工作，但这是以降低这些工作的准确性为代价的。当大脑要同时处理几个任务时，因驾驶人处理信息的衰减性和识别更高阶信息的困难性，就会导致驾驶失误和错误。延伸一点说，驾驶是以技能行为为基础的、以精神运动为主的一项工作。如果视觉感知不是主导因素的话，驾驶人可以免除对信息的高速处理。图 4-14 为驾驶人的实时信息输入。

图 4-14　驾驶人的实时信息输入

随着驾驶任务复杂性的增加，在拥挤的城市高速公路条件下，任何一项附加的任务都会影响汽车的驾驶，这在年龄大一点的驾驶人中尤为突出。即使目前车辆的仪表板已经容纳下车载信息支持系统所要求的各项操纵功能键，而驾驶人也至少必须面对多种以上的在功能概念上不熟悉、在操纵上要求较高的新装置（仪器）。对于这些普通的驾驶人而言，在正确而熟练地驾驶车辆的同时，使用、监视、查看和理解它们显然并非易事。由于我国城市交通流具有混合特征，驾驶人在行车过程中随时要处理各种突发的交通事件。因此，即使驾驶人能够完成上述操作，驾驶人的注意力也有可能造成更多的分散而诱发交通事故。例如，车载电话的使用（特别是边驾驶车辆边打电话）会导致相当的危险；当驾驶人以64 km/h 车速行驶时，车载触摸式显示屏的使用也会增加15%的非正常偏离车道现象；比传统仪表需要更多注视的车载电子地图等导航系统的使用，也容易导致行车过程中驾驶人注意力的分散。

4.5 自动驾驶与智能网联对驾驶行为的影响

自动驾驶与智能网联车（connected automated vehicle，CAV）正对交通规划设计、出行行为、交通运行和管控等产生变革性的影响。CAV 对交通的影响包括：① 提高效率和缓解拥堵，如降低车头时距以增加道路通行能力，减少非必要加减速以减弱拥堵波的产生与传递；② 减少能源消耗和交通流排放，如减少非必要的加减速带来的动能损耗，通过高速近距离列队行驶减少高速风阻；③ 提高汽车利用率，如通过共享汽车、降低驾驶人业务成本来提升社会效益。本节基于交通流理论，从各层次的驾驶任务、速度和加速度分布、车头时距分布三方面，对 CAV 的影响机理进行分析。

4.5.1 对各层次驾驶任务的影响

车辆的驾驶任务（driving task）包括对主要信息的接收工作及对信息作出相应的反应。在 CAV 环境下，系统同时承担接收信息、处理信息和驾驶车辆的任务。4.2.2 节将驾驶任务分为控制层、引导层和导航层 3 层，CAV 对上述 3 个层次均有影响。

自动驾驶使得驾驶任务中的控制层、引导层、导航层的主体产生变化。电子地图和定位（如 GPS）技术的应用，使得导航层驾驶任务相对更容易实现。SAE J3016 标准划分了从 L0 到 L5 的 6 个车辆驾驶自动化级别。其中，L0 为人工驾驶，L1～L2 级自动驾驶部分包含有限的控制层任务，L3～L5 级自动驾驶部分包含控制层和引导层控制。

表 4-12 不同等级自动驾驶水平和驾驶任务

	等级	名称	定义	动态驾驶任务		动态驾驶任务接管	设计运行环境范围
				车辆的横向和纵向控制任务	对象和事件检测与响应		
由人部分控制或全部控制							
	0	人工驾驶	由人全权操作汽车，在行驶过程中可以得到警告和保护系统的辅助	人	人	人	—

续表

	等级	名称	定义	动态驾驶任务		动态驾驶任务接管	设计运行环境范围
				车辆的横向和纵向控制任务	对象和事件检测与响应		
辅助驾驶	1	驾驶辅助	通过环境感知对方向盘和加减速中的一项操作提供驾驶辅助，对其他的驾驶动作都由人进行操作	人和系统	人	人	限制
	2	部分自动化	通过环境感知对方向盘和加减速中的多项操作提供驾驶辅助，其他的驾驶动作都由人进行操作	系统	人	人	限制
自动驾驶系统贯穿在整个驾驶任务的执行过程中							
自动驾驶	3	有条件自动化	由无人驾驶系统完成所有的驾驶操作。根据系统请求，人类驾驶者提供适当的应答	系统	系统	准备回退（回退过程由人接管）	限制
	4	高度自动化	由无人驾驶系统完成所有的驾驶操作。根据系统请求，人不一定需要对所有的系统请求作应答。限定道路和环境条件等	系统	系统	系统	限制
	5	完全自动化	由无人驾驶系统完成所有驾驶操作。人在可能的情况下接管。在所有的道路和环境条件下驾驶	系统	系统	系统	无限制

4.2.2 节介绍了传统人工驾驶在控制层、引导层和导航层的基本驾驶任务。而在 CAV 环境下，车辆在行驶过程中信息接收任务由人负责转变为系统负责，信息处理由人判断转变为系统计算，控制主体由人工操作转变为自动驾驶。为更好地反映自动驾驶和网联环境对驾驶任务带来的影响，对驾驶任务进一步分解，可得到表 4-13。其中“基本驾驶任务”为首要驾驶任务，也是驾驶自动化等级划分的主要依据，其他驾驶任务为第二、第三驾驶任务。

表 4-13 CAV 环境下的驾驶任务和控制主体

一级驾驶任务	二级驾驶任务	任务说明	接收信息/处理信息/驾驶车辆的控制主体
基本驾驶任务	控制层	车辆的横向和纵向控制	自动驾驶/网联系统
	引导层	根据当前状态和计划好的路径计算出引导参数，如车道选择、车速等	自动驾驶/网联系统
	导航层	选择行驶路线和所需的时间	网联系统

4.5.2 对速度、加速度分布的影响

自动驾驶与智能网联车作为新一轮的交通科技浪潮为改善安全性、稳定性、缓解交通拥堵和提升通行能力带来了新的机遇。CAV 被普遍认为可改善交通运行状况，CAV 对交通流

正面影响可总结为以下几点：① 提高行驶期望速度；② 提升车队的稳定性；③ 减少拥堵波的形成和传播；④ 对交通流的“均化作用”。

在速度方面，当CAV渗透率较低时，CAV可通过优化控制轨迹（见图4-15），使得车队稳定性得到提升，并显著地减少拥堵波的形成和传播，以达到提升道路速度和流量的目的；当CAV渗透率达到100%，且运行达到理想状态时，即前后车行驶轨迹完全一致（如同火车的各车厢一样，不过是软连接而已），在符合现实物理条件情况下CAV车队速度及通行能力可显著提升。

在加速度分布方面，CAV具有提升车队稳定性和抗扰动能力，减少拥堵波的形成和传播，对交通流产生“均化作用”的能力，能降低剧烈加减速出现的频率，加速度更加趋向于集中分布在0 m/s²附近。图4-16所示为不同CAV渗透率的加速度分布示意图。

图4-15 交叉口互不冲突的轨迹规划

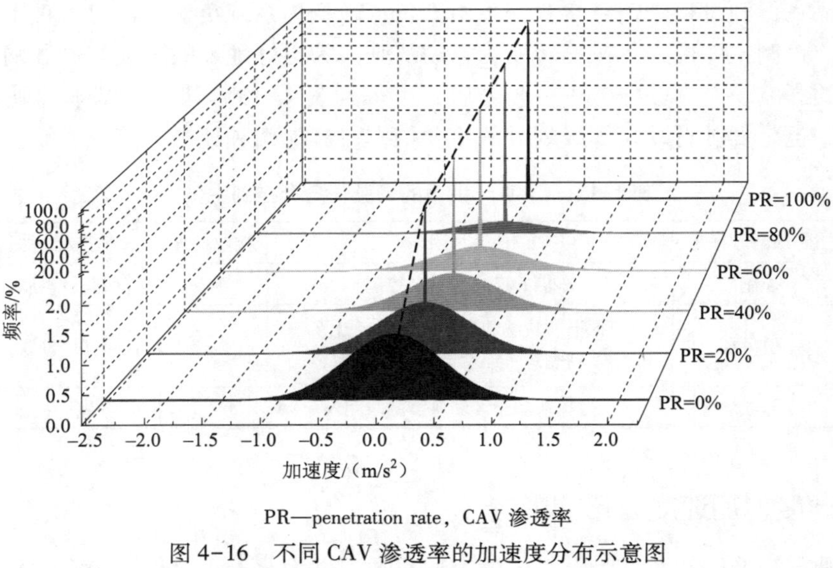

PR—penetration rate，CAV渗透率

图4-16 不同CAV渗透率的加速度分布示意图

4.5.3　对车头时距分布的影响

一般地，车头时距的倒数代表流量。可稳定达到的最小车头时距，决定了通行能力。

在车头时距方面，CAV 环境下的驾驶特性发生改变，CAV 车头时距的时长和稳定性区别于人工驾驶。在车头时距时长方面，人工驾驶车辆的车头时距包含人类感知反应时间、操作动作时间、最小安全预留间隙等。在 CAV 环境下，电子感知和通信的时长缩小、操作动作时长缩小，精准性和确定性改善，意味着在各速度区间下车头时距减小、稳定性提升。

在车头时距分布方面，由于感知反应时间降低导致车头时距的时长下降，车头时距分布向理论最小车头时距（车辆物理长度/速度）偏移；由于车头时距稳定性上升，车头时距分布更加集中。车头时距的倒数和道路实际流量正相关，更低且更集中的车头时距分布能有效提升道路的通行能力和稳定性。

复习思考题

1. 驾驶行为是什么？驾驶行为可以分为哪几个阶段？
2. 驾驶人驾驶任务分为哪几个层次？在各个层次下，驾驶人的主要驾驶任务是什么？
3. 驾驶人对刺激反应的差异主要表现在哪几个方面？各有何特点？
4. 驾驶人的离散驾驶行为和连续驾驶行为分别指的是什么？两种驾驶行为的模型机理与特征有什么区别？
5. 驾驶行为特性及其差异对交通流的影响体现在哪些方面？

第5章

多车运动的相互作用

5.1 概　　述

前面章节主要讨论了单车运动特征，以及在与相邻车辆没有交互作用情况下的运动公式。本章主要讨论交通流中车辆间的交互作用，这是交通流理论的核心。一般关注的交通运行特点包括道路通行能力及运行速度。

车辆间的交互作用可从以下3个方面进行定义：跟驰、换道及间隙接受。跟驰指一辆车跟随另一辆车在同一车道保持较近的距离行驶。一般来说，在跟驰情况下，后一辆车的速度受前一辆车的速度影响。车辆跟驰理论提供了在前车影响下的后车运行轨迹。车辆跟驰影响道路通行能力及交通流速度，车辆跟驰时距越小，道路通行能力越高。跟驰车辆的驾驶行为也影响交通流速度：一般来说，跟驰行为越激进，交通流整体速度越高（尽管并不那么安全）。

换道即驾驶人决定和实施更换行车道的行为过程，一般涉及换道需求或决策、选择目标车道及适合的间隙。因此，换道与间隙接受行为相关。间隙接受即选择一个适合的间隙（一般定义为后车前部与前车尾部间的时间间隔）去更改车道，或者在停车控制的道路管制中，穿过一个冲突的交通流。和车辆跟驰一样，换道和间隙接受行为都影响道路通行能力及交通流速度。例如，往高速车道的换道行为越频繁，车辆获得的速度优势越多，交通运行速度也就越高。当可接受的间隙越小时，车辆通过停车控制交叉口就越快，该交叉口进口方向的通行能力也就越高。

这3个行为过程及各自的理论是车辆交互作用的基础，也是微观交通仿真模型的关键元素。这些模型在计算机上再现交通环境中的车辆运动，以实验评价各种交通方案（详见第11章）。本章开篇讨论车辆跟驰、跟驰模型的发展史及总结当前最重要的跟驰理论，5.4节讲解换道模型，5.5节为可接受间隙理论部分的内容。

5.2 车辆跟驰模型

根据不同的交通流环境，驾驶人的驾驶策略主要分为以下3类。

（1）在自由流状态下加速到期望速度，或者以期望速度自由驾驶。

（2）在接近前方车辆状态下或遇到障碍时采取的制动。

(3) 跟随并与前车保持安全距离行驶的跟驰策略。

一般认为当车辆间的车头间距（或时距）小于一定临界值（如 125 m 或 6 s）时，后车处于“跟驰”状态。车辆跟驰模型（car-following model）将交通中的车辆看成分散的、相互作用的对象；假设没有超车的情况，通过研究后车跟随前车的动力学过程，进而分析单车道上交通流的演化特征。处于跟驰状态的车流具有 3 个特征，具体如下。

(1) 制约性。由于驾驶人不愿意落后，紧随前车前进，这是“紧随要求”。同时后车的车速不能长时间大于前车，只能在前车车速附近摆动，以避免碰撞，这是“车速条件”。为了保证安全，又要保持两车之间有足够的距离，以满足驾驶人做出反应，并采取制动措施，这是“间距条件”。紧随要求、车速条件、间距条件构成了一队汽车的跟驰行驶的制约性，即前车速度制约后车速度和两车距离。

(2) 延迟性。由制约性可知，前车改变运行状态，后车也要作相应改变。但后车改变状态要滞后于前车，因为驾驶人要对前车运行状态的改变有反应过程，需要反应时间。假设反应时间为 T，那么前车在 t 时刻的动作，后车在 $(t+T)$ 时刻才能做出相应的动作，这就是延迟性。延迟体现在后车感觉、认知、决策、控制 4 个阶段。

(3) 传递性。由制约性可知，第 1 辆车的运行状态制约第 2 辆车，第 2 辆车的运行状态又制约第 3 辆车，……第 n 辆车制约第 $(n+1)$ 辆车。第一辆车改变运行状态，它的效应会一辆接一辆地传递下去，这就是传递性。这种传递性由于具有延迟性，所以信息沿车队向后传递不是平滑连续而是像脉冲一样间断连续的。

自 Reuschel 和 Pipes 利用运筹学的方法对车辆跟驰进行数学解析的研究以来，车辆跟驰模型受到了长期大量的研究，已成为微观仿真模型的核心模型。通过研究车辆跟驰模型，不仅可以得到任意时刻车辆的瞬时加速度、速度、位置、车头时距或车头间距等微观交通流参数，还可以通过宏观的交通流特性理论，推导得出平均速度、密度、流率、延误等宏观参数。车辆跟驰模型对于了解和认识交通流的特性、科学地分析解决交通问题具有重要意义。

图 5-1 为跟驰实验示意图及 3 种不同跟驰行为的前后车“时间-位置”轨迹。

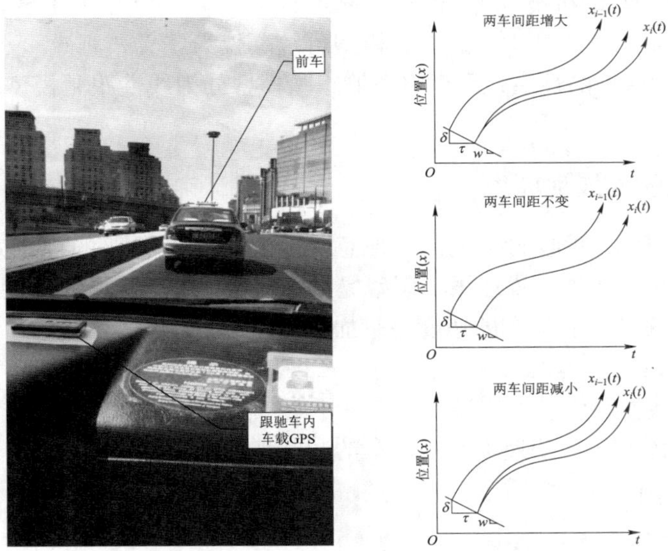

(a) 跟驰实验示意图　　(b) 不同跟驰行为的前后车“时间-位置”轨迹

图 5-1　跟驰实验示意图及 3 种不同跟驰行为的前后车“时间-位置”轨迹

5.2.1 车辆跟驰模型的基本假设及分类

一般地，跟驰模型的基本假设如下：

① 道路平直，不允许换道、超车；

② 当前方车辆较远时，车辆自由行驶，当车头间距（或时距）小于一定临界值（如125 m或6 s）时，车辆间存在相互影响，后车处于跟驰行驶状态；

③ 在跟驰行驶时，后车根据前车和自身的运行状态来调整自身的运动状态。

车辆跟驰模型主要关注跟驰行驶状态下驾驶人的行为特征和车辆运动特征的模型描述。通常，可以将跟驰车辆驾驶人的反应归纳为以下4个阶段。

① 感觉阶段：感官察觉交通环境和车辆状态信息，包括车头间距、前车速度、加速度和速度差等。

② 认知阶段：驾驶人对感官察觉的信息进行处理，形成对事件的认知。

③ 决策阶段：根据对事件的认知，对将要采取的措施作出决定。

④ 控制阶段：根据决策，形成由大脑到手脚的对车辆的操作动作。

跟驰模型是在对驾驶人反应特性深入分析的基础上，经过简化抽象得到关于“刺激-反应”的关系式：

$$\text{反应} = \lambda \times \text{刺激} \tag{5-1}$$

式中：

λ——驾驶人对“刺激”的反应参数，称为敏感度系数。通常，驾驶人受到的刺激因素是指前车的加速或减速行为，以及随之产生的两车的速度差和车头间距的变化。驾驶人对刺激的“反应”是指根据交通条件变化对车辆的加减速控制。

通常，跟驰模型可以分为以下6个类别：刺激-反应类（stimulus-response model）、安全距离类（safety distance model）、理想速度类（optimal velocity model）、心理-生理类（psycho-physical model）、元胞自动机类（cellular automaton model）和基于人工智能的模型（artificial intelligence-based model）。本质上，这6类模型可统一视为广义“刺激-反应”方程的特殊形式。另外，根据数学模型的性质，可以将车辆跟驰模型分为线性跟驰模型和非线性跟驰模型两类。

5.2.2 刺激-反应类跟驰模型

刺激-反应类跟驰模型形式简单，物理意义明确，具有重要的理论意义。根据发展过程，分为线性和非线性两类。线性跟驰模型提出了两条被广泛认可的假设：

（1）驾驶人考虑本车和前车的速度差来加减速；

（2）驾驶人存在反应延迟。

之后提出的非线性跟驰模型则进一步考虑了第三条假设：

（3）驾驶人考虑本车当前速度和前后车的间距来加减速。

1. 线性跟驰模型

1）线性跟驰模型的建立

线性跟驰模型是基于刺激-反应原理的最简单的模型形式，图5-2为建立线性跟驰模型的原理示意图。

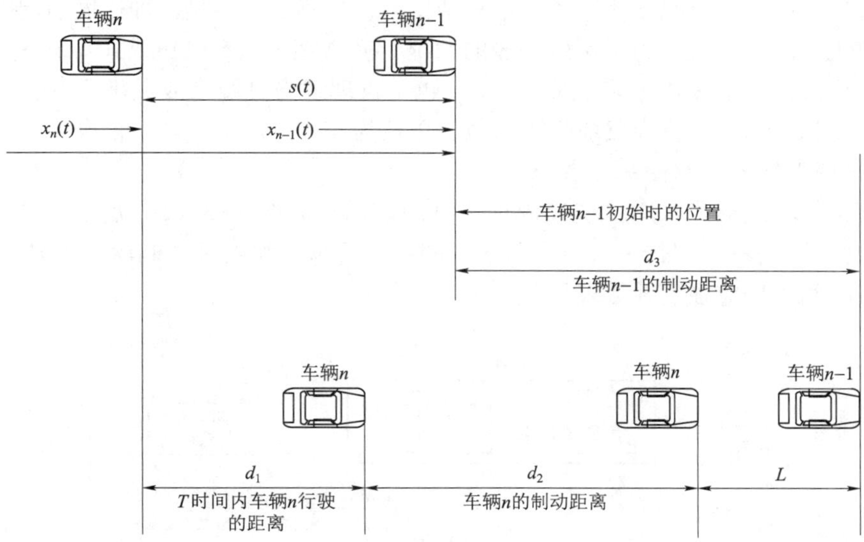

图 5-2 线性跟驰模型原理示意图

在图 5-2 中，$x_{n-1}(t)$ 和 $x_n(t)$ 分别表示 t 时刻前车 $n-1$ 和其跟随车 n 的位置，$s(t)=x_{n-1}(t)-x_n(t)$ 为 t 时刻前后车间的车头间距；T 表示驾驶人的反应时间，$d_1=T\cdot u_n(t)$ 表示在驾驶人反应时间 T 内车辆 n 行驶的距离；d_2 表示车辆 n 的制动距离；d_3 表示车辆 $n-1$ 的制动距离，L 表示停车安全距离。

根据图 5-2，可以得出以下基本关系式：

$$s(t)=x_{n-1}(t)-x_n(t)=d_1+d_2+L-d_3 \tag{5-2}$$

$$d_1=T\cdot u_n(t)=T\cdot u_n(t+T)=T\cdot \dot{x}_n(t+T) \tag{5-3}$$

假设车辆的制动距离相等，即 $d_2=d_3$，则有

$$s(t)=x_{n-1}(t)-x_n(t)=d_1+L \tag{5-4}$$

综合上述关系式，可得

$$x_n(t)-x_{n+1}(t)=\dot{x}_n(t+T)\cdot T+L \tag{5-5}$$

两边对 t 求导，得到

$$\dot{x}_{n-1}(t)-\dot{x}_n(t)=\ddot{x}_n(t+T)\cdot T \tag{5-6}$$

也即

$$\ddot{x}_n(t+T)=\lambda[\dot{x}_{n-1}(t)-\dot{x}_n(t)] \quad n=1,2,3,\cdots \tag{5-7}$$

或写成

$$\ddot{x}_n(t)=\lambda[\dot{x}_{n-1}(t-T)-\dot{x}_n(t-T)] \quad n=1,2,3,\cdots \tag{5-8}$$

式中：

$\lambda=T^{-1}$；$\dot{x}_n(t)$——位移对时间的一阶导数，即车辆速度；

$\ddot{x}_n(t)$——位移对时间的二阶导数，即车辆加速度。

与式（5-1）对比，可以看出式（5-8）是对刺激-反应方程的近似表示：刺激为两车的速度差；反应为跟驰车辆的加速度。

式（5-6）是在前车制动、两车的减速距离相等及后车在反应时间 T 内速度不变等假定

下推导出来的。实际的情况要比这些假定复杂得多，如刺激可能是由加速度引起的，而两车的减速距离也可能不相等。为了考虑一般的情况，通常把式（5-7）或式（5-8）作为线性跟驰模型的形式，其中 λ 不一定取值为 T^{-1}，也不再理解为灵敏度或灵敏系数，而看成与驾驶人动作强度相关的量，称为反应强度系数，单位为 s^{-1}。

2）车辆跟驰行为过程的一般表示

跟驰理论的一般形式可用传统控制理论框图表示，如图 5-3（a）所示。式（5-8）表示的线性跟驰模型表示如图 5-3（b）所示，图中，后车驾驶人对“刺激”的“反应”行为参数用反应时间和反应强度系数表示。

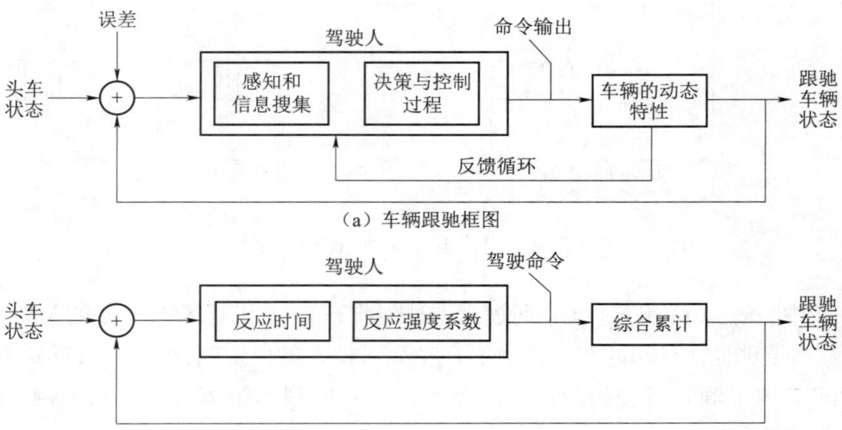

（a）车辆跟驰框图

（b）线性跟驰模型框图

图 5-3 跟驰行为过程的一般表示

3）线性跟驰模型的局限性

线性跟驰模型将前后车的速度差作为模型输入的唯一刺激因素，且采取简单的一元方程的形式，难以反映驾驶人在行车过程中的感知、反应和判断等心理因素对跟驰行为的影响及其复杂性。其缺陷可以归纳为以下 3 点。

（1）认为前后车速度差的刺激与后车的驾驶反应存在一一对应的关系。而现实的跟车行为也会受到前后车的间距和后车自身速度的影响。

（2）后车能以确定性的方式对与前车的相对速度的微小变化做出反应，且后车对正负速度差的敏感程度相同，即在速度差的绝对值相等的情况下，后车的加减速度（绝对值）相同。这与现实的驾驶行为不同。

（3）在线性跟驰模型中，当前后两车的车速相同时，允许两车的车头间距无限减小直至为零。而在现实的跟驰行为中，前后车存在最小安全距离。

基于对以上缺陷的改进，1961 年，Gazis、Herman 和 Rothery 提出要在线性模型的基础上考虑前后车间距、后车当前速度等因素对跟驰行为的影响，形成了非线性的刺激-反应类车辆跟驰模型（简称“GHR 模型”）。这些成果很大程度上来自 20 世纪五六十年代通用汽车（General Motors，GM）实验室的研究，极大地推动了跟驰模型的基础性研究，其影响力持续至今。

2. 非线性跟驰模型

线性跟驰模型假定敏感度系数 λ 为常数，也就是说，驾驶人对速度差的反应强度是恒定的。而在实际交通中，驾驶人的反应强度受到车头间距和后车当前车速等因素的影响。因此，为了更合理地描述实际驾驶行为，将敏感度系数 λ 表示为车头间距和当前车速的函数，从而将线性跟驰模型发展为非线性跟驰模型。

1）非线性跟驰模型的起源与发展

非线性跟驰模型的研究部分起源于对线性跟驰模型的稳态流特性分析（见 5.2.7 车辆跟驰模型的稳定性分析）。在线性跟驰模型提出之后，一些学者研究了模型的稳态流特性，推导稳态流条件下的“流-密”和“速-密”关系，发现了其与实际不符的问题。下面首先介绍跟驰模型的稳态流分析方法，并由此阐述非线性跟驰模型的发展历程。

式（5-7）表示的线性跟驰模型描述车辆 n 在 $t+T$ 时刻的加速度。为了得到车辆 n 的速度表达式，对式（5-7）两边积分，可得

$$\dot{x}_n(t+T)=\lambda[x_{n-1}(t)-x_n(t)]+c \tag{5-9}$$

式中：

c——积分常数。

在稳定状态下，车辆在 $t+T$ 时刻的速度与 t 时刻的速度是相同的，因此，可以忽略时间因素，对式（5-9）进行整理，可得

$$\dot{x}_n=u=\lambda[x_{n-1}-x_n]+c=\lambda s+c \tag{5-10}$$

式中：

$s=x_{n-1}-x_n$——车辆之间的平均车头间距。

车辆的平均密度可以表示为 $k=1/s$。为了求解方程，需要确定积分常数 c。对于停止的交通流，车流的速度为 $u=0$，相应的车头间距 s 由车辆长度和车辆间的间距构成，通常称为车辆的有效长度（或称为停车安全距离），对应于停止车流的密度 k_j 称为阻塞密度。从而可以得出

$$0=\lambda(1/k_j)+c \tag{5-11}$$

整理式（5-11），可得

$$c=-\lambda/k_j \tag{5-12}$$

将式（5-12）代入式（5-10），结合 $k=1/s$，可得速度-密度关系式为

$$u=\lambda\left(\frac{1}{k}-\frac{1}{k_j}\right) \tag{5-13}$$

将式（5-13）代入流量、密度和速度的基本关系式 $q=kv$ 中，可得流量-密度关系式为

$$q=\lambda\left(1-\frac{k}{k_j}\right) \tag{5-14}$$

1959 年，Gazis 等人利用 Greenberg 提供的数据对式（5-14）进行拟合，结果如图 5-4（a）所示。为了使结果更加直观，对图 5-4（a）的坐标进行标准化处理，即将横坐标采用实际密度与最大密度（阻塞密度）的比值表示，$k_n=k/k_j$；而纵坐标采用实际流量与最大流量之比表示，$q_n=q/q_{max}$。从而标准流量与标准密度的关系如图 5-4（b）所示。从图 5-4 中两幅图可以看出，式（5-14）不能描述实际流量和密度的变化关系，从而引出了对线性跟驰模型的修改。

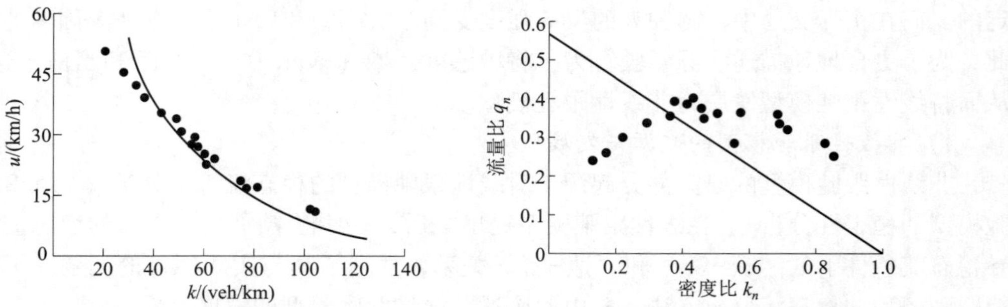

（a）速度–密度关系图　（b）标准流量与标准密度关系

图 5–4　数据拟合结果

为了克服线性跟驰模型的缺陷，考虑敏感度系数与车头间距成反比，即

$$\lambda=\frac{\lambda_1}{x_{n-1}(t)-x_n(t)} \tag{5-15}$$

式中：

λ_1——常数。

将式（5–15）代入式（5–7），可以得到以下车辆跟驰方程：

$$\ddot{x}_n(t+T)=\frac{\lambda_1}{x_{n-1}(t)-x_n(t)}[\dot{x}_{n-1}(t)-\dot{x}_n(t)],n=1,2,3,\cdots \tag{5-16}$$

在此方程中，由于变量之间存在乘积关系，因此称为非线性跟驰模型。采用与前面相似的方法，对式（5–16）进行处理，可得到速度–密度关系式为

$$u=\lambda_1\ln(k_j/k) \tag{5-17}$$

进而考虑流量、密度和速度的基本关系式，可得到流量–密度的关系为

$$q=\lambda_1 k\ln(k_j/k) \tag{5-18}$$

采用图 5–4 的实测数据，结合式（5–17）和式（5–18），用最小二乘法对数据进行拟合，得到 λ_1 和 k_j 的值分别为 27.7 km/h 和 142 veh/km，拟合曲线如图 5–5 所示。经推导，当密度为 $e^{-1}k_j$ 时，流量达到最大值 $\lambda_1 e^{-1}k_j$，该最大流量即路段的单车道通行能力，代入拟合得到的参数值，可得此条件下的通行能力近似为 1 400 veh/h。

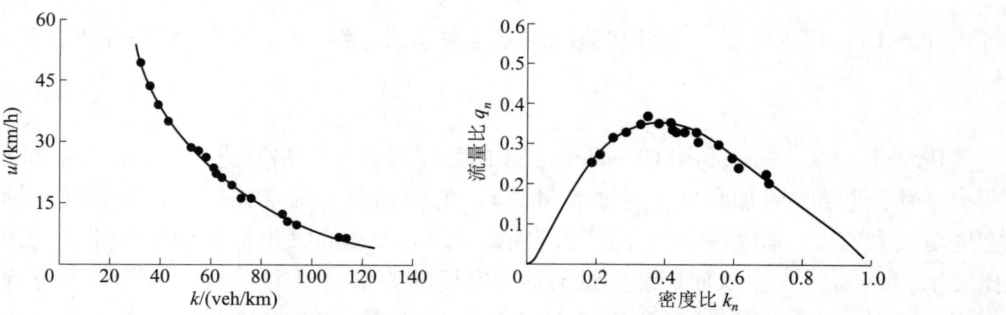

（a）速度–密度关系图　（b）标准流量与标准密度关系

图 5–5　处理后的数据拟合结果

在图 5–5 中，拟合曲线能够较好地解释实测数据的定性性质。然而，分析式（5–18），

发现当 $k=0$ 时，$\mathrm{d}q/\mathrm{d}k$ 趋于无穷大［从图 5-5（b）中可以看出］，这是不合理的。实际上，低密度情况下的车头间距很大，车辆之间的跟驰现象十分微弱。为了解决这一问题，1961年，Edie 进一步考虑敏感度系数与车头间距的平方成反比，与当前车辆的速度成正比，即

$$\lambda=\frac{\lambda_2 \dot{x}_n(t)}{[x_{n-1}(t)-x_n(t)]^2} \tag{5-19}$$

式中：

λ_2——常数。

从而可以得到以下的模型方程：

$$\ddot{x}_n(t+T)=\frac{\lambda_2 \dot{x}_n(t)}{[x_{n-1}(t)-x_n(t)]^2}[\dot{x}_{n-1}(t)-\dot{x}_n(t)],\ n=1,2,3,\cdots \tag{5-20}$$

相应地，可以得到以下的稳态速度-密度关系为

$$u=u_\mathrm{f}\mathrm{e}^{-k/k_\mathrm{m}} \tag{5-21}$$

$$q=u_\mathrm{f}k\mathrm{e}^{-k/k_\mathrm{m}} \tag{5-22}$$

式中：

u_f——自由流速度；

k_m——最大流量时的密度。

为了更完整地说明交通流在低密度状态下的特征，可以将速度-密度关系表示为分段函数的形式，即

$$u=\begin{cases}u_\mathrm{f}, & 0\leqslant k\leqslant k_\mathrm{f}\\ u_\mathrm{f}\exp\left[-\left(\dfrac{k-k_\mathrm{f}}{k_\mathrm{m}}\right)\right], & k>k_\mathrm{f}\end{cases} \tag{5-23}$$

式中：

k_f——车辆间刚要产生相互影响的密度，超过此密度值，交通流的速度将随着密度的增加而减小。

2）非线性跟驰模型的一般表达式

总结以上线性跟驰模型和非线性跟驰模型，可以得到敏感度系数的一般表达式为

$$\lambda=a_{l,m}\frac{\dot{x}_n^m(t)}{[x_{n-1}(t)-x_n(t)]^l} \tag{5-24}$$

式中：

$a_{l,m}$——常数，通常由实验确定，

$l\geqslant 0$，$m\geqslant 0$——参数。

从而可以得出跟驰模型的一般表达式为

$$\ddot{x}_n(t+T)=a_{l,m}\frac{\dot{x}_n^m(t)}{[x_{n-1}(t)-x_n(t)]^l}[\dot{x}_{n-1}(t)-\dot{x}_n(t)],\ n=1,2,3,\cdots \tag{5-25}$$

在式（5-25）中，通过设置不同的 l 和 m，可以得到前面提出的线性跟驰模型和各种表达的非线性跟驰模型。具有式（5-25）表达式特征的跟驰模型通常称为经典跟驰模型或 GHR 模型。

虽然 GHR 模型在交通领域十分著名，但 Gazis、Herman 和 Rothery 这三位模型建立者都非交通领域出身，而是基础学科的研究人员，当时供职于美国通用汽车公司研究实验室的基

础科学组（后来更名为理论物理学研究科），Herman 是该组负责人。Herman 作为普林斯顿大学分子光谱学的毕业生，20 世纪 40 年代与乔治·伽莫夫（George Gamow）、拉尔夫·阿尔菲（Ralph Alpher）一同研究了宇宙大爆炸模型，并且预言了宇宙背景辐射的存在。进入通用汽车公司之后，Herman 带领该组成员以交通领域的研究获得了 1959 年兰彻斯特奖——该奖当年的 7 位得主有 6 人隶属于 Herman 的团队。

相对于线性跟驰模型［式（5-7）］，非线性跟驰模型［式（5-25）］增加了驾驶人对本车速度和与前车车头间距的考虑，对驾驶行为的建模更加合理和准确。不仅如此，还可以进一步考虑驾驶人在需要加速、减速、制动或平稳驾驶时可能具有不同的驾驶动作特性。但需要指出，现在 GHR 模型的应用越来越少，因为 m、l 参数的标定未得到一致认可的结论，很多研究给出了不同的（甚至相互矛盾）参数标定结果。表 5-1 列出了不同地区学者的模型拟合结果。

表 5-1　不同地区学者的模型拟合结果

<table>
<tr><th>模型出处</th><th colspan="2">m</th><th colspan="2">l</th></tr>
<tr><td>Chandler etc. 1958</td><td colspan="2">0</td><td colspan="2">0</td></tr>
<tr><td>Herman, Potts 1959</td><td colspan="2">0</td><td colspan="2">1</td></tr>
<tr><td>Helly 1959</td><td colspan="2">1</td><td colspan="2">1</td></tr>
<tr><td>Gazis, Herman, Potts 1959</td><td colspan="2">0～2</td><td colspan="2">1～2</td></tr>
<tr><td>Edie 1961</td><td colspan="2">1</td><td colspan="2">2</td></tr>
<tr><td>May, Keller 1967</td><td colspan="2">0. 8</td><td colspan="2">2. 8</td></tr>
<tr><td>Heyes, Ashworth 1972</td><td colspan="2">-0. 8</td><td colspan="2">1. 2</td></tr>
<tr><td rowspan="3">Hoefs 1972</td><td>减速（不踩刹车）</td><td>1. 5</td><td>减速</td><td>0. 9</td></tr>
<tr><td>制动（踩刹车）</td><td>0. 2</td><td>制动</td><td>0. 9</td></tr>
<tr><td>加速</td><td>0. 6</td><td>加速</td><td>3. 2</td></tr>
<tr><td rowspan="2">Treiterer, Myers 1974</td><td>减速</td><td>0. 7</td><td>减速</td><td>2. 5</td></tr>
<tr><td>加速</td><td>0. 2</td><td>加速</td><td>1. 6</td></tr>
<tr><td>Ceder, May 1976</td><td colspan="2">0. 6</td><td colspan="2">2. 4</td></tr>
<tr><td rowspan="3">Aron 1988</td><td>减速</td><td>2. 5</td><td>减速</td><td>0. 7</td></tr>
<tr><td>平稳</td><td>2. 7</td><td>平稳</td><td>0. 3</td></tr>
<tr><td>加速</td><td>2. 5</td><td>加速</td><td>0. 1</td></tr>
<tr><td rowspan="2">Ozaki 1993</td><td>减速</td><td>0. 9</td><td>减速</td><td>1</td></tr>
<tr><td>加速</td><td>-0. 2</td><td>加速</td><td>0. 2</td></tr>
</table>

3）基于跟驰模型的交通流基本关系式

Gazis 等人对跟驰模型的一般表达式进行了解析。将方程式（5-25）对时间积分，可得

$$f_m(u)=a\,f_1(s)+b \tag{5-26}$$

式中：

a，b——积分常数；

u——稳态交通流速度；

s——稳态时的平均车头间距。

选取函数 $f_p(x)$（$p=m$ 或 l）的表达式为

$$f_p(x)=\begin{cases}x^{1-p},p\neq 1\\ \ln x,\ p=1\end{cases} \tag{5-27}$$

积分常数的确定取决于参数 m 和 l 的取值，同时，还需要明确模型的边界条件。实际中通常考虑以下两个边界条件：

① 当 $s\to\infty$ 时，$u=u_{\mathrm{f}}$，u_{f}为自由流速度，通常也指车辆的最大速度；

② 当 $s=L$ 时，$u=0$，L 表示停车安全距离。

根据以上分析，下边分 4 种情况分别讨论积分常数的取值。

（1）当 $l>1$，$0\leqslant m<1$ 时，两个边界条件均满足，积分常数 a 和 b 可以分别由下面两式求得，即

$$a=-f_m(u_{\mathrm{f}})/f_l(L) \tag{5-28}$$

$$b=f_m(u_{\mathrm{f}}) \tag{5-29}$$

（2）当 $l>1$，$m\geqslant 1$ 时，仅有边界条件①满足，从而通过式（5-29）得到积分常数 b，而积分常数 a 的值可以通过具体的实验数据拟合得到。

（3）当 $l\leqslant 1$，$0\leqslant m<1$ 时，仅有边界条件②满足，积分常数 a 和 b 符合以下关系：

$$b=-a\,f_l(L) \tag{5-30}$$

同样，a 和 b 的值可以通过具体的实验数据拟合得到。

（4）当 $l\leqslant 1$，$m\geqslant 1$ 时，边界条件①和②均不满足，积分常数 a 和 b 只能通过具体实验数据拟合得到。

基于式（5-26）～式（5-30）及稳态流特性，可以得到速度、密度和流量之间的关系。图 5-6（a）和图 5-6（b）给出了一些不同 l 和 m 值对应的流量-密度关系曲线，同图 5-4（b）和图 5-5（b）的方法，流量和密度通过 $q_n=q/q_{\max}$ 和 $k_n=k/k_{\mathrm{j}}$ 进行标准化处理。

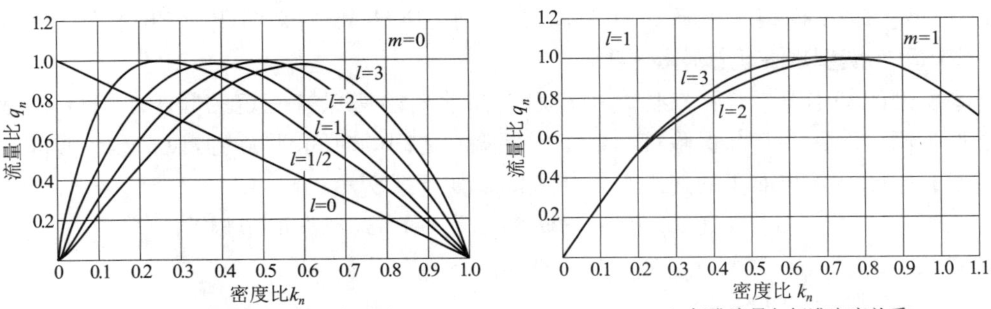

（a）标准流量与标准密度关系1　（b）标准流量与标准密度关系2

图 5-6　标准流量与标准密度关系图

从图 5-6 中可以发现，通过选择适当的模型参数，GHR 模型可以用来拟合图 5-4 中的数据。需要说明的是，模型中参数 l 和 m 也可以取非整数的形式。

4）非线性跟驰模型的局限性

除 m、l 参数难以得到稳定的标定结果外，该模型还存在其他局限性。

首先，当后车和前车速度相等时，跟随车保持当前的运动状态，而不考虑其与前车的实际间距，这与实际情况不符。

其次，经典跟驰模型假定车辆加速度和减速度的绝对值相等，这与实际不符。实际上，车辆的减速性能优于加速性能。并且，在交通比较拥堵时，跟驰车辆的驾驶人对前车减速的反应强度明显大于加速的反应强度。也就是说，经典跟驰模型不能描述车辆反应的不对称性。

最后，由经典跟驰模型推导的流量-密度关系是连续的，而实测研究表明，流量-密度关系曲线在最大流量附近存在明显的间断，出现流量突然下降的现象。经典的跟驰模型难以描述这种现象。

5.2.3 安全距离类跟驰模型

最初的安全距离模型，又称 CA 模型或防撞模型（collision avoidance model），是由 Kometani 和 Sasaki 提出的。在此模型中，仿真跟驰行为并不是建立在简单的刺激-反应模式的基础上的，而是为了寻找一个特定的安全跟驰距离。如果前车驾驶人做了一个后车驾驶人意想不到的动作，当前后车间的跟驰距离小于所需的安全距离时，就有可能发生碰撞。

该模型根据现状前车速度、后车速度，可以知道各自的最短刹车距离。再根据车间距，就可得出下一时刻后车需要保持的安全距离，也就可求出后车所需达到的安全速度。其基本公式为

$$\Delta x(t)=\partial u_{n-1}^{2}(t)+\beta_{l}u_{n}^{2}(t+T)+\beta u_{n}(t+T)+b_{0} \tag{5-31}$$

式中：

∂，β，β_l，b_0——可标定的参数。

1. PITT 模型

20 世纪 70 年代后，研究者提出了很多更为复杂的安全车距模型。其中比较有代表性的是 PITT 模型。PITT 模型应用于 INTRAS 仿真模型，INTRAS 后来演化为 FRESIM 和 CORSIM 模型。CORSIM 模型现在仍被广泛应用。

这些模型的基本思想是：在仿真中让后车与前车始终保持一定的间距。PITT 模型也是基于跟驰车辆试图保持其前保险杠与前车后保险杠之间的时间间隔的假设，这个时间间隔与跟驰车辆的速度及其与前车的速度差是相关的，如下式所示：

$$s(n+1)_{t}=L(n)+B(n)+ku\ (n+1)_{t}+bk\left[u(n)_{t}-u\ (n+1)_{t}\right]^{2} \tag{5-32}$$

式中：

$L(n)$——前车的长度；

$B(n)$——停车状态下，两车保险杠的间距；

k，b——车辆跟驰的敏感性参数；

$u(n)_t$，$u\ (n+1)_t$——前后车在时间 t 的速度。

相应地，在 $t+\Delta t$ 时刻的公式为

$$s(n+1)_{t+\Delta t}=L(n)+B(n)+ku\ (n+1)_{t+\Delta t}+bk\left[u(n)_{t+\Delta t}-u\ (n+1)_{t+\Delta t}\right]^{2} \tag{5-33}$$

式（5-32）和式（5-33）表示车辆跟驰模型中前后两车的平衡条件，然而，在车辆跟驰

模型中，需要计算跟驰车辆在 $t+\Delta t$ 时刻的加速度，作为两车在 t 时刻的位置和速度的结果。为了将跟驰车辆在 $t+\Delta t$ 时刻的加速度引进公式，用下式表示跟驰车辆在 Δt 时间内的间距为

$$s(n+1)_{t+\Delta t}=x(n)_{t+\Delta t}-x(n+1)_{t+\Delta t} \tag{5-34}$$

在假设车辆行驶过程中的加速度是恒定的情况下，表示跟驰车辆在 Δt 时间内的行程可表示为

$$s(n+1)_{t+\Delta t}=x(n)_{t+\Delta t}-\left[x(n+1)_t+u\ (n+1)_t\Delta t+a\ (n+1)_{t+\Delta t}\frac{\Delta t^2}{2}\right] \tag{5-35}$$

同理，将 $u\ (n+1)_{t+\Delta t}$ 表示为加速度的函数为

$$u\ (n+1)_{t+\Delta t}=u\ (n+1)_t+a\ (n+1)_{t+\Delta t}\Delta t \tag{5-36}$$

将式（5-33）和式（5-35）取等，并取代式（5-36）中的 $u\ (n+1)_{t+\Delta t}$，然后求解 $a\ (n+1)_{t+\Delta t}$，由于式（5-33）的最后一部分是极小的值，所以 $u\ (n+1)_t$ 代替 $u\ (n+1)_{t+\Delta t}$，以消去 $a\ (n+1)_{t+\Delta t}$ 的平方项，得到下式所示结果：

$$a\ (n+1)_{t+\Delta t}=2\,\frac{x(n)_{t+\Delta t}-x(n+1)t-L(n)-B(n)-u\ (n+1)_t(k+\Delta t)-bk\left[u\ (n)_{t+\Delta t}-u\ (n+1)_t\right]^2}{\Delta t^2+2k\Delta t} \tag{5-37}$$

式（5-37）表示 PITT 模型中车辆跟驰基本公式，当 $u_n<u_{n+1}$ 的时候，参数 b 取定值 0.1，否则，取 0 值。模型假设，当前车的速度快于跟驰车的速度时，它们的速度差并不显著影响跟驰车的加速度。

相对于 GM 模型，PITT 车辆跟驰模型考虑了前车的终速度，即在 $t+\Delta t$ 时刻的速度，而不仅是在时刻 t。换言之，Δt 内的加速度和前车在 $t+\Delta t$ 时刻的速度相关。在应用该模型的时候，驾驶人的感知和反应时间需要另行考虑，然后再计算加速度。根据参考文献［9］，PITT 模型对于交通流震荡的描述并不完美，导致任何交通扰动都可以被迅速削弱——这一点很重要，因为实际上通行能力陡降（breakdown）并不是在任何时候都随机发生，只有交通需求超过通行能力的时候陡降才会发生（详见第 6.5 节）。最后，该模型需要引进几个约束条件，以确保跟驰车辆轨迹的合理性。而应用表明，这些约束条件在很大程度上决定了加速度。

2. Gipps 模型

1981 年，Gipps 提出了另一种目前较为常见的安全距离模型。该模型假设车辆速度由当前理想速度、所允许的最大加/减速度和安全制动距离共同决定，在时间段［t，$t+T$］内，车辆速度是驾驶人为迫近理想速度而加速达到的速度和维持安全距离的速度二者中的较小者。对车辆 n，其在 $t+T$ 时刻的速度表示为

$$u_n(t+T)=\min\{u_n^a(t+T),u_n^b(t+T)\} \tag{5-38}$$

式中：

$u_n^a(t+T)$——在 t 时刻驾驶人期望迫近理想速度而加速达到的速度；

$u_n^b(t+T)$——在 t 时刻驾驶人为了保持足够的安全车头间距而减速所达到的速度。它们的具体形式为

$$u_n^a(t+T)=u_n(t)+2.5a_{\mathrm{em}}\cdot T\cdot\left[1-\frac{u_n(t)}{u_n^{\mathrm{desired}}(t)}\right]\cdot\sqrt{0.025+\frac{u_n(t)}{u_n^{\mathrm{desired}}(t)}} \tag{5-39}$$

$$u_n^b(t+T)=d_{\mathrm{em}}\cdot T+\sqrt{(d_{\mathrm{em}}\cdot T)^2-d_{\mathrm{em}}\left[2g_n-u_n(t)\cdot T-\frac{u_{n-1}^2(t)}{\hat{d}_{\mathrm{em}}}\right]} \tag{5-40}$$

式中：

$u_n^{\mathrm{desired}}(t)$——车辆 n 在 t 时刻期望达到的速度；

a_{em}——车辆 n 可能达到的最大加速度；

g_n——有效车头间距，通常定义为

$$g_n=x_{n-1}(t)-l_{c,n-1}-x_n(t)-s_{\mathrm{stop}} \tag{5-41}$$

s_{stop}——静态制动距离（stationary stoppage allowance），即车队完全停止时前车车尾和后车车头之间保留的距离。在实际交通中，s_{stop} 为 0.5～2 m。

$l_{c,n-1}$——车辆 n-1 的长度，而 $l_{c,n-1}+s_{\mathrm{stop}}=x_{n-1}(t)-x_n(t)$ 常被称为等效车长。

$$\hat{d}_{\mathrm{em}}(t+T)=d(t) \tag{5-42}$$

d_{em}——前车可能达到的最大减速度；

$\hat{d}_{\mathrm{em}}$——前车可能采取的最大减速度。对此，可以采取不同的估计方式，例如，一种常见的方式是假设

或者

$$\hat{d}_{\mathrm{em}}(t+T)=\frac{d(t)+d(t-T)}{2} \tag{5-43}$$

式中：

$d(t)$，$d(t-T)$——前车在 t 时刻和 $t-T$ 时刻的减速值。

Gipps 跟驰模型建立的一个初衷是想将跟驰模型中的每个参数都与车辆或驾驶人的特征关联起来，而且这些特征是能够被后车驾驶人观测或估计的。因此可以较容易地估计和标定这些特征参数。一般地，Gipps 模型的结果较合理，其不足之处是，在实际交通流中不一定总是存在有效的"安全间隔"。在实际操作中，驾驶人有时可能会接受更短的间隔。此外，研究表示，在考虑下游的交通情况下，该模型可能会更实用。

Gipps 模型被成功应用于 AIMSUN 等交通仿真软件中。需注意，1981 年的 Gipps 模型主要针对（有信号控制影响的）城市道路，坡度和曲线等驾驶环境对车辆行为影响较小，所以在公路上高速条件下的应用存在缺陷。2014 年，Gipps 针对该问题提出了改进模型。

5.2.4 理想速度类跟驰模型

在此类模型中，后车不再以调整到前车速度为目标，而是以调整到依赖于车间距的"理想速度"为目标。1995 年，Bando 等提出了优化速度模型（optimal velocity model，OVM）（也称为理想速度模型），解决了 Newell 模型加速度过大的问题。其模型方程为

$$\ddot{x}_n(t)=a[V(\Delta x_n(t))-\dot{x}_n(t)] \tag{5-44}$$

为描述简便，这里采用 Δx_n 表示 $\Delta x_{n,n-1}$；a 为敏感度系数；V 为优化速度函数，即根据车头间距优化出后车的理想速度。采用的优化速度函数形式为

$$V(\Delta x_n(t))=\frac{u_{\max}}{2}[\tan(\Delta x_n(t)-h_{\mathrm{c}})+\tan(h_{\mathrm{c}})] \tag{5-45}$$

式中：

$u_{\max}$——车辆的最大速度；

h_c——安全车头间距。

优化速度模型提出后，引起了广泛的关注，一些学者对此模型做了大量的解析分析和数值模拟，结果表明应用该模型可以模拟实际交通流的许多非线性特征，如交通失稳、阻塞演化、走走停停等。

1998 年，Helbing 和 Tilch 利用实测的跟驰行为数据对最优速度公式 $V(\Delta x)$ 进行了标定，并且在最优速度模型中加入前后车速度差 Δu，考虑了速度差为负值的情况（$\Delta u \leqslant 0$），提出广义力模型（generalized force model，GFM），$a_2 \sim f(\Delta x,\ u_2,\ \Delta u)$：

$$a_2 = \kappa'(V(\Delta x) - u_2) + \lambda \Delta u H(-\Delta u) \tag{5-46}$$

式中：

a_2——后车加速度；

u_2——后车速度。

$$V(\Delta x) = u_1' + u_2' \tan[c_1(\Delta x - l_c) - c_2] \tag{5-47}$$

$$H(-\Delta u) = \begin{cases} 1, & \Delta u \leqslant 0 \\ 0, & \Delta u > 0 \end{cases} \qquad \lambda = \begin{cases} a, & \Delta x_n \leqslant x_c \\ b, & \Delta x_n > x_c \end{cases} \tag{5-48}$$

式中：

l_c，κ'，u_1'，u_2'，c_1，c_2——可标定的系数；

H——Heaviside 函数；

λ——对应于安全车头间距 x_c 的系数。

2001 年，Jiang 等进一步考虑了全速度差 Δu 对车辆跟驰行为的影响，提出了全速度差模型（full velocity difference model，FVDM）。模型为 $a_2 \sim f(\Delta x, u_2, \Delta u)$：

$$a_2 = \kappa(V(\Delta x) - u_2) + \lambda \Delta u \tag{5-49}$$

式中：

λ——对应于速度差 Δu 的系数。

2010 年，Liu 等考虑到前车加速度 a_1 对于后车的影响，提出了改进的 IFVDM 模型，$a_2 \sim f(\Delta x,\ u_2,\ \Delta u,\ a_1)$：

$$a_2 = \kappa(V(\Delta x) - u_2) + \lambda \Delta u + \gamma a_1 \tag{5-50}$$

式中：

γ——对前车加速度的反应强度。

在以上模型的基础上，一些学者考虑更多车辆动力学因素的影响，包括考虑更多前车和车头间距信息，以及考虑更多前车的速度差信息，提出了大量扩展模型。

5.2.5　生理-心理类跟驰模型

Michaels 通过分析驾驶人生理和心理的一些潜在因素，提出了生理-心理模型（psycho-physical model），又称 AP 模型或反应点模型（action point model）。他认为：驾驶人通过分析视野中前车尺寸大小的变化，即前车在司机视觉中投影夹角的变化，感知前后车相对速度的变化，并判断是否正在与前车接近。一旦超过这个阈值，司机将选择减速，使得相对速度的感知不超过这个阈值。

该模型是将刺激抽象为前后车之间的相对运动，包括速度差和距离差的变化。这些刺激只有超过阈值才能被司机感知并做出反应。生理-心理模型是一种跟驰决策模型，其车辆跟驰行为一般可划分为3个阶段，具体如下。

（1）两车速度差低于感知阈值，驾驶人仅通过对距离的感知来确定他是否处于逼近状态。

（2）速度差超过阈值，驾驶人降低车速，从而使视角变化率维持在阈值附近。

（3）在一个确保车辆驾驶和安全可控的车头时距下，尽量使速度差保持为零。

Wiedemann 分别于1974年和1992年提出的模型及 Fritzsche 于1994年提出的模型是生理-心理模型的典型代表。

1. Wiedemann 模型

图5-7为 Wiedemann 模型的跟驰逻辑。

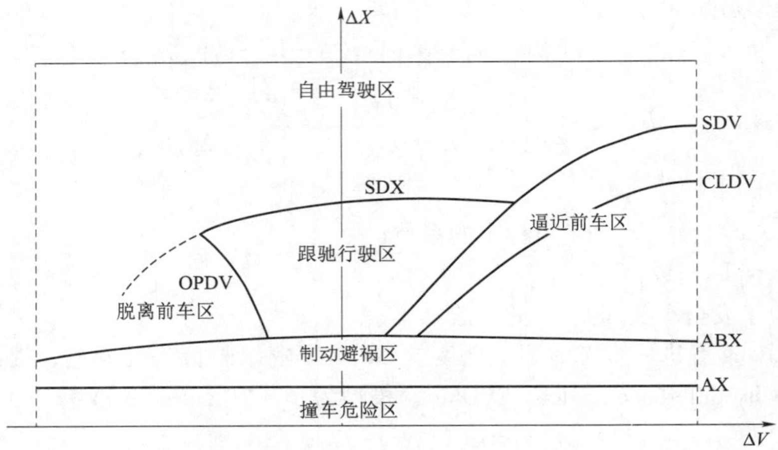

图5-7 Wiedemann 模型的跟驰逻辑

1）模型阈值分析

（1）车辆静止时的期望距离（AX），包括前车的车长和前后车的最小期望距离。该参数服从正态分布，依赖于驾驶人对安全的需求。

$$AX = L_{n-1} + AX_{add} + RND1_n \times AX_{mult} \tag{5-51}$$

式中：

AX_{add}，AX_{mult}——标定参数；

$RND1_n$——服从标准正态分布的随机变量。

（2）较小速度差下的最小期望跟驰距离（ABX），包括AX和速度依附项BX。该参数服从正态分布。

$$ABX = AX + BX \tag{5-52}$$

$$BX = (BX_{add} + BX_{mult} \cdot RND1_n) \cdot \sqrt{u} \tag{5-53}$$

$$u = \begin{cases} u_{n-1}, 当 u_n > u_{n-1} \\ u_n, 当 u_n \leqslant u_{n-1} \end{cases} \tag{5-54}$$

式中：

BX_{add}，BX_{mult}——标定参数。

（3）距离较大时速度差的阈值（SDV），表示驾驶人意识到正在接近一辆低速行驶的车辆的速度差临界点。

$$\mathrm{SDV}=\left(\frac{\Delta x-L_{n-1}-\mathrm{AX}}{\mathrm{CX}}\right)^2 \tag{5-55}$$

$$\mathrm{CX}=\mathrm{CX}_{\mathrm{const}}\cdot\left[\mathrm{CX}_{\mathrm{add}}+\mathrm{CX}_{\mathrm{mult}}\cdot(\mathrm{RND1}_n+\mathrm{RND2}_n)\right] \tag{5-56}$$

式中：

$\mathrm{CX}_{\mathrm{const}}$，$\mathrm{CX}_{\mathrm{add}}$，$\mathrm{CX}_{\mathrm{mult}}$——标定参数；

$\mathrm{RND1}_n$，$\mathrm{RND2}_n$——服从正态分布的随机变量。

（4）在跟驰过程中意识到距离变大的阈值（SDX），表示驾驶人有意识地感觉自己正在脱离跟驰状态而离前车越来越远。这个距离是最小期望跟驰距离 ABX 的 1.5～2.5 倍。

$$\mathrm{SDX}=\mathrm{AX}+\mathrm{EX}\cdot\mathrm{BX} \tag{5-57}$$

$$\mathrm{EX}=\mathrm{EX}_{\mathrm{add}}+\mathrm{EX}_{\mathrm{mult}}\cdot(\mathrm{NRND}-\mathrm{RND2}_n) \tag{5-58}$$

式中：

$\mathrm{EX}_{\mathrm{add}}$，$\mathrm{EX}_{\mathrm{mult}}$——标定参数；

NRND——服从正态分布的随机变量。

（5）当距离较小时，意识到很小的速度差存在，并且距离减少的阈值（CLDV），表示后车的驾驶人意识到自己正在接近前车，应该减小车速以避免事故；在 VISSIM 模型中忽略这个阈值，令其等于 SDV。

（6）当短距离时，意识到很小的速度差存在，并且距离增大的阈值（OPDV），表示驾驶人观察到本车正在以低于前车的速度行驶。一般情况下，OPDV 为 CLDV 的 1～3 倍。

$$\mathrm{OPDV}=\mathrm{CLDV}\cdot(-\mathrm{OPDV}_{\mathrm{add}}-\mathrm{OPDV}_{\mathrm{mult}}\cdot\mathrm{NRND}) \tag{5-59}$$

式中：

$\mathrm{OPDV}_{\mathrm{add}}$，$\mathrm{OPDV}_{\mathrm{mult}}$——标定参数；

NRND——服从正态分布的随机变量。

2）车辆行驶状态划分

（1）跟驰状态。在阈值 SDV、SDX、OPDV 和 ABX 构成的区域内，车辆处于跟驰状态。当车辆进入跟驰区域时，如果是经过 SDV 或 ABX，加速度等于-BNULL，如果是经过 OPDV 或 SDX，加速度等于 BNULL。BNULL 的计算公式为

$$\mathrm{BNULL}=\mathrm{BNULL}_{\mathrm{mult}}\cdot(\mathrm{RND4}_n+\mathrm{NRND}) \tag{5-60}$$

式中：

$\mathrm{BNULL}_{\mathrm{mult}}$——标定参数；

$\mathrm{RND4}_n$——服从正态分布的参数；

NRND——服从正态分布的随机变量。

（2）自由驾驶状态。当车辆的行驶状态大于所有阈值的区域时，车辆的行驶不受前方车辆的影响，车辆会以最大加速度加速行驶。当达到期望速度时，使用-BNULL 或 BNULL 来表示驾驶人对车辆的不精确控制造成的加减速。最大加速度的计算公式为

$$b_{\max}=\mathrm{BMAX}_{\mathrm{mult}}\cdot(u_{\max}-u\cdot\mathrm{FAKTORV}) \tag{5-61}$$

$$\mathrm{FAKTORV}=\frac{u_{\max}}{u_{\mathrm{des}}+\mathrm{FAKTORV}_{\mathrm{mult}}\cdot(u_{\max}-u_{\mathrm{des}})} \tag{5-62}$$

式中：

u_{max}——车辆的最大行驶速度；

u_{des}——车辆的期望速度；

$FAKTORV_{mult}$——标定参数。

（3）接近状态。当超过了 SDV 阈值，驾驶人发现本车正在接近一辆行驶较慢的车辆。为了避免碰撞，驾驶人将采取减速措施。

$$b_n=\frac{1}{2}\cdot\frac{(\Delta u)^2}{ABX-(\Delta x-L_{n-1})}+b_{n-1} \tag{5-63}$$

式中：

b_{n-1}——前车的减速度。

（4）紧急状态。当前后车距离小于 ABX 时，在必要的情况下驾驶人可以采取减速操作以避免发生碰撞。

$$b_n=\frac{1}{2}\cdot\frac{(\Delta u)^2}{AX-(\Delta x-L_{n-1})}+b_{n-1}+b_{min}\cdot\frac{ABX-(\Delta x-L_{n-1})}{BX} \tag{5-64}$$

$$b_{min}=-BMIN_{add}-BMIN_{mult}\cdot RND3_n+BMIN_{mult}\cdot u_n \tag{5-65}$$

式中：

$BMIN_{add}$，$BMIN_{mult}$——标定参数；

$RND3_n$——服从正态分布的随机变量。

2. Fritzsche 模型

图 5-8 为 Fritzsche 模型中的跟驰逻辑。

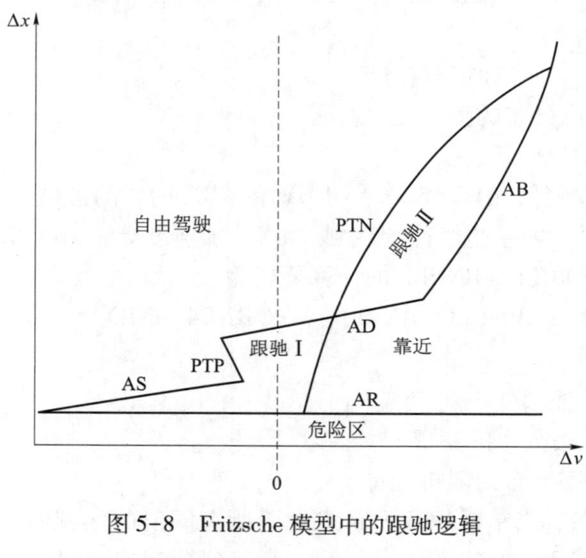

图 5-8　Fritzsche 模型中的跟驰逻辑

1）模型阈值分析

（1）负感知阈值（perception-threshold negative，PTN）

负：

$$PTN=k_{PTN}(\Delta x-s_{n-1})^2+f_x \tag{5-66}$$

（2）正感知阈值（perception-threshold positive，PTP）

正：
$$PTP=-k_{PTP}(\Delta x-s_{n-1})^2-f_x \tag{5-67}$$
式中：

k_{PTN}，k_{PTP}，f_x——模型的参数。

（3）车头间距。

① 期望距离（AD，desired-distance）。期望距离是驾驶人期望与前车保持的距离。
$$AD=s_{n-1}+T_d \cdot u_n \tag{5-68}$$
式中：

T_d——期望时间间隔。

② 危险距离（AR，risky-distance）。如果跟驰距离小于或等于危险距离的话，驾驶人会紧急制动来避免碰撞。
$$AR=s_{n-1}+T_r \cdot u_{n-1} \tag{5-69}$$
式中：

T_r——危险时间间隔。

③ 安全距离（AS，safe-distance）。安全距离是在后车与前车的距离增加的情况下，以特定加速度行驶所允许的最小的车头时距。
$$AS=s_{n-1}+T_s \cdot u_n \tag{5-70}$$
式中：

T_s——安全时间间隔。

④ 制动距离（AB，barking-distance）。在 Fritzsche 模型中，车辆的最大减速度是限定的。因此，即使两车的初始速度差较大仍有可能发生碰撞。为了防止这样的碰撞，制动距离定义为
$$AB=AR+\frac{\Delta u^2}{\Delta b_m} \tag{5-71}$$
$$\Delta b_m=|b_{min}|+\bar{a}_{n-1} \tag{5-72}$$
式中：

b_{min}，$\bar{a}_{n-1}$——控制最大减速度的标定参数。

2）行驶状态分析

（1）危险状态。当跟驰距离小于危险距离 AR 时，后车使用最大减速度来增加车头间距。

（2）接近状态。当速度差大于 PTN，距离差在 AB 或 AD 与 AR 之间时，后车减速，以达到前车的速度。
$$a_n=\frac{u_{n-1}^2-u_n^2}{2d_c} \tag{5-73}$$
$$d_c=x_{n-1}-x_n-AR+u_{n-1}\Delta t \tag{5-74}$$
式中：

Δt——仿真时间间隔。

（3）跟驰状态Ⅰ。当速度差在 PTN 与 PTP 之间，距离差在 AR 与 AD 之间或速度差大于 PTP，距离差在 AS 与 AR 之间时，后车不采取任何有意识的动作。参数 BNULL 用来模拟驾驶人无法保持稳定的速度。当车辆进入跟驰区域时，如果是经过 PTN，使用加速

度-BNULL；如果是经过 PTP 或 AD，使用加速度 BNULL。

（4）跟驰状态Ⅱ。速度差大于 PTN，距离差大于 AB 或 AD。在这个区域，驾驶人注意到本车正在接近前车，但是车间距足够大，所以不采取任何措施。

（5）自由驾驶状态。速度差小于 PTN，距离差大于 AD 或负的速度差大于 PTP，距离差大于 AS。后车以加速度 a_n^+ 加速，以达到期望速度。当以期望速度行驶时，使用 BNULL 模拟驾驶人无法保持稳定的速度。

5.2.6 其他车辆跟驰模型

20 世纪 90 年代，人工智能领域的各种方法在驾驶人行为建模研究中得以应用。其中，模糊理论（fuzzy theory）和人工神经网络（artificial neural networks）方法应用较多。这是因为在跟驰过程中，驾驶人多被视为一个复杂的非线性系统，根据交通环境、前车及当前车的状态等诸多信息，控制车辆跟随前车行驶。用传统的微分方程模型不能很好地描述驾驶人的感觉、理解、判断、决定等一系列心理、生理的不确定性和不一致性。由于模糊理论和人工神经网络方法在处理复杂非线性问题上具有简单易行的优势，同时具备较强的对数据样本的学习能力，因此被尝试用于模拟驾驶人的行为特性。此外，元胞自动机方法也被用于跟驰行为的仿真研究。

1. 模糊车辆跟驰模型

基于模糊理论的驾驶行为描述方法主要通过模糊理论来模拟驾驶人的逻辑状态和驾驶行为。简言之，模糊理论是从不精确的前提集合中得出不精确理论的推理过程。这种推理过程在人类思维中比比皆是。Zadel 首先提出了模糊理论的合成规则和把条件语句“若 x 为 A，则 y 为 B”转换为模糊关系的规则。其后，模糊理论又不断地被修正和改进。

在跟驰模型中使用模糊推理的好处在于能够以人类语言来直接表述车辆跟驰规则。例如，常见的驾驶经验可大致表述为以下的规则：

当两车的车头间距足够大时，自由行驶；

当两车的车头间距较小且后车速度较大于前车速度时，减速；

当两车的车头间距较小且后车速度远大于前车速度时，制动。

运用模糊理论，可以首先将确定的观测输入间距和前车速度映射为对应的模糊形容词，然后进行模糊推理，选择合适的控制规则进行控制。虽然人们的驾驶经验大致一样，但仍可以通过设置不同的模糊形容词和其对应的模糊化规则来模拟不同人的驾驶特性。最早将模糊逻辑推理用于描述车辆跟驰行为的是 Kikuchi 和 Chakroborty。在他们的模型中，将传统跟驰模型中的车头间距、速度差和加速度模糊化作为输入集，其中每个模糊集分为 6 个等级，3 个模糊集之间彼此相关，其模型形式如下：

如果 $\Delta x_{n,n-1}$ 足够大，则

$$\ddot{x}_n(t)=\frac{\Delta\dot{x}_{n,n-1}+\ddot{x}_{n-1}(t)T}{\gamma} \tag{5-75}$$

式中：

γ——驾驶人期望跟上前车所需的期望时间，T 通常取 2.5 s。

从输入输出映射的角度来看，基于模糊推理的跟驰模型同样实现了从各种刺激信号到控

制动作的非线性映射。实验表明，模糊推理既能以统一的语言规则描述驾驶人的驾驶共性，又能以不同参数设置较好地拟合驾驶人的驾驶行为差异。

2. 基于人工神经网络的车辆跟驰模型

人工神经网络方法的应用变化较多，这里仅以最容易理解的前馈神经网络（feed-forward neural networks）方法为例进行简要介绍。

前馈神经网络是一种人工神经网络的典型结构。其结构如图 5-9 所示，分为输入层（input layer）、中间层（middle layer，又称隐层，hidden layer）和输出层（output layer）。其中输入层和输出层仅有一层，而中间层可以不止一层。

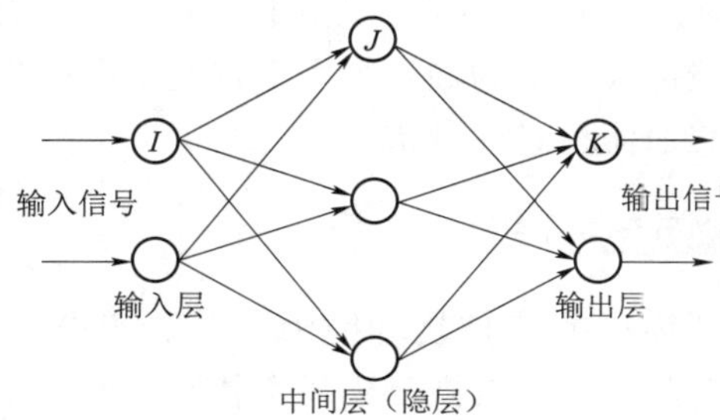

图 5-9　前馈神经网络的结构示意图

前馈神经网络每一层可以有一个或多个节点，节点之间可能存在连接。每个节点有不同的转换函数，将输入信号进行线性/非线性变换后输出到下一层。数据/信号从输入层进入前馈神经网络，经过中间层非线性变换后输出到输出层离开网络。顾名思义，前馈神经网络仅存在输入层节点到中间层、中间层到输出层的节点连接。因此，输入的信号是单向的。

若以 in_i 表示从第 i 个输入层节点输入的信号，in_j 表示从第 j 个中间层节点输入的信号，out_j 表示第 j 个中间层节点输出的信号，而 out_k 表示第 k 个输出层节点输出的信号，I、J 和 K 分别为输入层、中间层和输出层节点数量。一般定义输入层节点不做任何处理，直接将信号传输入相连接的中间节点。而第 j 个中间层节点输入的信号常定义为输入层节点输入各信号的加权和：

$$\text{in}_j = \sum_{i=1}^{I} w_{ij}\text{in}_i \tag{5-76}$$

式中：

w_{ij}——待定的从第 i 个输入层节点到第 j 个中间层节点的信号传输加权系数。

第 j 个中间层节点的非线性变化方式常选为

$$\text{out}_j = f(\text{in}_j + b_j) = f\left(\sum_{i=1}^{I} w_{ij}\text{in}_i + b_j\right) \tag{5-77}$$

式中：

$f(\cdot)$——特定的非线性映射函数；

b_j——随机设置的阈值信号（bias，又称 offset）。

第 k 个中间层节点输出的信号常定义为中间层节点输入各信号的加权和：

$$\text{out}_k = \sum_{j=1}^{J} w_{jk}\text{out}_j = \sum_{j=1}^{J} w_{jk} f\left(\sum_{i=1}^{I} w_{ij}\text{in}_i + b_j\right) \tag{5-78}$$

式中：

w_{jk}——待定的从第 j 个中间层节点到第 k 个输出层节点的信号传输加权系数。

理论上已经证明：如果中间层节点足够多，仅需要一层中间层参数合理设置的前馈神经网络就可以拟合任意光滑的非线性函数。在给定非线性映射函数 $f()$ 和预偏置信号 b_j 的情况下，一般常采用经典的误差反传播修正算法（back propagation algorithm）来找到合适的 w_{ij} 和 w_{jk}。这一过程被称为人工神经网络的训练（training）。

由于驾驶人对跟驰状态的感知控制是一个非常复杂的过程，目前的研究还很难确定地给出影响驾驶人感知判断的因素。因此，已有的模型中一般仅以车头间距、速度、速度差及这些量的变化率等信息作为前馈神经网络的输入。人工智能模型的主要缺点在于模型物理意义不明确，且难以进行相应的交通流稳定性分析。

5.2.7 车辆跟驰模型的稳定性分析

稳定性分析的目的是验证模型的“抗扰动能力”是否符合实际交通流特征——考察处于平衡状态的交通流受到扰动后，是否会恢复到平衡状态。

道路上的一个车队按照相同的车头间距和相同车速行驶，假定这种均匀的车流状态就是车队系统的平衡态。当车队的车头或其中某辆车改变一个驾驶动作时，形成了“扰动信号”，这个“扰动信号”向后传递时可能被放大也可能被缩小。稳定性分析就是要弄清楚“扰动信号”从一辆车传递到另一辆车时将引起什么后果。如果交通流系统是不稳定的，干扰信号将会引起道路上的车辆车速的波动，随后这种波动的幅度会逐渐增加，直至演化为交通拥堵；反之，干扰在初期会引起一些波动，随着时间的推移，这种波动会逐渐变小，而在一定时间后波动消失，系统会恢复到平衡态。

车辆跟驰模型的稳定性讨论可以分为以下两类。

（1）局部稳定性（local stability）：主要研究跟随车辆对前车速度波动的反应，关注两辆车之间的局部行为。

（2）车队（或渐近）稳定性（string/platoon/asymptotic stability）：研究车队的整体动态特性随头车扰动的变化，关注扰动在车队中所有车之间的传递过程。

稳定性分析方法分两大类：① 解析法。利用稳定性理论和数学推导获得明确的稳定性边界，但只能用于简单跟驰模型。该方法又细分为线性和非线性稳定性分析。② 数值仿真法。该方法避免了严格的数学推导，而利用程序进行数值计算来检查输出的各车轨迹的相互关系，通常采用虚拟环路法将车队首位相接。对于实用的多结构跟驰模型，如 Wiedemann、Fritzsche 等生理-心理模型，使用解析法进行稳定性分析是不现实的。

Herman 等人最早研究了线性跟驰模型的稳定性。下面以线性跟驰模型为例，介绍利用解析法分析得到的稳定性条件。

1. 局部稳定性

基于式（5-7）的线性跟驰模型，Herman 等定义了 $C_0 = \lambda T$ 的取值，讨论了 C_0 的取值，并给出了局部稳定性条件如下：

（1）当 $0\leqslant(C_0=\lambda T)\leqslant 1/\mathrm{e}$ 时，车头间距不产生振荡（e 为自然对数底）；

（2）当 $1/\mathrm{e}<(C_0=\lambda T)<\pi/2$ 时，车头间距产生振荡，但振幅呈指数衰减；

（3）当 $(C_0=\lambda T)=\pi/2$ 时，车头间距产生振荡，且振幅不变；

（4）当 $(C_0=\lambda T)>\pi/2$ 时，车头间距产生振荡，且振幅逐渐增大。

根据局部稳定性条件，随着 C_0 值的增加，跟随车辆逐渐由稳定状态转变为不稳定状态，即车辆之间车头间距由稳定状态转变为振幅逐渐增加的状态。图 5-10 给出了 4 种不同 C_0 值对应的车头间距的变化过程，分别对应不振荡、减幅振荡、等幅振荡和增幅振荡的情况。从图中可以看出参数 C_0 对车辆状态的影响。图 5-11 从前后车位置、速度及车头间距 3 个角度给出了不同 C_0 值的稳定性分析算例。

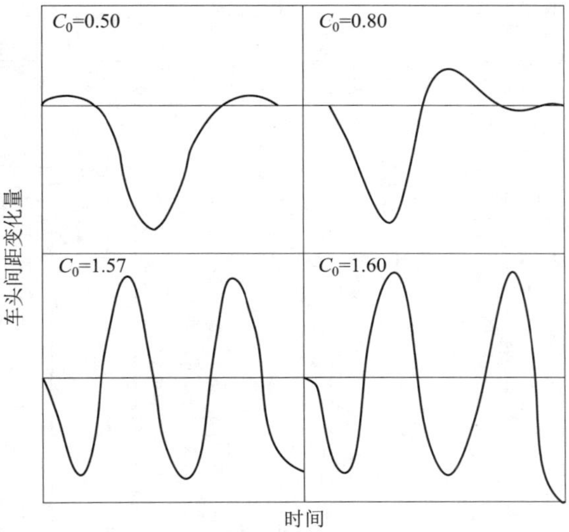

图 5-10　不同 C_0 值对应的车头间距变化

考虑一般的跟驰现象，假定跟驰车辆的初始速度和最终速度分别为 u_1 和 u_2，则有

$$\int_0^{\infty}\ddot{x}_{\mathrm{f}}(t+T)\,\mathrm{d}t=u_2-u_1 \tag{5-79}$$

式中：

$\ddot{x}_{\mathrm{f}}(t+T)$——跟驰车辆的加速度。

从式（5-7）可得

$$\lambda\int_0^{\infty}(\dot{x}_1(t)-\dot{x}_{\mathrm{f}}(t))\,\mathrm{d}t=\lambda\Delta s \tag{5-80}$$

即

$$\Delta s=\int_0^{\infty}(\dot{x}_1(t)-\dot{x}_{\mathrm{f}}(t))\,\mathrm{d}t=\frac{u_2-u_1}{\lambda} \tag{5-81}$$

式中：

Δs——车头间距的变化量；

$\dot{x}_1(t),\dot{x}_{\mathrm{f}}(t)$——头车和跟驰车辆的速度。

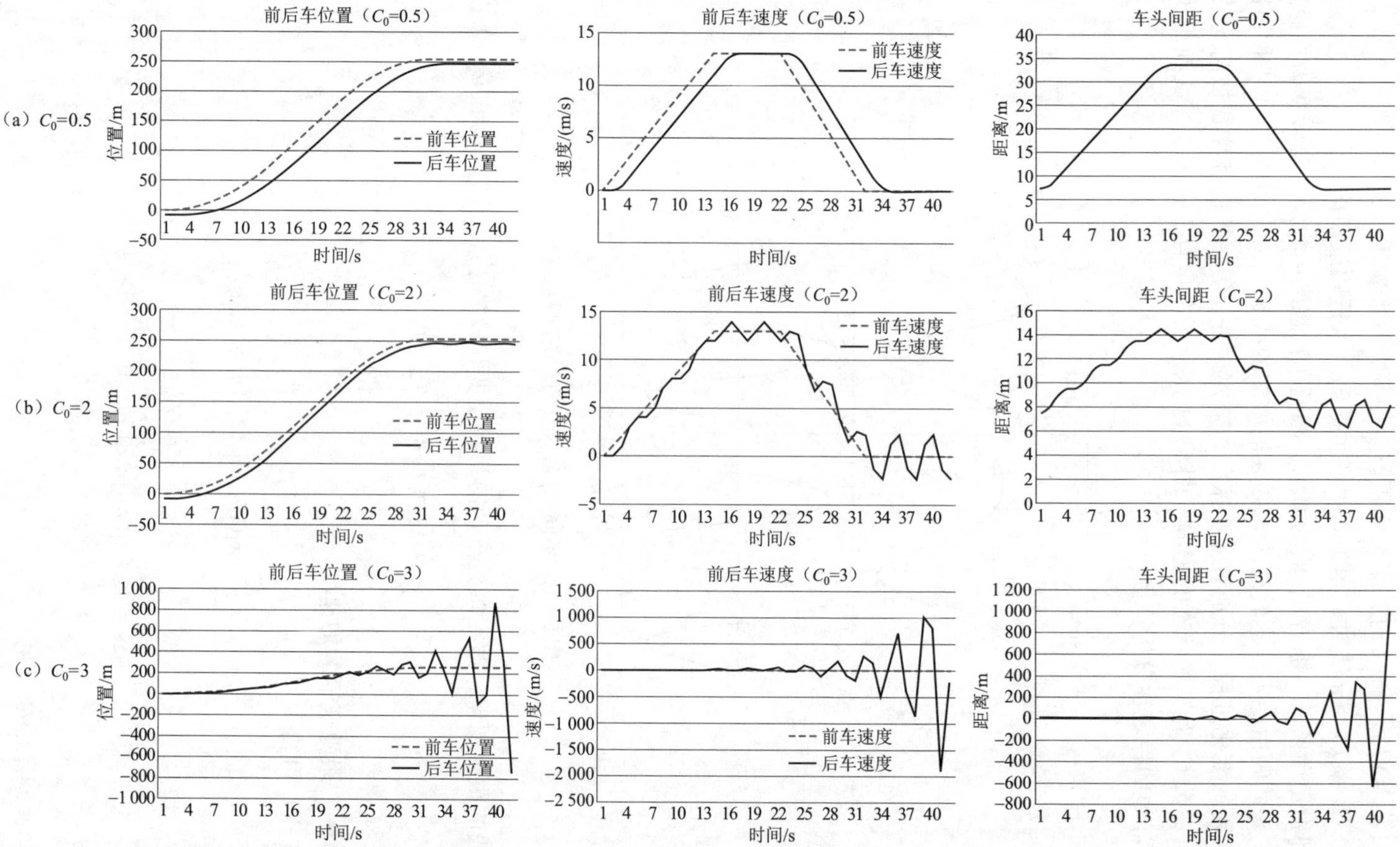

图 5-11　稳定性分析：线性跟驰模型下不同C_0值稳定性分析算例（反应时间T=1 s，初始时刻前车位置为0 m，后车位置为-7.5 m）

当 $C_0<1/e$ 时，车头间距以非波动的形式变化。从式（5-81）可知，车速从 u_1 变化到 u_2，车头间距的变化量为 Δs。如果头车停止，则最终速度 $u_2=0$，车头间距的变化量 $\Delta s=-u_1/\lambda$，因此，为了避免碰撞，车辆之间的最小间距应为 u_1/λ。为了使车辆间距尽可能小，λ 应取尽可能大的值。理想状态下，λ 的最佳取值为 $(eT)^{-1}$。

2. 车队/渐近稳定性

在对线性跟驰模型的局部稳定性进行讨论之后，这部分通过分析一列数量为 N 的车队（头车除外）来讨论渐近稳定性。分析中，假设车队中各驾驶人反应强度系数 λ 值相同，参见式（5-8）。

对于这类方程的求解依赖于一列车队中头车车速 $u_0(t)$ 及参数 λ 和 T。无论车头间距为何初值，如果发生振幅波动，那么车队后部的某一位置必定发生碰撞。当式（5-8）的数值解可以确定碰撞发生的位置时，对延迟这个碰撞的研究就显得很有意义。从傅里叶分析中可以知道，速度可以表示为

$$u_0(t)=a_0+f_0e^{iwt} \tag{5-82}$$

那么，车队中第 n 辆车的速度为

$$u_n(t)=a_n+f_ne^{iwt} \tag{5-83}$$

令 $u_n(t)=\dot{x}_n(t)$，将式（5-82）和式（5-83）代入式（5-8）可以得出

$$u_n(t)=a_0+F(w,\lambda,T,n)e^{i\Omega(w,\lambda,T,n)} \tag{5-84}$$

式中：

振幅 $F(w,\lambda,T,n)$ 表示成 $\left[1+\left(\frac{\omega}{\lambda}\right)^2+2\frac{\omega}{\lambda}\sin(\omega T)\right]^{-n/2}$；

Ω——震荡频率函数。

当 $\left[1+\left(\frac{\omega}{\lambda}\right)^2+2\frac{\omega}{\lambda}\sin(\omega T)\right]^{-n/2}>1$ 或 $\frac{\omega}{\lambda}>2\sin(\omega T)$ 时，可以通过增大 n 来减小振幅。反应强度系数 λ 有严格的频率范围限制，当 $\omega\to0$ 时，λ 需要满足

$$\lambda T<\frac{1}{2}\left[\lim_{\omega\to0}(\omega T)/\sin(\omega T)\right] \tag{5-85}$$

当频率满足上述不等式，不等式的右端在 0.5～0.52 时，就可保证车辆的渐近稳定性。如图 5-12 所示，渐近稳定性的标准将两个参数确定的区域分成了稳定和不稳定两部分。由此可知，可以在保证局部稳定性的同时也保证渐近稳定性。领头车运行中的波动是以速度 λ^{-1} 沿队列向后传播。

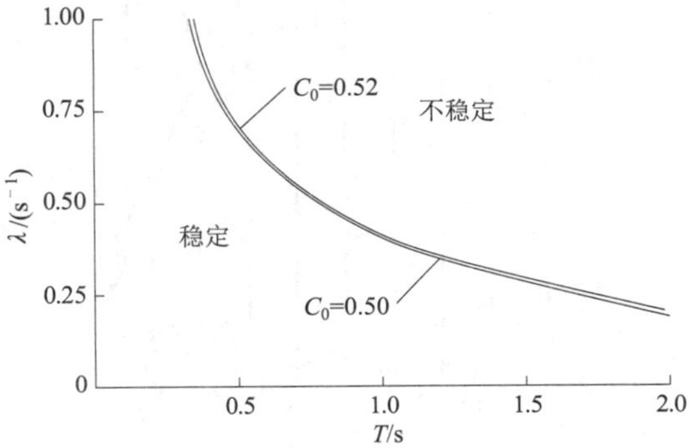

图 5-12 渐近稳定性区域

为检验理论分析的结果，进一步通过数值模拟进行检验。图 5-13 给出了 8 辆车组成的车队中相邻车辆车头间距随时间的变化关系，其中参数 C_0 的值分别为 0.368、0.5 和 0.75。模拟中，头车的速度首先缓慢减小，之后逐渐加速直至达到初始速度，其中加速度值为常数。初始时，车头间距均为 21 m。当 $C_0=0.368$ 时，车流处于稳定状态，车头间距振荡的幅度逐渐减小；当 $C_0=0.5$ 时，车流处于逐渐稳定的临界状态，即使如此，车头间距振荡的幅度也逐渐减小；当 $C_0=0.75$ 时，车流处于不稳定状态，车头间距振荡的幅度逐渐增大。

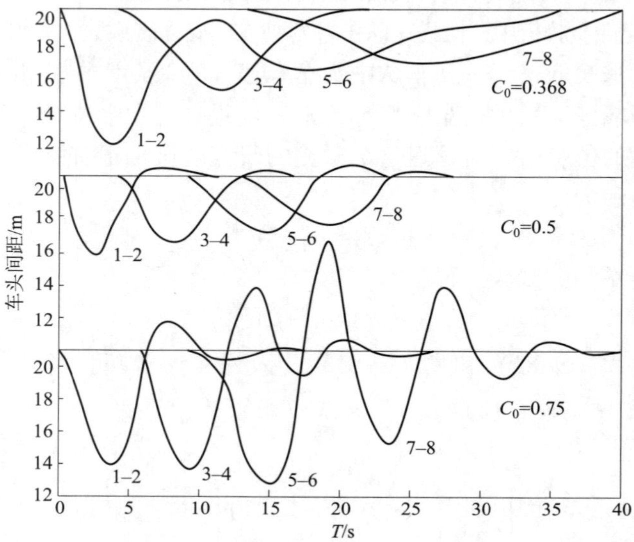

图 5-13 线性跟驰模型车队中相邻车辆车头间距随时间的变化关系

图 5-14 给出了由 9 辆车组成的车队中每辆车的运动轨迹。初始时，所有车辆都以速度

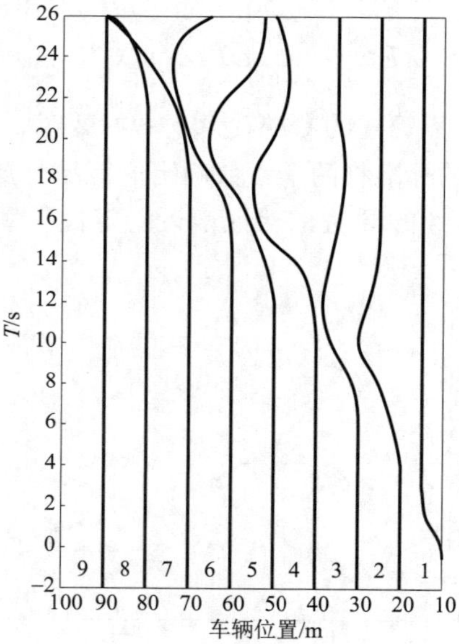

图 5-14 车辆轨迹图

u_0行驶，车头间距为 10 m。头车从初始时刻 $t=0$ 起，以 1.11 m/s^2 的减速度减速 2 s 之后，转而加速至初始速度 u_0。其中参数 $C_0=0.8$，根据渐近稳定性的判断条件可知，车队处于不稳定状态，车头间距的振幅在车队传播过程中逐渐增大。从图 5-14 中可以看出，第 7 辆车与第 8 辆车在 24 s 时的车头间距变为 0，表明发生了碰撞事故。

3. 次最近车辆的影响

在前述的跟驰模型中，一列车队中每一辆车的运动仅仅由它最前面的那辆车决定。然而，次最近车辆的影响也应该被考虑（例如，一辆车前除了它最前面的那辆车之外还有一辆车）。这种影响也可以列入模型中，那么跟驰模型可以写成

$$\ddot{x}_{n+2}(t+T)=\lambda_1[\dot{x}_{n+1}(t)-\dot{x}_{n+2}(t)]+\lambda_2[\dot{x}_n(t)-\dot{x}_{n+2}(t)]\quad n=1,2,3,\cdots \tag{5-86}$$

式中：

λ_1，λ_2——跟驰车辆驾驶人对最近车辆和次最近车辆刺激的反应强度系数。

$$(\lambda_1+\lambda_2)T<\frac{\omega T}{2\sin(\omega T)} \tag{5-87}$$

当 ω 趋近于 0 时，有

$$(\lambda_1+\lambda_2)T<\frac{1}{2} \tag{5-88}$$

由方程可以看出，次最近车辆的影响主要是将 λ_1 增加到 $\lambda_1+\lambda_2$。这降低了 λ_1 的作用，而且仍然可以保持渐近稳定性。

为了确定次最近车辆的影响程度，研究人员专门做了 3 车跟驰实验。更多的应用假设只有最近车辆对跟驰车辆才有明显影响，次最近车辆的影响可以忽略不计。这种驾驶简化了对跟驰模型进行研究和讨论的难度。

4. 扰动的传播

Herman 和 Potts 为研究扰动在一列车队中往后传播的方式，拟定了一组 3 项试验。11 辆车呈一列沿着试验跑道以约 40 mile/h 的速度行驶。当前车车辆突然刹车，记录前导车和第 6 辆车之间及前导车和第 11 辆车出现刹车信号灯所经过的时间 t_6 和 t_{11}。在试验 A 中，指令驾驶人只对直接在他前面的汽车制动信号灯起反应；在试验 B 中，驾驶人对任何制动刺激起反应；在试验 C 中，制动信号灯除第 1 辆车和最后 1 辆车外，全部被遮挡。具体结果见表 5-2。

表 5-2　扰动通过一列车往下传播所用的时间　　单位：s

抽样数	试验 A		试验 B		试验 C
	t_6	t_{11}	t_6	t_{11}	t_{11}
1	3.00	5.96	2.33	5.70	10.90
2	3.00	6.05	1.49	6.85	9.95
3	3.05	5.75	2.68	6.50	12.00
4	3.44	6.75	1.68	6.10	10.20
5	2.73	7.80	2.66	3.72	9.35
6	—	—	—	—	8.30
每辆车平均值	0.61	0.65	0.43	0.58	1.01

最短的传播时间出现在试验 B 中；最长的传播时间（约 1.01 s/veh）出现在试验 C 中。试验 A 和试验 C 之间在时间上的差别表示制动信号灯的时间长短，可作为传递减速指令的一种手段，而早前指出传播率为 λ^{-1}（s/veh）。

5.3 车辆跟驰模型的应用

跟驰模型在交通科学和交通工程中得到了广泛的认可，其在交通安全、交通管理、通行能力、服务水平等的分析方面得到了广泛应用。近年来，随着智能交通技术的发展，其不仅应用于车辆自主巡航控制系统（autonomous cruise control system，ACCS）的开发，而且是评估智能交通系统策略的有效工具。另外，跟驰模型还广泛应用于交通模拟和仿真。

5.3.1 在驾驶控制中的应用

在 20 世纪 60 年代，跟驰理论就被用于驾驶辅助系统的研究。现在，在自动智能巡航系统（autonomous intelligent cruise control system，AICCS）和自适应巡航控制系统（adapt cruise control system，ACCS）的开发中，也利用跟驰模型进行大量细致的研究，以保证自动控制车辆在跟随过程中能安全而平稳地行驶。

以 ACCS 的应用研究为例，基于跟驰模型，国内外的许多学者研究了 ACCS 对交通流特性的影响。其中，一些学者研究了 ACCS 对交通流稳定性的影响，结果表明 ACCS 能够提高交通流的稳定性，抑制交通拥堵。特别地，Treiber 等人指出，如果 20% 的车辆安装了 ACCS，几乎所有的拥堵都可以消除，即使只有 10% 的 ACCS 车辆，也能使超过 80% 的拥堵得到缓解。但是，Kerner 同时指出 ACCS 车辆可以在瓶颈处引起阻塞。另外，Cander Werf 等人研究了 ACCS 车辆对高速公路最大流量的影响。Davis 的研究表明 ACCS 车辆能够抑制宽运动阻塞；同时，他还提出了基于 ACCS 车辆的协作入匝道规则，以提高系统流量。

5.3.2 在交通预测和评估中的应用

根据跟驰模型，能够从直观上推导出道路的通行能力。在通行能力的理论分析过程中，通常以时间度量的车头时距和空间度量的车头间距为基础，推导通行能力的理论分析模型，而确定车头时距和车头间距的取值正是跟驰模型研究的核心问题。通过了解微观的车辆动力学特性，可以从机理上分析通行能力的生成，得出通行能力计算模型。同时，由于车辆跟驰理论从微观角度对于交通流中每个车辆的运动规律进行研究，从而能定量描述一些反映车辆在前进过程中的指标（如加速度干扰、单位里程较大幅度的制动次数等），这些指标能反映出服务水平，对于将服务水平进行定量预测和描述有一定的价值。

5.3.3 在能耗和尾气排放模型中的应用

跟驰模型通过动力学方程描述车队中车辆的跟驰行为，能够描述每辆车在任意时刻的运行状态，如速度、加速度等。将跟驰模型引入车辆能耗和尾气排放计算方程中，可以测算各种交通环境和交通状态下系统的能耗和排放。进而可以采取相应的措施以控制能耗和减少尾气排放量。

但是，由于车辆能耗排放对加减速参数非常敏感，而跟驰模型很少在瞬时加减速层次进行标定和验证（更多地在于平均速度、流量、通行能力及其相互关系的集计层次的标定和验证），现有跟驰模型用于能耗排放分析的准确性受到了质疑。

5.3.4 在交通仿真中的应用

跟驰模型研究的另一重要运用是进行交通仿真，在 20 世纪 80 年代后期进行的跟驰模型研究大多是基于开发交通流仿真模型或是模拟驾驶模型而进行的。通过对各种交通流的模拟，可以进行道路通行能力研究、服务水平划分、交通策略评价、管理策略检测、安全性分析、控制技术设备论证等方面的工作。

表 5-3 列出了一些常用的交通仿真软件所用模型公式。例如，VISSIM 中的车辆纵向运动采用心理-生理模型，其原型是 Wiedemann 跟驰模型；PARAMICS 仿真软件采用了 Fritzsche 跟驰模型；AIMSUN 采用了 Gipps 跟驰模型。其模型、公式见表 5-3。

表 5-3 常用交通仿真软件所用模型公式

软件	模型	公式
CORSIM	Pitt 模型	$u_n(t+\Delta t)=\min\left\{3.6\times\left[\frac{s_n-s_j}{c_s}-b(u_n(t)-u_{n-1}(t))\right]^2,u_f\right\}$
VISSIM	Wiedemann74	$u_n(t+\Delta t)=\min\left\{\begin{matrix}3.6\times\left(\frac{s_n(t)-s_j}{BX}\right)^2\\3.6\times\left(\frac{s_n(t)-s_j}{BX\cdot EX}\right)^2\end{matrix},u_f\right\}$
	Wiedemann99	$u_n(t+\Delta t)=\min\left\{\begin{matrix}u_n(t)+3.6\times(CCS+\frac{CCS-CCO}{80}u_n(t))\Delta t\\3.6\times\frac{s_n(t)-CCO-L_{n-1}}{u_n(t)}\end{matrix},u_f\right\}$
PARAMICS	Fritzsche	$u_n(t+\Delta t)=\min\left\{\begin{matrix}3.6\times\left(\frac{AD-A_0}{T_D}\right)\\3.6\times\left(\frac{AR-A_0}{T_\Gamma}\right)\end{matrix},u_f\right\}$
AIMSUN2	Gipps	$u_n(t+T)=\min\left\{\begin{matrix}u_n(t)+3.6\times\left[2.5\,a_{\max}T\left(1-\frac{u_n(t)}{u_f}\right)\sqrt{0.025+\frac{u_n(t)}{u_f}}\right],\\3.6\times\left[-bT+\sqrt{b^2T^2+b(2\times[s_n(t)-L_{n-1}]-\frac{u_n(t)}{3.6\times}T+\frac{u_{n-1}(t)^2}{3.6^2\times b'})}\right]\end{matrix}\right\}$

续表

软件	模型	公式
INTE-GRATION	Van Aerde	$u_n(t+\Delta t)=$ $\min\left\{\begin{array}{c} u_n(t)+3.6\times\dfrac{F_n(t)-R_n(t)}{m}\Delta t, \\ \dfrac{-c_1'+c_s u_f+\bar{s}_n(t)-\sqrt{[c_1'-c_s u_f-\bar{s}_n(t)]^2-4c_s[\bar{s}_n(t)u_f-c_1'u_f-c_2]}}{2c_s} \end{array}\right\}$ 式中：$\bar{s}_n(t)=s_n(t)+[u_{n-1}(t+\Delta t)-u_n(t)]\Delta t+0.5a_{n-1}(t+\Delta t)\Delta t^2$

5.4 车辆换道模型

相较于头车不受后车影响的“跟驰模型”，“换道模型”涉及诸多影响因素和参数，因此也更加复杂。换道的原因多种多样，可能为了即将到来的转弯、出入匝道而换道，或者为超车而换道。而且，驾驶人不管与目标车道的车辆协作与否，都有一定的概率换道。因此，换道特性是多样的。目前，对换道模型的研究尚没有像对跟驰模型那么广泛。

换道过程通常可看作几个主要决策步骤的模型，如图 5-15 所示。首先（步骤 1），驾驶人考虑换道是否是必需的或值得的，当换道是必需的（如为了转弯、出高速出口等）时候，称为强制性换道（mandatory lane change，MLC）；否则称为自主性换道（discretionary lane change，DLC）。

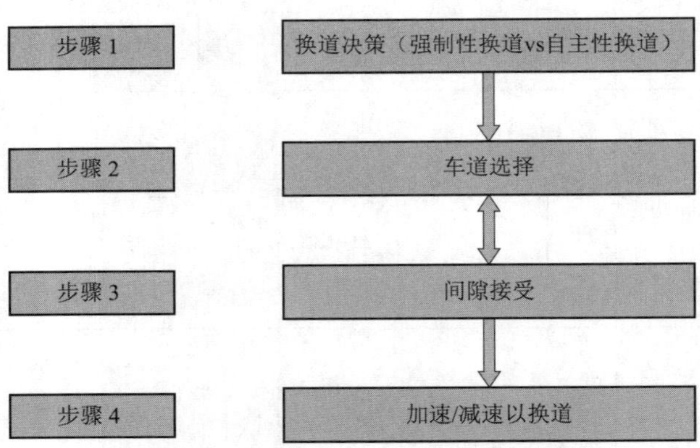

图 5-15　经典换道四步过程

然后（步骤 2），驾驶人选择换道的目标车道。在自主性换道中，这一步较为复杂，驾驶人需基于一系列的标准去选取一条车道（如目标车道与当前车道的车速差、队列长度等）。

在步骤 3 中，驾驶人计算目标车道中可能的插车间隙。间隙不够时会寻找其他可接受间隙，或者重新考虑是否需要换道。此步骤包含间隙的接受过程，详见 5.5 节。步骤 2 和步骤 3 可能同时发生。

在步骤4中，车辆通过调整车速（加速或减速）并线插入目标车道。跟驰与换道是车辆行驶过程中的两个互相联系、不断交替出现的行为。在没有变换车道前，待换道车辆视原车道前车为跟驰目标，而此时原车道后车视其为跟驰目标；当车辆处于换道过程中，将视相邻目标车道前车为跟驰目标，而与此同时，目标车道后车及原车道上的后车均将当前换道车辆视为跟驰目标；换道后，换道车辆视目标车道前车为跟驰目标，而此时目标车道后车视其为跟驰目标，原车道后车将视原车道前车为新的跟驰目标。

由上述可知，换道过程的不确定性，远比跟驰模型大得多。不同国家、城市、年龄、性别、出行目的、“礼貌系数”等，甚至同一个人在不同时间的换道行为都可能大相径庭。而换道模型的刻画结果，对交通仿真结果的影响也更为显著，例如，强制性换道若不成功，有可能导致所在车道的堵塞和仿真失真。由此，仿真模型中对这样的车，有时会迫不得已让其“消失”。

5.4.1 车辆换道模型的基本假设及分类

一般地，车辆换道模型的基本假设如下。

① 换道行为保证安全，车辆在换道过程中不与相邻车辆发生碰撞和交通事故。

② 驾驶人是理智的，能够计算每一种驾驶方案的效用，并且选择具有最高效用的车道。

③ 换道车辆根据本车道前、后车和相邻车道前、后车的运行状态调整自身的运动状态进行换道。

根据换道过程，换道模型可以分为换道决策模型、换道实施模型和换道影响模型3个类别。换道决策模型目前有5类代表性模型：Gipps型模型、效用理论模型、元胞自动机模型、马尔科夫过程模型、人工智能模型。

1）Gipps型换道决策模型

Gipps是最早根据驾驶人面临冲突目标的情况提出换道决策框架的人之一。Gipps模型中的驾驶人行为考虑了两个基本因素：保持期望的驾驶速度和在合理的车道上进行预期的转弯操作。换道行为由换道概率、换道必要性和换道意愿因子3个参数决定。影响换道决策的因素包括在不存在不可接受的碰撞风险情况下改变车道的可能性、障碍物的位置、是否存在重型车辆、是否存在特殊用途车道（如公交专用道）、驾驶人预期转弯行为，以及获得速度优势的可能性。驾驶行为在Gipps模型中是确定性的，不同因素的相对重要性由确定性规则决定。

不同的驾驶人有不同的车道选择标准，MOBIL（minimizing overall braking induced by lane changes）模型中将驾驶人的“礼貌系数”（politeness factor）作为换道选择的一个参数。作为Gipps模型的扩展，MOBIL模型受到两个换道规则影响：安全规则和考虑礼貌系数的激励规则。MOBIL模型使用加速度为变量衡量潜在换道行为的预期优点和缺点。

2）基于效用理论的换道决策模型

Ahmed等人采用效用理论来模拟换道的决策过程，换道决策由4个决策层次组成。模型还考虑了驾驶人的异质性和状态依赖性（当前选择对先前驾驶经验和换道决策的依赖性）。模型根据车辆保持在本车道的效益、换道到左车道的效益和换道到右车道的效益选择效益最高的选项进行换道行为的决策。

3）基于元胞自动机的换道决策模型

元胞自动机（cellular automata，CA）在 20 世纪 80 年代开始广泛应用。一个典型的元胞自动机模型由 4 个关键组成部分组成：物理环境、元胞的状态、元胞的邻域和局部转换规则。基于元胞自动机的换道模型包括两个换道条件：换道动机和安全条件。需要注意的是，元胞自动机可被认为是一个相对独立的方法体系，其对交通流的分析可以贯穿整个交通流理论，例如，本书各章节内容在元胞自动机模型中均有对应研究。

4）基于马尔科夫过程的换道决策模型

针对换道过程的随机性，Worrall 等人提出了第一个基于马尔科夫过程的换道概率模型，随机换道行为通过同质的马尔科夫链进行建模。假设道路中的车辆都保持当前状态（车道）或以一定的转移概率从一个状态变成另一个状态。

5）基于人工智能的换道决策模型

人工智能方法（尤其是机器学习类）在换道行为建模方面也有许多应用，例如，基于神经网络的换道决策模型、基于模糊逻辑的换道决策模型、基于博弈论的换道决策模型等。

根据换道执行过程是否连续，可将换道实施模型分为跳跃性实施模型和非跳跃性实施模型。其中，跳跃性实施模型以元胞自动机模型为代表，车辆的运行规则按照仿真时间步进行更新。而非跳跃性实施模型能够给出连续的换道轨迹和换道持续时间。

上述换道模型基本上均忽略了换道车辆对周围车辆的影响。换道行为会引起交通扰动，对交通流的动态特性产生影响，影响道路的通行能力和交通流的稳定性和通畅性。另外，驾驶人换道行为的合理性直接影响道路交通安全。换道行为在空间上对 3 类车辆主体产生影响：换道车辆本身、当前车道后车、目标车道后车。换道行为的影响在时间层面分为换道前影响、换道时影响和换道后影响。在领先车辆和跟驰车辆的稳定跟驰状态被换道行为打破然后逐渐恢复的过程中，周围车辆需接受比稳定状态小得多的车头间距，这一现象被称为松弛(relaxation)。众多学者将换道行为对周围交通的复杂影响与通行能力下降、交通波动、交通流陡降等复杂交通现象进行联系建模。

5.4.2 换道意愿的刻画

车辆在路网中行驶时诱发其产生变换车道意图的原因多种多样，但总体上可分为两类：强制性换道和自主性换道。强制性换道指车辆由于转弯或前方发生交通事故或车道使用的限制等而必须执行换道行为。自主性换道指车辆在遇到前方同一车道内速度较慢车辆时为了追求更快的车速、更自由的驾驶空间而发生的变换车道行为。

换道意图的产生是由于车辆不满足当前的运行状态，期望获得“时间”或者“空间”方面的期望效益。“时间”体现了驾驶任务的内在需求，驾驶人期望获得更高的运行速度；“空间”是驾驶人对驾驶空间的心理需求。道路条件、车辆性能条件、天气状况、驾驶任务需求等因素对驾驶人的期望速度具有影响。道路条件、能见度、车道数等对驾驶人的期望间距有重要的影响。

以 MOBIL 模型为代表的 Gipps 型换道决策模型，通过确定性规则约束刻画换道意愿，进行目标车道选择。MOBIL 模型以追求更高的速度进行换道行为选择，换道车辆和周围车辆的加速度大于换道前。MOBIL 中的基于加速度的安全规则和激励规则为：

$$\tilde{a}_n \gg -b_{\text{safe}} \tag{5-89}$$

$$\tilde{a}_c-a_c+p(\tilde{a}_n-a_n+\tilde{a}_0-a_0)>\Delta a_{th} \tag{5-90}$$

式中：

a_n，$\tilde{a}_n$——目标车道中跟驰车辆的换道前、换道后可实施的加速度；

a_0，$\tilde{a}_0$——原车道中跟驰车辆的换道前、换道后可实施的加速度；

a_c，$\tilde{a}_c$——车辆换道前、换道后可实施的加速度；

b_{safe}——考虑安全限制的车辆最大制动减速度；

p——礼貌系数；

Δa_{th}——换道阈值。

驾驶人的换道意愿不仅由自身行为特性决定，还受到周围车辆驾驶行为、交通状况、天气、车辆条件等外部复杂环境的交互影响。基于效用理论的换道模型通常为离散选择模型，该模型的基本逻辑是根据驾驶人、道路和环境特性实现效用的最大化，即假设驾驶人能计算每一个方案的效用，并且选择具有最高效用的车道。驾驶人 x 选择车道 i 的概率如下式所示：

$$P_{x,i}=\text{prob}[V_{x,i}>V_{x,n}] \quad n\neq i \tag{5-91}$$

式中：

$V_{x,i}$——车道 i 对驾驶人 x 的总效用；

$V_{x,n}$——其他车道对驾驶人 x 的总效用。

总效用的计算如下式所示：

$$V_{x,i}=U_{x,i}+\varepsilon_{x,i}=\sum_{j=1}^{N}a_{i,j}y_{x,i,j}+\varepsilon_{x,i} \tag{5-92}$$

式中：

$U_{x,i}$——车道 i 和驾驶人 x 的特定的非随机效用的组成部分；

$\varepsilon_{x,i}$——车道 i 和驾驶人 x 的非特定效用成分，假设是随机的；

$a_{i,j}$——车道 i、道路和环境 j 特性的实际数据估计得到的模型参数；

$y_{x,i,j}$——道路 i 和驾驶人 x 的道路与环境特性。

假设效用的随机成分 $\varepsilon_{x,i}$ 服从极值分布，可得到以下 Logit 模型：

$$P_{x,i}=\frac{e^{U_{x,i}}}{\sum_{n}e^{U_{x,n}}} \tag{5-93}$$

5.4.3 换道条件的刻画

当车辆产生换道意图后将持续地观察换至相邻车道的可行性，一旦可行即实施换道行为。换道模型需要考虑附近多条车道前后多辆车辆的相关信息。换道条件通常包括两个方面。

（1）车辆是否符合相邻车道的路权要求。这涉及相邻车道是否有车型的限制（如公交专用道）、当前车辆是否违背了相邻车道的转向限制等各种可能性的判断。

（2）相邻车道上是否出现所需的换道间隙。有时驾驶人还会观察是否可能直接换至非相邻的其他车道的可能性。

换道条件中的安全条件主要通过驾驶人的可接受间隙进行刻画，详见 5.5 节。

5.4.4 车辆换道模型的应用

车辆换道模型在 MITSIM、CORSIM、ARTEMiS 等微观仿真软件中均有应用。MITSIM 模型中的换道过程分为 4 个步骤：考虑是否换道；选择目标车道；寻找可接受间隙；执行换道行为。间隙接受模型计算目标车道前车、后车和当前车辆的间隙。目标车道需满足以下标准，包括车道使用规则、车道连接情况、交通状况、驾驶人期望速度、车道最大行驶速度等。CORSIM 模型考虑了驾驶人特征（如攻击性、警觉性）对换道决策过程的影响，包括分别适用于高速公路和城市道路的 FRESIM 模型和 SITRAS 模型。CORSIM 模型由换道动机、效益和紧急情况 3 部分组成，当车辆速度低于定义的阈值速度时产生换道意图，驾驶人在换道时的可接受最大减速度与紧急程度相关，可接受间隙根据换道车辆为避免与目标车道前车和后车碰撞所需要的减速度计算得到。ARTEMiS 模型根据目标车道后车的礼貌系数决定换道行为。

相较于跟驰模型，仿真软件中的换道模型没有得到广泛一致的共识，缺乏相关描述文件，存在车辆消失、进出口匝道拥堵等问题。换道模型在应用层面存在的问题如下。

（1）换道决策和换道实施行为被瞬时化和独立化，换道车辆和周围车辆在时间和空间上的博弈过程被简化甚至忽略，驾驶操作的复杂性和随机性未考虑。

（2）仿真中的换道模型难以重现尝试换道和换道失败的情境，可能存在由于车辆长时间等待可接受间隙导致出入口匝道拥堵，甚至车辆直接消失等问题。

换道模型的另一重要应用是自动驾驶与智能网联车辆，详见 5.6 节。

5.5 间隙接受模型

间隙接受（gap acceptance）模型常用于描述通过或汇入一个冲突车流的车辆数。在该情形下，即将通过或汇入的车辆必须评估冲突车流所提供的“间隙”的大小，进而决定是否接受该间隙，即可插车间隙。

可插车间隙最早应用于研究无信号交叉口次要道路车辆通行或汇入主路的问题，并被广泛发展应用于入口匝道的通行能力、排队延误等问题的研究。其假设有一条优先通行道路，次要道路的车辆在优先道路车辆车头间距大于某一值（临界间隙）时方可汇入主路或直行穿过，否则必须停车等待直到出现可汇入间隙。如图 5-16 所示。

图 5-16　次要道路车辆（右）等待插车间隙汇入主要道路

5.5.1 可插车间隙参数的估计方法

次要车流中驾驶人所能够接受的最小间隙称为临界间隙，记为 t_c。根据通常的驾驶行为模式，只有在主要车流的车流间隙至少等于临界间隙 t_c时，次要车流的驾驶人才能进入交叉口。可插车间隙理论称，在较长时间间隙中进入交叉口的次要车流跟随车辆间的车头时距为“跟随时间” t_f。可插车间隙的参数主要就是 t_c和 t_f。

在估计驾驶人临界间隙分布的方法中，较好的方法是采用极大似然估计（maximum likelihood estimate，MLE）法。用极大似然估计法来估计临界间隙需要假设一群驾驶人临界间隙值的概率分布，一般取对数正态分布，在该方法中将用到下列符号：

- μ、σ^2分别为各驾驶人临界间隙对数的均值和方差；
- $f()$、$F()$分别为对数正态分布的概率密度函数和累积分布函数；
- a_i为被第 i 个驾驶人接受的间隙的对数，如果没有间隙被接受，则 $a_i \to \infty$；
- r_i为被第 i 个驾驶人拒绝的最大间隙的对数，如果没有间隙被拒绝，则 $r_i=0$。

单个驾驶人的临界间隙在 a_i和 r_i之间的概率是 $F(a_i)-F(r_i)$。对于所有驾驶人，则 n 个驾驶人接受间隙和最大拒绝间隙（a_i，r_i）的样本似然函数是

$$\prod_{i=1}^{n}[F(a_i) - F(r_i)] \tag{5-94}$$

该似然函数的对数为

$$L = \sum_{i=1}^{n}\ln[F(a_i) - F(r_i)] \tag{5-95}$$

μ 和 σ^2的极大似然估计值可使 L 取最大值，并从下述的方程中求解出来：

$$\frac{\partial L}{\partial \mu}=0 \tag{5-96}$$

$$\frac{\partial L}{\partial \sigma^2}=0 \tag{5-97}$$

根据概率统计学理论，有

$$\frac{\partial F(x)}{\partial \mu}=-f(x) \tag{5-98}$$

$$\frac{\partial F(x)}{\partial \sigma^2}=-\frac{x-\mu}{2\sigma^2}f(x) \tag{5-99}$$

根据上面 5 个式子得出式（5-100）和式（5-101）两个方程，再通过迭代方法求解 μ 和 σ^2，具体过程如下。

假设已知 σ^2的值，推荐应用方程：

$$\sum_{i=1}^{n}\frac{f(r_i) - f(a_i)}{F(a_i) - F(r_i)} = 0 \tag{5-100}$$

估计 μ 值。利用从式（5-100）中得出的 μ 的估计值 $\widehat{\mu}$，从方程（5-99）中得出一个较好的 σ^2估计值。

$$\sum_{i=1}^{n}\frac{(r_i - \widehat{\mu})f(r_i) - (a_i - \widehat{\mu})f(a_i)}{F(a_i) - F(r_i)} = 0 \tag{5-101}$$

然后，再用σ^2的估计值从式（5-100）中求出一个更好的μ估计值，重复这个过程直到连续得到的μ和σ^2值达到足够的精度。

临界间隙分布的均值$E(t_c)$和方差$\mathrm{var}(t_c)$是对数正态分布的函数，即

$$E(t_c)=e^{\mu+0.5\sigma^2} \tag{5-102}$$

$$V(t_c)=E(t_c)^2(e^{\sigma^2}-1) \tag{5-103}$$

估计临界间隙的分布还有一种方法：回归分析法。该方法的基本思路是根据主路的车头时距数据和次路车辆排队进入主路的车辆数据做统计图，并进行回归分析，得出t_c和t_f的估计值。该方法需要大量的交通数据，在实际操作中有一定的难度，这里不做进一步的介绍。

回归方法和极大似然估计法为临界间隙参数估计中较常用的两种方法。回归方法适用于次要车流为连续排队的情况。极大似然估计法属于概率方法，在次要车流不是连续车流的情况下也可使用，它用到了大量的信息，考虑了大量拒绝间隙的影响，可以得到比较理想的结果，但是由于需要利用迭代的方法，其过程比较复杂。

5.5.2 应用情况分析

冲突车流运行状况的主要影响因素是不同车流中车辆间隙的分布，由于较小的间隙通常会被拒绝，因此要着重考虑那些较大的间隙，即有可能被接受的间隙的分布。

这就需要联系前面讨论的“车头时距分布”，通过分析主路车流的车头时距分布与临界间隙t_c、跟随时间t_f之间的关系来展开分析。如前所述，常用的车头时距分布包括负指数分布、移位负指数分布、聚束负指数分布M3模型等。针对典型场景，《道路通行能力手册》给出了交叉口和环岛的基本临界间隙和跟随时间的推荐数据，见表5-4。

表5-4 交叉口和环岛的基本临界间隙$t_{c,base}$和跟随时间$t_{f,base}$ 单位：s

车辆运动形式		基本可插车间隙$t_{c,base}$		基本跟随时间$t_{f,base}$
		双车道主路	四车道主路	
双向停车控制交叉口	向主路左转	4.1	4.1	2.2
	向次路右转	6.2	6.9	3.3
	向次路直行	6.5	6.5	4.0
	向次路左转	7.1	7.5	3.5

5.6 自动驾驶与智能网联对多车运动的影响

自动驾驶侧重于改变单车行为，智能网联可更多作用于多车协同，自动驾驶与智能网联对单车加速度、感知反应，多车跟驰模型、换道模型，车队集群、升级、降级等驾驶行为与交通特征带来了广泛而复杂的影响。

传统的头车、跟驰和换道模型是在人为驾驶条件下构建的，在自动驾驶与智能网联情况下，将增加集群和单车两个维度，对应不同技术等级、渗透率、服从率等多个子维度下的期

望速度、加减速、插车间隙等多态组合分布。自动驾驶与智能网联条件下跟驰模型和换道的研究对未来交通管理与控制有深远的意义。

5.6.1　对车辆跟驰模型的影响

与自动驾驶车辆相比，人工驾驶存在感知反应时间、操作控制、车头间距等参数估计和控制的误差及随机性，感知反应及时性低于自动驾驶车辆，而驾驶异质性和随机性高于自动驾驶车辆。自动驾驶车辆通过自动控制系统可实现对车辆的实时精准控制，依靠网联技术实时获得其他联网车辆和交通运行信息，在运行过程中做出更优化的驾驶决策。

自适应巡航控制（adaptive cruise control，ACC）系统和协同自适应巡航控制（cooperative adaptive cruise control，CACC）系统已成为应用广泛的自动控制系统。目前大量研究基于 ACC 技术和 CACC 技术建立跟驰模型来描述自动驾驶与智能网联对跟驰行为的影响，典型案例包括：基于智能驾驶的车辆跟驰模型、PATH 实验室车辆跟驰模型与基于控制论的车辆跟驰模型。

ACC 系统通过自适应调节速度尽量与前车保持恒定的车头时距，基于智能驾驶模型 IDM 的 ACC 跟驰模型通过调整安全车头时距与跟驰前车保持稳定的跟车时距。与人工驾驶相比，ACC 车辆可将车头时距缩短至 1 s。CACC 系统增加了与前方多辆车的通信能力，CACC 跟驰模型在 ACC 模型的基础上增加了前方车辆加速度的输入。

加州大学伯克利分校 PATH 团队根据装载 ACC 和 CACC 系统的实车跟车测试，建立了面向 ACC 和 CACC 的跟驰模型。ACC 模型基于车头间距和速度误差对车辆加速度进行控制：

$$e_k = x_{k-1} - x_k - t_{hw} v_k \tag{5-104}$$

$$a_k = k_1 e_k + k_2 (v_{k-1} - v_k) \tag{5-105}$$

式中：

e_k——目标车辆 k 的实际车头间距与期望车头间距的误差；

x_{k-1}——跟驰前车 $k-1$ 的位置；

x_k——车辆 k 的位置；

v_k——车辆 k 的速度；

t_{hw}——安全车头时距；

v_{k-1}——车辆 $k-1$ 的速度；

a_k——车辆 k 的加速度；

k_1，k_2——车头间距误差和速度误差的权重。

CACC 模型在 ACC 模型基础上考虑了前车加速度的影响：

$$a_k = k_0 a_{k-1} + k_1 e_k + k_2 (v_{k-1} - v_k) \tag{5-106}$$

式中：

a_{k-1}——车辆 $k-1$ 的加速度；

k_0——跟驰前车加速度的权重。

基于控制论的车辆跟驰模型包括比例微分（proportional-derivative，PD）控制、模型预测控制（model predictive control，MPC）等。

5.6.2　对车辆换道模型的影响

相比自动驾驶与智能网联车辆的跟驰模型，其换道模型的研究相对不足。实车换道测试的难度和复杂性远高于跟驰模型，相关研究机构和汽车厂商公开的换道策略和换道模型较为匮乏。

自动驾驶与智能网联车辆的换道模型涉及多车辆、多时空跨度和多优化目标（安全性、驾驶舒适性、交通效率、低油耗等）。自动驾驶和智能网联车辆的换道系统通常由 4 个关键模块组成：车-车（V2V）通信、定位、换道决策和规划、车辆控制算法。图 5-17 为自动驾驶与智能网联车辆的换道框架。

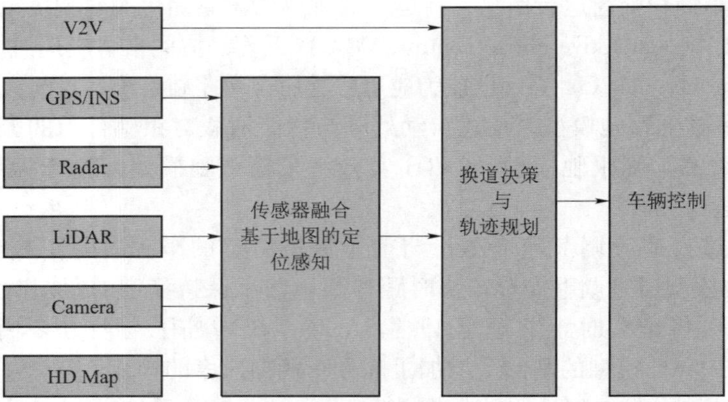

图 5-17　自动驾驶与智能网联车辆的换道框架

基于智能网联技术的车辆间可完成 V2V 通信，交互信息包括车辆大小、位置、速度、加速度、行驶方向、偏航率、转向信号状态、方向盘角度、油门和制动位置等。目前无线数据交换方法已经从专用短距离通信（dedicated short-range communications，DSRC）技术转向蜂窝车辆网（cellular-vehicle to everything，C-V2X）技术。V2V 通信可消除潜在的碰撞风险，提高交通效率，尤其是在相对复杂的换道操作中。通信协议会影响 V2V 通信效率和时间延迟，继而影响换道模型。

基于车载和路侧传感器的定位感知可以为自动驾驶与智能网联车辆换道提供相对位置和速度信息。GNSS 定位系统提供绝对位置，包括经度、纬度和高度信息。激光雷达和视觉传感器及其数据融合等常用于感知绝对位置。

换道决策模型包括单车换道决策模型和多车协同换道模型。单车换道策略与 5.4 节基本一致。

多车协同换道模型需要感知、通信和计算更多参数，通常基于多策略决策算法，从候选决策中进行合理选择。换道模型基于车头间距防止碰撞，不同的防撞约束模式如图 5-18 所示，图 5-18（a）基于车头间距约束，周围车辆不应进入高亮区域；图 5-18（b）基于区域的约束，禁止周围车辆进入高亮区域；图 5-18（c）基于多个圆构成的矩形约束；图 5-18（d）基于角距离的约束；图 5-18（e）充分利用道路空间。为避免频繁换道对交通流的影响，换道决策模型需优化安全换道次数。

换道轨迹规划是考虑舒适性、交通效率、安全性约束等多种需求的目标优化问题。换道决策和轨迹规划是目前自动驾驶和智能网联车辆换道操作的核心。

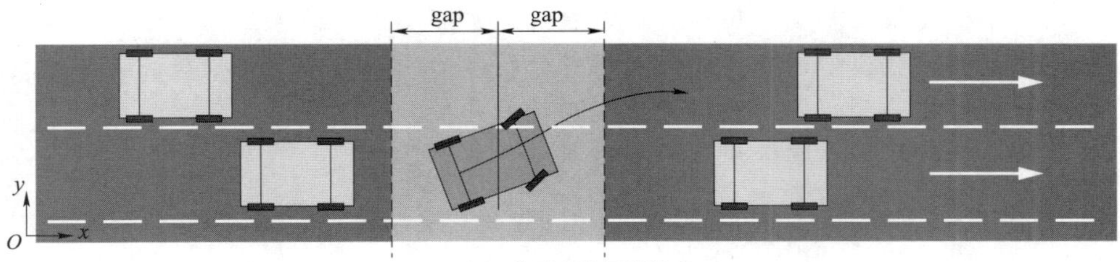

（a）基于车头间距约束

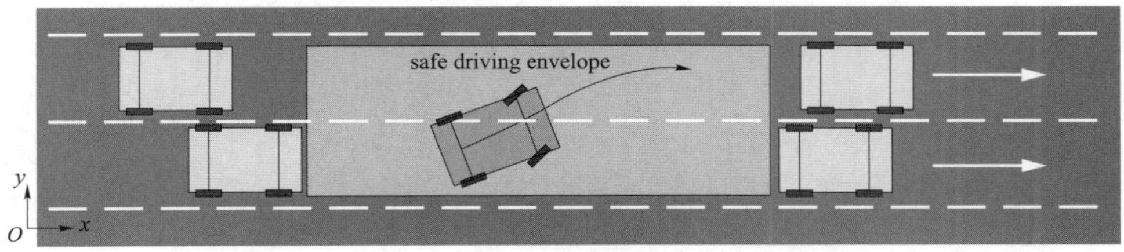

（b）基于区域的约束

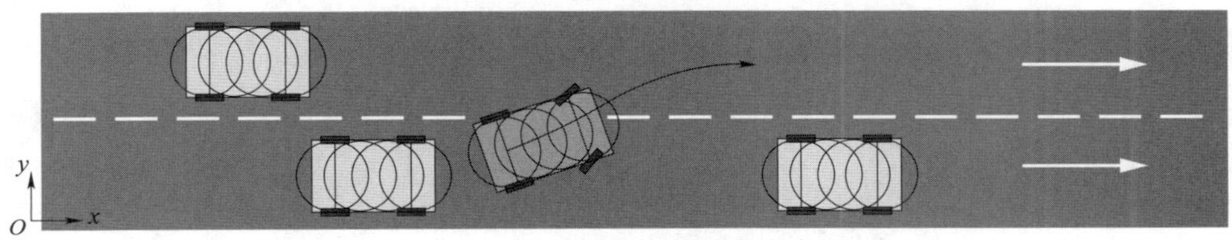

（c）基于多个圆构成的矩形约束

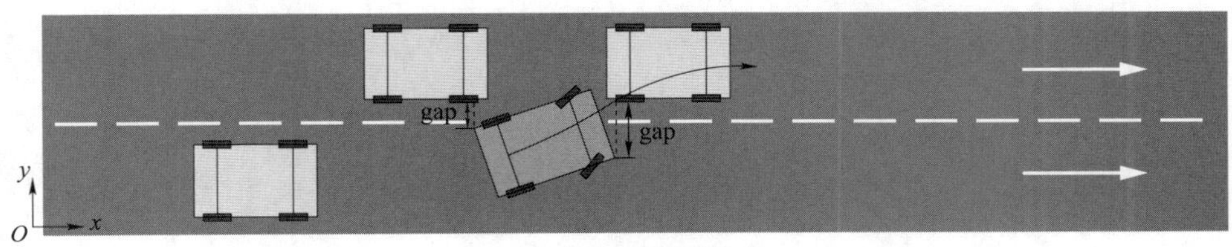

（d）基于角距离的约束

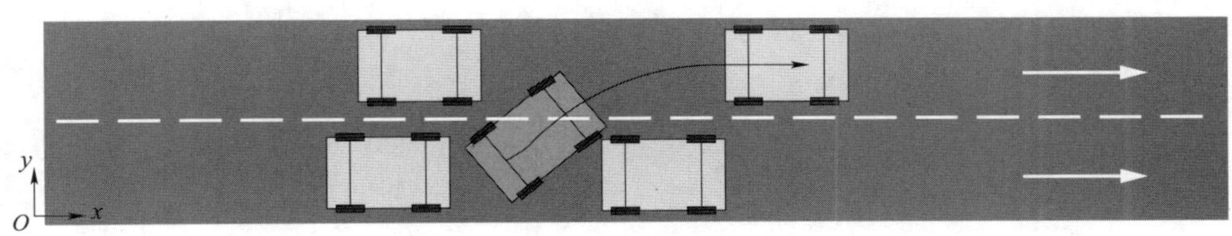

（e）充分利用道路空间

图 5-18　自动驾驶与智能网联车辆的换道防碰撞约束

复习思考题

1. 车辆跟驰模型的基本假设和分类分别是什么？
2. 车辆线性跟驰模型的局限性包括哪些？
3. 局部稳定性和渐近稳定性分别指的是什么？两者各有何特点？

4. 跟驰模型稳定性分析的主要方法有哪些?
5. 试论述车辆非线性跟驰模型的发展过程并分析非线性跟驰模型的一般表达式。
6. 试论述车辆跟驰模型的主要发展阶段并分析各阶段的典型跟驰模型。
7. 换道行为主要分为哪两类?换道过程包括哪几部分,其换道逻辑是什么?
8. 驾驶行为的随机性在跟驰模型和换道模型中有哪些体现?

第 6 章

交通流基本图模型

6.1 概　　述

车辆在交通运输网内运行时，一定程度上可类比于气体或液体分子在介质内的流动，称作交通流。交通流具有很强的随机性，因此早期的研究主要集中在交通流的统计特性，研究交通流随时间、空间和交通方式的变化规律，从而建立交通流的统计分布模型。

交通流流量、速度、密度之间的关系模型，也称为交通流基本图（fundamental diagram，FD）模型。20 世纪 30 年代至第二次世界大战期间，由于发达国家汽车工业和道路建设的发展，需要摸索道路交通的基本规律，产生了对交通流理论的研究需求。Bruce D. Greenshields 是此阶段的代表人物，其代表性成果是用基于实验和统计的方法建立数学模型，用以描述交通流流量和速度的关系。正是由于其开创性的工作，人们常称 Greenshields 为交通流模型的奠基人。

图 6-1　Bruce D. Greenshields

在没有特指时，本章中交通流一般指机动车流。交通流运行状态的定性、定量特征称为交通流特性，用以描述交通流特性的一些物理量称为交通流参数，参数的变化规律即反映了交通流的基本性质。

速度、流量和密度，是表征稳态交通流特性的 3 个基本参数。这 3 个参数的定义在第 2 章已经给出。若把交通流看作流体，经典的流体力学规律（流量等于速度与密度的乘积）在一定条件下同样有效。如果在交通流中各车辆的行驶速度相同，也即

$$u = L/T \tag{6-1}$$

则在 T 时段或 L 长度内通过的车辆数 n 为

$$n = qT = kL \tag{6-2}$$

所以

$$q=\frac{kL}{T}=ku \tag{6-3}$$

也即，交通量为交通密度与速度的乘积。

通常在交通流中各车辆的速度并不相同。将车辆按速度分组，对于每组速度的交通量为

$$q_i=k_i u_i \tag{6-4}$$

则总的交通量为

$$q=\sum_{i=1}^{m}k_i u_i=k\sum_{i=1}^{m}(k_i/k)u_i=k\bar{u}_s \tag{6-5}$$

式中：

m——速度分组数；

$\bar{u}_s$——空间平均车速；

k——平均密度。

由此

$$q=k\bar{u}_s \tag{6-6}$$

式（6-6）即为表征交通流特性的基本关系式。这一关系式是一个普适的流体力学公式，因此交通流 3 个基本参数只有两个独立变量。只要确定任意两个参数之间的相互关系，就可以根据交通流基本关系式确定其他相关关系。

本章需要特别指出的是以下几点。

（1）将交通量看作流体是有条件的，与水流不同，交通流是一定范围内可压缩的流体，密度是可变化的；同时与气流不同，受限于车身长度和安全距离，密度变化是有范围的，后面提到的阻塞密度约束了交通流可压缩的最大值。由此，对交通流进行数学分析的结果常常要经上述约束条件检验。

（2）在交通流参数模型的分析中，速度特指空间平均速度（或区间速度、行程速度），而非时间平均速度（或点速度、断面速度）。

（3）理解交通流参数模型（或交通流基本图模型）需要从交通状态的演化过程入手，而不是一个静态的关系，如图 6-2 所示。

此外，交通密度是反映交通拥挤程度的重要宏观变量。人们出行中对交通拥堵最直接的体验也是密度的大小。因此交通密度是从道路使用者的角度评价道路交通状况的性能指标。美国《道路通行能力手册》以密度作为划分道路服务水平的主要依据。

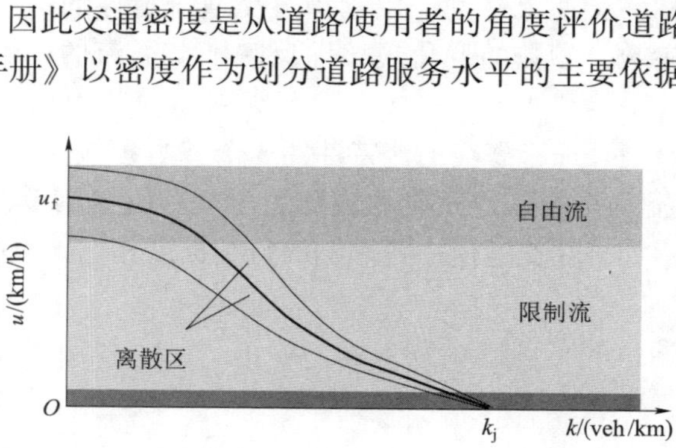

（a）

图 6-2　交通流宏观基本图

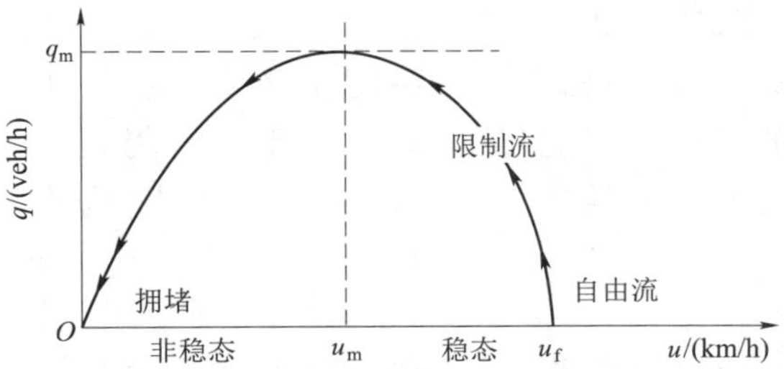

（b）

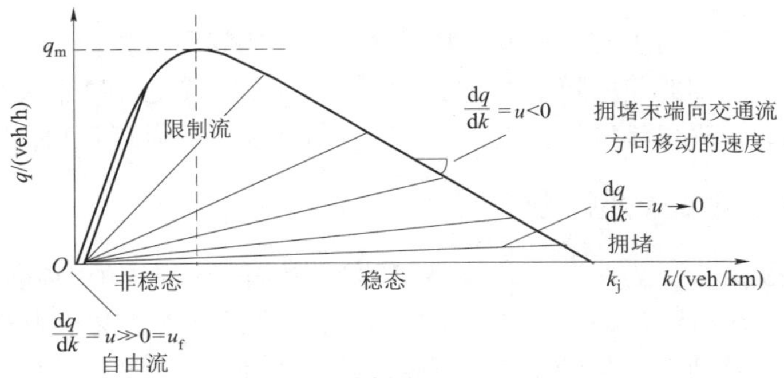

（c）

u_f—自由流速度，在自由车道上，驾驶人根据车辆和技术等因素选择的最大速度；

u_m—临界速度，最大交通流量对应下的速度（70～100 km/h）。

图 6-2　交通流宏观基本图（续）

6.2　交通流参数模型的系列及其发展过程

交通流基本图模型是一种基于交通流观测数据的统计模型，描述受对应路段的物理条件约束下的交通流运行规律；在交通流车型构成稳定的条件下，该模型是该路段的基本物理属性的表征。

在 1933 年 Greenshields 首次提出模型以来，该模型先后被称为交通流模型（traffic stream model）或流密速曲线模型（q-k-v curves）等。2000 年之后，越来越多的学者称之为交通流基本图模型。需注意，与刻画路段的 FD 模型相对应，刻画路网的宏观交通流参数关系模型被称为宏观基本图模型（macroscopic fundamental diagram，MFD），见本书第 8 章。

Greenshields 在 1933 年提出交通流速度和密度之间存在线性关系，并绘制了第一张速度-流量交通流基本图。此后长达二十多年，由于受战争等影响，交通流模型的研究处于停滞状态。第二次世界大战之后，汽车工业和基础设施建设迅速提升，交通拥堵和交通管控使得多领域学者开始对交通流模型进行探索。1959 年，Greenberg 对速度-密度函数进行改进，提出对数模型；1961 年，Underwood 再次提出速度-密度关系的指数模型；同年，Edie 等将单段模型组合后提出了多段式速度-密度模型。此外，还有许多学者通过实地观测或理论推导发现了多种基本图形态，提出了线性/非线性、单段式/多段式等不同形式的交通流参数关系模型。1995 年，Van Aerde 提出了经典的四参数单一结构连续模型。

基于流体的“流量等于密度与速度的乘积”这一基本关系，一旦“速度-密度”关系模型得以确定，“速度-流量”和“流量-密度”关系也就相应确定了，反之亦然。因此，后续三节“速度-密度”“流量-密度”“速度-流量”模型之间是关联呼应的，例如，Greenshields“速度-密度”模型，对应确定的 Greenshields“速度-流量”和“流量-密度”模型。

6.3 交通流速度-密度关系模型

当道路上的汽车数量增多时，也就是密度增大，车辆间距就会变小，车辆间的相互影响使得驾驶人降低车速，因此速度随密度的增加而减小。基于交通流基本关系式，一旦知道密度和车速就可以据此计算出流量。所以早期研究人员热衷于探讨速度和密度之间的关系。

6.3.1 线性速度-密度关系模型

最早的速度-密度模型是 Greenshields 于 1933 年在第 13 届 HRB 年会（如今的 TRB 年会，Transportation Research Board）上提出的。他利用照相机进行交通观测，获取速度、密度数据样本，如图 6-3 所示。他通过对观测数据的统计研究，认为速度和密度之间呈线性关系，如图 6-4 所示。

图 6-3 Greenshields 及其测量设备

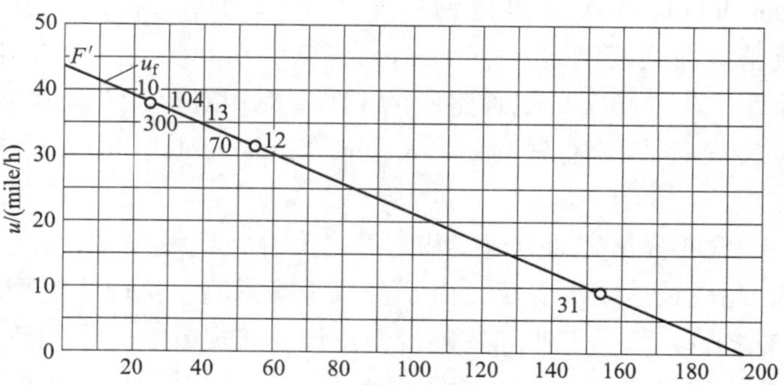

图 6-4 Greenshields 的“速度-密度”关系测量数据

Greenshields 所提出的速度-密度线性关系模型（见图 6-5），通常表达为

$$u=u_{\mathrm{f}}\left(1-\frac{k}{k_{\mathrm{j}}}\right) \tag{6-7}$$

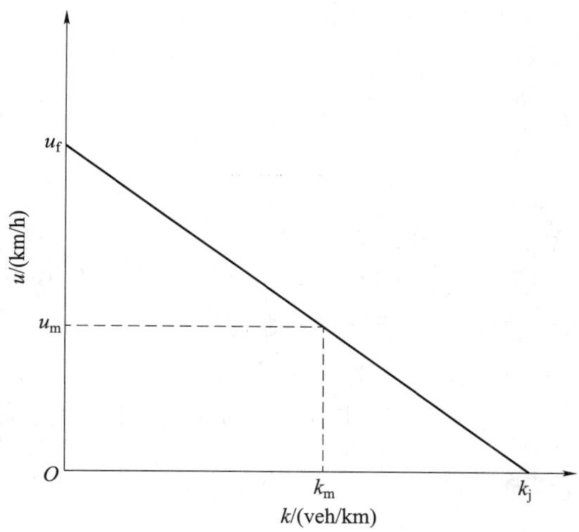

图 6-5　Greenshields 速度-密度线性关系模型

可以看出，当 $k=0$ 时，u 值可达理论最高速度即自由流速度 u_{f}。根据流量-速度-密度基本关系 $q=k\bar{u}_{\mathrm{s}}$，直线上任意一点的纵坐标、横坐标与原点 O 所围成的面积即为流量。

线性模型因形式简单而得到了广泛应用，至今仍是一种非常重要的模型。然而，限于当时实验技术的制约，Greenshields 的样本量并不充分。在应用过程中也存在一些问题：① 研究表明 Greenshields 模型不适用于高速公路的交通流；② Greenshields 模型采用的是重复数据组做曲线拟合的数据分析方法，即拟合图中的每个点代表 10 个观测值的平均值，而该 10 个观测值中有 9 个观测值与前个点的观测值重复。从当前的研究标准看，该方法欠妥；③ 通过实测数据发现，在高交通密度时，用这个模型描述交通过程是不实际的，易高估道路容量。而且在后续研究中，不同道路上展现出的速度-密度关系与 Greenshields 模型具有差异，图 6-6 为北京市快速路速度-密度散点图。

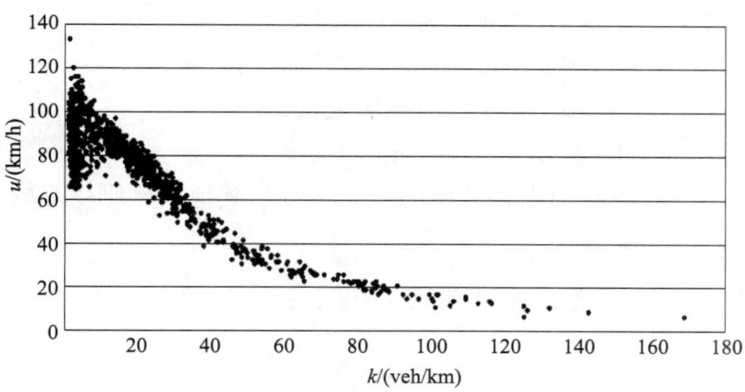

图 6-6　北京市快速路速度-密度散点图

6.3.2 对数速度-密度关系模型

在对 Lincoln 隧道中交通数据观测（尤其针对拥堵状态）的基础上，1959 年，Greenberg 提出了以下非线性的对数速度-密度关系模型（见图 6-7）。

$$u=u_{\mathrm{m}}\ln\left(\frac{k_{\mathrm{j}}}{k}\right) \tag{6-8}$$

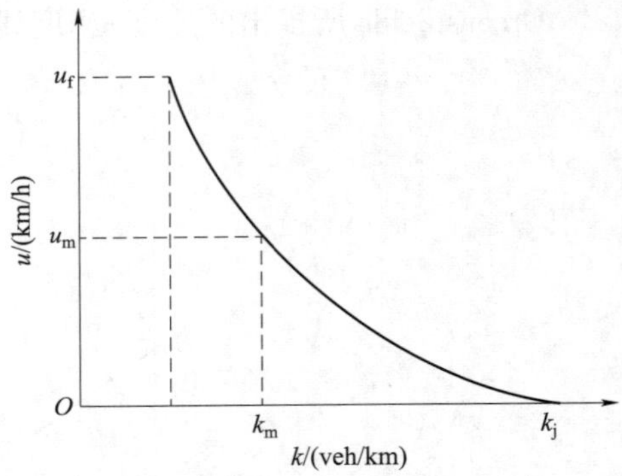

图 6-7 Greenberg 非线性的对数速度-密度关系模型

式中：

u_{m}——流量最大时对应的车速，称为临界速度。

通过微分求得最大流量所对应的密度 $k_{\mathrm{m}}=k_{\mathrm{j}}/\mathrm{e}$。Greenberg 发现这种模型和交通流拥堵情况的现场数据符合。然而，当交通密度小，接近自由流交通状态时，该模型就不适用了。在式（6-8）中，如果 $k\to 0$，那么速度趋于无穷大。

6.3.3 指数速度-密度关系模型

基于对康涅狄格州 Merritt Parkway（高速公路）交通流的观测，1961 年，Underwood 针对小密度交通流提出了以下指数形式的模型，如图 6-8 所示。

$$u=u_{\mathrm{f}}\mathrm{e}^{-\frac{k}{k_{\mathrm{m}}}} \tag{6-9}$$

式中：

k_{m}——最大流量时的交通密度，称为临界密度。

通过微分求得最大流量所对应的速度 $u_{\mathrm{m}}=u_{\mathrm{f}}/\mathrm{e}$。Underwood 模型适用于较小密度交通条件，克服了 Greenberg 模型在自由流情况下速度趋于无穷大的缺陷。但 Underwood 模型在速度低时，密度区域无穷大，体现不出阻塞密度特性，因此不适用于低速、高密度的情况。

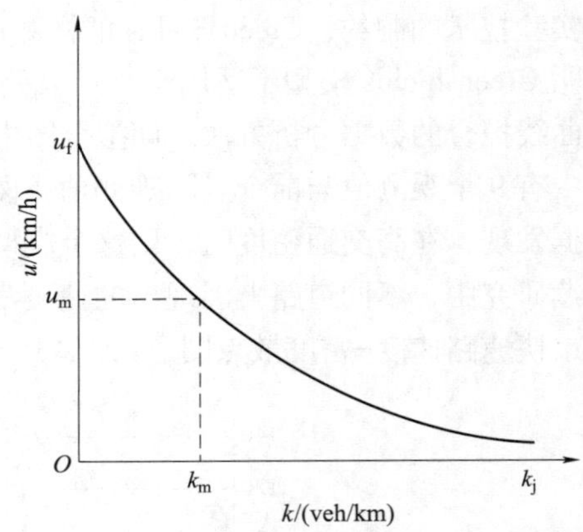

图 6-8 Underwood 指数形式的模型

6.3.4 其他单段式速度-密度关系模型

Greenberg 模型和 Underwood 模型都尝试用单一函数描述速度-密度的关系，这类模型被称为单段式（single-regime）模型。其他人也进行过类似尝试。派普斯和敏加尔曾描述了一组速度-密度模型通用线族，线性模型是其中的一个特例。德留也曾描述过一组模型曲线族，Greenberg 的对数模型则是其中的一个特例，其他线族则由车辆跟驰分析产生。

1. 派普斯-敏加尔模型

派普斯和敏加尔提出了一组模型曲线族，其式为

$$u=u_{\mathrm{f}}\left(1-\frac{k}{k_{\mathrm{j}}}\right)^{n} \tag{6-10}$$

式中：

n——大于零的实数。

该模型的 3 种情况（$n<1$，$n=1$，$n>1$）的说明如图 6-9 所示。由图可以看出，当 $n=1$ 时，以上关系式就简化为 Greenshields 模型。

2. 德留模型

德留提出的模型曲线族，其式为

$$\frac{du}{dk}=-u_m k^{(n-1)/2} \tag{6-11}$$

式中：

n——实数。

当 $n=-1$ 时，式（6-11）就简化为 Greenberg 模型。图 6-10 是当 n 为-1，0，1 时的曲线图。

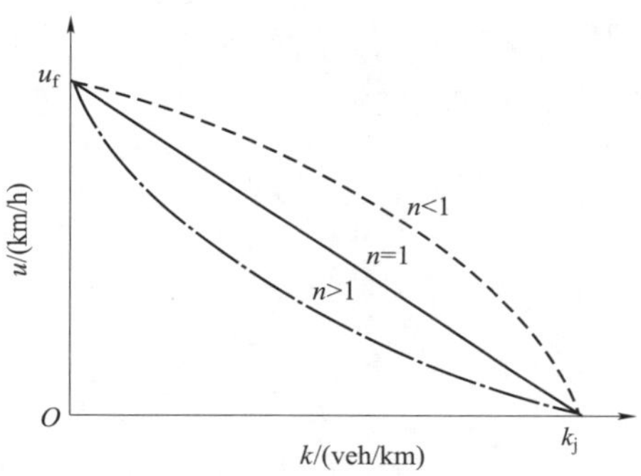

图 6-9　派普斯-敏加尔模型曲线族

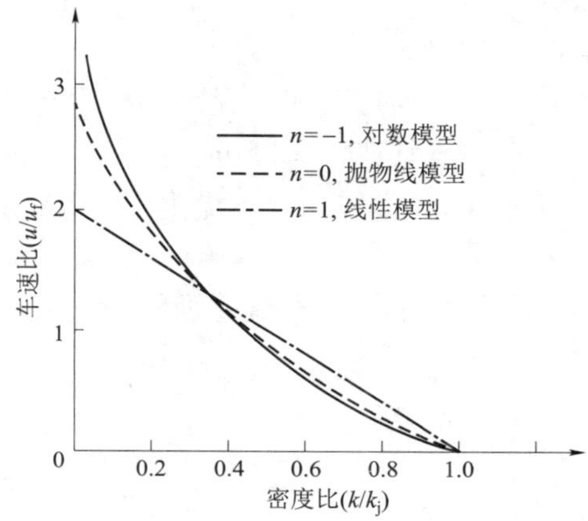

图 6-10　德留模型曲线族

3. 钟形曲线模型

德雷克等人提议用钟形或正态曲线作为速度-密度模型，其表达式为

$$u=u_f e^{-\frac{1}{2}(k/k_m)^2} \tag{6-12}$$

4. 由跟驰模型推导出的速度-密度关系模型

经典的 GHR 跟驰模型的一般形式为

$$\ddot{x}_n(t+\tau)=\lambda_0 \frac{[\dot{x}_n(t)]^m}{[x_{n+1}(t)-x_n(t)]^l}[\dot{x}_{n+1}(t)-\dot{x}_n(t)] \tag{6-13}$$

式中：

n——车辆标号，第 $n+1$ 辆车为第 n 辆车的前车。

取不同的参数 m 和 l，再经过积分变换，就可以得到不同形式的速度-密度关系模型。表 6-1 给出了一些典型的 m 和 l 组合得到的模型。

表 6-1　典型的 *m* 和 *l* 组合得到的模型

l/m	$m=0$	$m=1$	对应模型
0	$u=1/s\ (1/k-1/k_j)$，s=常数		张德勒等
1	$u=u_m \ln\ (k_j/k)$		Greenberg

续表

l/m	m=0	m=1	对应模型
1.5	$u=u_f\ [1-(k/k_j)^{1/2}]$		德留
2	$u=u_f\ [1-k/k_j]$	$u=u_f e^{(-k/k_m)}$	Greenshields，Underwood
3		$u=u_f e^{-\frac{1}{2}(k/k_m)^2}$	德雷克

除经典跟驰模型外，还有一类优化速度模型，采用优化速度函数描述稳态下的车辆跟随行为。1998 年，Helbing 和 Tilch 采用实测数据对优化速度函数进行了辨识，具体形式为

$$u(\Delta x)=u_1+u_2\tan[C_1(\Delta x-l_c)-C_2] \tag{6-14}$$

式中：

Δx——车辆间距，也就是密度的倒数，$\Delta x=1/k$；

l_c——车辆长度，取 5 m。拟合参数值为 $u_1=6.75$ m/s，$u_2=7.91$ m/s，$C_1=0.13\ m^{-1}$，$C_2=1.57\ m^{-1}$。优化速度函数所确定的速度-密度关系为

$$u=6.75+7.91\tan[0.13(1/k-5)-1.57] \tag{6-15}$$

所确定的曲线如图 6-11 所示。

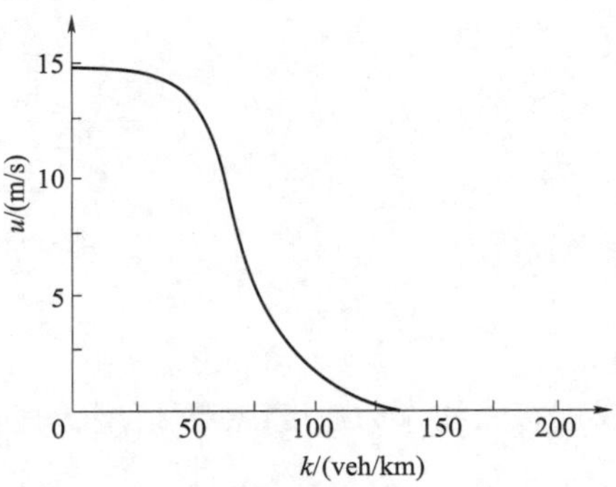

图 6-11　优化速度函数所确定的速度-密度关系

6.3.5　多段式速度-密度关系模型

如前所述，Greenberg 的模型适用于大的交通密度，而不适用于小的交通密度；相反，Underwood 的模型适用于小的交通密度，而不适用于大的交通密度。因此在不同的密度区间用不同的模型进行描述更符合实际的速度-密度关系，即多段式（multi-regime）速度-密度关系模型。

Edie 认识到上述缺陷，同样应用 Greenberg 所用的 Lincoln 隧道的数据，于 1961 年提出了一个将式（6-8）和式（6-9）组合在一起的模型。交通密度较小时用式（6-9）表示，交通密度较大时用式（6-8）表示。当绘制标准化速度对标准化密度的关系曲线时，这两个模型在密度的中部范围相切，如图 6-12 所示。需要注意的是，Edie 模型并不是在切点处进行分段，对于实测数据在中间密度区域可能存在明显的间断，这时就需要对密度较小部分和密度较大部分分别采用相应模型进行拟合。

其实，Edie 是把两个模型合二为一，其他一些研究人员则针对一个模型，进行适当

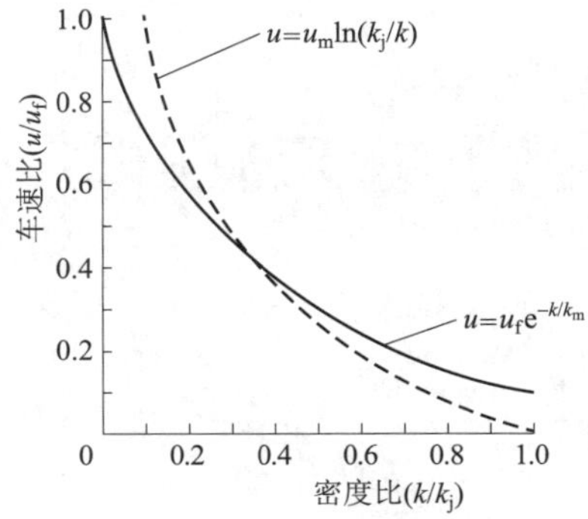

图 6-12　Edie 模型标准化速度对标准化密度组合关系曲线图

的改进。Underwood 将式（6-9）高密度部分进行改进，使得模型达到最大密度时的速度为 0。此外，迪克假设速度有一固定的上限值，将 Greenberg 模型低密度部分用这一上限值代替。

6.3.6　Van Aerde 四参数单段式模型

1995 年，Van Aerde 推导了经典的四参数单段式连续模型。该模型具体公式为

$$k=\frac{1}{c_1+\frac{c_2}{u_f-u}+c_3u} \tag{6-16}$$

$$c_1=u_f(2u_m-u_f)/k_ju_m^2 \tag{6-17}$$

$$c_2=u_f\ (u_f-u_m)^2/k_ju_m^2 \tag{6-18}$$

$$c_3=1/q_c-u_f/k_ju_m^2 \tag{6-19}$$

式中：

c_1，c_2，c_3——公式中间变量。

根据研究断面所采集到的交通流数据进行交通流参数标定，获得了自由流速度（u_f）、通行能力下的速度即临界速度（u_m）、通行能力（q_c）、阻塞密度（k_j），从而得到速度-密度之间的关系。图 6-13 为 Van Aerde 四参数单段式模型速度-密度曲线图。

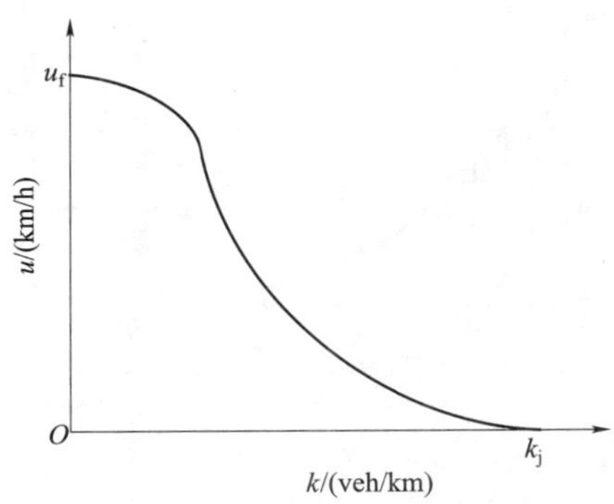

图 6-13　Van Aerde 四参数单段式模型速度-密度曲线图

Van Aerde 模型包括了宏观的 Greenshields 模型和微观的 Pipes 模型，当 $u_m=\frac{1}{2}u_f$ 且 $k_m=\frac{1}{2}k_j$ 时，Van Aerde 模型可转化为 Greenshields 模型；当 $u_m=u_f$ 时，Van Aerde 模型可转化为 Pipes 模型。该模型的特点是：结构简单，易于标定，具有灵活性。

图 6-14 为北京市快速路实测数据与各交通流模型拟合图。

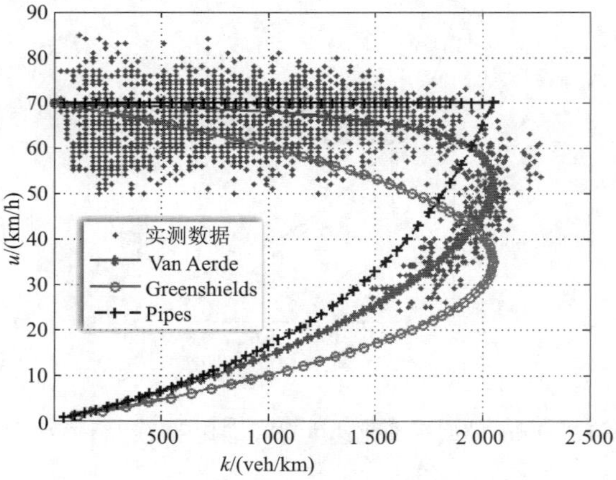

图 6-14　北京市快速路实测数据与各交通流模型拟合图

图 6-15 为北京市二环、三环、四环快速路路段实测数据与 Van Aerde 模型拟合的交通流参数关系图。

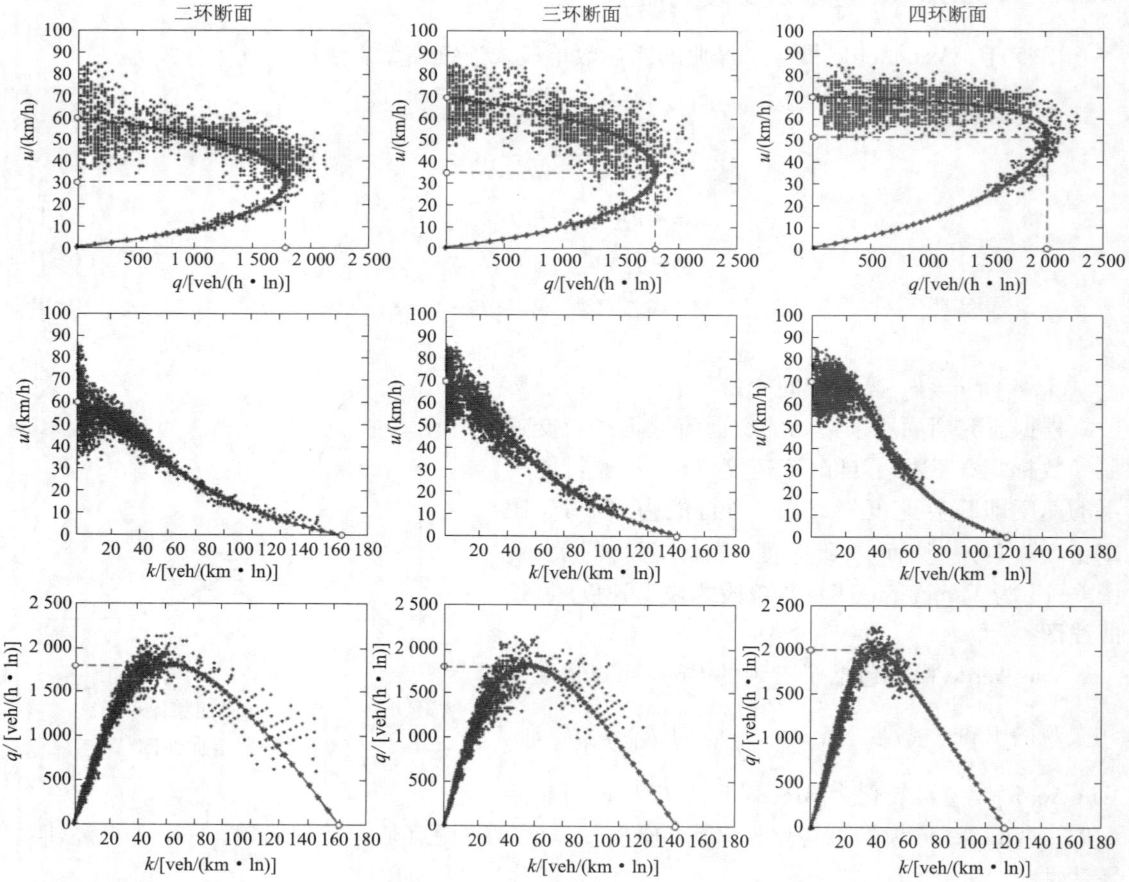

图 6-15　北京市二环、三环、四环快速路路段实测数据与 Van Aerde 模型拟合的交通流参数关系图

6.4 交通流流量-密度关系模型

一旦确定了“速度-密度”关系，就可确定“流量-密度”关系模型。本节模型与6.3节模型基本是一一对应的。流量-密度（$q-k$）曲线图的一些重要特征，摘要如下。

（1）当密度为零时，流量为零，于是曲线一定通过坐标原点。假如区段平均速度用比值q/k表示，则曲线离开坐标原点的斜率就是自由流速度，此时曲线的斜率最大。

（2）当交通流处于阻塞（拥堵）状态时，车辆停止，交通密度达到最大值，流量则等于零。因此，流量-密度曲线必然有一个密度最大而流量等于零的点。

（3）在中等密度时都有较大的流量，所以在流量的两个零点之间必然有一个或几个流量峰值点。

（4）流量-密度曲线不一定是连续的。

6.4.1 抛物线形流量-密度关系模型

如采用Greenshields速度-密度关系模型，那么可以推导出以下的抛物线形流量-密度模型：

$$q=ku=ku_{\mathrm{f}}\left(1-\frac{k}{k_{\mathrm{j}}}\right)=u_{\mathrm{f}}k-\frac{u_{\mathrm{f}}k^2}{k_{\mathrm{j}}} \tag{6-20}$$

为求最大流量，令$\mathrm{d}q/\mathrm{d}k=0$，并定义$q_{\mathrm{m}}$为最大流量，$k_{\mathrm{m}}$为最大流量时的密度（临界密度），$u_{\mathrm{m}}$为最大流量时的速度（临界速度）。

图6-16为抛物线形流量-密度关系图。图中曲线上任一点的斜率表示该密度下的平均速度，切线的斜率表示交通波的传播速度。

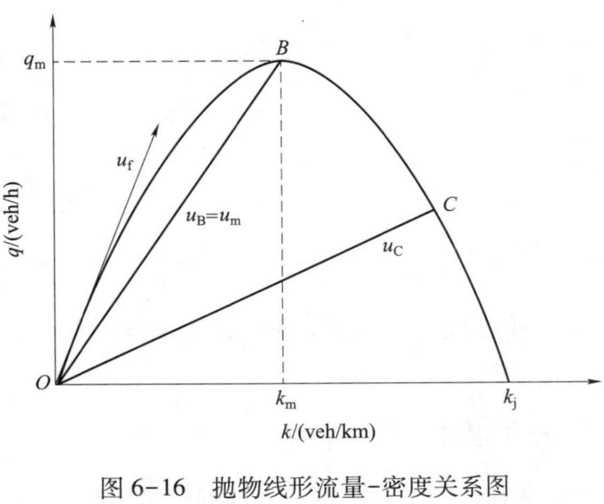

图6-16 抛物线形流量-密度关系图

图6-17为北京市快速路流量-密度散点图。

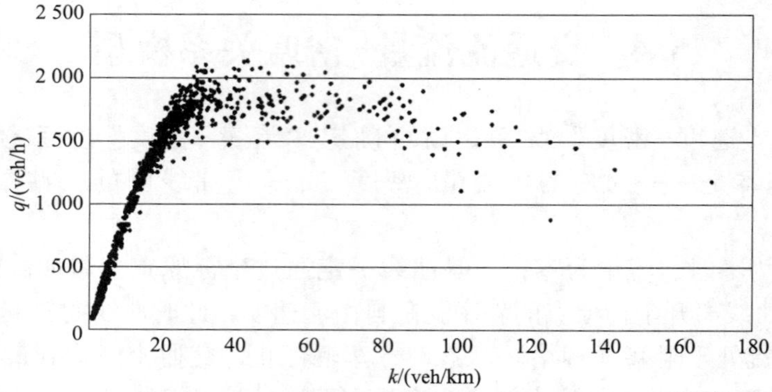

图 6-17　北京市快速路流量-密度散点图

6.4.2　对数流量-密度关系模型

如采用 Greenberg 的对数速度-密度关系模型，则流量-密度关系模型为

$$q = ku = ku_m \ln(k_j/k) \tag{6-21}$$

再通过微分，求出最大流量的条件，$k_m = \dfrac{k_j}{e}$，$u = u_m$，$q_m = \dfrac{u_m k_j}{e}$。

同对数速度-密度关系模型一样，对数流量-密度关系模型适用于较大密度的情况。图 6-18 表示标准化的对数流量-密度关系图。图上所有密度值均已除以阻塞密度 k_j，所有流量值均已除以 $u_m k_j$，即除以阻塞密度和最大流量时车速的乘积。标准化的最大流量值是 1/e，在最大流量时的密度是 1/e。

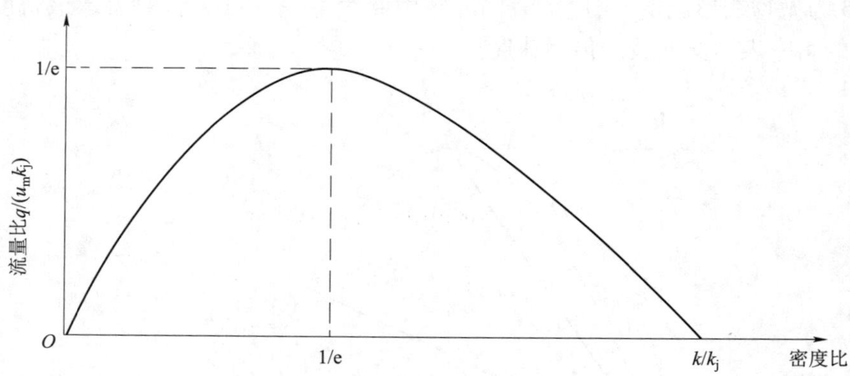

图 6-18　标准化的对数流量-密度关系图

6.4.3　指数流量-密度关系模型

在 Underwood 的对数模型中，对于式（6-9）得到流量-密度关系模型为

$$q = ku_f e^{-\frac{k}{k_m}} \tag{6-22}$$

同样可求出最大流量条件：$q_m = k_m u_f/e$，$u_m = u_f/e$，$k = k_m$。指数流量-密度关系模型适用于较小密度的情况。

6.4.4 多段式流量-密度关系模型

1. 流量-密度倒 V 形模型

1965 年，Athol 提出了流量-密度倒 V 形模型。之后，Hillegas 于 1974 年也再次提出了该模型。Banks 利用圣地亚哥的交通数据，证实了倒 V 形模型能够很好地描述所有流量-密度关系。倒 V 形模型的特点是：在自由流段和拥挤流段，流量和速度之间的关系均为线性的。因为简单易用，倒 V 形模型被采用于许多研究中。但该模型之所以在拥挤流区域流量-速度的关系为线性，是因为模型默认驾驶人拥有固定的车头时距，而这显然是与现实不符的。流量-密度倒 V 形模型关系图如图 6-19 所示。

2. 非连续流量-密度曲线模型

Edie 提出了使用两种速度-密度模型的设想。两种速度-密度曲线可以导出两种流量-密度曲线，即非连续流量-密度曲线如图 6-20 所示。实验数据表明，实际交通流运行状况有两种类型，一种是瓶颈的上游（或在瓶颈达到通行能力之前），另一种是在超过瓶颈通行能力之后。

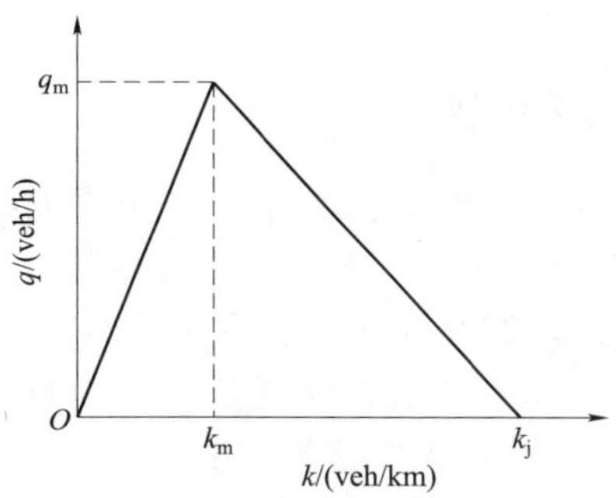

图 6-19　流量-密度倒 V 形模型关系图

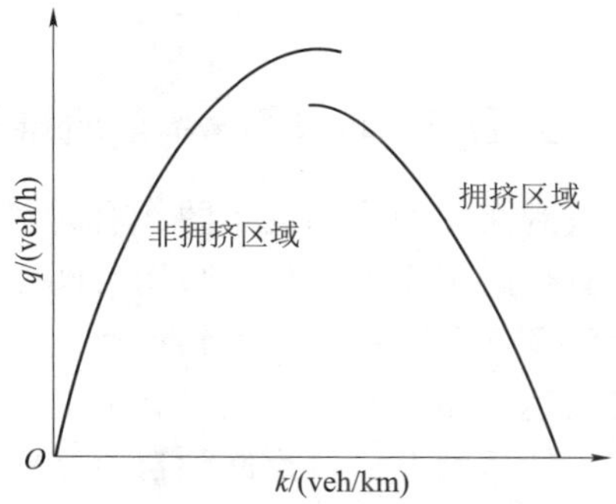

图 6-20　非连续流量-密度曲线

后来很多学者对 Edie 的分段模型进行了研究。但是采用实测数据对模型参数进行标定时发现采用不同地点、不同日期的数据进行拟合时所得到的参数不一致。

1983 年，Koshi 等人分析了东京高速公路的数据，并提出了流量-密度反 λ 形模型。该模型的特点是：在自由流分支图形是凸的，而在拥挤流分支图形是凹的；图形存在通行能力的急降点。Banks 和 Kerner 也分别于 1989 年和 1998 年得到了该模型。Banks 提到，在内侧车道更容易观察到反 λ 形模型。流量-密度反 λ 形模型趋势图如图 6-21 所示。

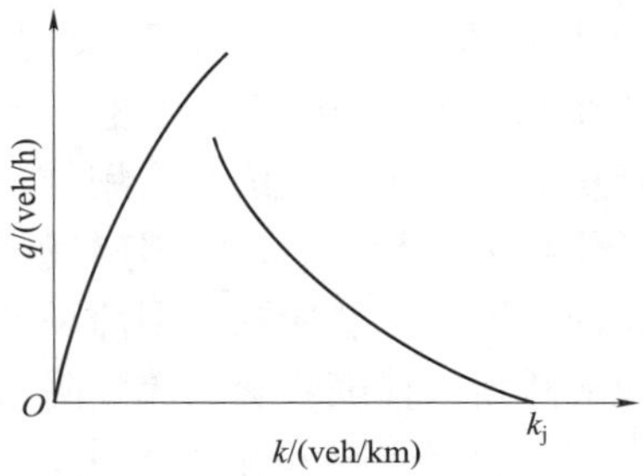

图 6-21　流量-密度反 λ 形模型趋势图

6.4.5 Van Aerde 四参数单段式模型

类似地，基于“交通量为交通密度与速度的乘积”这一逻辑，在 6.3 节 Van Aerde 模型基础上，可以得到其流量-密度关系，如图 6-22 所示。

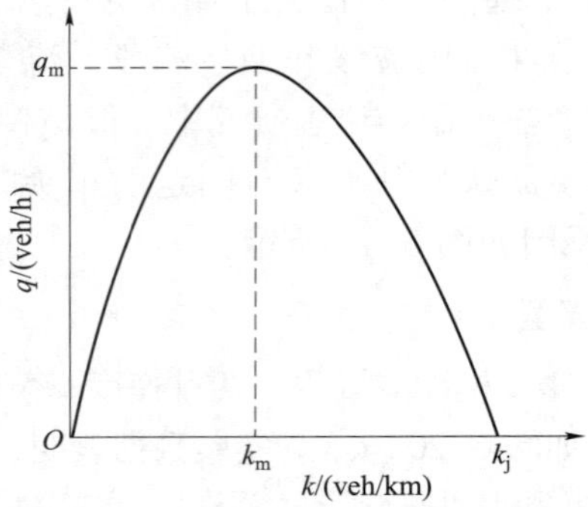

图 6-22 Van Aerde 模型的流量-密度关系曲线

6.4.6 交通流 Breakdown 与流量-密度曲线的磁滞现象

通过观察交通流的关系图，有时会发现流量与密度（或时间占有率）的关系曲线图呈现非常有趣的现象。例如，采用时间跟踪法对明尼苏达州 TH-165 公路 4 个检测器（合流瓶颈区上游 250 ft 处）调查得到流量-占有率曲线（见图 6-23）是一个倒置的 V 形。调查数据来自高速公路，时间间隔是 5 min。图 6-23（a）～（d）均表明交通流状态由自由行驶状态进入拥挤状态，再返回到自由流状态。但是，从自由流进入拥挤流和从拥挤流返回自由流的轨迹是不同的，从拥挤流返回自由流时的流量低于最大流量。

这 4 张图说明：交通流在从拥挤状态回到非拥挤状态时，不会再经历流量等于通行能力的状态，即流量曲线存在跃变。这种现象被称作交通流的“磁滞（hysteresis）现象”，而出现的顺时环也被称作“磁滞环（hysteresis loop）”。

在 6.4.4 节中，Edie 多段式模型指出流量-密度曲线的中部区域出现了不连续。这种不连续的左半段曲线为从自由流状态逐渐到流量接近通行能力的部分，右半段曲线为从拥堵恢复回不拥堵的过程，中间存在不连续的空隙，参见图 6-20。随着流量接近通行能力处实测数据的完善，人们发现不连续区域的观测点会形成一个回路，即图 6-23 所示的“磁滞环”。

通俗地讲，“磁滞环”上段是流量从自由流逐渐增大到通行能力的过程，下段是拥堵流随着交通需求降低逐渐恢复到自由流的过程。但是，下段的恢复过程似乎存在另一个“通行能力”的上限约束，导致两端曲线无法到达同一高度，从而形成了所谓“磁滞”回路。需要指出，磁滞是交通流研究者从电磁领域的术语中借用的。磁滞原本指磁性体的磁化存在明显的不可逆性，当铁磁体被磁化到饱和状态后，若将磁场强度由最大值逐渐减小时，其磁感应强度不是遵循原来的途径返回，形成磁感应强度回滞环的现象。

随着研究的深入，人们发现磁滞现象伴随着交通流陡降（breakdown），交通流陡降也经常伴随着 6.3.3 节中通行能力下降（capacity drop）发生，是一段道路上的陡降前通行能力（breakdown capacity）和拥堵消散通行能力（discharge capacity）之间的差值。也就是说，同一路段存在两个通行能力：陡降前通行能力和拥堵消散通行能力，后者低于前者，分别对应“磁滞环”的上下两段。

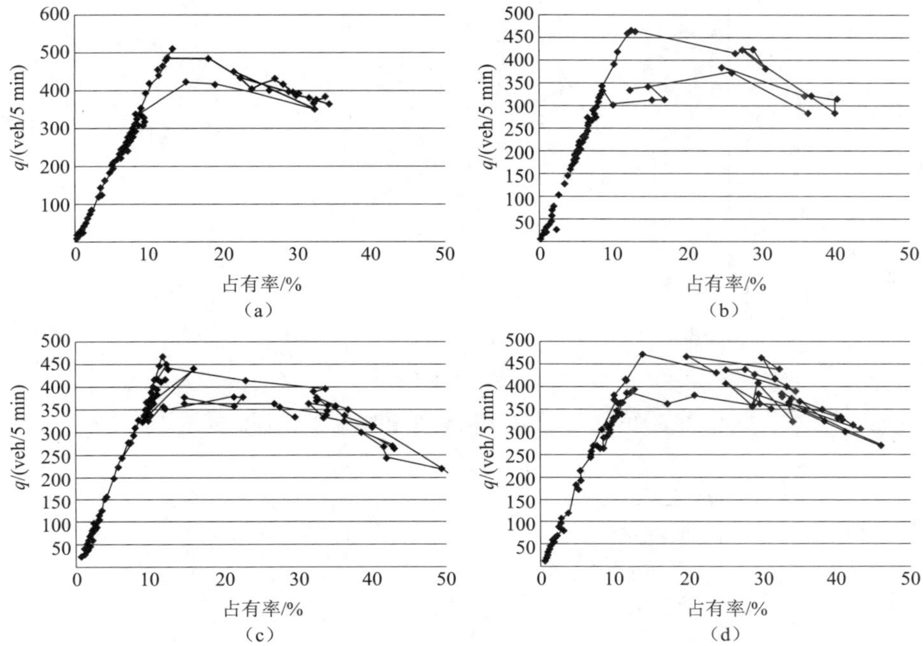

图 6-23　明尼苏达州 TH-165 公路 4 个检测器的
流量-占有率时间跟踪曲线

当交通流“进入”或“离开”一个拥堵区域（可以是时间区域，如高峰时段；也可以是空间区域，如瓶颈路段），磁滞现象便有可能发生。磁滞现象再次说明，理解交通流模型（或交通流基本图）需要从交通状态的“演化过程”入手。

采用交通仿真方法，用固定周长的环路模拟瓶颈路段。车辆以规定的时间间隔驶入和驶出道路。测量得到车辆密度和车辆速度，然后通过车辆密度和车速的乘积得到流量。最后得到所有路段通行能力下降和磁滞现象的流量-密度曲线图（见图 6-24），从图中可以明显看出通行能力下降和磁滞现象。

Antoni 和 Cafieri 于 2000 年在他们的仿真研究中也得到了类似的结论，当道路交通流不稳定时，如路网拥堵发生前后，有磁滞现象的出现。图 6-25 显示了对于不同的驶入/驶出流量 ϕ 值的平均流量-密度关系图，磁滞环中较低的分支（较高的分支）产生在驶入流量（驶出流量）的时期。

需要指出的是，“磁滞现象”的概念是来源于物理学中磁性体磁化的不可逆性，由于磁性物质都具有保留磁性的倾向，磁感应强度的变化总是滞后于磁场强度的变化。而在交通流中，则反映的是“交通流在从拥挤状态回到非拥挤状态时，不会再经历流量等于通行能力的状态”。

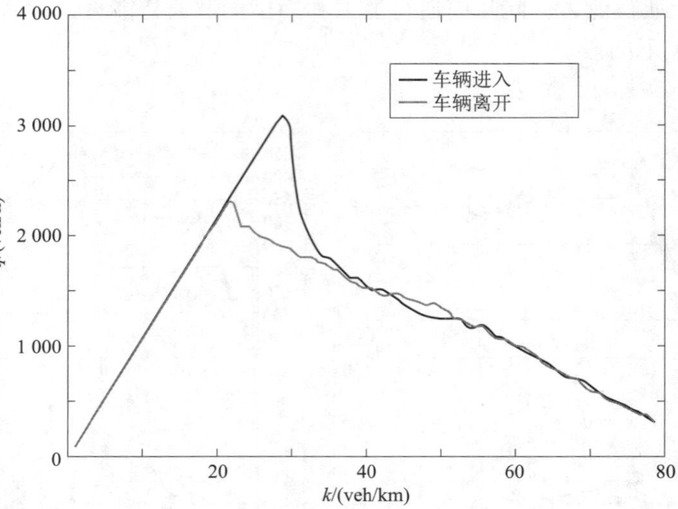

图 6-24　通行能力下降和磁滞现象的流量-密度曲线图

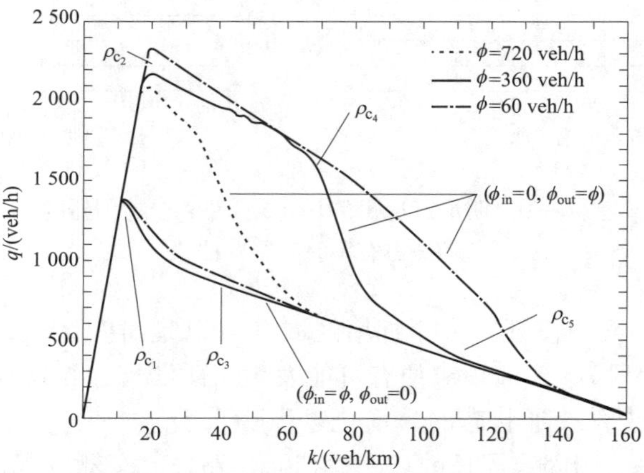

图 6-25　对于不同的驶入/驶出流量 ϕ 的平均流量-密度关系图

6.5　交通流速度-流量关系模型

一旦确定了速度-密度模型，也就可以确定速度-流量模型。在所有实际的速度-密度模型中，当密度为零时，交通流的车速就是可能达到的自由流速度。因此，速度-流量曲线上的最高点，就是自由流速度对应的点，而此时流量为零。由于流量等于其相应的车速和密度的乘积，这就会有第二个流量等于零的点，该点对应于速度为零，密度也最大。这样，不管速度-密度曲线的形状如何，速度-流量曲线有一个点在坐标原点，一个点在速度坐标轴上最大值处。在速度为零和最大值之间，曲线朝向最大流量，将形成某种环线形。

6.5.1　抛物线形速度-流量关系模型

该速度-流量抛物线模型是在 Greenshields 速度-密度线性模型基础上得到的，是对应速度-流量关系的最早研究。其公式为

$$q=k_j\left(u-\frac{u^2}{u_f}\right) \tag{6-23}$$

式中：

u_f——自由流速度；

k_j——阻塞密度。

图 6-26 为该模型的图示，可以看到，速度和流量呈抛物线关系。通过最大流量点作一条水平线，水平线上方为不拥挤区域，下方则为拥挤区域。在流量达到最大值之前，速度随流量的增加而下降；达到最大流量之后，速度和流量同时下降。图 6-27 为 Greenshields 的速度-流量抛物线曲线图（1933）。图 6-28 为北京市某快速路速度-流量散点图。

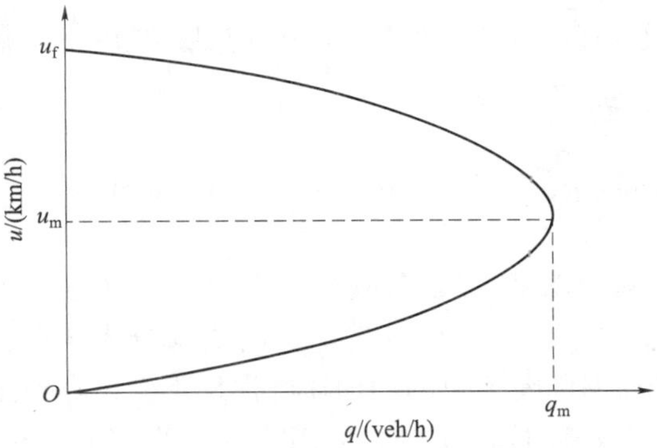

图 6-26　Greenshields 的速度-流量抛物线形模型

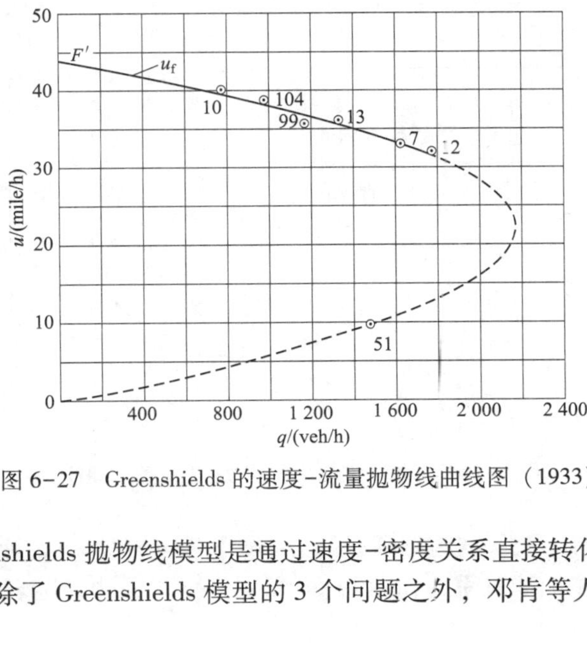

图 6-27　Greenshields 的速度-流量抛物线曲线图（1933）

如上所述，Greenshields 抛物线模型是通过速度-密度关系直接转化过来的，因此与实测数据存在较大差异。除了 Greenshields 模型的 3 个问题之外，邓肯等人指出由速度和流量计

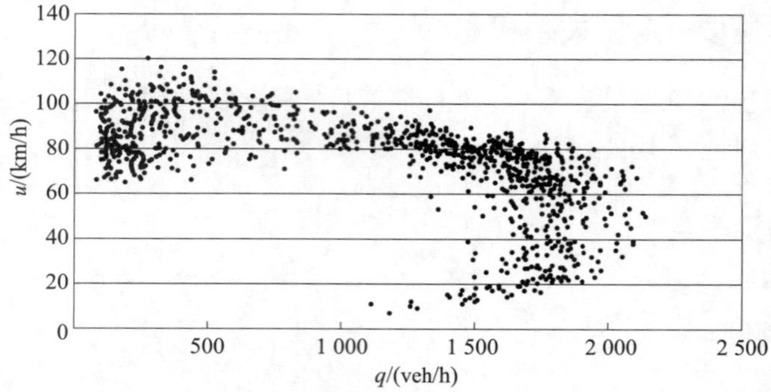

图 6-28 北京市某快速路速度-流量散点图

算出密度，再通过拟合得到速度-密度关系，最后转化为速度-流量关系，这一过程与直接估计速度-流量关系存在偏差。造成这一偏差的原因有 3 个：① 非线性变换；② 实测数据的随机性；③ 数据在时间和空间维度上不一致。但该模型基本反映了速度、流量这两个参数之间的关系，美国《道路通行能力手册》的 1965 年版和 1985 年版都采用了这一模型。

6.5.2 HCM 等其他模型

对应前面讨论的 Greenberg、Underwood、Edie、Van Aerde 等，均有相应的速度-流量模型，在此不再赘述。

霍尔（Hall）等人对观测数据的形态进行了总结，提出速度-流量关系的一般形式。图 6-29 给出了速度-流量关系曲线，可以看出，曲线划分为 3 段：第一段为非拥挤状态，车辆保持较高的速度，开始时随着流量的增加速度保持不变，直到流量接近通行能力的大约三分之二时，才开始有一个小幅度的下降；第二段为垂直部分，对应排队消散时下游的速度-流量关系；第三段对应车辆拥挤排队内部的速度-流量关系。

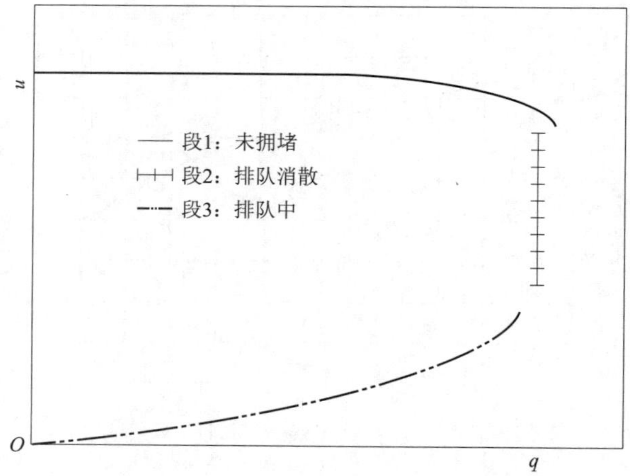

图 6-29 霍尔等人提出的速度-流量关系曲线

根据实测数据的统计分析，《道路通行能力手册》（HCM 2010）针对不同自由流速度的道路，给出了速度-流量曲线关系，如图 6-30 所示。可以看出，随着流量增大，速度几乎不变，当流量接近通行能力的一半至三分之二时，速度略有下降。图 6-30 所反映的情况与理论公式可能都不符，但它反映实际交通流。HCM 2010 根据密度对高速公路基本段的服务水平进行了划分，如图 6-31 所示。

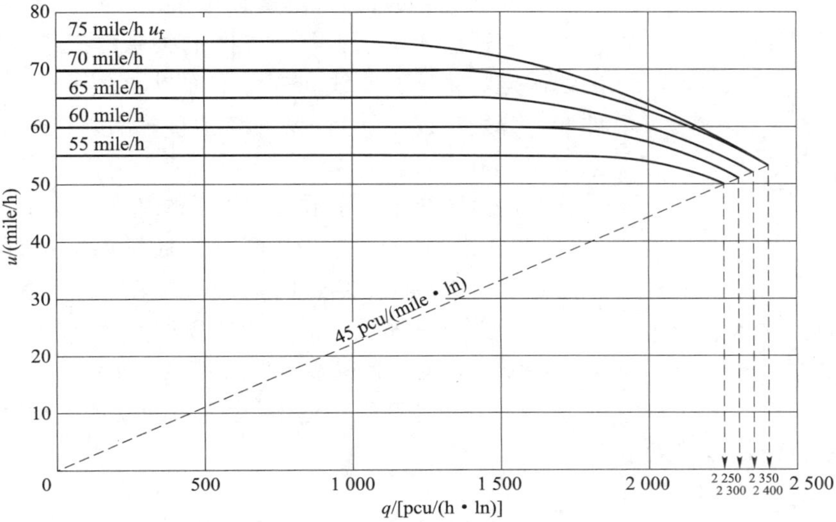

图 6-30　基本条件下高速公路基本段的速度-流量曲线（HCM 2010）

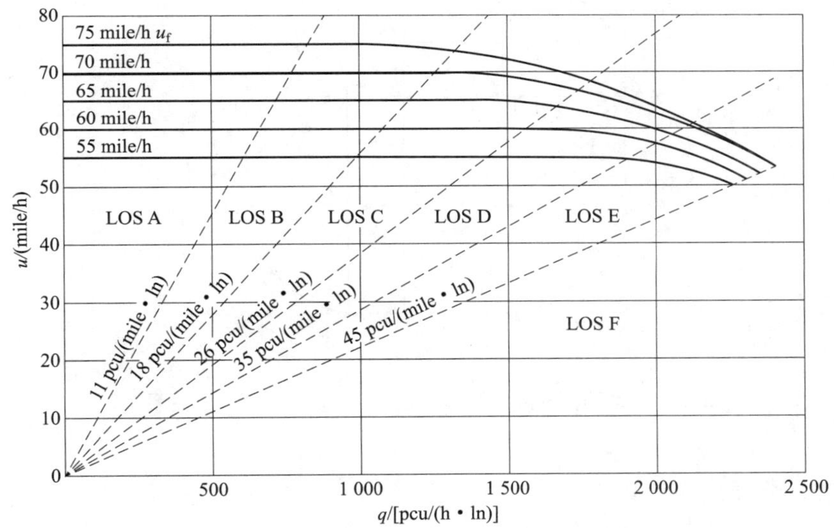

图 6-31　高速公路基本段的服务水平（HCM 2010）

6.6　交通流三参数关系及基本特征参数

6.6.1　流量-速度-密度基本关系

如本章概述的讨论所指出的，若把交通流看作流体，经典的流体力学规律（流量等于速度与密度的乘积）在一定条件下同样有效。公式（6-6）即为表征交通流特性的基本关系式。这一关系式是一个普适的流体力学公式，因此交通流 3 个基本参数只有两个独立变量。只要确定任意两个参数之间的相互关系，就可以根据交通流基本关系式确定其他相关关系。

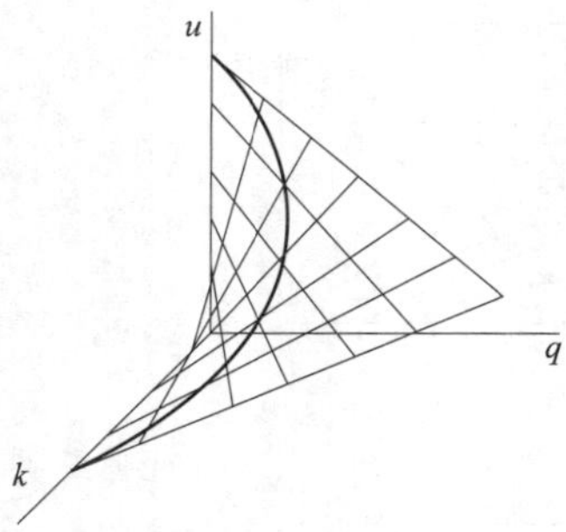

图 6-32 交通流基本参数三维关系图

图 6-32 为交通流基本参数相互关系在三维空间上的一个表示。交通流 3 个基本参数之间的关系由三维空间上的一条曲线确定。将这一曲线向 3 个平面投影，得到 3 个二维关系曲线，分别描述"流量-密度""速度-密度""速度-流量"关系（见图 6-33）。

交通流 3 个基本参数之间关系的基本特征如下。

（1）当交通密度趋近于零（交通量很小）时，平均速度则趋近于自由流的平均速度 u_f，而流量趋近于零。

（2）当交通密度达到临界密度时（$k=k_m$），流量达到最大（$q=q_m$），此时的速度为临界速度（$u=u_m$）。

（3）当交通密度趋近于最大值，即趋近于阻塞密度 k_j 时，速度趋近于零，流量也趋近于零。

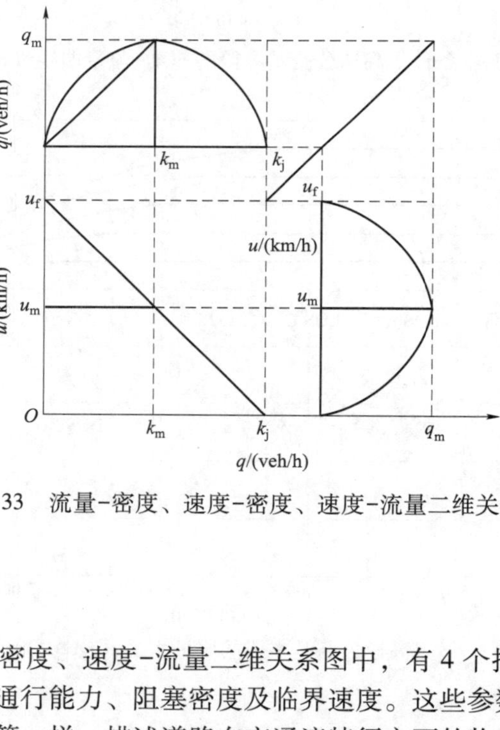

图 6-33 流量-密度、速度-密度、速度-流量二维关系图

6.6.2 基本特征参数

在流量-密度、速度-密度、速度-流量二维关系图中，有 4 个描述特殊情况下的交通流特征参数：自由流速度、通行能力、阻塞密度及临界速度。这些参数以道路为描述对象，如同人的身高、体重、三围等一样，描述道路在交通流特征方面的物理属性。

在交通流的关系模型中，交通流特征参数可看作是交通流模型曲线的关键控制点，决定了交通流模型曲线的基本趋势。对所研究的路段确定了交通流特征参数后，也就确定了其速度-流量-密度关系的基本图结构。

在实际应用中，临界速度和阻塞密度辅助道路交通服务水平的确定和拥堵分级，但通行能力和自由流速度对交通运行管理有更为直接的影响，因此，对通行能力与自由流速度的应用研究更加广泛。

1. 自由流速度

1）获取方法

已有研究可分为三类：第一类为公式折减法，如 HCM 对自由流速度的计算方法；第二类为经典交通流模型拟合法，即利用实测交通流数据对经典交通流模型进行拟合，获得曲线的关键点；第三类为自由流状态下速度统计量，即根据实测数据，设定自由流状态，并将该状态下的实测速度的统计量（最常用的是 85% 分位数）作为自由流速度。较之第一类方法，后两类方法对实测交通流数据的依赖性较高。

2）影响因素

自由流速度主要受到道路的地理条件及天气等因素的影响。对主要道路地理因素及天气因素对自由流速度的影响进行总结，见表 6-2。在表中的影响因素中，在面向常规交通管理及状态评估时，则主要考虑静态的地理因素对自由流速度的影响。

表 6-2　自由流速度影响因素

序号	影响因素	类　型	作　用
1	车道宽度	地理因素	正影响
2	车道数		正影响
3	侧向净空		正影响
4	立交密度		负影响
5	平曲线半径		正影响
6	纵坡		负影响
7	雨雪	天气因素	负影响
8	能见度		正影响

对自由流速度影响因素的研究大致可分为两类：大多数模型采用多元线性模型描述各影响因素与自由流速度之间的关系，但在多元线性模型构建时可对影响因素进行相应的转化，如取对数。另一类模型不用具体的模型描述影响因素与自由流速度之间的关系，而基于模糊数学通过模型自学习建立自变量与因变量的关系，如神经网络模型等。

尽管研究方法不同，上述两种方法都需要基于实测数据展开。自由流速度的变化以在路网空间尺度上的变化为主，在时间尺度上变化不明显，且反映地理特性的影响因素的变化也存在于空间尺度上，因此，对影响因素的关系研究需要在不同空间获取多个样本。这对基础数据的采集提出了较高的要求。

2. 通行能力

道路通行能力是 4 个交通流特征参数中研究最为深入的特征参数。由于道路通行能力反映了道路的最大容量，是交通规划与管理最为重要的指标之一。研究可分为基本路段、出入口路段、交织段、施工区 4 类。其中，后 3 类易成为道路的瓶颈点，因而相关研究较多。

对通行能力的分析还包括通行能力下降（capacity drop）和陡降概率（breakdown probability）。通行能力的传统定义是最大流率，对于一个确定的地点曾被认为应该是一个固定值。然而，许多研究表明通行能力也具有随机性。例如，一旦某一地点形成排队，那么该地点的驶离流量就会降低，降低到排队消散流率（queue discharge flow rate 或 saturation flow rate），从而形成拥堵。这种现象被称为通行能力陡降。而陡降的发生与陡降的程度具有一定的随机性。

通行能力的定义也在不断发展完善。在现有通行能力的研究中，HCM 的影响最为广泛。HCM 2010 年版定义道路通行能力为：在正常的道路、交通环境、管制及运行质量要求下，道路上通过某一断面的能被合理地期望的最大小时流率。通行能力可分为基本通行能力、可能通行能力和设计通行能力 3 种。

对于连续的交通流，交通工程师可能会认为该定义并不清晰。首先，“能被合理地期望的最大小时流率”的表述，不足以支撑从实际交通数据中估算通行能力；其次，实际采集的数据表明，给定道路的最大流量是随日期变化的。因此，用一个单一的数值表示通行能力并不适合实际观测；再次，实际数据表明，拥堵和不拥堵路段的最大流量并不一致；最后，该定义还包含了“通行能力发生在通行能力陡降之前，即拥堵过渡阶段”这一隐含假设。然而，事实上最大交通流发生在通行能力陡降的更早期。考虑到通行能力在道路设计和运行中的重要性，很多研究尝试给通行能力一个准确的定义，并分析通行能力的陡降机理。

对于非连续的交通流（信号和非信号交叉口），尽管通行能力的定义是一致的，但其测量和计算却相当复杂。信号交叉口的通行能力是信号配时和其绿信比的函数。在停车让行方式中，低等级道路的通行能力是高等级道路交通流可插车间隙的函数。这些道路通行能力的计算和测量将在后续章节详细讨论（详见第 10 章）。

通行能力对于其他道路类型依然重要，例如，当分析步行街时，HCM 2010 年版利用下述数值去计算：随机的步行街交通流为 23 p/(min · ft)；人行道为 18 p/(min · ft)；交叉区域为 17 p/(min · ft)；台阶为 15 p/(min · ft)。在道路交通中，常用 veh/h 作单位，但特定条件下（对比普通车道和公交专用道的通行能力时），也用 p/h 作单位。通行能力对于航线、铁路和港口也有重要意义，每一种交通方式都有其影响通行能力的特定因素。但无论何种交通方式，通行能力的计算原则都是一样的，如飞机跑道的通行能力——每小时能容纳的到达或离开最大流量。和道路交通相似，跑道的通行能力是飞机的最小间隔时间的倒数，而最小间隔是飞机类型、型号和重量等变量的函数。

本节将概述针对连续交通流的通行能力测量和计算的最新进展。首先讲述 HCM，其对道路通行能力的定义具有历史性意义，其次讲述关于定义和测量道路通行能力的最新研究，最后讨论在连续道路交通流的背景下，对通行能力的测量方法。

1）HCM 中通行能力概念的发展变化

第一版 HCM（1950）给通行能力定义了 3 个等级：基本通行能力、可能通行能力和实际通行能力。基本通行能力即道路和交通都处于理想条件下，由技术性能相同的一种标准车，在单位时间内通过道路断面的最大车辆数。可能通行能力指的是在现实的道路和交通条件下，一个车道或一条道路某一路段的小时最大流量。实际通行能力是一个更小的流量值，即在实际的道路交通条件下，交通流密度还未高到引起不合理的延误、危险及对驾驶人决策限制时的交通量。

第二版的 HCM（1965）论述到：由于学术用语含义的混乱，导致了对通行能力定义的不同理解。实际上，可能误解最大和不合理运用最多的术语就是“通行能力”本身。换句话说，通行能力的 3 个术语在不同的交通分析中具有各种各样的解释。为了解决这个问题，HCM 1965 年版定义了单一的通行能力，类似于 HCM 1950 年版中的可能通行能力。基本通行能力被理想通行能力取代，实际通行能力被一系列不同服务水平（LOS）下的交通量取代。在 HCM 1965 年版中，通行能力的定义如下：在实际的道路交通条件下，可合理期望的单位时间内通过给定路段或单一方向车道（或两方向的双车道、三车道）的最大车流量。这里包含了“合理期望”，认识到最大交通流的数值上的可变性。HCM 随后的版本（1985 年、1994 年、1997 年和 2000 年）都采用相似的方法定义通行能力，以及最新版 HCM 2010 年版也是如此。HCM 2010 年版表明最大交通流的数值存在可变性，但没有具体说明何时、何地及怎样测量通行能力，也没有讨论通行能力预期的分布、均值及变化范围。

在 HCM 中，通行能力的数值随时代发展逐渐增加。例如，在 HCM 1950 年版中，高速公路的基本通行能力是 2 000 pcu/(h · ln)，但是在 HCM 2010 年版中，增加到了 2 400 pcu/(h · ln)。这与车辆性能、辅助驾驶、车路协同等技术进步有关，可以想象，未来在自动驾驶和车联网环境下，由于降低了感知反应和控制运动等时间，车头时距会随之降低，道路通行能力也会进一步提高。

总的来说，在 HCM 中，通行能力的定义随时间而变化。在通行能力定义中，曾有相关研究考虑过预期最大交通流值的可变性，但目前还没有明确的说明来指导在何时、何地及怎样测量道路的通行能力。

2）通行能力的获取方法和影响因素

（1）获取方法。先后出现过的通行能力获取方法可分为以下 6 类：① 公式推导法，如《交通工程学》中的基本路段通行能力计算方法；② 基于其他参数，根据图表法查出通行能力值，如 HCM 2010 年版的方法；③ 根据实测交通流数据，对经典交通流模型进行拟合获得通行能力；④ 根据理论推导通行能力，如间隙可接受理论法；⑤ 基于仿真模型，通过流量的加载找到流量拐点，获得通行能力；⑥ 建立断面的物理属性与通行能力之间的关系，推导出通行能力。

（2）影响因素。通行能力不仅受到道路的基本地理条件的影响，还受到出入口流量、交织率等交通因素及施工作业等管理因素的影响。对通行能力的主要影响因素进行总结，见表 6-3。

表 6-3 对通行能力的主要影响因素

序号	影响因素	类型	作　用
1	车道宽度	地理因素	对单车道通行能力：负影响
2	车道数		对单车道通行能力：负影响
3	侧向净空		正影响
4	平曲线半径		正影响
5	纵坡		负影响
6	匝道形式		需具体分析
7	交织区长度		正影响
8	匝道流量	交通因素	负影响
9	交织率		负影响
10	大车率		负影响
11	施工区长度	管理因素	负影响
12	施工区强度		负影响

(3) 数据采集。基于观测数据分析通行能力时，必须考虑到的 4 个重要因素为：① 最大流量点的观测位置；② 交通流陡降的定义；③ 时间间隔；④ 样本量。

观测位置的选取。观测点应该选在由自身交通需求引起的常发性、源发性的拥堵点，而不是由于下游瓶颈点的拥堵蔓延至上游导致的次生拥堵点。例如，图 6-34 中有两个连续的瓶颈，此时，下游瓶颈（位置 *B*）的位置应该作为数据收集点。

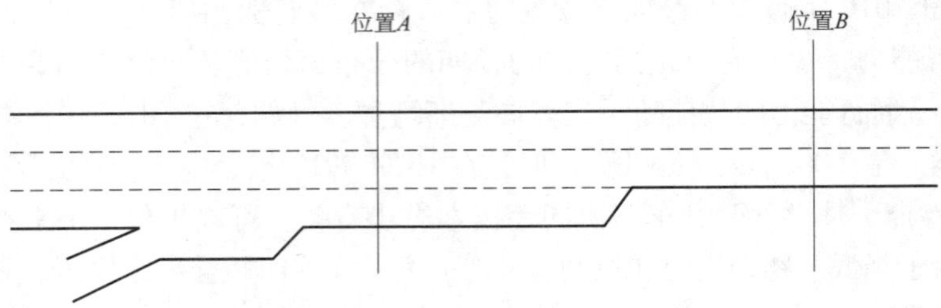

图 6-34　具有两个连续瓶颈的高速公路

为了展示观测位置的重要性，图 6-35 给出了图 6-34 中位置 *A* 和 *B* 的“速度-流量”及“速度-时间”曲线。图 6-35 表明，位置 *B* 的最大流量和其可能通行能力相等，这是双车道的通行能力。而位置 *A*，可能通行能力是三车道的（因下游瓶颈的存在而获取不到）。当位置 *B* 达到通行能力和交通流开始陡降时，拥堵向上游的位置 *A* 蔓延，位置 *A* 变成过饱和状态。位置 *B* 的“速度-时间”曲线表示了交通流陡降的发生，一般伴随着速度的下降。而位置 *A* 的速度是逐渐下降的，是下游交通流陡降造成拥堵向上游蔓延的结果。

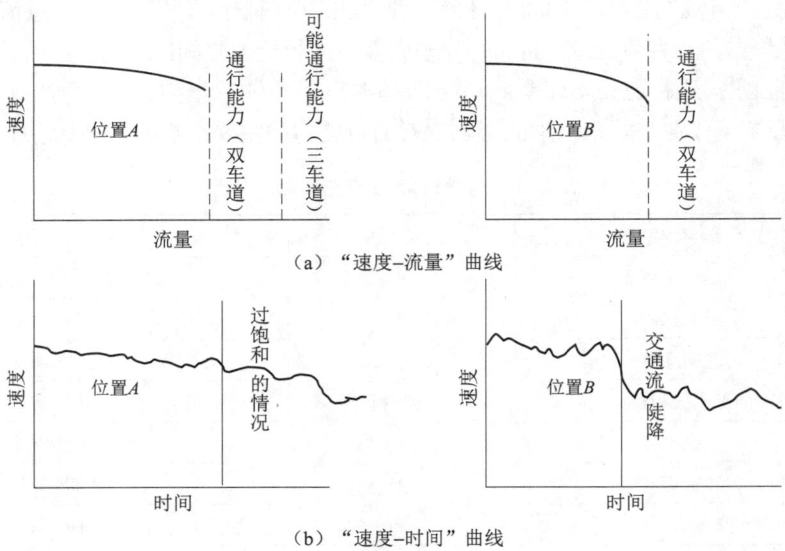

图 6-35　位置 *A* 和 *B* 的“速度-流量”及“速度-时间”曲线

在测量最大通行能力时，第二要素是交通流陡降的定义和判别。如前面讨论，速度下降和其持续时间可用于识别交通流陡降，因此建议可用这两个参数从数量上定义交通流陡降。

第三要素是选取恰当的时间间隔（或粒度）。一般来说，交通运行分析的时间间隔在

5～15 min。研究表明，由于交通流本身的随机性，较小时间间隔内会导致较大的最大流量。较大时间间隔对应较低的最大流量。

最后一个要素是样本量。考虑到最大流量固有的随机性，所以有必要观测足够的交通流陡降的样本，以及与其对应的陡降前的最大流量和陡降后的拥堵消散流量（饱和流率）。可以应用最小样本量计算公式来估算达到期望精度所需求的观测样本量。

这 4 个因素确定之后，便可以实施流量和速度数据现场收集工作。然后绘制流量、速度时变曲线。再基于选定的定义识别出交通流陡降事件，针对每个交通流陡降样本，获取交通流陡降前的最大流量和陡降后的拥堵消散流量。在仿真中获取通行能力的过程也类似于实际收集过程。

3）通行能力测量的研究现状

在通过实际数据测量特定道路的通行能力时，研究人员遇到了多种困惑。看一些现场数据，以助于更好地了解这些问题。图 6-36 所示是高速公路一段时间的交通流量-速度数据。横轴表示时间，—▲—表示速度，—■—表示该三车道道路的平均单车道流量。每一个数据点表示 5 min 的数据。如图中所示，速度开始是相对稳定的（时间点为15:00），并保持在 60 mile/h。直到 16:15，速度的陡降伴随交通流的陡降，即由非拥堵向拥堵的过渡阶段。拥堵一直持续到 17:15，之后逐渐恢复到 60 mile/h。

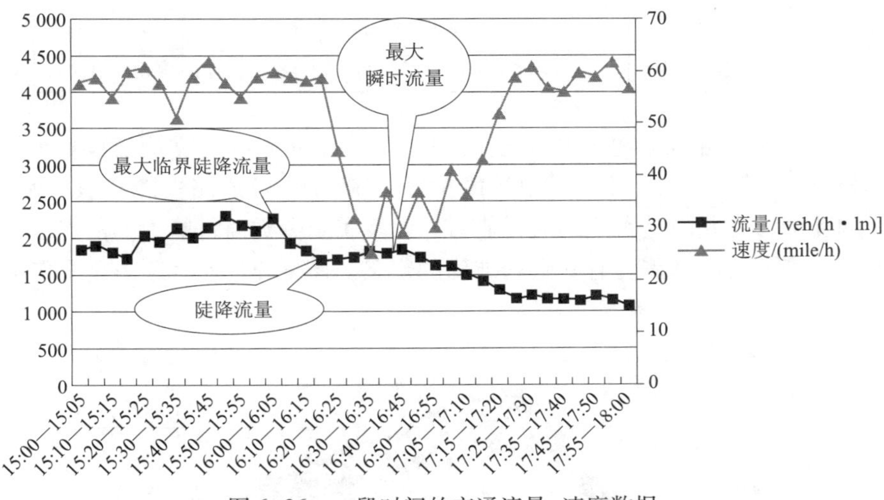

图 6-36 一段时间的交通流量-速度数据

在非拥堵阶段，交通流量在 1 600～2 300 veh/(h·ln)。观测到的非拥堵阶段最大流量是 2 291 veh/(h·ln)，在 15:55，时间上比速度陡降更早。也就是说，最大交通流与非拥堵到拥堵的过渡期并没有必然的一致性。研究人员需要进一步回答的问题是：在时间上，通行能力应该定义在过渡时期？还是过渡时期之前？

（1）最大流量。在图 6-36 中，至少有 3 个不同时间点和通行能力的定义相关：交通流陡降（速度下降）之前，交通流陡降初始时刻，以及交通流陡降之后（拥堵消散时刻）。在图 6-36 中，观测到的交通流陡降之前（非拥堵阶段）最大流量是 2 291 veh/(h·ln)，交通流陡降初始时刻的交通量是 1 696 veh/(h·ln)，而交通拥堵消散阶段观察到的最大流量是 1 847 veh/(h·ln)。这 3 个流量值都提供了特定条件下的最大流量，因此，每一个都可以被称作“通行能力”。对于使用哪个定义，还没有确切的答案。有些研究认为应该针对交通设计和交通管理具体问题具体分析。

（2）最大流量的分布。一般来说，每天的交通量规律是相似的，但数值并不完全一致。图 6-36 中 3 个参数的值是变化的，且它们有较大差异，达到几百 veh/(h · ln)。表 6-4 给出了图 6-36 中对应 3 个参数在美国几条高速公路的取值范围。如表 6-4 所示，3 个参数的取值变化较大，也达到数百 veh/(h · ln)。由此，在表 6-4 中，关于通行能力会有几个问题引起思考：是这些值的均值？还是取 85% 分位数？多大的样本量才能满足通行能力的确定？

表 6-4 通行能力测量

地点	车道	数据点	取值范围/［veh/(h · ln)］			
			陡降初始交通流量	陡降前的最大流量	交通流陡降前 10 min 的平均流量	拥堵消散时的平均流量
Minneapolis, MN	2	35	1 350～2 370	1 920～2 610	1 614～2 271	1 435～1 896
Portland, OR	2	32	1 530～2 565	1 935～2 565	1 296～2 118	1 414～2 025
Toronto, Canada	3	56	1 420～2 520	1 840～2 560	1 512～2 264	1 580～2 046
Sacramento, CA	3	35	1 440～2 280	1 860～2 460	1 597～2 154	1 183～1 843
Sacramento, CA	4	40	630～2 100	1 680～2 265	948～1 962	1 100～1 756
San Diego, CA	4	39	1 305～2 175	1 860～2 310	1 611～1 979	1 422～1 890

（3）交通流陡降的定义。通行能力定义中一个重要的问题是交通流陡降（breakdown，即拥堵的开始）。陡降的表现首先是速度的陡降，伴随流量及道路性能和服务水平的降低。识别交通流的陡降，是判断是否达到通行能力，以及属于哪类通行能力的前提。因此，为了定义通行能力，交通流陡降需要有一致和准确的定义。图 6-37 所示为交通流陡降前后不同的通行能力。

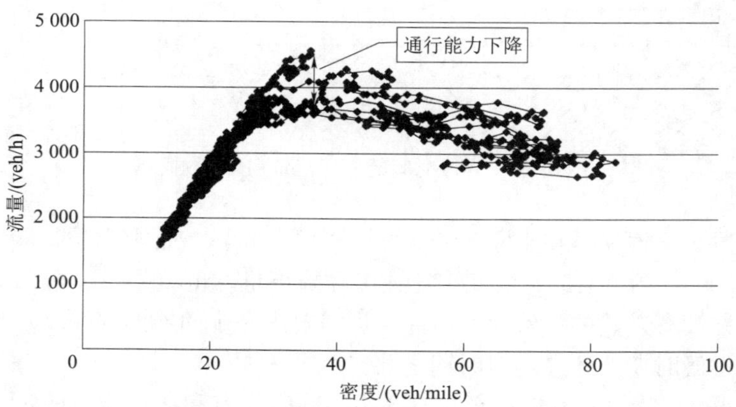

图 6-37 交通流陡降前后不同的通行能力

为了定义交通流的陡降，首先需要识别瓶颈区域，即交通拥堵发生的起点。由下游交通瓶颈导致的上游拥堵并不考虑在交通流陡降中，因为它是车辆排队后溢导致的次生性拥堵，此时上游的交通量是由下游瓶颈的通行能力决定的，而不是上游自身。

当瓶颈区域确定后，还需要识别出交通流陡降的时间。一般地，需要定义出象征演变为拥堵状态的两个阈值：速度下降程度和速度持续下降的最小时间。例如，一种定义方法为：高速公路合流区的车流速度低于 56 mile/h 且至少持续 15 min。另一研究针对交织区（而非合流区）将速度阈值定义为低于 50 mile/h。还有研究将交通流陡降定义为 5 min 的时间间隔内平均速度降低至 70 mile/h。研究分析了基于速度变化、占有率变化、流量-占有率关系不同的算法来识别交通流陡降，指出相对其他两个参数，速度更有利于识别交通流陡降。

总之，交通流陡降的位置能被相对容易地观测，然而，交通流陡降的确切时间并不那么直观。现存不同的测量方式和不同的临界值，在拥堵发生和速度下降时，不同道路具有不同的临界值。

（4）交通流陡降概率模型。基于对道路通行能力随机特征的理解，研究人员提出并应用交通流陡降概率（breakdown probability）模型来提高交通管理质量。该模型把交通流陡降的概率作为到达流量或交通需求的函数。图 6-38 所示是该模型在一个入口匝道合流（瓶颈）区的交通流陡降概率模型。该高速公路是双向四车道，具备匝道控制条件，横轴表示流量，纵轴表示交通流陡降的概率，每条曲线表示特定匝道控制（或匝道流量）水平的交通流陡降的概率。例如，该路段的流量是 5 000 veh/h，然后匝道车辆的进入率为 23 veh/min（1 380 veh/h），则 1 min 间隔内交通流陡降的概率为 29%。相反地，如果交通管理者想要控制交通流陡降概率，他们可以通过匝道控制使陡降概率低于给定的临界值（图 6-38 中为 20%）。此外，可以基于“可接受交通流陡降概率”来定义通行能力值。如图 6-38 所示，假设可接受的陡降概率为 20%，将匝道和高速公路合流区的交通流量之和作为通行能力。例如，对于一个匝道进入率为 25 veh/min（匝道流量 = 25×60 = 1 500 veh/h），主路的流量为 4 200 veh/h，则通行能力取值 1 500+4 200 = 5 700 veh/h。

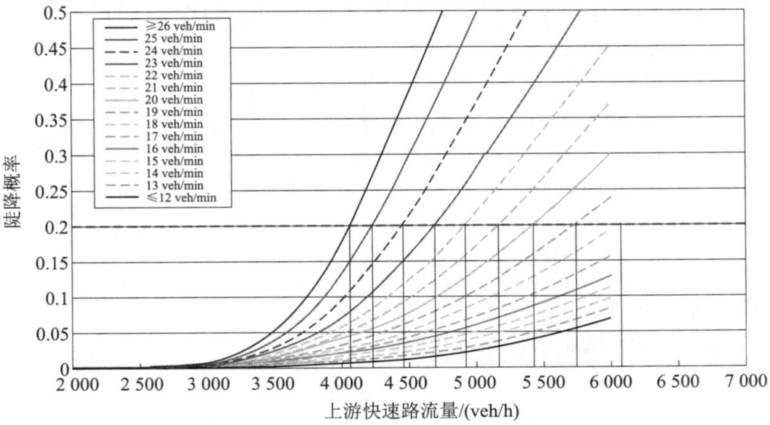

图 6-38　入口匝道合流（瓶颈）区的交通流陡降概率模型

图 6-38 所示的交通流陡降模型是为关键瓶颈区建立的，即是由于交通流合流导致的常发且源发性的交通拥堵区，而不是下游交通瓶颈导致拥堵的蔓延所致。关键瓶颈一般是通过拥堵（低速交通流）向上游的传播来识别，而瓶颈下游是自由流（或接近自由流）状态。

生存概率模型或乘积极限法（PLM）近来被用于交通流陡降概率的研究。PLM 是基于 Kaplan 和 Meier 的生存概率分析建立的。Kaplan 和 Meier 使用该方法来估计机械部件失效或生命结束时间的概率。在生存概率分析中，寿命样本获取并不完整，没有随机变量本身的值，但可观察到变量目前的寿命。换言之，观察被不相关的事打断的时间（医学案例中是死亡；交通流中是交通流陡降）。寿命分布公式如下式所示：

$$F(t)=1-S(t) \tag{6-24}$$

式中：

$F(t)=P(T\leqslant t)$ ——寿命的分布函数，表明个体在寿命为 t 时死亡的概率，其中 T 是随机变量，表示个体从 $t=0$ 到它死亡的时间；

$S(t)=P(T>t)$——生存函数，表明个体在寿命为 t 时仍生存的概率。

生存函数乘积极限的估计值由下式给出：

$$\widetilde{S}(t)=\prod_{j:t_j\leqslant t}\frac{n_j-\sigma_j}{n_j} \tag{6-25}$$

式中：

n_j——寿命 $T\geqslant t_j$的数量；

σ_j——在时间t_j失效或死亡的数量。

在交通流陡降的过程中，事件在时间 t 失效即交通流在流量为 q 时陡降，寿命即陡降交通流量。因此，公式（6-24）经修改后，可计算交通流陡降的概率分布，如下式所示：

$$F(q)=P(q_i\leqslant q)=1-P(q_i>q) \tag{6-26}$$

式中：

$F(q)$——陡降的概率分布；

q——观测到的交通流量，veh/（h · ln）；

q_i——时间间隔 i 内的流量，即速度陡降初始时刻的流量，定义为陡降流量，veh/（h · ln）；

$P(q_i>q)$——陡降流量大于观测流量的概率（在该流量时交通流没有陡降的概率）。

公式（6-25）可做如下改写：

$$\widetilde{p}(q_i>q)=\widetilde{S}(q)=\prod_{i:q_i\leqslant q}\frac{k_i-d_i}{k_i},\ i\in B \tag{6-27}$$

式中：

k_i——$q_i\geqslant q$的次数；

d_i——当交通流量为q_i时，交通流陡降的次数；

B——交通流陡降的时间组集合$\{B_1, B_2, B_3, \cdots\}$。

相应地，交通流陡降的概率公式如下：

$$F(q)=1-\prod_{i:q_i\leqslant q}\frac{k_i-d_i}{k_i},\ i\in B \tag{6-28}$$

如果单考虑每一个引起交通流陡降的交通流量（对于每一个交通流陡降前的交通量q_i都只引起一次交通流陡降，$d_i=1$），故式（6-28）可改写为

$$F(q)=1-\prod_{i:q_i\leqslant q}\frac{k_i-1}{k_i},\ i\in B \tag{6-29}$$

对通行能力的研究仍在继续，对过去相关文献的总结如下。

① 通行能力是随机变量。一些研究表明最大流量具有可变性，变化范围可达到每小时

几百辆车每车道。

② 交通流从非拥堵到拥堵状态的过渡（交通流陡降）具有随机性，可能发生在不同的交通流量情况下。

③ 对于高速公路，至少存在 3 个和通行能力相关的时间段：交通流陡降之前；交通流陡降初始时刻；交通流陡降之后的拥堵消散时刻。这 3 个时刻的最大流量也具有随机性。

3. 临界速度和阻塞密度

阻塞密度（k_j）是指交通阻塞状态下速度趋近于零，交通流量也趋近于零时的密度，单位为 pcu/(km · ln)。北京市某快速路断面交通流的阻塞密度见表 6-5。假设车长平均为 4.7 m，阻塞状态下相邻两车的头尾间距约为 2.4 m，对应阻塞密度约为 140 pcu/（km · ln)，如图 6-39 所示。

表 6-5 北京市某快速路断面交通流基本特征参数示例

自由流速度/(km/h)	临界速度/(km/h)	通行能力/(pcu/h)	阻塞密度/(pcu/km)
71.2	36.8	1 740	140.2

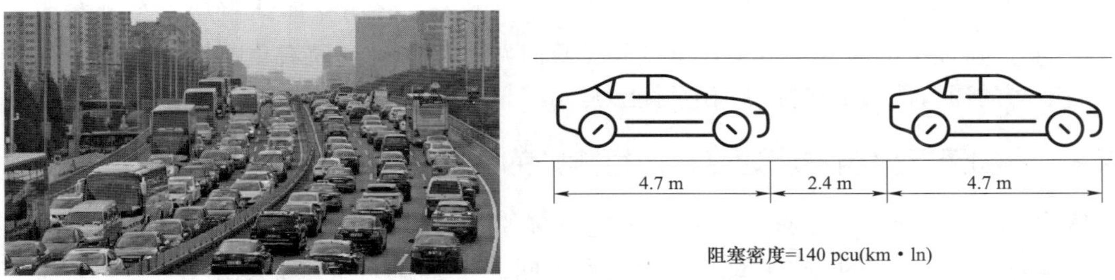

图 6-39 北京市某快速路阻塞车流情况

临界速度（v_c）是指流量达到通行能力时的平均速度，单位为 km/h。在表 6-5 中，该快速路路段临界速度为 36.8 km/h。

6.6.3 通行能力下降与两类通行能力

Edie 是最早指出交通流基本图中存在不连续的研究者，在他对 Greenberg 研究的 Loncoln Tunnel 数据进行分析时，发现当密度达到 90 辆车/英里时出现了不连续。1965 年，他将不连续的两段曲线区分为畅通流段和拥挤流段，拥挤流段中的最大流量要低于畅通流段中的最大流量。1981 年，Koshi 等人将这一基本图表达为 λ 的镜像。1991 年，Banks 等人发现了拥挤流段中排队消散状态下存在较低的通行能力。1999 年，Cassidy 和 Bertini 进行了验证，证实了双通行能力（two-capacity）现象的存在，并将这一现象称为通行能力下降（capacity drop）。

通行能力下降通常被定义为路段上的陡降通行能力（breakdown capacity）和拥堵消散时的通行能力（discharge capacity）之间的差值。在交通瓶颈处，拥挤交通状态转变至拥挤消散状态的过程中能够被观察到，如图 6-40 所示。在这个过程中，交通流会表现出 6.4.6 节中提及的磁滞现象，上述两种通行能力的差异在基本图中形成磁滞环。其中，陡降前通行能力为自由流状态下随密度增加的交通流量（自由流下的最大服务容量），拥堵消散时的通行能力为拥堵状态下随密度递增的交通流量（拥堵消散过程中的饱和流率）。

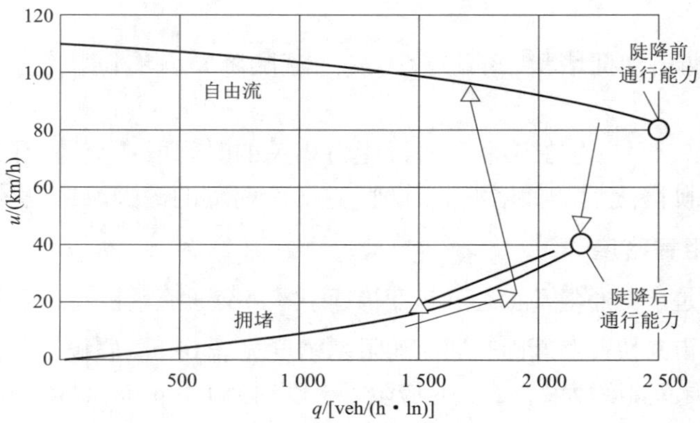

图 6-40 通行能力的二象性（交通流陡降之前与陡降之后）

造成上述通行能力低于“陡降前通行能力”的主要原因是，拥堵消散时人的感知反应和车辆启动/加速延迟导致了额外车头时距损失。流量在从自由流状态逐渐增大到通行能力过程中，容易达到更高的通行能力，即陡降前通行能力。经历交通堵塞后，车辆在拥堵消散、启动/加速前进的时候，由于产生额外车头时距，无法达到原有更高的通行能力，使得拥堵消散时的通行能力低于陡降前通行能力。

6.6.4 不利天气对自由流速度、通行能力的影响

整体上来看，国内外交通工程领域研究最多的天气事件可分为 3 大类：雨、雪及其他（风、雾等），不同类型的天气在强度上又有所不同，如小雨（雪）和大雨（雪）等。研究人在雨雪天气下对交通影响的研究主要分为两类：一是根据雨雪天气下实测交通流数据，采用数理统计方法定量分析雨雪对道路通行能力、自由流速度等交通流参数的影响；二是对现有交通流模型重新进行参数标定，建立适用于雨雪天气条件下的改进模型，以适应实际情况的要求。

图 6-41 是北京四环快速路某断面在正常天气和降雨天气中，根据 Van Aerde 模型标定出的速度-流量关系图。从图中可以清晰地看出，降雨对通行能力和自由流速度产生不利影响。

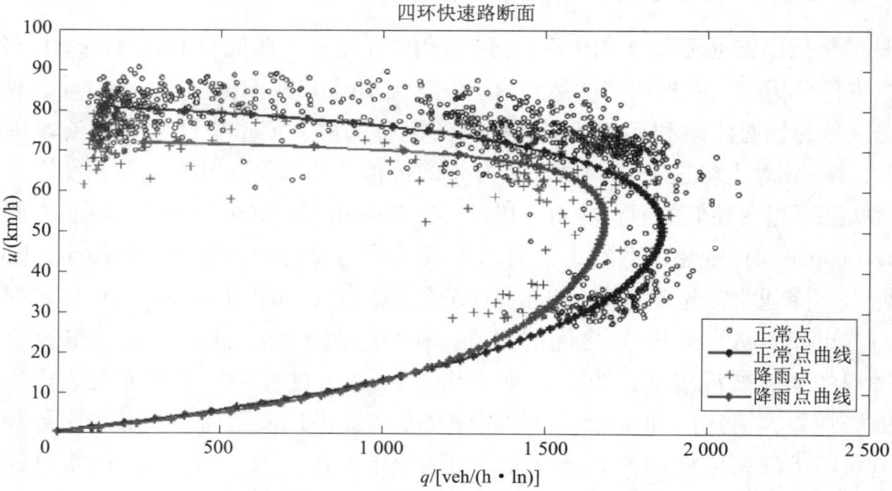

图 6-41 北京四环快速路某断面在正常天气和降雨天气的速度-流量关系

表 6-6 和表 6-7 整理了近年来国内外学者基于不利天气对交通影响的部分研究成果。

表 6-6　国外关于雨雪天气对速度和通行能力的影响结果研究

研究者	时间	区域/道路类型	降水类型与等级/（in/h）	自由流速度折减	通行能力折减
HCM 2000	2000	美国	小雨	2%～14%	
			大雨	5%～17%	14%～15%
			小雪	3%～10%	5%～10%
			大雪	20%～35%	25%～30%
Brian Smith Kristi Byrne	2004	美国汉普顿高速公路	小雨（0.01～0.25）	5.0%～6.5%	4%～10%
			大雨（>0.25）	5.0%～6.5%	25%～30%
Thomas Maze	2005	美国双子城高速公路	微雨（<0.01）	1%～2%	1%～3%
			小雨（0.01～0.25）	2%～4%	5%～10%
			大雨（>0.25）	4%～7%	10%～17%
			微雪（≤0.05）	3%～5%	3%～5%
			小雪（0.06～0.1）	7%～9%	6%～11%
			中雪（0.011～0.5）	8%～10%	7%～13%
			大雪（>0.5）	11%～15%	19%～27%
Edward Chung Osamu Ohtani	2005	东京城市快速路	小雨	4.50%	4%～7%
			大雨	8.20%	14%
Robert Hranac Hesham Rakha	2006	美国	小雨（>0.01）	2%～3.6%	10%～11%
			大雨（0.01～1.6）	6%～9%	
			小雪（>0.01）	5%～16%	12%～20%
			大雪（0.01～0.3）	5%～19%	
Janice Daniel Jongho Byun	2009	美国新泽西州高速公路	小雨	11%	
			大雨	61%	
			小雪	15%	
			大雪	50%	
HCM 2010	2010	美国爱荷华州高速公路	小雨（≤ 0.10）		1.17%～3.43%
			中雨（0.1～0.25）		5.67%～10.10%
			大雨（>0.25）		10.72%～17.67%
			小雪（≤ 0.05）		3.44%～5.51%
			中雪（0.05～0.1）		5.48%～11.53%
			大雪（0.1～0.5）		7.45%～13.35%
			暴雪（>0.5）		19.53%～27.82%

续表

研究者	时间	区域/道路类型	降水类型与等级/(in/h)	自由流速度折减	通行能力折减
Darcin Akin V. Sisiopiku	2011	土耳其伊斯坦布尔高速公路	降雨	8%～12%	7%～8%
			小雪	4%～5%（上升）	65%～66%
J. P. Singh P. Shrivastava	2013	印度孟买 8 号国道	小雨（0～20 mm）		10.20%
			中雨（20～40 mm）		17.90%
			大雨（>40 mm）		23%

表 6-7 国内关于雨雪天气对速度和通行能力的影响结果研究

研究者	时间	道路类型	降水类型	强度范围	速度折减	通行能力折减
任园园	2008	长春市人民大街主干路	小雪	<3 cm/d	25.0%～26.4%	7.0%～10.5%
			中雪	<6 cm/d	27.8%～30.2%	12.7%～15.9%
			大雪	<12 cm/d	32.2%～33.1%	18.6%～21.9%
			暴雪	>12 cm/d	40.7%～43.2%	26.4%～29.6%
杨中良	2009	上海市快速路	小雨	<0.25 mm/h		6%～8%
			中雨	0.25～6.25 mm/h		10%～11%
			大雨	>6.25 mm/h		13%～15%
			小雪	<1.25 mm/h		3%～7%
			中雪	1.25～12.5 mm/h		9%～13%
			大雪	>12.5 mm/h		15%～22%
张存保	2013	武汉市三环线高速公路	小雨	<5.0 mm/12 h	4.7%	10.5%
			中雨	5.0～14.9 mm/12 h	9.8%	17.4%
			大雨	15.0～29.9 mm/12 h	16.1%	27.1%
			暴雨	>30.0 mm/12 h		

6.7 三相交通流理论

基于实际交通流及模拟分析，德国科学家 B. S. Kerner 于 2000 年左右在其系列论著中提出了三相交通流（three-phase traffic flow）理论。该理论着重研究如何解释高速公路上拥堵转换的物理原理及拥堵交通流的性质。不同于经典交通流理论将交通流划分为自由流和拥堵流两相的做法，Kerner 将拥堵流进一步划分为同步流和宽运动阻塞两相，从而得到以下的三相：

① 自由流（free flow，F）；

② 同步流（synchronized flow，S）；

③ 宽移动阻塞（wide moving jam flow，J）。

需要指出的是，目前三相交通流理论仍然受到一定的争议，是近年来的一个研究热点。

6.7.1 基本假设

三相交通流的假设是对同步流稳定状态的设定。同步流的稳定状态指的是空间上的均匀性（车距相同、车速相同）。在流量-密度平面上，它覆盖了一个二维区域，如图 6-42 所示。一个给定的稳定的车辆速度可能对应无数个不同的车辆密度，一个给定的车辆密度可能对应无数个不同的稳定的车辆速度。

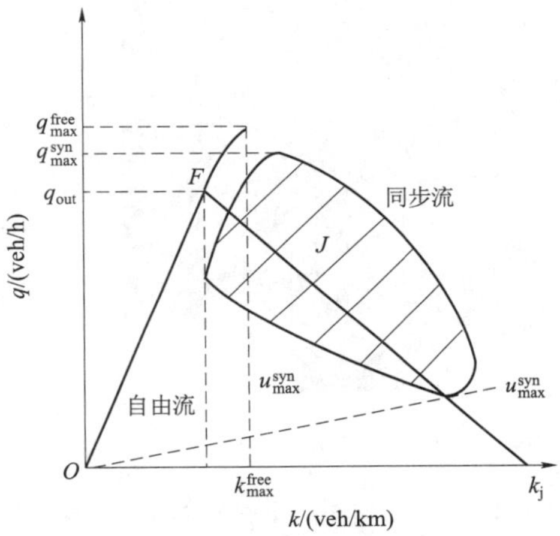

图 6-42 三相交通流理论基本图

6.7.2 基本内容

交通流按照其时空状态可以分为自由流、同步流和宽移动阻塞 3 个相位。

1. 自由流

该状态里车辆间的相互作用可以忽略，每辆车均以期望速度运动。在流量-密度基本图上，任何两个相继的数据点之间的连线斜率总是正的。因此，车流量随车辆密度线性增加。在图 6-42 中，大于阻塞相流出流量 q_{out}的自由流的分支 F 也被称为亚稳态分支。

2. 同步流

相对于自由流，处于同步流的车辆速度将显著下降，但交通流量可以大致维持在与自由流相当的水平。其主要的特性是没有明确的流量-密度关系，即对应数据点无规则地弥散于基本图上一个较大的二维区域内，数据点之间连线的斜率无规律地或正或负。

3. 宽移动阻塞

在同步流中，将有一定的概率发生自挤压过程（self-compression）使得车辆密度升高而车辆速度下降。这种自挤压过程被称为挤压效应（pinch effect）。在同步流的挤压区域（pinch region），窄移动阻塞将出现。随着这些窄移动阻塞的增长，宽移动阻塞将形成。Kerner 指出，随着同步流密度的增大，宽移动阻塞发生的频率将增加。宽移动阻塞将向上游传播，甚至跨过同步流区域或瓶颈。

宽移动阻塞是车辆密度很高的区域，车辆的平均速度和流量均很小。宽移动阻塞的空间影响范围比较大，宽移动阻塞以特征速度向上游运动。在基本图上宽移动阻塞就出现在一条直线 J 上。

三相交通流的典型各状态的时空分布如图 6-43 所示。其中不同颜色依次表示“自由流”“同步流”“宽移动阻塞流”在满足一定的交通状态或发生了引起交通状态变化的交通现象时，交通流会发生状态之间的转移。

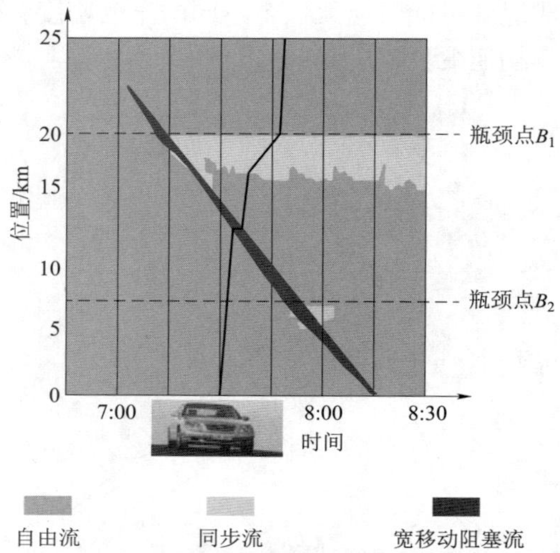

图 6-43　三相交通流的典型各状态的时空分布图

6.7.3　移动阻塞的形成

三相交通流理论对移动阻塞的解释是：车辆从宽移动阻塞中由排队状态摆脱出来的过程，决定了宽移动阻塞下游前沿界面向上游移动，而移动阻塞上游到达的车辆决定了阻塞上游前沿界面也向上游移动。

在宽移动阻塞的下游前沿，当车辆由排队状态摆脱时，经过车辆加速的时间延迟后，车辆开始离开。这个平均的“时间延迟”决定了相邻两车离开宽移动阻塞的平均时间间隔。阻塞下游前沿的速度 u_g 为

$$u_g=-\frac{1}{k_{max}\tau_{del}} \tag{6-30}$$

式中：

k_{max}——宽移动阻塞的车流密度（车间距的倒数）；

τ_{del}——平均延迟时间。

假设不考虑车辆和司机的个体差异，那么车流密度和平均延迟时间与时间无关，这样阻塞下游的速度也与时间无关，即宽移动阻塞下游的传播速度平均来看是一个常数，这个过程在“流量-密度”曲线上以 J 线绘出（参见图 6-42），J 的斜率就是 u_g。

若结合第 7 章中的交通流“冲击波”理论，宽移动阻塞可以理解为拥堵“蔓延”与“消散”同时进行，且“蔓延波”与“消散波”的波速基本相等，如图 6-44 所示。

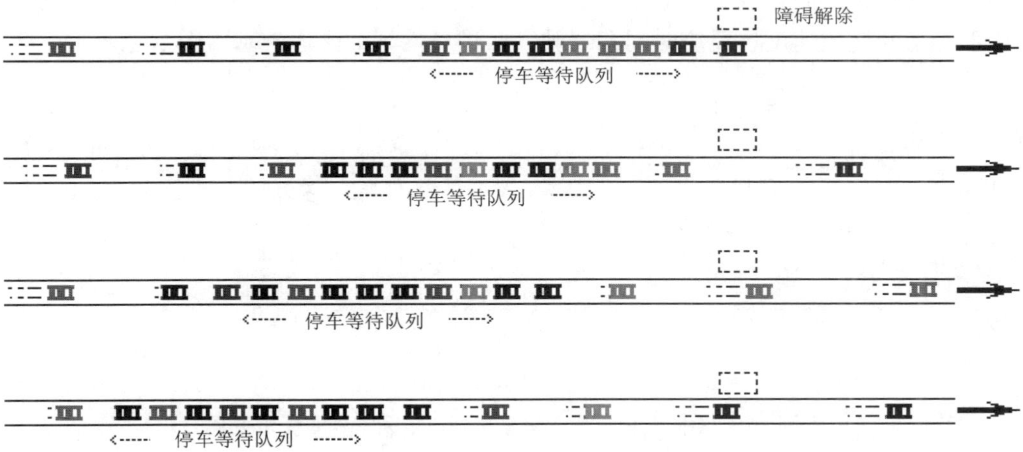

图 6-44 拥堵的蔓延和消散过程

6.8 自动驾驶与智能网联对交通流基本图的影响

6.8.1 影响的逻辑

交通流基本图描述了均衡态下交通流速度、流量与密度的关系，是研究不同空间尺度的交通流特性和动力学的关键。在 CAV 环境下，自动控制系统通过传感器信息实时计算和控制车辆的加速度、速度、车头时距等。CAV 是由精确的、快速响应的电子设备控制，而人工驾驶车辆往往表现出不精准的、响应延迟的驾驶行为。在 CAV 环境下，车辆行驶的速度、加速度和车头时距特征发生改变，并使得道路流量和通行能力等发生变化。随着 CAV 的市场渗透率的迅速增加，将会产生区别于传统人工驾驶的交通流基本图形态。

- 在相同速度下，CAV 的反应时间短于人工驾驶，在各个速度区间下车头时距减小，从而可导致流量和密度上升。
- 在相同流量（车头时距）下，CAV 可通过合理控制轨迹，使得车队稳定性得到提升，并减少拥堵波的形成和传播，从而提升交通流速度。
- 在相同密度（车头间距）下，CAV 的反应时间和安全间距短于人工驾驶，拥有更高的提速空间，相比人工驾驶能够拥有更高的速度，相同密度下速度和流量成正相关，因此能够拥有更高的流量和通行能力。

即使在较低的 CAV 渗透率下，CAV 也能够通过合理的轨迹规划和交通管控等措施抑制由人类驾驶行为引起的启停交通波，从而使车辆的驾驶轨迹更加平滑顺畅。CAV 能通过降低安全间距影响车头时距和临界密度，也能通过降低停车最小安全间距影响阻塞密度。

6.8.2 自动驾驶与智能网联下交通流基本图的变化

在 CAV 环境下，路网上的车辆在速度、流量方面拥有了更高的潜力。CAV 相比人类驾驶车辆（HV）的重要特征是其拥有更高的期望速度，更稳定的轨迹，更短的反应时间和停车最小安全间距，共同影响着交通流基本图中的关键参数。图 6-45～图 6-47 为自动驾驶车辆环境下，不同期望速度、反应时间和驾驶人激进条件下的交通流基本图示意。

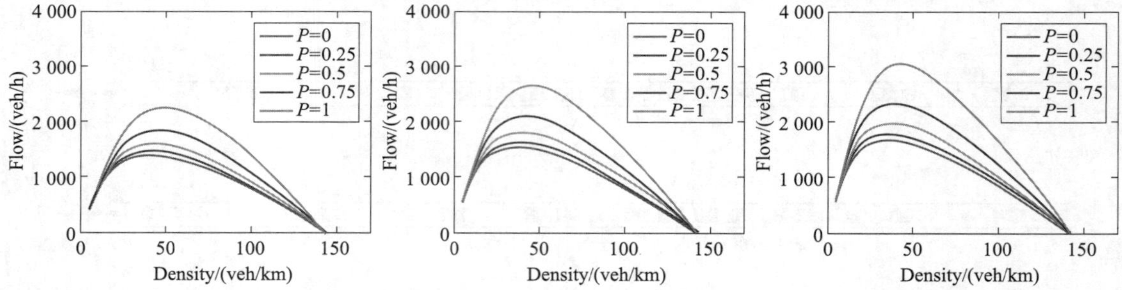

（a）v_f=80 km/h （b）v_f=100 km/h （c）v_f=120 km/h

图 6-45 不同期望速度、渗透率下流量和密度的变化关系

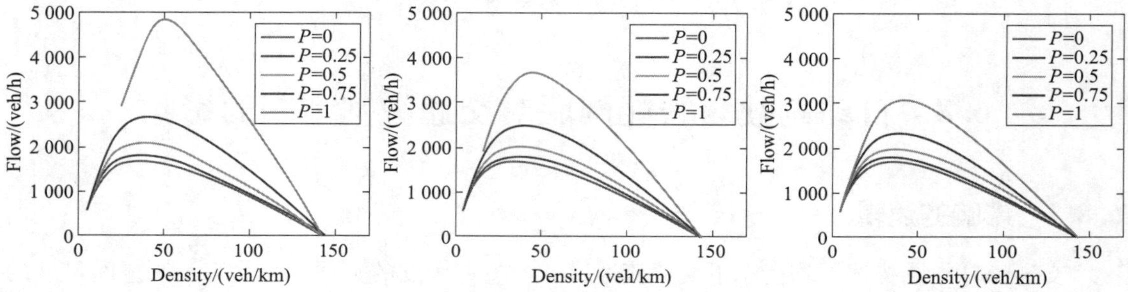

（a）τ_{11}=0.2 s （b）τ_{11}=0.3 s （c）τ_{11}=0.4 s

图 6-46 不同反应时间、渗透率下流量和密度的变化关系

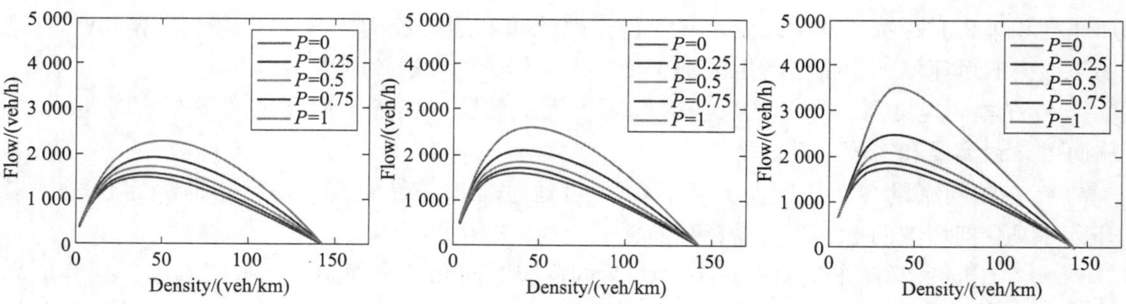

（a）γ=0.2 （b）γ=0 （c）γ=−0.01

P—渗透率；v_f—自由流速度；γ—驾驶人激进程度，越小意味着驾驶越稳定。

图 6-47 不同驾驶人激进程度（稳定性）、渗透率下流量和密度的变化关系

虽然 CAV 技术在交通运行、交通安全和通行能力方面具有潜在优势，但 CAV 替换 HV 需要很长一段时间。因此 CAV 与 HV 混行将成为未来一段时间的常态。渗透率和聚集强度是 CAV 诞生以来产生的新参数中两个关键参数，渗透率代表 CAV 占总车辆的比例，聚集强度代表 CAV 在车队中的聚集程度。如图 6-45～图 6-47 所示，随着渗透率和聚集强度的上升，交通流基本图拥有更高的速度、通行能力和临界密度，另外，在其改变最小停车安全间

距的情况下甚至能增加阻塞密度。

但聚集强度对交通流基本图的影响并非严格正相关，更合理的 CAV 轨迹算法设计和车队集群组织形式，依然有待探索和研究，如图 6-48 与图 6-49 所示。

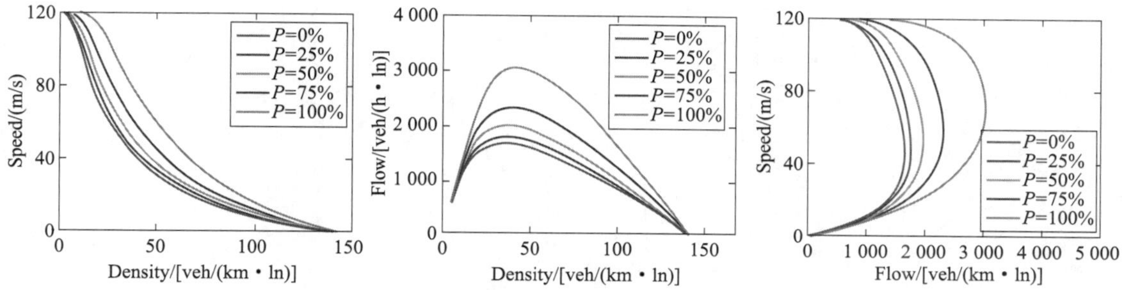

图 6-48 不同渗透率下的交通流基本图（密度-速度，密度-流量，流量-速度）

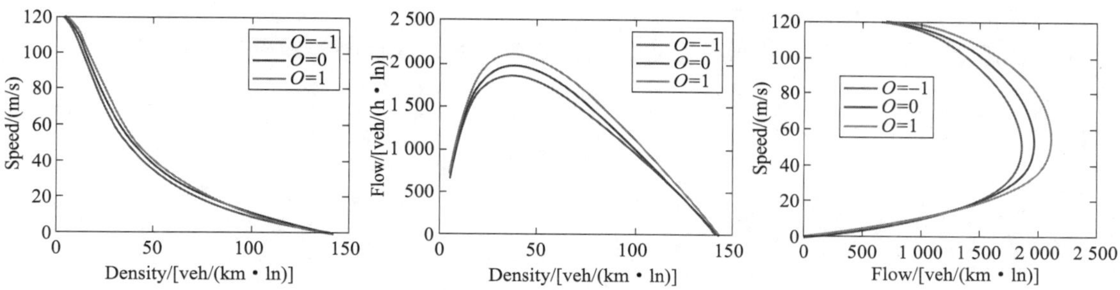

P—渗透率；*O*—聚集强度

图 6-49 不同聚集强度下的交通流基本图（密度-速度，密度-流量，流量-速度）

复习思考题

1. 采用 Greenshilds 模型，画出速度-流量、流量-密度、速度-密度参数关系示意图，并从各图的原点出发，解释曲线各段代表的交通状态。

2. Edie 模型的特点是什么？该模型中针对速度较大和速度较小的部分分别所采用的是什么模型？

3. 画出“流量-密度”关系图并结合实际解释交通流基本图中的“磁滞现象”。

4. 在一条公路上，在阻塞状态下测得单车道上车辆之间的平均距离为 2.15 m，车辆之间的平均车头时距为 1.6 s，假定车辆的平均长度为 6.25 m，试求这条公路上的最大流量及最大流量所对应的速度和密度的大小（速度与密度模型采用线性模型）。

5. 图 6-50 是 Greenshields 提出的速度-密度线性关系模型。

（1）分别写出速度与密度、流量与密度、流量与速度的关系表达式；

（2）在图中标出拥挤区和非拥挤区；

（3）当自由流速度u_f=90 km/h，阻塞密度k_j=100 veh/km 时，求此时和最大交通量时所对应的车速和密度分别是多少?

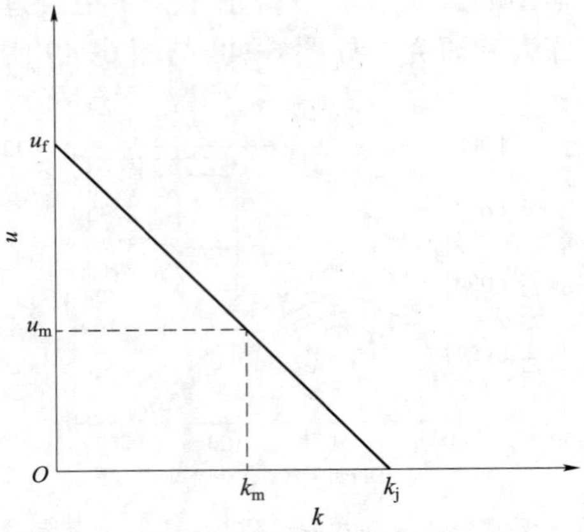

图 6-50 题 5 图

6. 请论述道路自由流速度的估计方法。
7. 请思考道路通行能力的估计方法,以及不同方法之间的差异和适用条件。

第7章

交通流的波动与交通波模型

7.1 概　　述

在20世纪50年代，英国学者Lighthill、Whitham及Richard彼此独立提出了交通流的流体力学模型，人们将这一理论称为LWR理论。该理论运用流体力学的基本原理，建立车流的连续性方程，把车流的疏密变化比拟成水波的起伏，从而抽象为车流波。当车流因道路或交通状况改变而引起密度的改变时，在车流中产生波的传播。通过分析车流波的传播速度，以寻求车流流量、密度和速度之间的关系。本章首先推导交通守恒方程，介绍它的解析解法和数值解法；其次，研究交通中波的概念，并提供了应用于实际问题的例子；再次，讨论并总结了交通流体状态方程和车队离散方程；最后，简要介绍高阶连续方程。

值得注意的是，实际交通流跟经典的流体力学不一样，尤其在可压缩性的特征上。实际交通流在达到“阻塞密度”之前，是可压缩的流体，与水流的流体力学特性不相同；而达到“阻塞密度”之后，交通流转变成为不可压缩的流体，因此在研究时应防止车辆出现“叠罗汉”的现象。

另外，驾驶行为的感知时间、反应时间及车辆的加减速特性，导致交通流的状态变化与经典的流体状态变化相比具有时间延迟特性，因此该模型在微观层次（短时间）的交通流分析应用方面存在一定的局限性。

7.2 交通流的流体属性与特征

7.2.1 交通流的流体属性

如果以一个高视角俯瞰某条高速公路，正在行驶的车流看起来就像是水流或某种连续的流体，因此可以自然地将车流视为一种连续流体。交通流具有与流体相同的3个属性：流动性、黏性及可压缩性。

交通流是动态的，具有流动性。在某段时间内，在不受横向交叉影响的路段上，交通流呈连续流状态；在遇到路口信号灯管制时，呈断续流状态。正是由于具有流动性，交通流能够采用流量、速度和密度进行描述。

在满足道路速度限制的情况下，车辆倾向于与前车保持一定的安全距离跟车行驶，或者是变车道加速行驶。这种特性与流体具有的连续性类似，体现了交通流的黏性，也是跟驰模型和多车道问题的基础。

交通流本身像粒子流，但与水流这类“不可压缩”的粒子流是不一样的。交通流的流体是“可压缩”的，即其密度是可变的。由于车辆到达与人的驾驶的随机性，交通流呈现为可压缩的密度变化的流体属性。只有在非常理想的智能网联自动驾驶条件下，交通流才有可能像密度不变的流体，目前尚不现实。

7.2.2 连续方程的建立

流量守恒是流体力学中的经典定理，气体的守恒原理如图 7-1 所示，容器中的气体体积受到进气量和出气量的影响，从图 7-1（a）～（b）的过程可以看到，进气量和出气量在整个过程中保持不变，且出气量大于进气量，经过时间 Δt 后，由于气体充满整个容器，因此容器中的气体体积不变，密度变小；若进气量大于出气量，则密度变大。易知：单位时间内（Δt）气体流量差（Δq）等于单位体积（Δx）的密度差（Δk），假设横截面积为单位面积“1”，则单位时间内（Δt）气体流量差（Δq）等于单位体积（Δx）的密度差（Δk）。交通流的流量守恒原理与之类似。

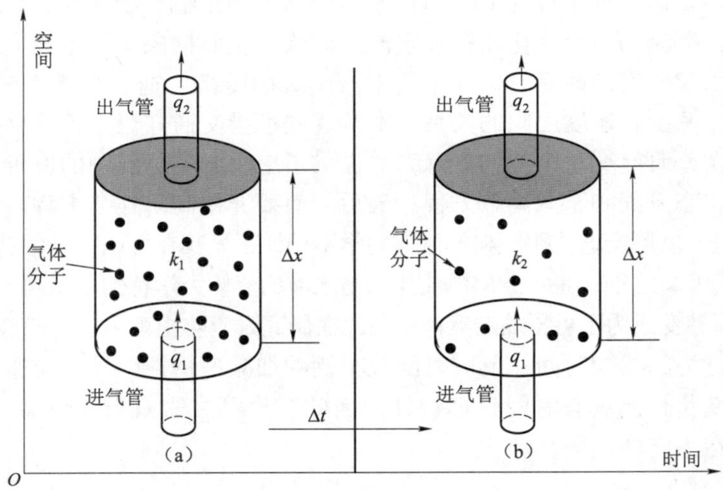

图 7-1 气体的守恒原理

连续方程是建立在流量守恒的原则之上的，即路段存储的量等于流入量减去流出量。连续方程的推导方法如下：在一段单向连接线上设想有两个交通计数站，如图 7-2 所示，两站之间没有车辆的来源或消失，且站 2 在站 1 的下游。

设 N_i 是在时间 Δt 内通过站 i 的车辆数，q_i 是在时间 Δt 内通过站 i 的车流量（交通量），Δx 是两站间距，Δt 是在站 1 和站 2 同时计数的持续时间。假设 $N_1 > N_2$，则在站 1 和站 2 之间一定有车辆停留，因为两站之间无车辆消失。

设$(N_2-N_1)=\Delta N$，$N_1/\Delta t=q_1$，$N_2/\Delta t=q_2$，$\Delta q=q_2-q_1=\Delta N/\Delta t$，这时，在时间间隔 Δt 内两站间车辆聚集量为 $N_1-N_2=-\Delta N=-\Delta q \cdot \Delta t$。如果 Δx 足够短，使得两站之间的区域路段密

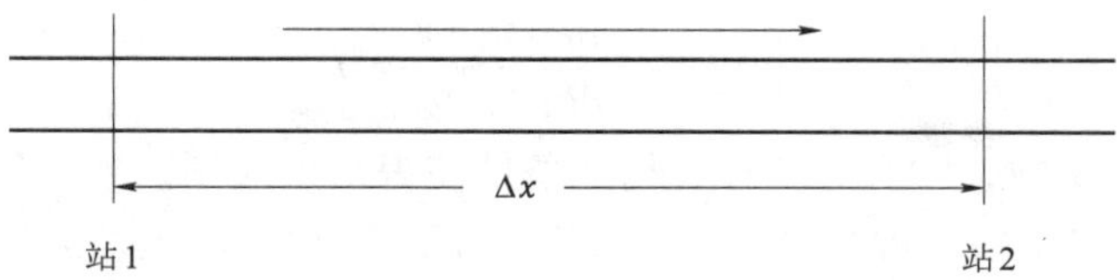

图 7-2 两个相隔很近的交通计数站示意图

度均匀，设 Δk 为站 1 与站 2 之间在 Δt 期间车辆密度的增量，则 $\Delta k=(N_1-N_2)/\Delta x=-\Delta N/\Delta x$。于是车辆的聚集量可表示为 $-\Delta N=\Delta k\cdot\Delta x$。则路段聚集的车辆数为 $-\Delta N=-\Delta q\cdot\Delta t=\Delta k\cdot\Delta x$，可得到守恒等式 $\Delta q\cdot\Delta t+\Delta k\cdot\Delta x=0$。假定考虑站位间汽车是连续的，且允许有限的增量成为无穷小，则极限为

$$\frac{\partial q}{\partial x}+\frac{\partial k}{\partial t}=0 \tag{7-1}$$

式（7-1）就是流体的连续性表达式。该式描述了交通流的守恒规律，即连续方程或守恒方程，这一方程加上平衡速度-密度关系函数就构成了 LWR 理论模型。

如果路段上有车辆的产生或离去，那么连续方程采用以下更一般的形式：

$$\frac{\partial q}{\partial x}+\frac{\partial k}{\partial t}=g(x,t) \tag{7-2}$$

这里 $g(x,t)$ 表示车辆产生率或离去率，即单位长度、单位时间内车辆的产生量或离去量。在描述多车道换道、路段上出入匝道等情况时，需要采用这一形式。

7.2.3 交通流的波动特征

交通流中车辆在集散过程中的两种不同密度部分的分界面，经过一辆辆车向车队前后部传播的现象即为交通流的波动。车流密度的疏密变化类似于水波的起伏，可以抽象为车流波。通过分析车流波的传播速度和边界，有助于更合理的交通流管控。

7.2.4 连续方程的解法

1. 解析解法

连续方程式（7-1）和式（7-2）可以用来确定道路上任意路段的交通流状态，连续方程的作用是把两个互相依赖的基本变量——密度 k 和流量 q 与两个相互独立的量——时间 t 和空间 x 联系起来。但是，如果没有附加方程或假设条件，对方程式（7-1）和式（7-2）的求解是不可能的。为此把流量 q 当作密度 k 的函数，即 $q=f(k)$，相应地，速度 $u=f(k)$。这是一个合理的假设，但只是在平衡状态下才能成立。下面介绍连续方程的解析解法。

考虑下面的基本关系式：

$$q=ku \tag{7-3}$$

易知，如果式（7-3）中 $u=f(k)$，那么将得到只有一个未知量的方程，可以对其进行解析求解。然而对于 $g(x,t)\neq 0$ 的情况，解析解法可能很复杂，而且实际中应用较少。为了求解方便，这里只考虑 $g(x,t)=0$ 时的解析解。此时可以将守恒方程化为以下形式：

$$\frac{\partial}{\partial x}(ku)+\frac{\partial k}{\partial t}=\frac{\partial}{\partial x}[kf(k)]+\frac{\partial k}{\partial t}=f(k)\frac{\partial k}{\partial x}+k\frac{\mathrm{d}f}{\mathrm{d}k}\cdot\frac{\partial k}{\partial x}+\frac{\partial k}{\partial t}=0 \tag{7-4}$$

或

$$\left[f(k)+k\frac{\mathrm{d}f}{\mathrm{d}k}\right]\frac{\partial k}{\partial x}+\frac{\partial k}{\partial t}=0 \tag{7-5}$$

$f(k)$ 可以是任一函数，没有必要特意构造条件使得结果通用。式（7-5）描述了车流非线性密度波将以速度 $f(k)+k(\mathrm{d}f/\mathrm{d}k)$ 传播，随着时间的变化，该运动波演化成具有激波的结构，波前越来越陡峭，直到垂直为止，导致了交通流密度不连续分布。如果采用 Greenshields 速度-密度线性模型，式（7-5）就变为

$$\left(u_{\mathrm{f}}-2u_{\mathrm{f}}\frac{k}{k_{\mathrm{j}}}\right)\frac{\partial k}{\partial x}+\frac{\partial k}{\partial t}=0 \tag{7-6}$$

式中：

u_{f}——自由流速度；

k_{j}——阻塞密度。

式（7-6）是一阶拟线性偏微分方程，可以通过特征曲线方法求出其解析解，Lighthill 和 Whitham 最先给出了求解方法，这里不再详述。

2. 数值解法

根据前面的介绍，可以看出守恒方程解析解法的推导过程中要求的条件过于简化，这包括简单的初始交通流条件、没有出口和入口、简单的流量-密度关系等。更重要的是，在真实条件下经常遇到很复杂的情况，如存在转向车道和出入口匝道等，因此，要想求得精确的解析解是非常困难的。通常对于可压缩流体这类问题，可以通过对状态方程进行数值求解来解决。

数值解法的思路：首先把所要考虑的道路离散成若干长度为 Δx 的微小路段，并按连续时间增量 Δt 来更新离散化的微小路段的交通流参数值，如图 7-3 所示。

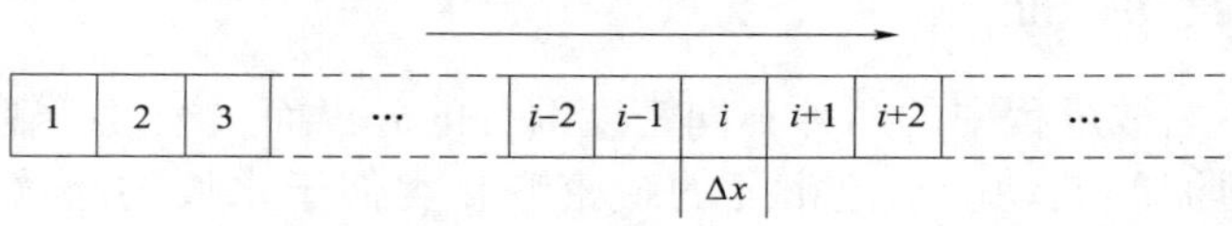

图 7-3　道路空间离散实例

在图 7-3 中，道路在空间上被离散化，每一小段的长度为 Δx，i 为路段标号；时间上也被离散化成时段长度为 Δt 的小区间，n 为时段标号，初始时刻为 t_0。需要注意的是，$\Delta x/\Delta t$ 应该大于车辆自由流速度，从而保证单位时间内车辆不会跨越其中的某些路段。除了边界处的两个小路段（1 和 i）外，其他路段在 $n+1$ 时刻密度按下式计算：

$$k_i^{n+1}=\frac{1}{2}(k_{i+1}^n+k_{i-1}^n)-\frac{\Delta t}{2\Delta x}(q_{i+1}^n+q_{i-1}^n)+\frac{\Delta t}{2}(g_{i+1}^n+g_{i-1}^n) \tag{7-7}$$

式中：

k_i^n，q_i^n——在路段 i、时刻 $t=t_0+n\Delta t$ 时的密度和流量；

g_i^n——在路段 i、时刻 $t=t_0+n\Delta t$ 的车辆产生率。边界处路段 1 和 i 的密度由车辆流入路段和流出路段的规则确定。

如果密度确定，在时刻 $t=t_0+(n+1)\Delta t$ 的速度由平衡态速度-密度关系确定，即

$$u_i^{n+1}=u_{\mathrm{e}}(k_i^{n+1}) \tag{7-8}$$

例如，对于 Greenshields 线性模型有

$$u_i^{n+1}=u_{\mathrm{f}}\left(1-\frac{k_i^{n+1}}{k_{\mathrm{j}}}\right) \tag{7-9}$$

式中：

u_f——自由流速度；

k_j——阻塞密度。

需要指出的是，式（7-8）适用于任何速度-密度关系模型，包括不连续模型。如果无法获得 u 的解析表达式，那么可以 u-k 曲线数值解代替。时刻 $t_0+(n+1)\Delta t$ 的流量可从下面的基本关系式获得：

$$q_i^{n+1}=k_i^{n+1}u_i^{n+1} \tag{7-10}$$

用数值方法求解需要初始条件和边界条件，在实际应用中这些可以由检测设备获取。这里只是介绍了数值解法的一种形式，还有其他的形式，这里不做讨论。

7.3　交通波理论

在实际交通观测中，经常会发现交通流的某些行为类似于流体波的行为。例如，交叉口处车辆排队过程，队尾向上游传播；入口匝道处车辆换道致使车辆减速，产生交通拥堵，甚至发生堵塞。车流在即将进入瓶颈时会产生一个与车流运行方向相反的波，类似于声波碰到障碍物时的反射，或者管道内的水流突然受阻时的后涌。这个波导致在瓶颈上游的路段上出现紊流现象，下面就来详细研究交通波的特性。

7.3.1　交通波模型的建立

交通波是日常交通中普遍存在的现象，图 7-4 为交通拥堵的实际传播过程。图中横轴

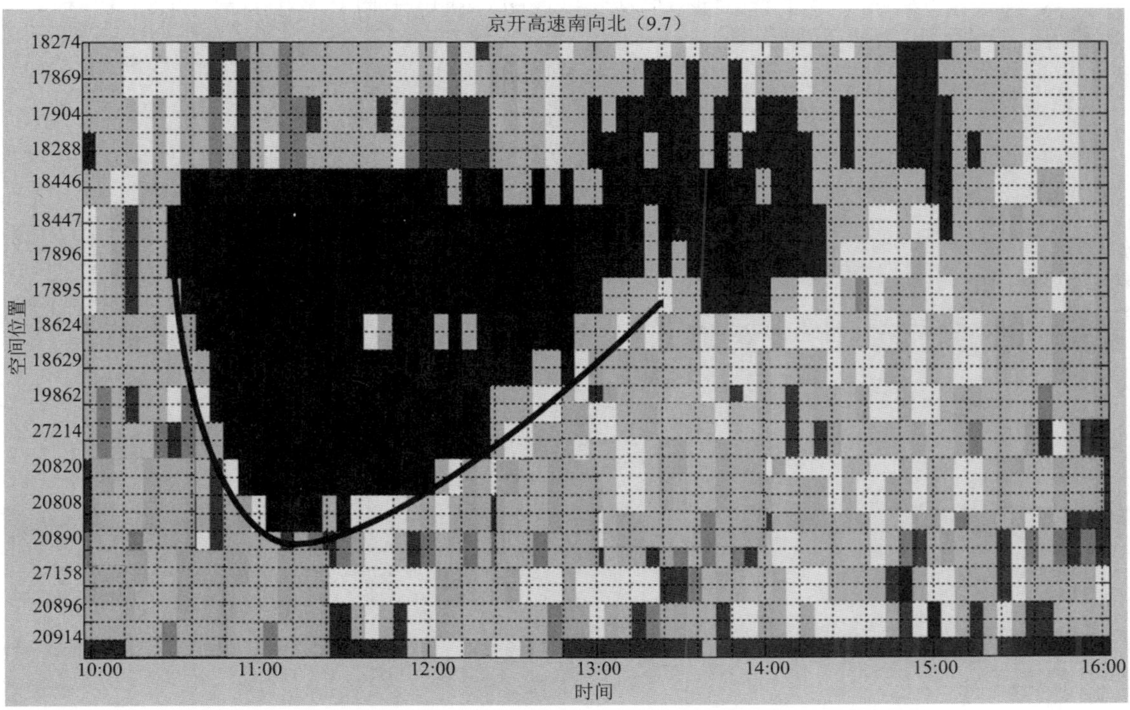

图 7-4　交通拥堵的实际传播过程

代表时间，纵轴代表空间位置，纵轴上的数字分别代表不同连续路段的编号，车辆行驶方向为从下往上，图中颜色深浅不同代表不同的速度，颜色最深表示拥堵状态，小于 15 km/h。从图中可以看出，由于编号为 18447 的路段出现了拥堵，而下一时刻，路段 17895 也出现了拥堵，说明拥堵状态向上游传播至 17895 号路段，并沿着黑色实线不断向上游传播，直到 20808 号路段。这就是状态的传播过程，即交通波的传播过程。

为了讨论方便，把交通波定义为密度和流量发生变化所带来的移动或传播。如图 7-5 所示，假设沿着一条笔直的公路有两个相邻的不同的交通密度区域（k_1 和 k_2）。用垂直线 S 分割这两种密度，称 S 为波阵面，设 S 的速度为 u_w，并规定按照所画的箭头 x 正方向运行速度为正。

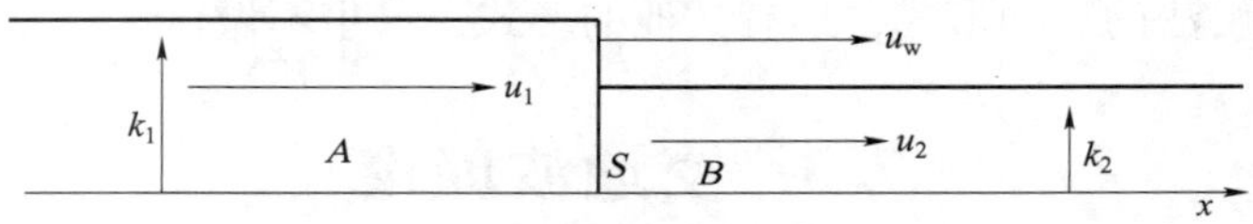

图 7-5　两种交通密度的运行

使用下列符号。

- u_1，k_1：在 A 区车辆的区间平均速度、密度；
- u_2，k_2：在 B 区车辆的区间平均速度、密度；
- $u_{r1}=(u_1-u_w)$：在 A 区相对于移动波阵面 S 的车辆速度；
- $u_{r2}=(u_2-u_w)$：在 B 区相对于移动波阵面 S 的车辆速度。

显然，在时间 t 内通过分界线 S 的车辆数 $N=u_{r1}k_1t=u_{r2}k_2t$，因此，存在以下关系：

$$(u_1-u_w)k_1=(u_2-u_w)k_2 \tag{7-11}$$

式（7-11）反映物质守恒，也就是分界线移动后 A 区车辆数变化量与 B 区车辆数变化量相等。整理后可写成下列形式：

$$u_2k_2-u_1k_1=u_w(k_2-k_1) \tag{7-12}$$

由 $q=ku$ 可知，A 区和 B 区的流量分别为 $q_1=u_1k_1$，$q_2=u_2k_2$。代入式（7-12）可得

$$u_w=(q_2-q_1)/(k_2-k_1) \tag{7-13}$$

若两区域中的密度均匀，则$(q_2-q_1)=\Delta q$，$(k_2-k_1)=\Delta k$，式（7-13）变成

$$u_w=\Delta q/\Delta k=\mathrm{d}q/\mathrm{d}k \tag{7-14}$$

这就是波速 u_w 的计算公式。

7.3.2　交通流观测中的加速度

设交通流的速度为 u，由微积分知识可知下列等式成立：

$$\mathrm{d}u=\frac{\partial u}{\partial t}\mathrm{d}t+\frac{\partial u}{\partial x}\mathrm{d}x \tag{7-15}$$

$$\frac{\mathrm{d}u}{\mathrm{d}t}=\frac{\partial u}{\partial t}+\frac{\partial u}{\partial x}u$$

式中：

$\frac{\mathrm{d}u}{\mathrm{d}t}$——观测车随交通流行驶的加速度；

$\frac{\partial u}{\partial t}$——观测员在路边固定点所观测到的交通流的加速度。

若假设 u 是 k 的函数，即 $u=u(k)$，则

$$\begin{cases}\dfrac{\partial u}{\partial t}=\dfrac{\mathrm{d}u}{\mathrm{d}k}\cdot\dfrac{\partial k}{\partial t}\\[2ex]\dfrac{\partial u}{\partial x}=\dfrac{\mathrm{d}u}{\mathrm{d}k}\cdot\dfrac{\partial k}{\partial x}\end{cases}\tag{7-16}$$

将式（7-16）代入式（7-15），得

$$\frac{\mathrm{d}u}{\mathrm{d}t}=\frac{\mathrm{d}u}{\mathrm{d}k}\cdot\frac{\partial k}{\partial t}+u\frac{\mathrm{d}u}{\mathrm{d}k}\cdot\frac{\partial k}{\partial x}\tag{7-17}$$

又因为 $q=ku=ku(k)=q(k)$，所以

$$\frac{\partial q}{\partial x}=\frac{\mathrm{d}q}{\mathrm{d}k}\cdot\frac{\partial k}{\partial x}=u_{\mathrm{w}}\frac{\partial k}{\partial x}\tag{7-18}$$

式中：$u_{\mathrm{w}}=\mathrm{d}q/\mathrm{d}k$。现在结合式（7-18），可把式（7-1）改写成

$$\frac{\partial q}{\partial x}=-\frac{\partial k}{\partial t}=u_{\mathrm{w}}\frac{\partial k}{\partial x}\tag{7-19}$$

因为

$$u_{\mathrm{w}}=\frac{\mathrm{d}q}{\mathrm{d}k}=\mathrm{d}\frac{ku}{\mathrm{d}k}=u+k\frac{\mathrm{d}u}{\mathrm{d}k}\tag{7-20}$$

把式（7-19）代入式（7-17），得

$$\frac{\mathrm{d}u}{\mathrm{d}t}=\frac{\mathrm{d}u}{\mathrm{d}k}\left(-u_{\mathrm{w}}\frac{\partial k}{\partial x}\right)+u\frac{\mathrm{d}u}{\mathrm{d}k}\cdot\frac{\partial k}{\partial x}=\frac{\mathrm{d}u}{\mathrm{d}k}\cdot\frac{\partial k}{\partial x}[-u_{\mathrm{w}}+u]\tag{7-21}$$

把式（7-20）代入式（7-21），得

$$\frac{\mathrm{d}u}{\mathrm{d}t}=-k\left[\frac{\mathrm{d}u}{\mathrm{d}k}\right]^{2}\frac{\partial k}{\partial x}\tag{7-22}$$

式（7-22）表示观测车随交通流行驶的加速度，它是密度梯度$\dfrac{\partial k}{\partial x}$的函数。

由式（7-22）可知，交通流观测中的加速度$\dfrac{\mathrm{d}u}{\mathrm{d}t}$取决于密度梯度$\dfrac{\partial k}{\partial x}$。具体地说，当$\dfrac{\partial k}{\partial x}>0$，即前方密度逐渐增大时，$\dfrac{\mathrm{d}u}{\mathrm{d}t}<0$，这意味着车流开始减速；当$\dfrac{\partial k}{\partial x}<0$，即前方密度逐渐减小时，$\dfrac{\mathrm{d}u}{\mathrm{d}t}>0$，这意味着车流开始加速。

由固定观测员所观测的交通加速度，式（7-19）左右同乘$\dfrac{\mathrm{d}u}{\mathrm{d}k}$，得到

$$\frac{\partial u}{\partial t}=\frac{\mathrm{d}u}{\mathrm{d}k}\cdot\frac{\partial k}{\partial t}=\left[-u_{\mathrm{w}}\frac{\mathrm{d}u}{\mathrm{d}k}\right]\frac{\partial k}{\partial x}\tag{7-23}$$

式中：括号内数值可为正、负或零。

7.3.3　交通波与拥堵、蔓延、消散分析

交通波用来描述两种交通状态的转化过程，路段前后断面交通量的差异会造成不同传递方向的交通波，分为前进波、静止波和返回波。用 u_{w} 表示传递速度。$u_{\mathrm{w}}>0$，表明波面的运动方向与交通流的运动方向相同；$u_{\mathrm{w}}=0$，表明波面维持在原地不动；$u_{\mathrm{w}}<0$，则说明波的传

播方向与交通流的运动方向相反。图 7-6（a）是流量-密度曲线。在流量-密度曲线上，点 A 表示交通流量正在接近通行能力，而速度则大大低于畅行速度。点 B 表示交通密度较低、流量较小而速度较高的状态。点 A 和点 B 处的切线表示这两种交通状态的波速。现在假定点 B 较快的车流比点 A 车流稍迟出现，点 B 所对应的车流将赶上点 A 所对应的车流。图 7-6（b）是在时空坐标系中描述的交通波。在图 7-6（b）中可以看出两种车流状态相遇形成一条斜线，这就是所产生的交通波的轨迹。该斜线的斜率等于流量-密度曲线上点 A 和点 B 连线的斜率。下面对一些典型的交通波进行分析。

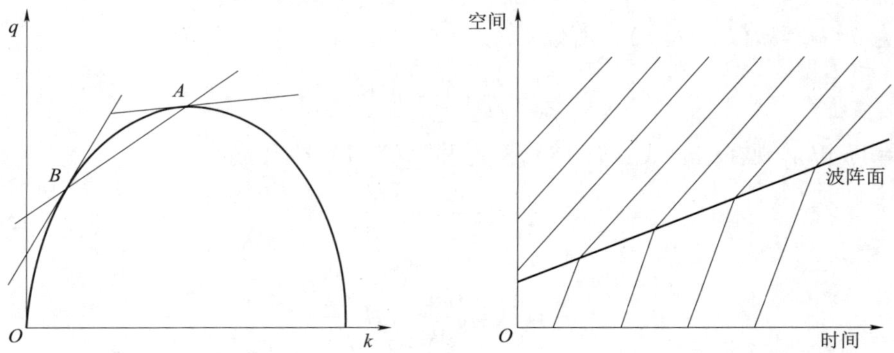

（a）流量-密度曲线　（b）时空坐标系中的交通波

图 7-6　交通波的含义

路段前后断面交通量的差异造成了不同传递方向的交通波。前进波指的是路段下游断面的交通流密度大、流量大、速度慢，上游路段的交通流密度小、流量小、速度快，当两股交通流相遇时，会出现交通波的传递，且传递方向为下游方向，如图 7-7 所示。当路段下游断面的交通流密度大于上游路段的交通流密度，但交通量一样时，此时形成的波阵面位置不会改变，如图 7-8 所示。返回波反映的是路段下游断面的交通流密度大、流量小、速度慢，上游路段的交通流密度小、流量大、速度快，此时形成的交通波向上游传播，如图 7-9 所示。

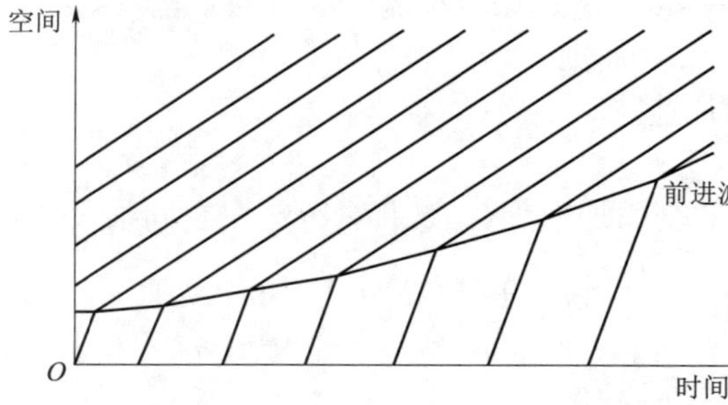

图 7-7　交通流中的前进波（交通拥堵的队尾向下游移动）

在瓶颈处交通特性的研究是交通波分析的一种重要应用。这里瓶颈定义为一条道路的路段，该处的通行能力小于其上下游路段的通行能力。图 7-10 描绘了存在瓶颈的道路不同路段的流量-密度曲线。注意图 7-10 中左边的线 AB，这条线表明车流从一般路段驶入瓶颈路段时速度降低、密度增大的过程。图 7-11 显示了穿过瓶颈的交通波，此时瓶颈处通行能力大于车流的流入率，因此交通波没有传播到上游。

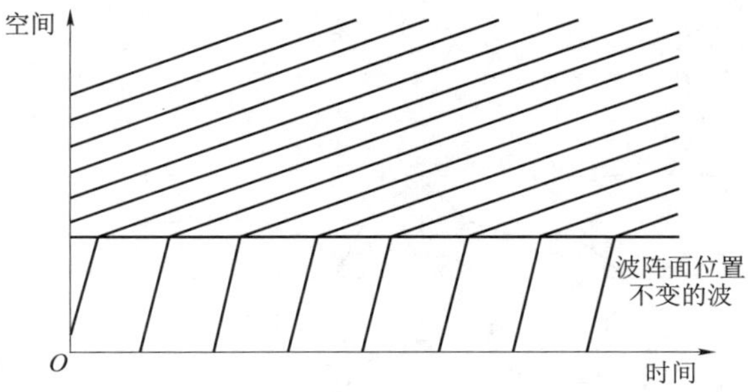

图 7-8 交通流中的波阵面位置不变的波
（交通拥堵的队尾位置不变）

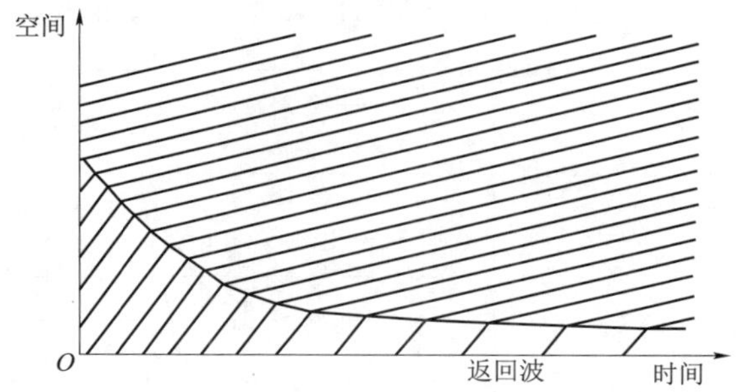

图 7-9 交通流中的返回波
（交通拥堵的队尾向上游蔓延）

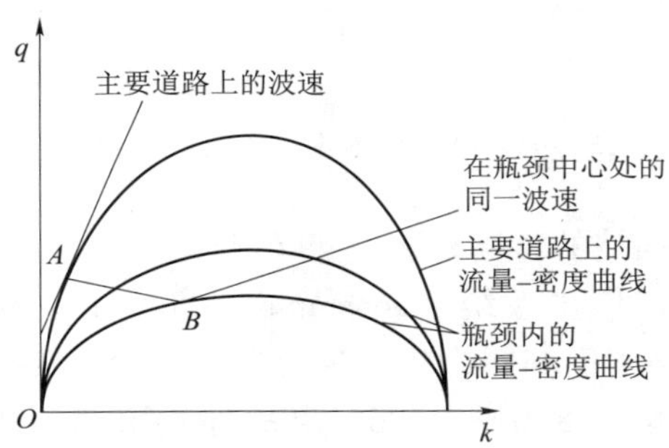

图 7-10 瓶颈路段流量-密度曲线变化图

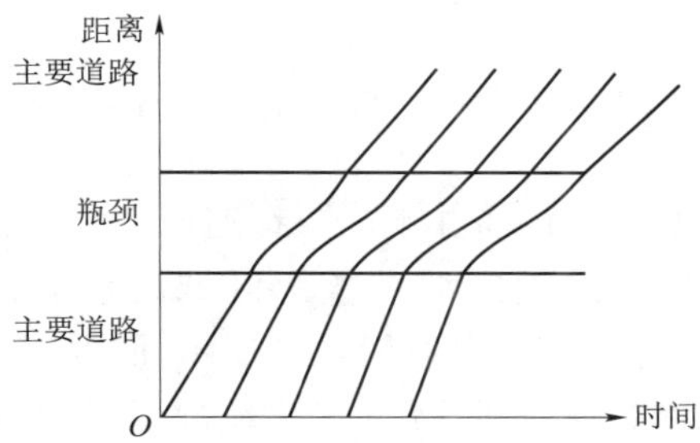

图 7-11 穿过瓶颈的交通波

如果上游车流的流入率超过瓶颈处的通行能力，并且这种情况延续一定时间，那么就与前面所讨论的高峰时段产生的交通波类似。图 7-12 显示了对上述情况的分析。运载流量大于瓶颈通行能力的波不能通过瓶颈路段（这里讨论的是理论中的波，但是只要给予时间，实际的交通流最终总会通过瓶颈）。低流量的波以较高的速度到达瓶颈区，当高速波到达瓶颈时，车流状态从具有较大通行能力的流量-密度曲线跳到另一通行能力较低的流量-密度曲线（见图 7-12），导致车流速度降低。当来到的车流量增加时，波速就会减小，最终，波速减小到 0；车流量继续增加，波速变为负值，开始向上游传播。只要来到的车流量超过该瓶颈的通行能力，返回波就会继续向上游移动。

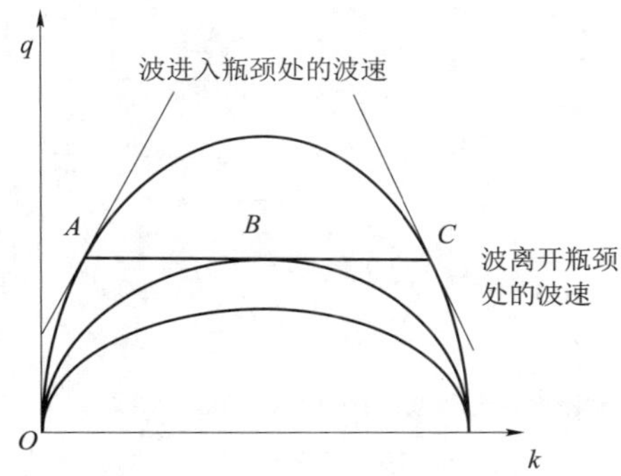

图 7-12 瓶颈路段流量-密度曲线

然而，在实际情况中，很难观测到波速为正的情况，且当波速为正时，道路处于畅通状态，该情况下的交通波传播对于实际交通状况改善的意义不大，因此，对于波速的研究，多从返回波即波速为负的情况出发进行分析。对于相同的路段，由于 24 h 流量的差异，将导致交通波速度也会不断变化，且在不同等级道路上，交通波传播的速度存在明显的不同，如图 7-13 所示。由图可知，快速路的交通波传播速度在全天都是最高的，支路的波速最低，且在早高峰和晚高峰时段，路段的波速达到峰值。

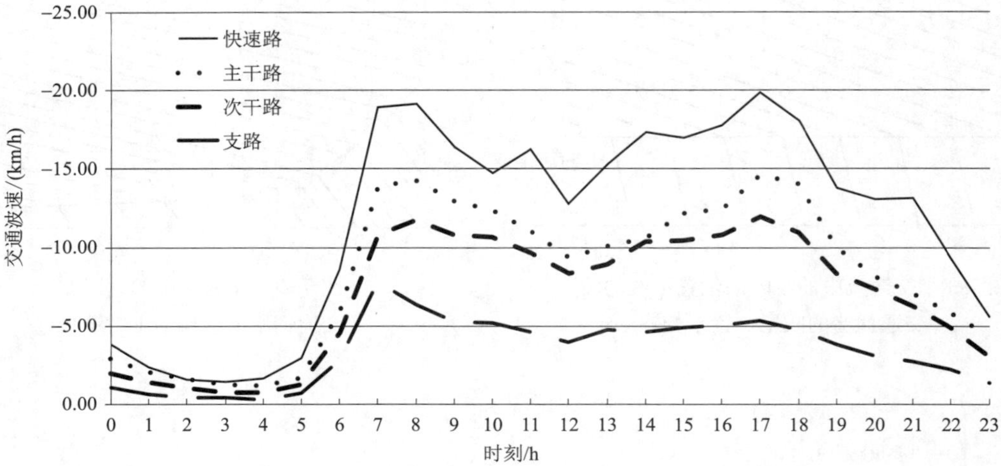

图 7-13 不同等级道路的交通拥堵蔓延波速的时变图

交通波的传播并不局限在路段上，尤其是返回波的传播易通过交叉口传播到相交的道路上，由此导致返回波在整个区域的扩散，在地理信息系统（geographic information system, GIS）软件平台，可以清楚地展示拥堵波在区域路网上的网络化蔓延特性，如图 7-14 所示。其中图示区域的拥堵由交通事故导致，时间为早上 8:00—9:00，事故导致道路两条车道堵塞。

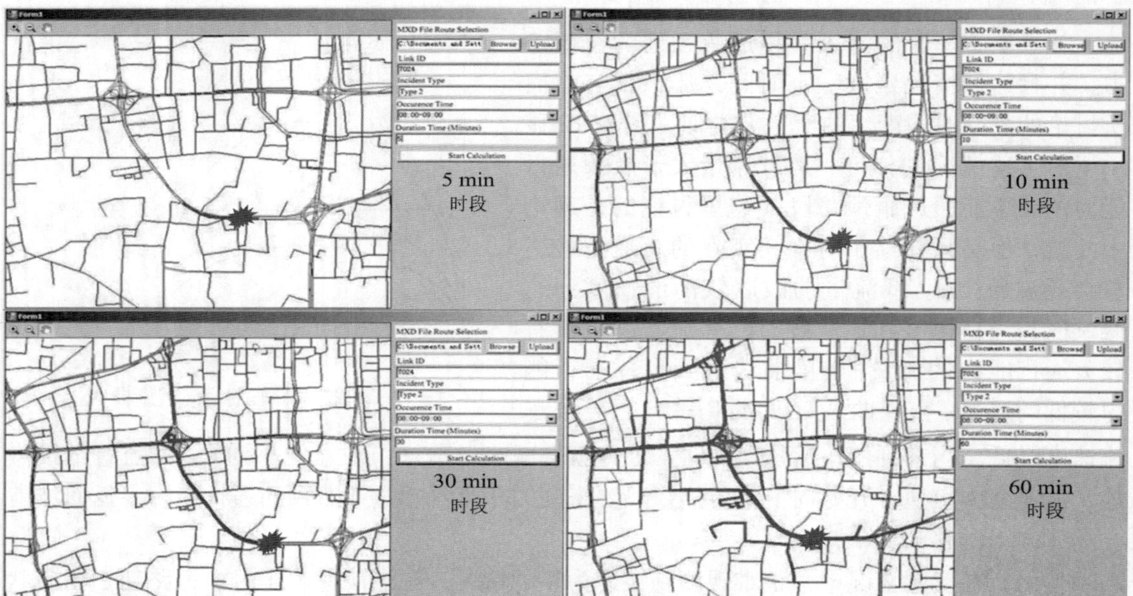

图 7-14 交通拥堵的网络化蔓延形态

拥堵波的传播在交通管制解除或是交通事件清除之后，不会再继续向下传播，此时进入拥堵区域的流量低于拥堵区域的通行能力，会出现拥堵消散的情况，且拥堵消散受到多因素的影响，会呈现两类不同的典型形态，如图 7-15 与图 7-16 所示。

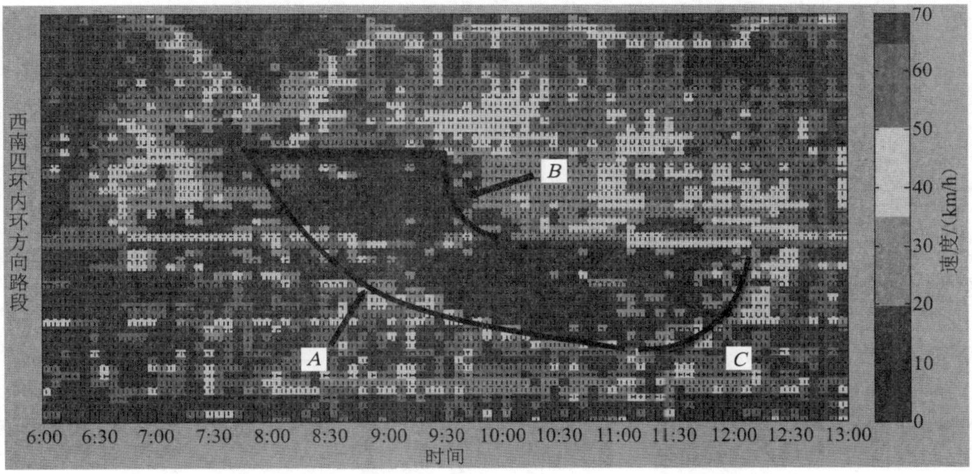

图 7-15　交通事件（管制）解除后的拥堵消散形态

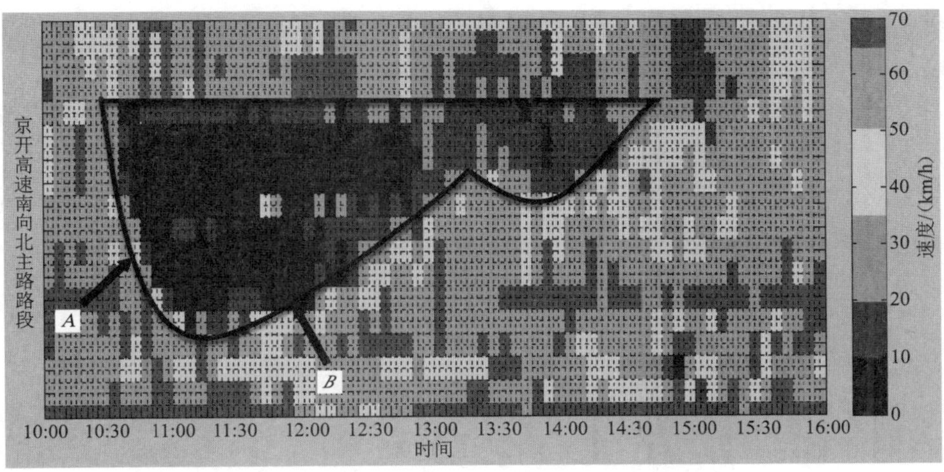

图 7-16　交通需求减少场景下的拥堵消散形态

（1）由于交通事故（管制）解除，通行能力释放，导致拥堵的“下游边界”由下游向上游方向消散，如图 7-15 中的 *B* 曲线位置。

（2）由于交通需求减少（背景交通需求减少，以及拥堵信息发布导致的需求减少），导致拥堵的上游边界由上游向下游方向消散。如图 7-16 中 *B* 曲线位置和图 7-15 中的 *C* 曲线位置。

事实上，交通需求的降低也是拥堵蔓延速度降低的主要原因。如图 7-15 中的 *A* 曲线和图 7-16 中的 *A* 曲线，都表现出拥堵蔓延速度降低直到为 0 的过程，这个过程可以由交通需求的降低来解释。可结合图 7-7～图 7-9 来理解上述内容。

7.3.4 用于特定的速度-密度关系返回波的特性

以上分析尚未触及平均速度 u_1 与 u_2 及密度 k_1 与 k_2 之间的任何具体关系。如果采用 Greenshields 线性模型，则 $u_i=u_f(1-k_i/k_j)$。如果再进一步，设

$$\eta_i=k_i/k_j \tag{7-24}$$

则可以写成

$$u_1=u_f(1-\eta_1)\text{和}u_2=u_f(1-\eta_2) \tag{7-25}$$

式中：

u_f——交通流中畅行速度；

η_1，η_2——在阵面 S 两侧的标准化密度。

将这些数值代入式（7-13）得波速为

$$u_w=\frac{[k_1u_f(1-\eta_1)]-[k_2u_f(1-\eta_2)]}{k_1-k_2} \tag{7-26}$$

从式（7-24）得到的 η_1 和 η_2 的关系式可用来简化式（7-26），结果为

$$u_w=u_f[1-(\eta_1+\eta_2)] \tag{7-27}$$

这就是用标准化密度表示的波速公式。

1. 密度接近相等的情况

如图 7-17 所示，在阵面 S 两侧的标准化密度接近相等。S 左侧的标准化密度为 η，而 S 右侧的标准化密度为 $\eta+\eta_0$，这里 $\eta+\eta_0\leqslant 1$ 且 η_0 趋近于 0。在此情况下，设

$$\eta_1=\eta\text{ 和 }\eta_2=\eta+\eta_0 \tag{7-28}$$

且

$$[1-(\eta_1+\eta_2)]=[1-(2\eta+\eta_0)]=c \tag{7-29}$$

式中：η_0 忽略不计。

若把式（7-28）代入式（7-27），则此连续的波以以下速度传播：

$$u_w=u_f(1-2\eta) \tag{7-30}$$

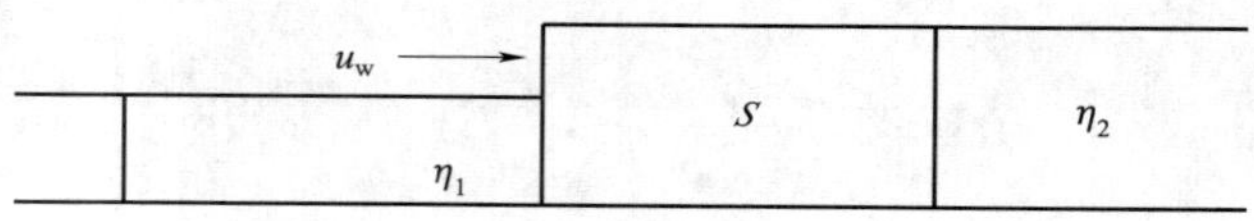

图 7-17 交通密度的微小不连续性

2. 停车波

假设一条交通运行路线采用标准化密度 η_1，平均速度为

$$u_1=u_f(1-\eta_1) \tag{7-31}$$

在道路上位置 $x=x_0$ 处，交通信号使行车停止，车辆立即呈现出饱和的标准化密度 $\eta_2=1$，如图 7-18 所示。在线 S 左侧，车流具有原来的标准化密度 η_1，按式（7-31）的平均速度继续运行。在这种情况下，将 $\eta_2=1$ 代入式（7-27）中，就得到返回波速度

$$u_w=u_f[1-(\eta_1+1)]=-u_f\eta_1 \tag{7-32}$$

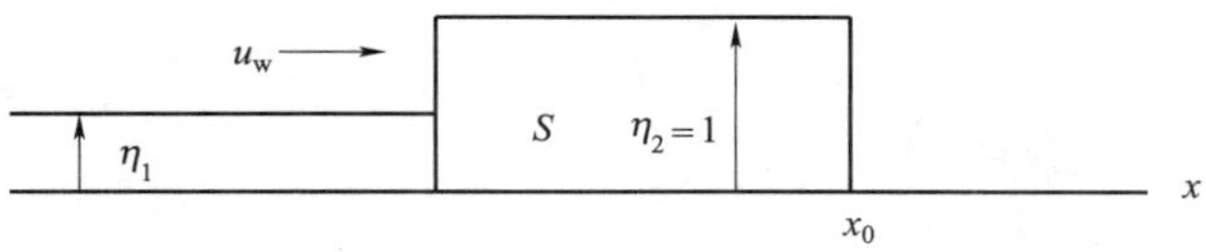

图 7-18　停车引起的返回波

式（7-32）表明车流停止运行而向后传播的返回波速度为 $u_f\eta_1$。如果信号在 $x=x_0$ 处、$t=0$ 时转变为红灯，则在时间 t 以后，一列长度为 $\eta_1 t$ 的车队就要停在 x_0 之后。

3. 启动波

为讨论由静止车队启动所引起的返回波性质，假定 $t=0$ 时，车队已经集聚在 $x=x_0$ 处的信号上游。该车队具有标准化密度 $\eta_1=1$。假定 $t=0$ 时，信号变绿灯，车辆以速度 u_2 向前运行。因为 $u_2=u_f(1-\eta_2)$，车队就具有以下的密度：

$$\eta_2=[1-(u_2/u_f)] \tag{7-33}$$

车队开始启动后就形成返回波。在式（7-27）中，代入 $\eta_1=1$ 及式（7-33），即可得到返回波速度：

$$u_w=u_f[1-(1+\eta_2)]=-(u_f-u_2) \tag{7-34}$$

所以，启动的返回波从 x_0 以 u_f-u_2 的速度向后传播。

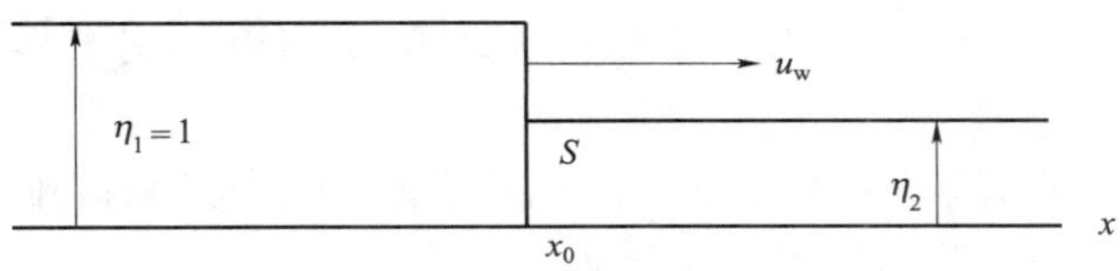

图 7-19　启动引起的返回波

7.3.5　实例应用

下面举一个简单例子演示波速的计算方法。

假设道路上有交通流量为 960 veh/h、密度为 12 veh/km、速度为 80 km/h 的交通流，如图 7-20 中的点 1 所示。一辆卡车以 20 km/h 的速度（图 7-20 中用矢量 20 的斜率表示）驶入以上交通流，行程 2 km。直接跟在这辆卡车后面的汽车因为不可能超车，所以都被迫调整速度，这样就形成了密度为 80 veh/km 的车队，区间平均速度为 20 km/h，车队流量为 1 600 veh/h，如图 7-20 中的点 2 所示。车队的尾部（在这个车队后面的畅行车辆赶上车队车辆）以图 7-20 中弦 1-2 斜率所表示的速度运行，所以

$$u_w=\frac{q_2-q_1}{k_2-k_1}=\frac{1\ 600-1\ 000}{80-12}=8.8(\text{km/h})$$

这样，车队的尾部相对于车行道以 8.8 km/h 的速度向前运行。但是，车队的头部则以 20 km/h 的速度向前运行。所以，车队的长度按照 20-8.8=11.2（km/h）的速度增长。卡车需要 0.1 h 走完 2 km 的路程，之后卡车转向离开，所形成车队的长度为 0.1×11.2=1.12（km），在 80 veh/km 的情况下，车队中有 89 辆汽车。注意，当车队在增长时，虽然尾部以 8.8 km/h 的速度向前运行，但是相对于车队里的汽车而言，尾部以 11.2 km/h 的速度向后

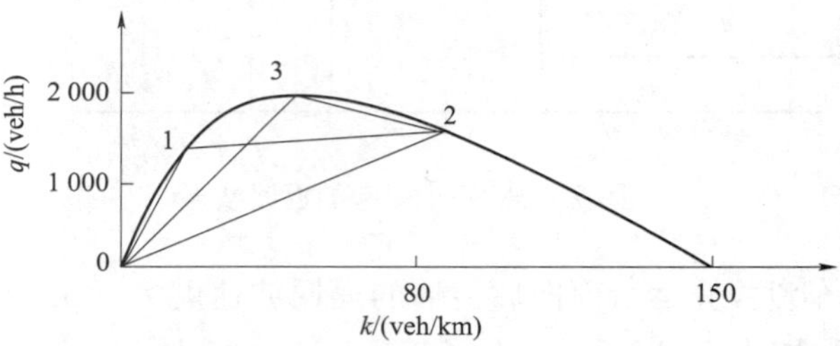

图 7-20 交通波实例分析示意图

减速。

在卡车转弯离开以后，车流量就增加到道路的通行能力。这种情况用图 7-20 中的点 3 表示，具有 2 000 veh/h 的流量和 32 veh/km 的密度，区间平均速度为 62.5 km/h。车队的头部以图 7-20 中弦 2-3 的斜率所表示的速度运行，波速为

$$u_w=\frac{q_3-q_2}{k_3-k_2}=\frac{2\ 000-1\ 600}{32-80}=-8.3(\text{km/h})$$

车队的尾部以 8.8 km/h 的速度向前运行的同时，车队的头部以 8.3 km/h 的速度移向尾部，车队（原长为 1.12 km）将在 1.12/(8.8+8.3)= 0.065（h）（约 4 min）内消散。

7.4 定量分析——信号交叉口车辆排队的形成和消散

交通波理论和具体的流量-密度模型一起可通过研究信号交叉口排队长度来说明。一列在信号交叉口排队等待的车队，如果此时车队的车辆数为 n，平均车头间距为 h，那么估计车队长度为 nh。假设绿灯相位刚刚开始，上游 N_1 辆车加入了车队，而前面的 N_2 辆车驶离车队，此时排队长度是$[n+(N_1-N_2)]h$。然而，事实并非如此，因为绿灯刚刚开始时，无论 N_1 和 N_2 是否相等，排队长度都在发生变化。例如，如果 $N_1=N_2$，那么排队车辆数仍为 n，但是排队长度并不是 nh。因为车流的可压缩性，排队车辆的平均车头间距会减小。简单地采用流入量和流出量可以对排队状态进行分析，但不能精确估计排队长度。而连续流模型认为速度和密度有一定的函数关系，即 $u=f(k)$，可以体现车队的这种可压缩性，并对交叉口处车辆排队过程进行精确分析。Stephanopoulos 和 Michalopoulos 于 1979 年提出了这种分析方法，下面对其进行详细介绍。

图 7-21 显示了信号控制交叉口在一个饱和周期内排队的形成过程。图中 x 和 t 分别代表空间和时间。假设从停车线开始的 L 距离内没有出口和入口，并且认为 L 足够长，车辆排队不会充满这一路段，并假设停车线下游的交通流顺畅，没有阻塞现象。图中 L_1 和 L_1'分别代表信号周期 c 开始和结束时的排队初始长度和最终长度。

沿着 x 轴，点 B 对应停车线，点 A 对应绿灯相位开始时车队的队尾；$t=0$ 对应绿灯相位开始的时刻，在 AB 段内交通流达到阻塞密度，流率为零；A 的上游（L 段的剩余部分 L_2）车辆以平均流率 q_a 到达，L_2 上的密度是 k_a。用 c 表示周期时长，$c=g+r$，g、r 分别表示有效绿灯时间和红灯时间。绿灯相位结束时刻点 F 对应停车线，假设在绿灯相位（从点 B 至点 F）车流处于饱和状态，饱和流量为 q_m，对应的密度为 k_m。在红灯相位（从点 F 至周

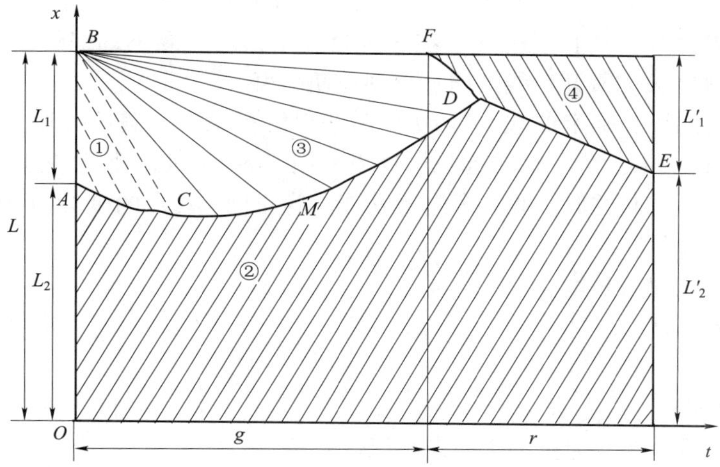

图 7-21 信号控制交叉口在一个饱和周期内排队的形成过程

期结束）停车线处是堵塞状态，$q=0$，$k=k_j$。从 $x=0$，$t=0$ 和 $x=L$ 出发绘制的特征线是由初始条件和边界条件确定的。这些特征线的斜率与流量-密度曲线上相应点的切线斜率一致。

例如，在 AB 段上特性曲线的斜率是负值，与流量-密度曲线在点$(k_j,0)$的切线一致，k_j 为堵塞密度。点 B 的密度由 k_j 很快变成 k_m。这样特征曲线在 B 点呈扇形展开，即斜率历经从 $\mathrm{d}q/\mathrm{d}k(k_j,0)$ 到 0 的所有可能值，斜率等于 0 时为最佳状态。按照这一方式，可以画出如图 7-21 所示剩下的特性曲线。图 7-22 显示了流量-密度曲线上相应点的切线斜率变化情况。

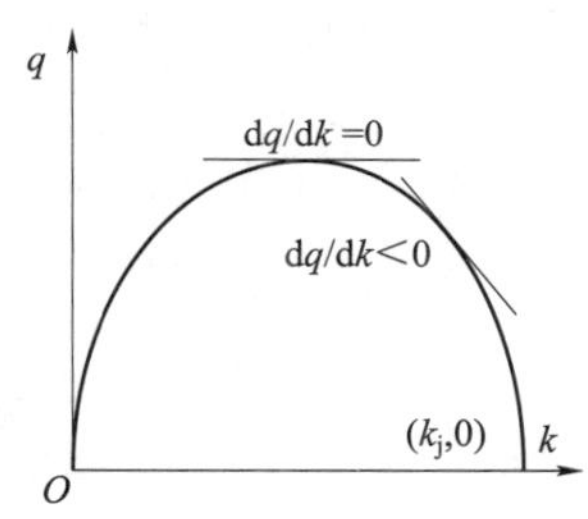

图 7-22 从堵塞密度到最佳密度流量-密度曲线斜率变化情况

如图 7-21 所示，从边界发出的特性曲线把整个时空区域$(0\leqslant x\leqslant L,0\leqslant t\leqslant c)$划分为 4 个流量-密度状况截然不同的区域。特性曲线的相交线，即为交通波曲线。在一个周期内，交通波曲线为 $ACMDE$，也就是队尾的时空边界。这条线代表了车队队尾的轨迹，并且它到停车线的垂直距离代表车队长度，由 $y(t)$ 表示。曲线 $ACMDE$ 上任意点处切线的斜率代表交通波（或车队队尾）沿道路向上游或下游传播的速度。

根据特性曲线的交线推演出曲线 $ACMDE$，就可以确定车队队尾的轨迹。首先，可以看到 A 点产生的线性交通波相对于停车线向后传播，该波在 C 点结束，那么直线 BC 代表最后一条由停车线发出、具有密度 k_j 的特性曲线。在 C 点之后，由于从区域③内呈扇形放射的特性曲线具有不同的密度，交通波向下游传播的密度是变化的，而向上游传播的密度恒为 k_a。这就是交通波 CMD 呈非线性的原因。事实上，正如曲线 CMD 的斜率所示，它以变化的速度传播。在绿灯相位结束（到达点 F）时，交通波 FD 产生，在 D 点与车队队尾相遇，并产生新的交通波面。交通波再一次形成波面下游的阻塞区，在下游（区域④）密度恒定为 k_j。最后，当一个周期结束时，L_1'代表了最终排队长度，也就是下一周期的初始排队长度。

需要指出的是，如果周期内车流未饱和，曲线 $ACMD$ 在绿灯时与停车线相交，点 D 落在停车线上，点 D 之后排队长度为零。在这种情况下，对于剩下的绿灯时间，车辆没有延误离开，在点 F 排队长度又开始线性增长直到周期结束。

下面通过解析的方法确定曲线 $ACMDE$。为获得解析结果，假设流量-密度或等价的速度-密度存在特定的关系。为了简单起见，这里采用 Greenshields 速度-密度线性模型，采用其他模型的解析过程与此类似。假设车流行驶方向为正向，B 点的坐标为$(0,L)$，即 $x_B=L$。所用到的变量含义如下。

- $y(t)$：时刻 t 排队长度；
- g：绿灯相位时长；
- r：红灯相位时长；
- c：周期时长；
- $g_{\min}$：使得排队车流完全消失的最小绿灯时长；
- u_f：自由流速度；
- k_j：阻塞密度；
- q_a，k_a：上游车流的到达率和密度；
- x_i，t_i，y_i：点 i 的相应坐标值。

基于前面的分析，可得以下结果。

从 B 点考察 C 点的坐标：

$$x_C=L-u_f t \tag{7-35}$$

从 A 点考察 C 点的坐标：

$$x_C=(L-L_1)-(k_a u_f/k_j)t \tag{7-36}$$

式（7-35）和式（7-36）联立，解得

$$x_C=L-[k_j L_1/(k_j-k_a)] \tag{7-37}$$

$$t_C=k_j L_1/u_f(k_j-k_a) \tag{7-38}$$

$$y_C=k_j L_1/(k_j-k_a)=L-x_C \tag{7-39}$$

曲线 CMD 上的点与停车线之间的垂直距离为

$$y_{CMD}=[u_f+h(k_a)]t_C^{\frac{1}{2}}-h(k_a)t \tag{7-40}$$

式中：$h(k_a)=u_f[1-(2k_a/k_j)]$。

$$t_M=[u_f+h(k_a)]^2 t_C/4[h(k_a)]^2 \tag{7-41}$$

$$y_M=[u_f+h(k_a)]^2 t_C/4[h(k_a)] \tag{7-42}$$

$$y_{FD}=u_f t-u_f(tg)^{\frac{1}{2}} \tag{7-43}$$

$$t_D=\{t_C^{\frac{1}{2}}+[u_f(g)^{\frac{1}{2}}/u_f+h(k_a)]\}^2 \tag{7-44}$$

$$y_D=u_f\{t_C-[u_f h(k_a)g]/[u_f+h(k_a)]^2+[u_f-h(k_a)](gt_C)^{\frac{1}{2}}/[u_f+k_a]\} \tag{7-45}$$

$$y_{DE}=y_D+[u_f k_a(t-t_D)/k_j] \tag{7-46}$$

$$y_E=L_1'=L_1+[(k_a u_f c)/k_j]-[k_j u_f g]/4(k_j-k_a) \tag{7-47}$$

$$t_E=c \tag{7-48}$$

如果在绿灯相位内，排队车辆能够消散，那么消散的时间为

$$g_{\min}=[(y_C/t_C)+h(k_a)]^2 t_C/[h(k_a)]^2 \tag{7-49}$$

在这样的周期内，最终排队长度 L_1' 与初始长度 L_1 无关，值为

$$y_E=L_1'=(c-g)(k_a u_f)/k_j \tag{7-50}$$

这样通行能力逐渐变化的情况也能被考虑进去。

7.5 高阶连续模型

LWR 模型可以描述交通波的产生与消散及传播行为，但是还存在一定的缺陷：LWR 模型认为车辆速度始终满足平衡关系，不能正确描述实际上多数处于非平衡态的车流运动，无法反映车流在一定条件下失稳、形成时走时停等交通现象。

7.5.1 动力学方程

实际上驾驶人对速度的调整需要一个反应过程，车辆本身的动力、传动装置等都要有一个调整时间，故车速的变化总比前方 $x+\Delta x$ 处密度的变化滞后一段时间 τ，即

$$u(x,t+\tau)=u_e[k(x+\Delta x,t)] \tag{7-51}$$

把式（7-51）左侧对 τ、右侧对 Δx 进行泰勒级数展开并略去高阶项，得到

$$u(x,t)+\tau\frac{\mathrm{d}u(x,t)}{\mathrm{d}t}=u_e[k(x,t)]+\frac{\mathrm{d}u_e[k(x,t)]}{\mathrm{d}k}\cdot\frac{\partial k}{\partial x}\Delta x \tag{7-52}$$

经实际观测与研究发现，取 Δx 为平均车头间距为宜，即 $\Delta x=1/k$。由速度-密度关系可知 $\mathrm{d}u_e(k)/\mathrm{d}k\leqslant 0$，这里假定 $\mathrm{d}u_e(k)/\mathrm{d}k=-c_0^2$，为常数。同时将$\frac{\mathrm{d}u}{\mathrm{d}t}$写成全导数的形式，得

$$\frac{\mathrm{d}u}{\mathrm{d}t}=\frac{\partial u}{\partial t}+u\frac{\partial u}{\partial x}=\frac{1}{\tau}[u_e(k)-u]-\frac{c_0^2}{\tau k}\cdot\frac{\partial k}{\partial x} \tag{7-53}$$

式（7-53）就是车辆运动的动力学方程，用该方程取代 LWR 模型中的平衡速度-密度关系，结合守恒方程，就构成了高阶连续模型。由于高阶连续模型允许速度偏离平衡速度-密度关系，因此能够更加准确地描述实际车流运动，既可以得到非线性波传播特性，如阻塞形成和疏导，又能分析车流小扰失稳、走走停停等特性。自 20 世纪 70 年代以来，众多学者对高阶连续模型进行了研究，取得了丰硕的成果。

7.5.2 高阶模型发展简介

如前所述，驾驶行为的感知时间、反应时间及车辆的加减速特性，导致交通流的状态变化与经典的流体状态变化相比，具有时间延迟特性，从而使得连续方程模型在微观层次（短时间）的交通流分析应用方面存在一定的局限性，因此 Payne 等人尝试引入车辆动力学方程来改进模型，从而提出了高阶连续方程模型。

各种高阶模型的不同之处在于动力学方程的差异，因此这里只给出各种模型的动力学方程。1971 年，Payne 将 Newell 的优化速度跟驰模型中的微观变量转化为宏观变量，提出以下动力学方程：

$$\frac{\partial u}{\partial t}+u\frac{\partial u}{\partial x}=-\frac{D(k)}{kT}\cdot\frac{\partial k}{\partial x}+\frac{u_e-u}{T} \tag{7-54}$$

式中：$D(k)=1/2|\mathrm{d}u_e/\mathrm{d}k|\geqslant 0$；$T$ 为松弛时间。

式（7-54）右边第一项为预期项，表明驾驶人对前方交通状况的反应，如果前方车流密度大就减速，反之加速；右边第二项为松弛项，表明驾驶人调节车辆速度以期达到平衡速度的过程。Payne 采用有限差分法对方程进行求解，并于 1979 年编制了著名的 FREFLO 软件，有史以来首次将交通仿真模型用于工程实践，但是实践结果不甚理想，甚至在定性上都不能反映真实交通状况。此后，Payne 对模型稳定性进行分析，发现该模型的稳定均匀解在整个密度范围对涨落扰动都是稳定的，因此该模型不能描述熟知的高于临界密度的自组织时走时停现象。后来 Payne 对式（7-54）中的 $D(k)$进行了改进，解决了相关问题。

1988 年 Ross 提出以下动力学方程：

$$\frac{\partial u}{\partial t}+u\frac{\partial u}{\partial x}=\frac{u_f-u}{T} \tag{7-55}$$

式中：u_f——自由流速度。

1993 年，Michaloupoulos 等将动力学方程改写为

$$\frac{\partial u}{\partial t}+u\frac{\partial u}{\partial x}=-\sigma k^{\beta}\frac{\partial k}{\partial x}+\frac{u_f-u}{T} \tag{7-56}$$

式中：σ，β——常数。

另外，还有学者在动力学方程右端再加入类似黏性流体的二阶导数项，得到类似 Navier Stokes 方程的交通流动力学方程，如 Kuhne 提出以下的动力学方程：

$$\frac{\partial u}{\partial t}+u\frac{\partial u}{\partial x}=-\frac{c_0^2}{k}\cdot\frac{\partial k}{\partial x}+\frac{u_e-u}{T}+v\frac{\partial^2 u}{\partial x^2} \tag{7-57}$$

式中：

u——常数；

c_0——小扰动传播速度。

式（7-57）右端第三项为黏性项，它起到光滑交通激波的作用，能够顺滑 Payne 模型所包含的不连续性。Kuhne 研究了动力学方程的波动解，发现交通流连续模型与开放水槽中的水波具有相似的性质，在一定条件下 Kuhne 模型能够产生自组织的时走时停交通和幽灵堵塞。Kerner、Konhauser 及 Lee 等人提出用与密度成反比的黏性系数来取代 Kuhne 模型中的常数黏性系数，动力学方程如下：

$$\frac{\partial u}{\partial t}+u\frac{\partial u}{\partial x}=-\frac{c_0^2}{k}\cdot\frac{\partial k}{\partial x}+\frac{u_e-u}{T}+\frac{u}{k}\cdot\frac{\partial^2 u}{\partial x^2} \tag{7-58}$$

式中：u——常数。

数值模拟发现该模型能够再现交通流的绝大多数特征。应用该模型，Kerner 和 Konhauser 率先研究了交通流的亚稳态特性和局部集簇现象。

上述高阶模型存在一个普遍问题，就是交通波的传播速度大于车辆的速度，车辆尚未到达前方，后车的扰动已经到达，即后车的扰动会影响前车的行为。这是不符合实际情况的，

违背了交通流的基本原则：车流是各向异性的，车辆只能对来自前方的扰动产生反应而不受后车行为的影响。这一问题导致了某些条件下车辆倒退现象。

针对上述问题，姜锐等提出速度梯度模型，该模型以速度梯度取代传统模型中的密度梯度项，使得特征速度不会大于宏观车流速度。速度梯度模型是由全速度差跟驰模型转化而来的。动力学方程如下：

$$\frac{\partial u}{\partial t}+u\frac{\partial u}{\partial x}=\frac{u_e-u}{T}+c_0\frac{\partial u}{\partial x} \tag{7-59}$$

式中：c_0——大于 0 的常数，表示运动车流小扰动向后传播速度。

张安胜根据 Pipes 的跟驰模型，提出了各向异性的连续交通流模型。动力学方程如下：

$$\frac{\partial u}{\partial t}+u\frac{\partial u}{\partial x}=c(k)\frac{\partial u}{\partial x} \tag{7-60}$$

式中：$c(k)=-kue'(k)\geqslant 0$。

式（7-60）没有密度梯度项，所有特征速度均不大于车流速度，最大特征速度等于车速，因此不存在车辆倒退问题。

复习思考题

1. 已知一条单车道道路如图 7-23 所示，路段 A、B、C 的流量和速度分别为：$q_A=$ 1 250 veh/h，$u_A=90$ km/h；$q_B=1\ 000$ veh/h，$u_B=32$ km/h；$q_C=1\ 200$ veh/h，$u_C=64$ km/h。试求 $u_w(AB)$（AB 返回波速度）和 $u_w(BC)$（BC 返回波速度）。

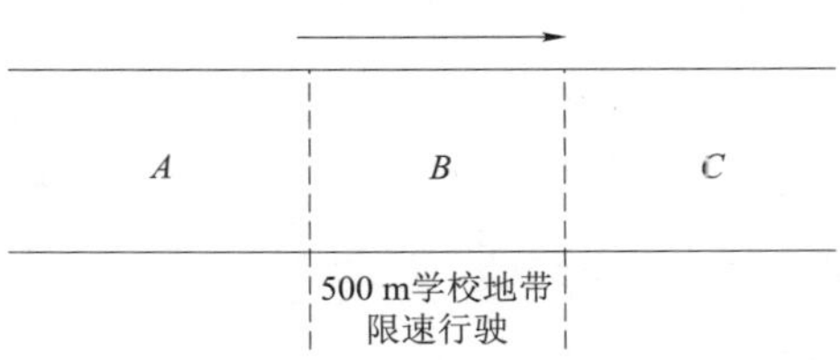

图 7-23　题 1 图

2. 一条车道上车流以畅行速度 $u_f=60$ km/h 运行，其密度为 25 veh/km，此交通流在信号灯前停了 3 s，停车波的速度与方向是什么？因信号灯停下来的汽车队列长度是多少？多少辆汽车因信号灯停下来（假设阻塞密度为 $k_j=130$ veh/km）？

3. 假设临近信号灯的一条单车道，入口交通量为 400 veh/h，通行能力为 1 600 veh/h，红灯时间为 25 s，阻塞密度为 130 veh/h。假定车流速度-密度满足 Greenshields 线性模型，那么，在信号变绿灯时汽车队列占据距离是多少？从停车线算起的距离是多少才能满足全部停车要求？

4. 根据交通波波速的计算公式，以信号交叉口为场景，请描述交通流的波动行为和停车波、启动波的产生过程。

5. 相对于高阶连续流模型，简单连续流模型的主要缺陷是什么？高阶模型是如何进行改进的？

6. 交通波描述了两种交通状态的转化过程，图 7-24 所示 A、B 两点代表两种交通流状态，当这两种交通流状态相遇时便产生了交通波，波速为 A、B 连线的斜率。试分别描述下列 5 个图形中交通流的运动状态，交通波的运动方向，并解释实际情况何时会出现这种状态？

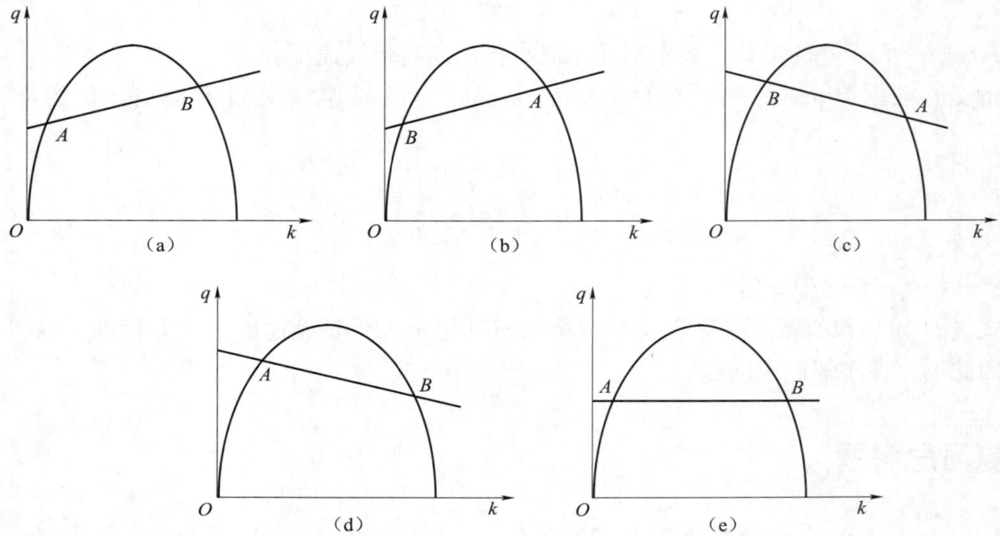

图 7-24 题 6 图

第 8 章

宏观交通流模型

8.1 概　　述

城市路网机动性是表征居民生活质量的重要指标之一，也是交通处于发展状态且开始拥堵的城市所面临的重要问题。无论是采取交通信号配时优化，还是进行局部物理渠化，改进交通流状况在技术上并不困难。真正的困难在于评估这些策略和措施的效果。许多现行的方法能够有效地评价一个交叉口或一条干道性能的改变。但是，当这些相对独立的个体构件构成交通网络时，这些方法对网络层次整体性能的评价就显得无能为力了。因此，有必要寻找一种可靠、一致的方法来评价交通网络的整体性能和运行质量。

路网整体性能和运行质量的评价，对交通管理者更为重要。不仅用于评价对策措施效果，也常用于交通缓堵或运行改善资金的规划与分配。

交通系统的性能是该系统对给定的交通需求水平的反映。交通系统包括网络拓扑结构（道路宽度和形态）及交通控制系统（交通信号、单向和双向通行道路、车道形态）。起点与终点之间的出行数量、期望到达和/或离开的时间构成了交通需求水平。交通流理论在单个交叉口和干道使用 3 个基本变量——速度、流量、密度来衡量交通流。只要定义适当，这 3 个变量同样可以用于描述整个网络的交通状况。当需考虑网络组成部分的交互作用时，这种描述必须能够克服现有交通流理论的不足之处。

本章从宏观角度分析交通网络，讨论交通网络运行和性能评价的基本理论与方法。

8.2 行程时间模型

8.2.1 行程时间等高线图

行程时间等高线图能展现特定时间内道路网络的运行状况概貌。车辆从网络中的指定地点出发，根据网络的性能，可以求出在指定时间到达的任何地点，从而得到行程时间等高线图。建立行程时间等高线图用于提供网络中的平均行程时间和平均车速，如图 8-1 所示，是网络性能的一种评价方式。但行程时间等高线图的信息是有限的，限定于某一单点为起点的性能，应用于其他地点的研究必须重复进行。此外，仅以一个变量（如行程时间或速度）来捕捉网络性能比较困难，因为在同一速度下网络也可能提供不同的服务水平。这一类模型包括以距中心商务区（central business district，CBD）的距离来推算平均网络行程时间或速度的函数。

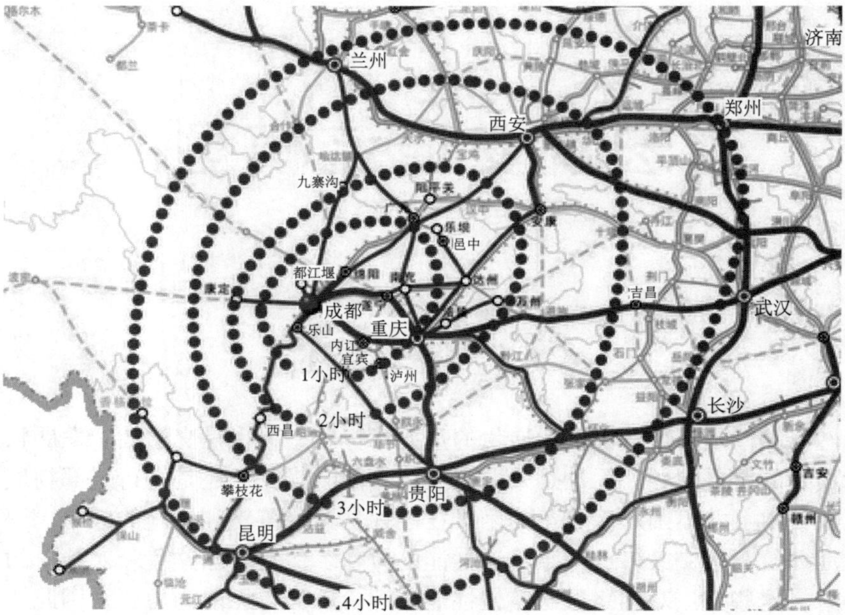

图 8-1 行程时间等高线图

8.2.2 一般交通特性函数

Vaughan、Ioannou 和 Phylactou（1972）用英国 4 个城市的相关数据假设了几个一般模型。交通强度［单位面积的行驶距离，I，单位：veh/(h·km)］，它随着距 CBD 距离的增加而降低，其模型为

$$I=A\exp(-\sqrt{r/a}) \tag{8-1}$$

式中：

r——距 CBD 的距离；

A，a——参数。

4 个城市分别对应其各自的 A、a 值，A 值在高峰和非高峰期有所不同。4 个城市的数据如图 8-2 所示。

主要道路面积率 f 与距 CBD 的距离之间有相似的关系：

$$f=B\exp(-\sqrt{r/b}) \tag{8-2}$$

式中：

f——主要道路面积率；

B，b——每个城市的参数。

交通强度与主要道路面积率 f 之间线性相关。同样，平均速度与距 CBD 的距离也线性

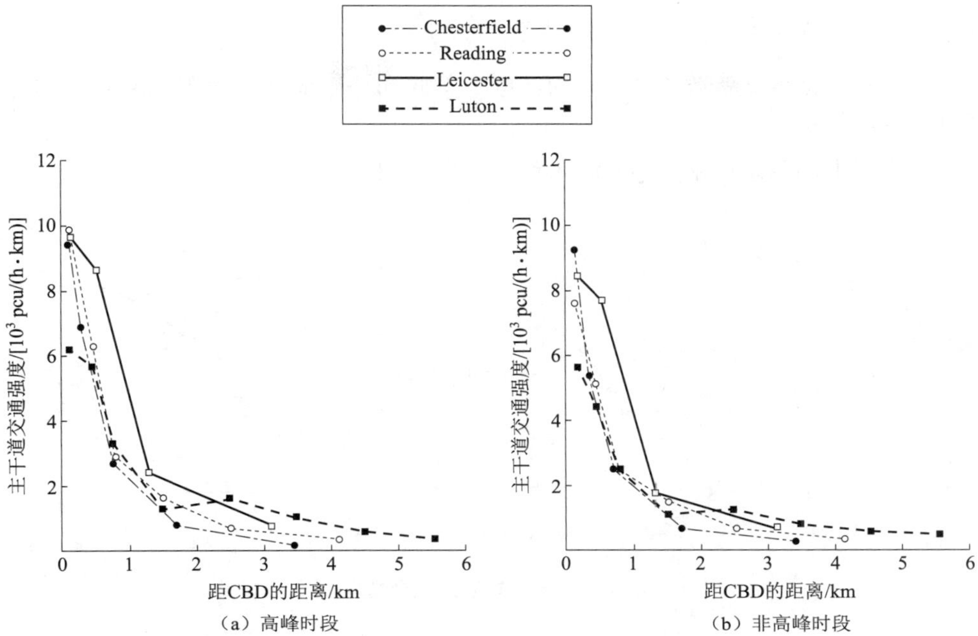

图 8-2　交通强度与距离 CBD 的关系数据拟合图

相关。由于只考虑了主要道路，所以结果决定于所选择的主要道路，在一定程度上较为主观。

8.2.3　平均速度函数

Branston 通过对英国 6 个城市的资料分析得出了 5 个平均速度 u 与距 CBD 距离 r 之间的函数关系。通过最小二乘法对每一城市数据及 6 个城市数据总体进行拟合。城市中心被定义为放射形街道交叉处，且 CBD 区域的平均速度指所选中心周围半径为 0.3 km 区域内的速度。每一路段的平均速度通过以实际行程时间（mile/min）划分的路段长度来获得，a、b、c 为待估计的参数。几个平均速度的函数如下：

势曲线：
$$u=ar^b \tag{8-3}$$

势曲线由 Wardrop 于 1969 年提出，但是该函数预测出城市中心区速度等于 0（当 $r=0$ 时）。相应地，Branston 有针对性地提出了更一般的模型：

$$u=c+ar^b \tag{8-4}$$

式中：

c——城市中心区的速度。

在 Branston 数据中没有一个城市有限制平均速度的一个明确的最大值，所以这种严格呈线性关系的函数需要单独验证：

$$u=a+br \tag{8-5}$$

负指数函数模型：
$$u=a-be^{-cr} \tag{8-6}$$

此模型已经由单个城市数据进行拟合（Angel 和 Hyman 于 1970 年提出）。这个负指数函数模型渐进地趋向最大平均速度。

Lyman-Everall 函数：

$$u=\frac{1+b^2r^2}{a+cb^2r^2} \tag{8-7}$$

此模型在城市边缘也显示出最大平均速度。它起初分别应用于放射形和环形道路数据，在此适用于所有道路。

图 8-3 为以上函数采用来自 Nottingham 数据曲线图。

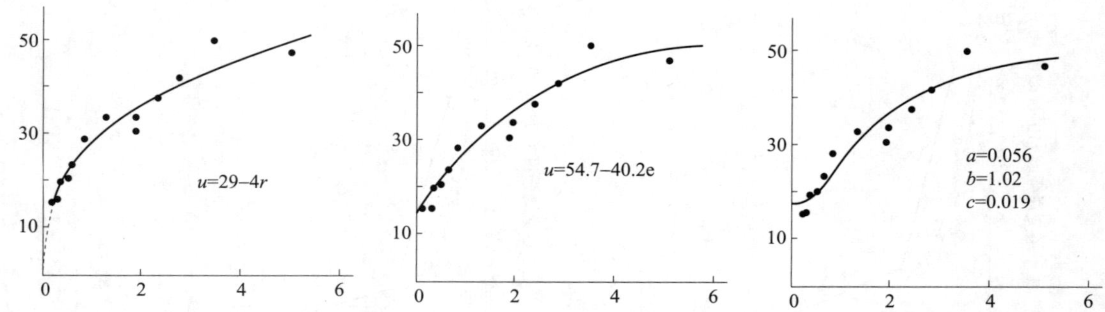

（a）势函数　（b）负指数函数　（c）Lyman-Everall函数

图 8-3　3 种模型的拟合情况

由图 8-3 可以看出，3 个函数都能真实地预测城市边缘的平均速度的稳定性，但只有 Lyman-Everall 函数［见图 8-3（c）］能够显示 CBD 内平均速度的稳定性。然而，势曲线比 Lyman-Everall 模型整体上的拟合效果更好，应用也更普遍。负指数函数在某种程度上优于势曲线，但是由于其估计时过于复杂（Lyman-Everall 模型也同样具有此特点），适用性稍差。后来有研究指出，截去势曲线函数中的衡量中心区速度的部分，可以克服城市中心区估计速度为零的缺点。

8.3　网络容量模型

交通网络容量，通常指在一定条件下交通基础设施网络所能提供的最大可能的服务能力。要特别注意以下两点。

（1）交通出行的时空消耗特性。路网容量同时具有空间、时间两方面的资源约束。车辆在低速时密度大、占用空间小，但对路网的时间资源消耗大，因此不是路网容量的对应状态。速度高时单车占用的时间资源小，单车头间距大，空间消耗大，也不是路网容量的对应状态。

（2）路网容量必然是某种条件下的值，即在特定的速度（甚至驾驶自由度、舒适等）要求下，路网所能提供的最大服务容量。也就是说，用户或管理者对路网服务水平要求不同，路网容量也不同。

Wardrop 和 Smeed 早期的工作大部分是应用改进的宏观模型处理主干路问题，后来拓展为一般网络容量模型。

8.3.1　网络容量

Smeed 于 1966 年提出考察城市中心区交通能力的方法，模型如下：

$$N=\alpha fC\sqrt{A} \tag{8-8}$$

式中：

N——单位时间进入城市中心区的车辆数，取决于道路网络的设计、道路的宽度、交叉口控制类型、交通空间分布、车辆类型；

α——常数；对于网络结构、形状、控制类型、车辆相似的城市来说，主要的变量为

A——城市的面积；

f——道路面积占地比例；

C——通行能力（表示在单位时间、单位车道宽度上通过的车辆数）。

一般把f与$(N/C\sqrt{A})$的关系按3种路网类型划分，如图8-4所示。斯密德用沃德洛尔的速度-流量模型在伦敦对C值进行了估计。

$$q=2\,400-0.\,220u^3 \tag{8-9}$$

式中：

u——路网平均速度，km/h；

q——平均流量，pcu/h。

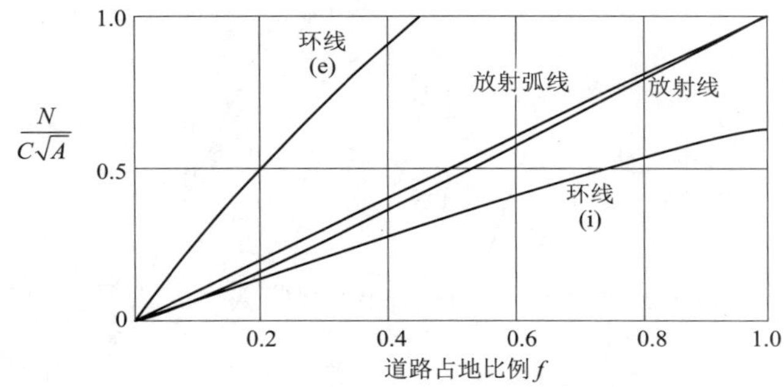

图8-4 3种一般网络形态下的f与$N/C\sqrt{A}$的关系

用式（8-9）除以平均道路宽度42 feet，得到

$$C=58.\,06-0.\,005\,32u^3 \tag{8-10}$$

另一不同的速度-流量模型为路网平均速度在16 km/h以下的情况提供了更好的拟合。结果为

$$C=68-0.\,13u^2 \tag{8-11}$$

图8-4中环线(e)为不包括环路区域，环线(i)为包括环路区域。通过多个城市的数据可以标定α值（或得到经验值），从而得到网络交通能力的测算模型。以伦敦为例，20世纪60年代初的测算模型为

$$N=(33-0.\,003u^3)f\sqrt{A} \tag{8-12}$$

式中：

u——路网平均速度，mile/h；

A——城市的面积，ft^2；

f——道路占地比例。

8.3.2 路网的平均速度-平均流量的关系

Thomson 于 1976 年利用伦敦中心区的数据建立了线性速度-流量模型。数据为路网范围内的平均速度和平均流量。平均速度是由循环于伦敦中心区的车辆按照预先设定的路径行驶获取；平均流量是通过把受测路径上的流量转化为对应的当量小客车交通量，然后再根据路径长度进行加权平均获得。上述实验在 1952—1966 年中，每隔两年开展一次。

由图 8-5 可以看出：在 8 组数据中，每组的数据都包括高峰期和非高峰期两个数据点，每一点对应包含平均速度和流量；每组的两个数据点连线斜率均为负值；速度-流量曲线随年份呈现向右移动趋势，表明路网整体的通行能力（定义为给定速度下可能达到的流量）随时间推移而增长——可能是由于道路网络结构、交通控制水平，以及车辆性能的改善等原因造成的。

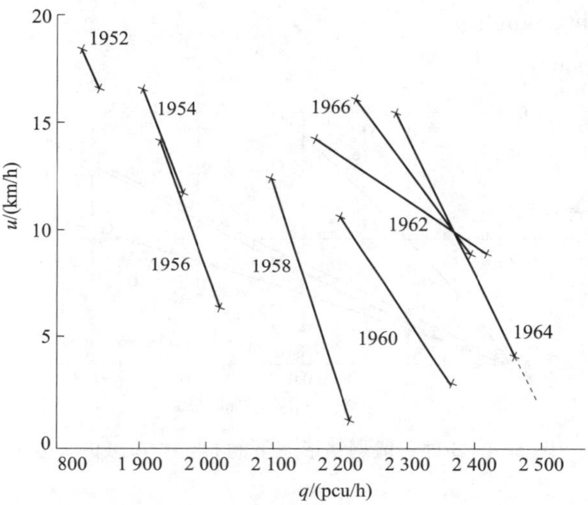

图 8-5 伦敦中心区（1952—1966）速度-流量关系
（高峰期与非高峰期）

由于两个数据点不足以确定“速度-流量”曲线的形状，把 16 个点放在一起观察，可以得到一个清晰的关系，如图 8-6 所示。图中，考虑了不同年份的路网整体通行能力的变化，按可比性对数据进行了调整。使用线性回归得到下式：

$$u=30.2-0.0086q \tag{8-13}$$

式中：

u——路网平均速度，mile/h；

q——平均流量，pcu/h，其关系如图 8-6 所示。

经单位换算后，公式（8-13）表明路网的平均自由流速度约为 48.6 km/h。由于图 8-6 中没有低流量的样本，所以自由流速度还需进一步研究。Thomson 采用连续收集的周日的资料，得到低流量数据点。这一关系如图 8-7 所示。图 8-7 中同时显示其路网的平均自由流速度约为 34 km/h。

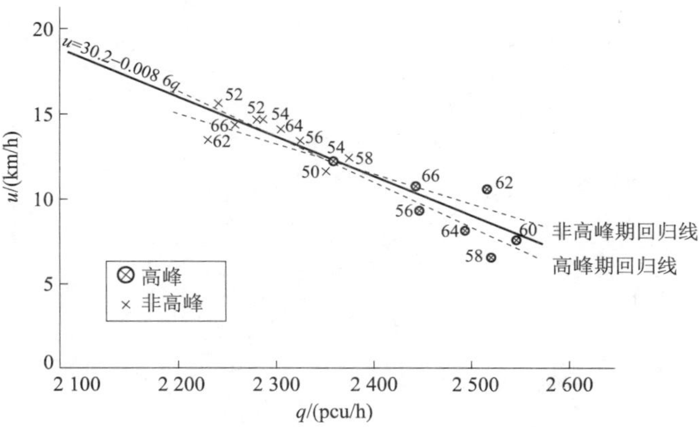

图 8-6 速度和流量回归曲线（1952—1966）

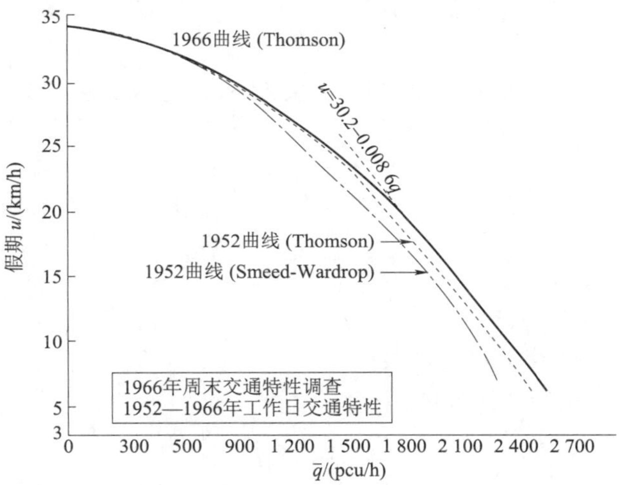

图 8-7 估计得到的速度-流量关系（伦敦中心区主要道路网）

路网速度与流量的关系与所处的地理位置关系密切，市中心交叉口多的地方与郊区交叉口少的地方获得的研究结果差别很大。选定的伦敦中心区可以分成内部区域与外部区域，主要区别在于其交通信号的密度，分别为每英里 7.5、3.6 个。内、外区域速度和流量关系显著不同（也表示路网性能的高低），如图 8-8 所示。

内部区域的回归方程为

$$u=24.3-0.0075q \tag{8-14}$$

外部区域的回归方程为

$$u=34.0-0.0092q \tag{8-15}$$

Wardrop 于 1968 年研究了综合考虑平均街道宽度与平均信号间距情况下平均速度与流量的关系，其中，平均速度包括停车时间。为了获得平均速度，必须考虑信号控制交叉口的延误及在信号控制的交叉口之间的行驶速度，其中行驶速度为平均速度。由于速度是行程时间的倒数，其关系为

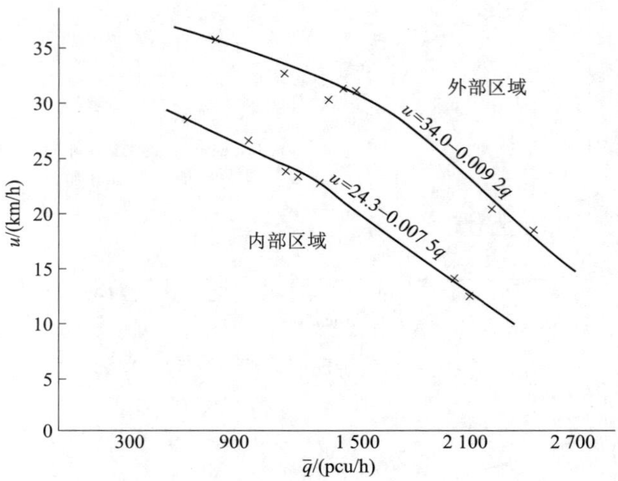

图 8-8　中心区内、外区域的速度-流量关系

$$\frac{1}{u}=\frac{1}{u_r}+fd \tag{8-16}$$

式中：

u——平均速度，mile/h；

u_r——行驶速度，mile/h；

d——一定时间内每个交叉口的延误；

f——每英里信号控制交叉口数量。

假设：

$$u_r=a\left(1-\frac{q}{Q}\right) \text{ 且 } d=\frac{b}{1-\frac{q}{\lambda S}}$$

式中：

a，b——参数；

q——交通流量，pcu/h；

Q——通行能力，pcu/h；

λ——绿信比 g/c；

S——饱和流量，pcu/h。

则合成公式：

$$\frac{1}{u}=\frac{1}{a\left(1-\frac{q}{Q}\right)}+\frac{fb}{1-\frac{q}{\lambda S}} \tag{8-17}$$

如果把道路宽度也考虑进来，则用于表达伦敦中心区行驶速度的公式为

$$u_r=31-\frac{0.70q-430}{3w} \tag{8-18}$$

式中：

w——平均道路宽度，ft，伦敦中心该值取 42 ft，则式（8-18）变成：

$$u_r=34-0.0056q$$

采用停止时间的观测值 0.038 h/mile，流量为 2 180 pcu/h，通行能力为 2 610 pcu/h，式（8-17）第二部分的分子（fb）为 0.005 7。将观测值代入式（8-17），则

$$\frac{1}{u}=\frac{1}{34-0.0056q}+\frac{0.0057}{1-\frac{q}{2610}}$$

简化为：

$$\frac{1}{u}=\frac{1}{34-0.0056q}+\frac{1}{175-0.0672q} \tag{8-19}$$

将通行能力修正为 2 770 pcu/h（反映 1966 年的数据），则式（8-19）中的第二部分 q 的系数变成 0.071，这一等式能够比 Thomson 的线性关系 $u=30.2-0.0086q$ 更好地拟合数据，并且能够体现交叉口通行能力。

已知伦敦中心区的平均街道宽度为 42 ft，其行驶速度为

$$u_r=31-\frac{430}{3w}-\frac{aq}{w}=31-\frac{140}{w}-\frac{aq}{w}$$

由于 $a/w=0.0058$，当式（8-19）中 $w=42$ 时，$a=0.2436$，则

$$u_r=31-\frac{140}{w}-0.2436\frac{q}{w}$$

对于式（8-16）的延误项，伦敦中心大约每英里 5 个信号交叉口，绿信比为 0.45，另外，交叉口的通行能力与停车线的宽度成比例，超过 5 m 宽的（RRL 1965）则与道路宽度成比例。延误［式（8-16）第二项］的一般表达为

$$fd=\frac{fb}{1-\frac{q}{k\lambda w}} \tag{8-20}$$

式中：

k——常数，对于伦敦中心 $w=42$；$\lambda=0.45$；$k\lambda w=Q=2770$，$k=147$。于是

$$fd=\frac{fb}{1-\frac{q}{147\lambda w}} \tag{8-21}$$

如果 $f=5$ 个/mile，$fb=0.00507$，$b=0.00101$，得到

$$fd=\frac{f}{1000-6.8q/\lambda w} \tag{8-22}$$

$$\frac{1}{u}=\frac{1}{31-\frac{140}{w}-0.2436\frac{q}{w}}+\frac{f}{1000-6.8\frac{q}{\lambda w}} \tag{8-23}$$

式（8-23）中 q/w 可视为交通强度。则平均道路宽度、每英里的信号灯数、绿信比对路网平均行程速度与平均流量（或强度）关系的影响如图 8-9～图 8-11 所示。尽管图中的参数的值有待校验（尤其是低速部分的关系曲线），上述思路也同样适用于其他城市路网性能的分析。

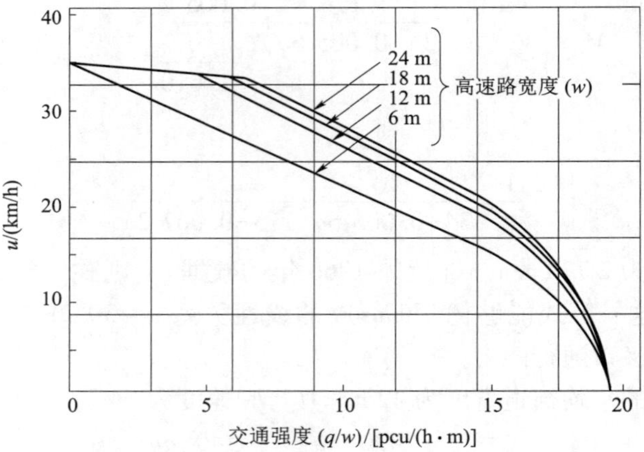

图 8-9　道路宽度对平均行驶速度与平均流量关系的影响
（信号灯密度为每英里 5 个；绿信比为 0.45）

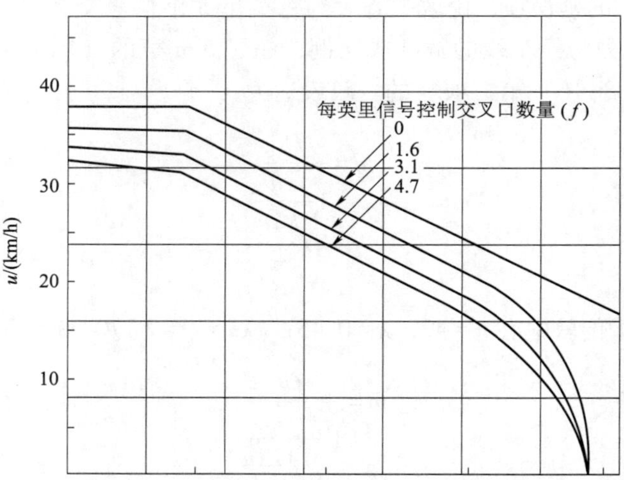

图 8-10　信号灯密度对平均行驶速度与平均流量关系的影响
（道路宽度为 13 m；绿信比为 0.45）

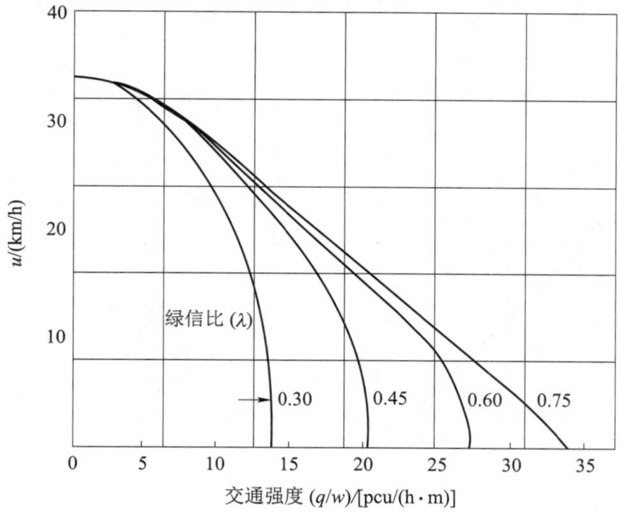

图 8-11 绿信比对平均行驶速度与平均流量关系的影响
（信号灯密度为每英里 5 个；道路宽度为 12 m）

8.3.3 路网性能参数模型——α 关系模型

为了定量评价路网性能，一些模型定义了特殊的参数，先后包括 α 关系模型、城市交通二流（two-fluid）模型，以及宏观基本图（macroscopic fundamental diagram，MFD）模型。本节讨论 α 关系模型。二流模型和宏观基本图模型将在本章后续部分展开。

Zahavi 于 1972 年选择了 3 个主要变量，分别是交通强度 I［单位时间、单位面积区域内车辆的总行驶里程，(veh · km) / (km^2 · h)］，道路密度 R（单位面积的道路长度），以及加权平均行程速度 v。当采用来自英国和美国不同城市的 I、u 和 R，研究 I 和 u/R 的多种关系时，发现变量具有以下线性关系：

$$I=\alpha(u/R)^m \tag{8-24}$$

式中：

α，m——待估计参数。

对 6 个城市的数据检验显示 m 趋近于-1，简化式（8-24）为

$$I=\alpha R/u \tag{8-25}$$

式中：

α 值对每一城市各不相同。变量相对值计算可以通过观测每一部分 I 和 u/R 与整个城市的平均值比率得到。伦敦和匹兹堡的干线路网斜率绝对值如图 8-12（a）所示。相对值之间的关系如图 8-12（b）所示，伦敦和匹兹堡的观测值沿着同一线下降。

结合图和公式不难理解：α 值可以用来表示路网的性能。在同样的交通强度下，α 值越大，路网平均速度越高；而在相同路网密度和平均速度条件下，α 值越大，可承受的交通强度越大。

道路网络的物理特性如道路宽度、交叉口密度等对于一个城市每个地区的 α 值有较强的影响。因而 α 既可以作为网络交通性能的综合影响衡量工具，也可以作为服务水平的指标。图 8-13 表示了伦敦区域 α 值变化图，图中虚线表示区域，点圈表示区域质心。分别计算每

一区域的 α 值，绘制 α 值的等值线，以此表示各地区路网性能的相对优劣程度（路网性能随 α 值的增大而提高）。

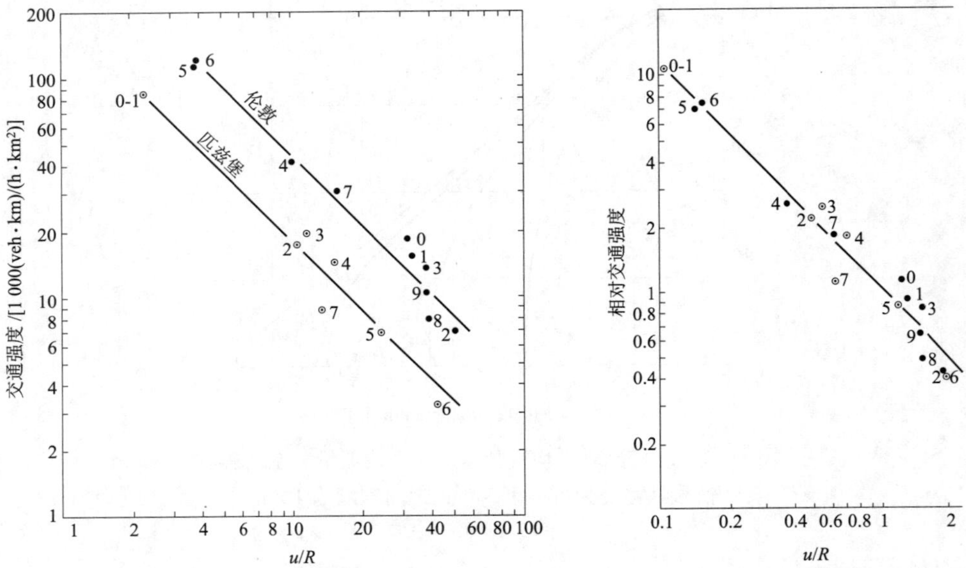

（a）绝对值　　（b）相对值

图 8-12　伦敦和匹兹堡干线路网斜率关系

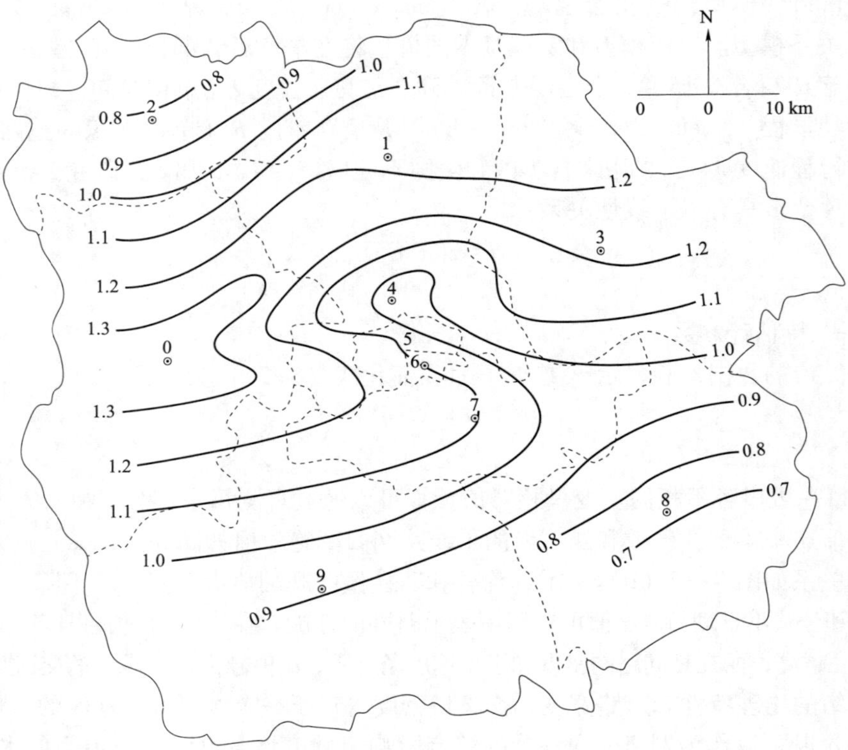

图 8-13　伦敦各区域 α 值的等高线图

8.4　二流模型

二流模型主要针对城市交通，因为它重点考虑了受信号灯影响的停车交通流。

Prigogine 和 Herman 于 1971 年提出的交通流动力学理论的重要成果就是指出两类不相同的交通流，即微观个体交通流和宏观集体交通流。当密度增大到集体交通流的范围，交通流模式就独立于个体的意愿了。Herman 和 Prigogine 于 1979 年、Herman 和 Ardekani 于 1984 年提出的二流理论就是描述集体交通流的。

8.4.1　二流模型的提出

在城市交通流中，车辆根据运行状态可以分成两类（二流）：运动和静止，后者指在交通流中停下的车辆，例如，因为交通信号或停止信号而停下等待，或者因为前方道路上因装卸货形成瓶颈而停止，以及正常的交通堵塞而停下的车辆等，但是不包括路网之外的静止车辆（如停车场中的车辆）。

二流模型基于以下两个假设：

（1）网络平均行驶速度与运行车辆（占所有车辆）的占比成比例；

（2）在网络中“测试车辆的停车时间比例”等于同期“行驶车辆的平均停车时间比例”。

二流交通流模型中的变量表示在给定时间段内网络范围平均值。

第一个假设关系到平均行驶速度u_r与行驶车辆的占比 f_r，并有

$$u_r = u_m f_r^n \tag{8-26}$$

式中：

u_m，n——参数；

u_m——最大平均行驶速度；

n——交通服务水平（以下将讨论）。

将平均速度 u 定义为$u_r f_r$，从而得到等式：

$$u = u_m f_r^{n+1} \tag{8-27}$$

由于$f_r + f_s = 1$，其中f_s是停止车辆的比重，等式（8-27）可以写成

$$u = u_m (1 - f_s)^{n+1} \tag{8-28}$$

边界条件满足：当 $f_s = 0$ 时，$u = u_m$，或当 $f_s = 1$ 时，$u = 0$。这一关系也可以不用平均速度而用平均行驶时间来表示，分别用 T、T_r、T_s表示单位距离的平均行驶时间、行驶时间、停止时间，且 $T = 1/u$，$T_r = 1/u_r$，$T_m = 1/u_m$，其中T_m是单位距离的平均最小行驶时间。

第二个假设将测试车辆在网络中停车时间比例与同期全部运行车辆的停车时间的平均比例联系起来，得出

$$f_s = \frac{T_s}{T} \tag{8-29}$$

式中：

T_s——网络中单位距离内所有车辆的平均停止时间；

T——网络中单位距离内所有车辆的平均行驶时间。

Ardekani 和 Herman 分析证明了这一关系，它代表了模型内部的主要规则，即可以用网络中抽样某单个车辆来描述整个网络状况。由于 $T=\frac{1}{u}$，$T_m=\frac{1}{u_m}$，根据式（8-28）可将行驶时间 T 表示为

$$T=T_m(1-f_s)^{-(n+1)} \tag{8-30}$$

与式（8-29）合成得

$$T=T_m(1-T_s/T)^{-(n+1)} \tag{8-31}$$

考虑到 $T=T_r+T_s$，解出 T_r 为

$$T_r=T_m^{\frac{1}{n+1}}\cdot T^{\frac{n}{n+1}} \tag{8-32}$$

则一般的二流模型为

$$T_s=T-T_m^{\frac{1}{n+1}}\cdot T^{\frac{n}{n+1}} \tag{8-33}$$

许多研究证实了二流模型（如 Herman、Ardekani 于 1984 年；Ardekani、Herman 于 1987 年；Ardekani 于 1985 年），同时表明 n 和 T_m 两个参数能很好地反映城市道路网络特性。这两个参数可以通过网络中停止与行驶时间来估计。式（8-32）的对数式为

$$\ln T_r=\frac{1}{n+1}\cdot\ln T_m+\frac{n}{n+1}\cdot\ln T \tag{8-34}$$

可以利用最小二乘法进行线性回归来确定式（8-34）。

在指定网络中，跟驰车辆随机收集经验信息，将运行过程分成数个一英里或两英里的路程，行驶时间 T_r 和整个行驶时间 T 用于参数估计，以单位距离的行驶时间 T 与单位距离的停止时间 T_s 作图，结果呈近似的线性关系，如图 8-14 所示（y 轴截距表示 T_m 值，n 为曲线的斜率），曲线越高，数据点密集水平越高。T_m 值越大，表明路网条件越差。

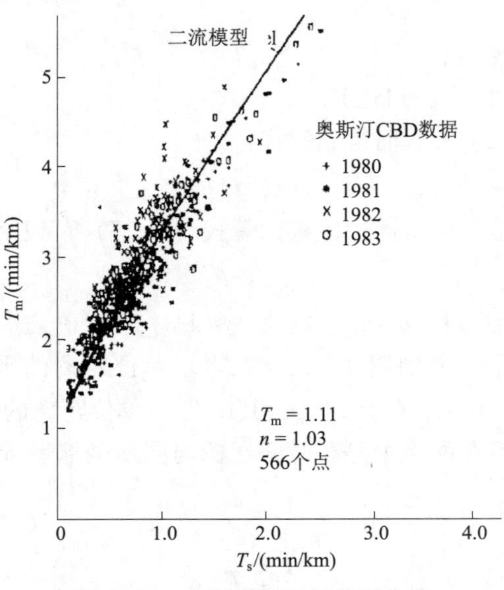

图 8-14　二流模型时间关系曲线

（每个点表示一个 1～2 英里的行程测试样本）

8.4.2　二流模型参数的意义及其影响因素

二流模型的参数为 T_m 和 n。参数 T_m 是单位距离的平均最小行驶时间，它表示路网中单个车辆无停止的行驶时间，这一参数不能直接测量，因为在实际路网中，即使是一辆车行驶也不得不在红灯信号或停止信号前停车，因此，T_m 是在低流量下测得的“单位距离的最小平均行驶时间”，其值越高说明速度越低，路网条件越差。一般 T_m 的取值为 1.5～3.0 min/mile，值越小代表网络性能越好。

由于单位距离的停止时间 T_s 随着 n 值而增长，同时总行驶时间也增加。因为 $T=T_r+T_s$，总行驶时间 T 至少与停止时间 T_s 同比增长。如果 $n=0$，T_r 是常数式（8-34），总行驶时间和停止时间等幅增长。如果 $n>0$，行驶时间比停止时间增长得快，意味着行驶时间也在增加。一般来说，n 必须大于零，停止时间增加的原因通常是由于拥堵的增加，堵车越严重，车辆行驶越缓慢（单位距离的走行时间增加）。

事实上，研究表明 n 值在 0.8～3.0，其值越小，表明网络运行状况越好。换句话说，随着路网交通需求增加，n 可以衡量运行状况的下降水平，n 值越高表明随路网交通需求增加，路网性能下降越快。二流参数反映路网随需求变化的情况，这些参数必须通过整个路网需求状况的变化来测量和评估。一般来说，T_m 与 n 值越低，表示网络性能越好。图 8-15 显示了对 4 个城市的二维描述。

比较休斯敦（$T_m=2.70$ min/mile，$n=0.80$）和奥斯汀（$T_m=1.78$ min/mile，$n=1.65$）发现：奥斯汀的交通在非高峰期（低密度条件下）平均速度较大；在高密度条件下，曲线尤其是相交部分运行情况相似。尽管 n 值较高，奥斯汀的交通状况要好于休斯敦，至少在低密度条件下是这样。

不同的城市道路网有不同的二流参数值，影响因素包括道路网络结构、道路网密度、道路等级匹配、线形设计、信号灯密度、单向交通比例、平均周期长度等。图 8-16 及以上

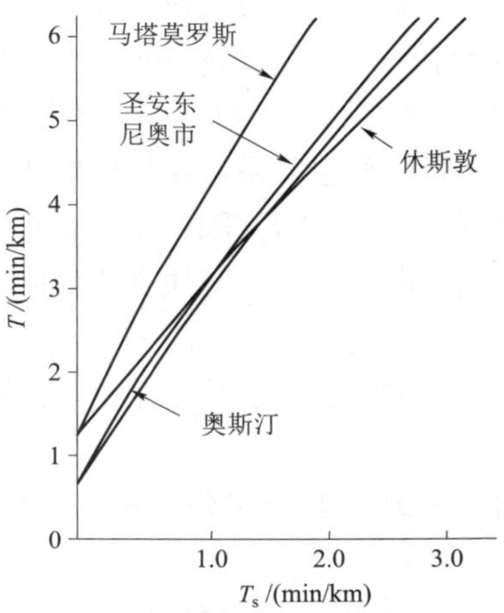

图 8-15　平均行驶时间与停止时间的关系实例图：马塔莫罗斯（墨西哥港口城市），圣安东尼奥市，休斯敦，奥斯汀

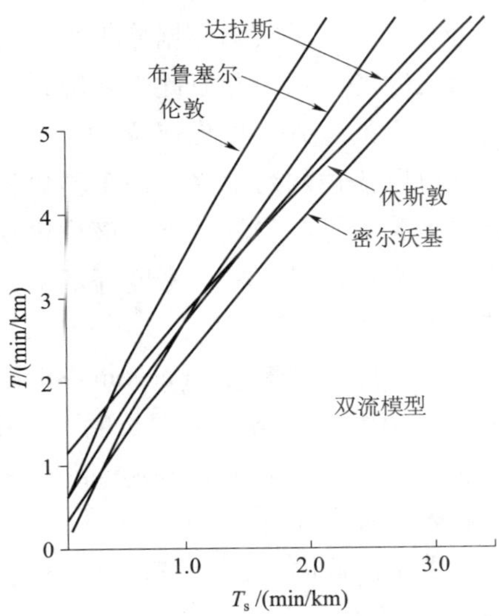

图 8-16　平均行驶时间与停止时间的关系实例图：达拉斯，布鲁塞尔，伦敦，休斯敦，密尔沃基

的陈述都说明了这一点。对这些参数有重大影响的一些特殊特征已经通过更广的研究和计算机仿真分析。

8.5 交通流宏观基本图模型

8.5.1 宏观基本图模型的提出

2008年，Daganzo 和 Geroliminis 等提出了交通流宏观基本图（macroscopic fundmental diagram，MFD）的概念，从路网整体结构出发，分析道路多个断面或区域路网多条道路的宏观上（网络内全部车辆）平均交通流参数之间的关系。

其实，如同 MFD 的字面意思，MFD 是从宏观角度来分析交通流基本图。而交通流基本图也就是针对单个断面的交通流三参数模型。基于交通流基本图理论，将研究范围从单个断面拓展到多个断面或复杂网络的研究由来已久。如前面章节所提到的，20世纪60年代，Wardrop 建立了城市路网的区间平均速度估算模型，在伦敦市中心建立了不同道路宽度、不同信号交叉口密度及不同绿信比条件下的平均行程速度-交通强度之间的关系图模型。Godfrey 利用航拍和浮动车获得实测数据，分别分析了路网平均速度和路网内车辆数的关系，路网平均行程速度和路网所有车辆单位小时行驶总里程的关系，并建立了路网平均流量与平均密度的相关关系。Thomson 等采用伦敦市中心区的数据建立了速度-流量的线性关系模型。在模型构建过程中，每两年采集一次数据，持续了14年，数据包括路网范围的平均速度和平均流量。平均速度是车辆反复通过中心区预定循环路线的速度平均值，平均流量是标准车辆通过不同长度的道路的流量加权平均值。在后续三四十年中，在对路网交通流参数宏观关系的研究中，发展了 α 关系模型和二流理论模型。

近几年，大量实测数据分析和仿真研究确定了均衡及非均衡动态交通环境下的宏观交通流变量之间的关系，并以此为基础开展网络交通管理及控制研究，Daganzo 和 Geroliminis 等在前人研究的基础上提出了交通流宏观基本图的概念，并给出了 MFD 一种描述性的定义，认为它可以描述网络中移动的车辆数和网络运行水平之间的普遍关系。在随后的研究中，该定义也得到了进一步的完善。该理论认为对一区域来说，MFD 中所采用的变量不仅包括平均速度、平均流量、平均密度等基本交通流参数，还包括由其衍生的其他表征路网交通流宏观特性的参数，如：

- 路网累积车辆数（accumulation，每个时间间隔路网内路段上所有行驶车辆数，其实等于“平均密度”与“路网长度”的乘积）；
- 路网交通产出量（production，每个时间间隔路网车辆行驶总里程，等于“平均流量”与“路网长度”的乘积）；
- 路网出行完成车辆数［output，每个时间间隔驶出路网（包括路网内完成出行）的车辆数］。

后来发现路网出行完成车辆数与交通产出量成正比关系，所以之后的 MFD 研究大多分析路网累积车辆数和交通产出量之间的关系，其实也相当于平均密度和平均流量之间的关系。

8.5.2　MFD 的存在性研究

MFD 提出至今，基于大量实测和仿真数据，国内外学者进行了 MFD 存在性的验证，其中在日本横滨的试验较为著名。2007 年，Geroliminis 和 Daganzo 等人以日本横滨固定检测器采集的数据为基础，根据 Edie 对路网交通流参数的简单定义，计算了多个断面的交通流参数的算术平均值，即

$$\begin{cases} q^u = \dfrac{1}{N}\sum q_i \\ k^u = \dfrac{1}{N}\sum k_i \\ u^u = q^u / k^u \end{cases} \tag{8-35}$$

式中：

q^u，k^u，u^u——多个断面的平均流量、平均密度和平均速度；

i——断面 ID；

N——断面总数。

基于横滨地区的 500 个超声波和线圈检测数据，建立横滨市区的 MFD，结果显示路网交通流量-速度-密度之间呈现出与断面交通流参数之间相似的关系曲线，如图 8-17 所示。

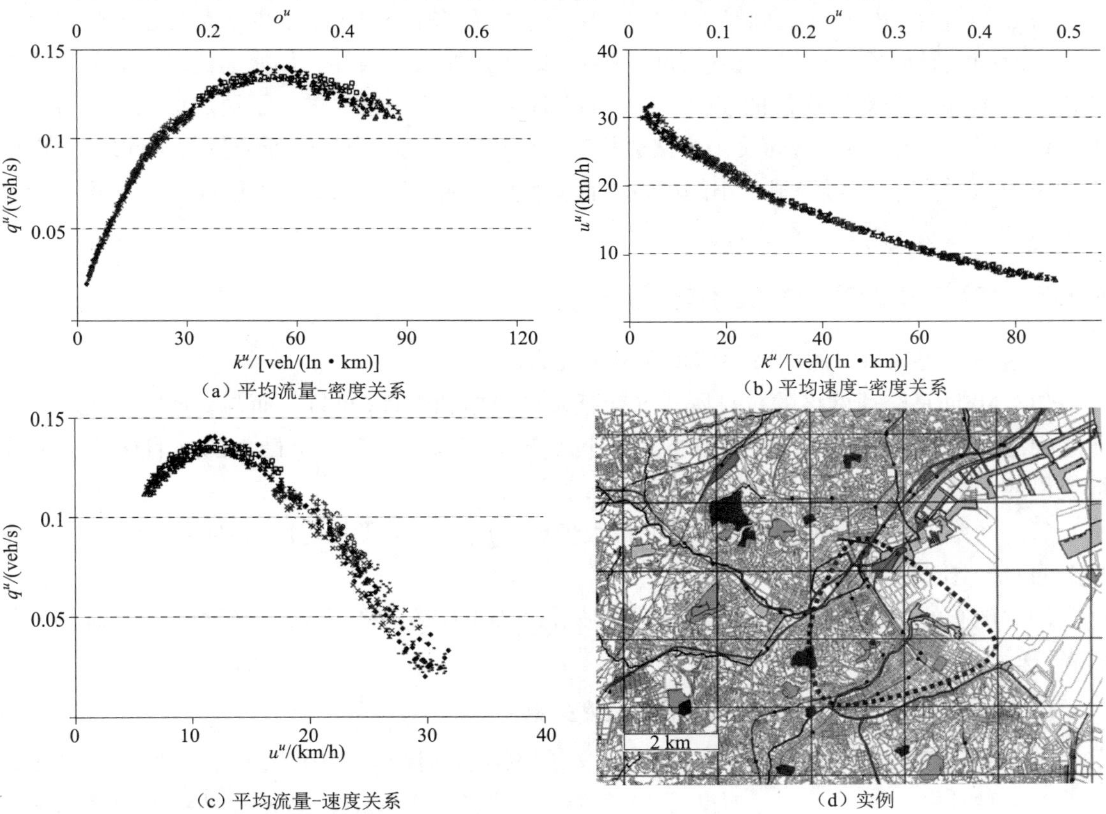

（a）平均流量-密度关系

（b）平均速度-密度关系

（c）平均流量-速度关系

（d）实例

图 8-17　路网交通流量-速度-密度关系曲线

Geroliminis 和 Daganzo 基于圣弗朗西斯科（San Francisco）商业区的交通仿真数据，得到该路网的 MFD，并将其与横滨（Yokohama）路网的 MFD 进行了比较。2009 年，Gonzales 等对肯尼亚的内罗毕（Nairobi）进行了交通仿真，得到该城市的 MFD，将其与横滨的 MFD 进行对比，如图 8-18 所示。

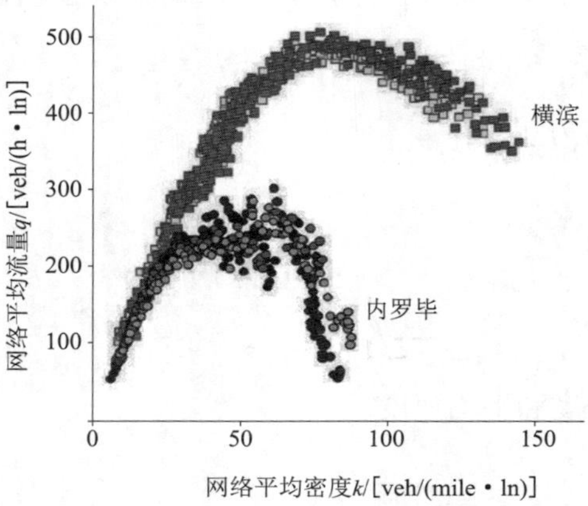

（a）横滨与内罗毕对比

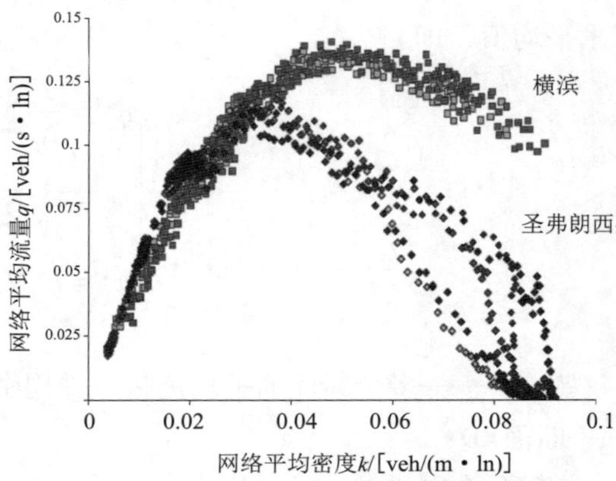

（b）横滨与圣弗朗西斯科对比

图 8-18　不同城市区域路网的宏观基本图对比

Daganzo 在提出 MFD 的同时也提出了 MFD 存在的条件：MFD 存在于大交通繁忙且拥挤状况在时间上是同质的区域。在这种区域中，即使是外部的条件，如交通需求随时间而不断变化，MFD 也不会有实质性的变化。Geroliminis 之后对这一条件进行了更加深入的研究，发现 MFD 并不一定需要严格同质化的交通状态。与原条件比起来这个新条件的不同之处在于：① 将范围扩大了，不再局限于小的区域，而是整个道路网络；② 将条件放宽，不再要求小区域内的交通状况严格的同质性。

8.5.3　MFD 模型的参数关系与特征

交通网络宏观基本图的特性体现在以下几方面。

（1）MFD 是交通网络的自身属性（包括基础设施和管理控制），而与交通需求无关。一天之中或不同天之间，不管交通需求发生什么变化，MFD 都有一个最大的（且恒定的）平均流量或交通产出量。

（2）网络平均流量或交通产出量的最大值，对应同一个平均密度（或平均速度），与网络上的 OD 空间分布无关。

（3）现有的交通流监测技术，包括微波、线圈、GPS 等，可以准确地建立所监测网络的 MFD。

1. 路网平均流量、平均密度、平均速度关系

根据 Edie 对路网交通流参数的简单定义，路网平均流量、平均速度、平均密度（占有率）有两种计算方法，一种是对断面交通流参数的算数平均值，另一种是对断面交通流参数的加权平均值。通过对横滨路网内主要干道的交通流量、占有率进行算术平均，并转化为

路网平均密度、平均速度，Geroliminis 等建立了不同路网交通流参数之间的关系散点图，参见图 8-17。

图 8-17（a）为平均流量-密度关系模型，图 8-17（b）为平均速度-密度关系模型，图 8-17（c）为平均流量-速度关系模型，不同形状散点表示不同时间段的交通流参数取值。可以看出路网交通流量-速度-密度之间呈现出与断面交通流参数之间相似的关系曲线。基于北京市西三环快速路上 3 天不同的 56 个检测器数据，朱琳建立了北京市西三环快速路网的宏观基本图，所得到的平均流量-密度、平均流量-速度、平均速度-密度的散点关系图，如图 8-19 所示。

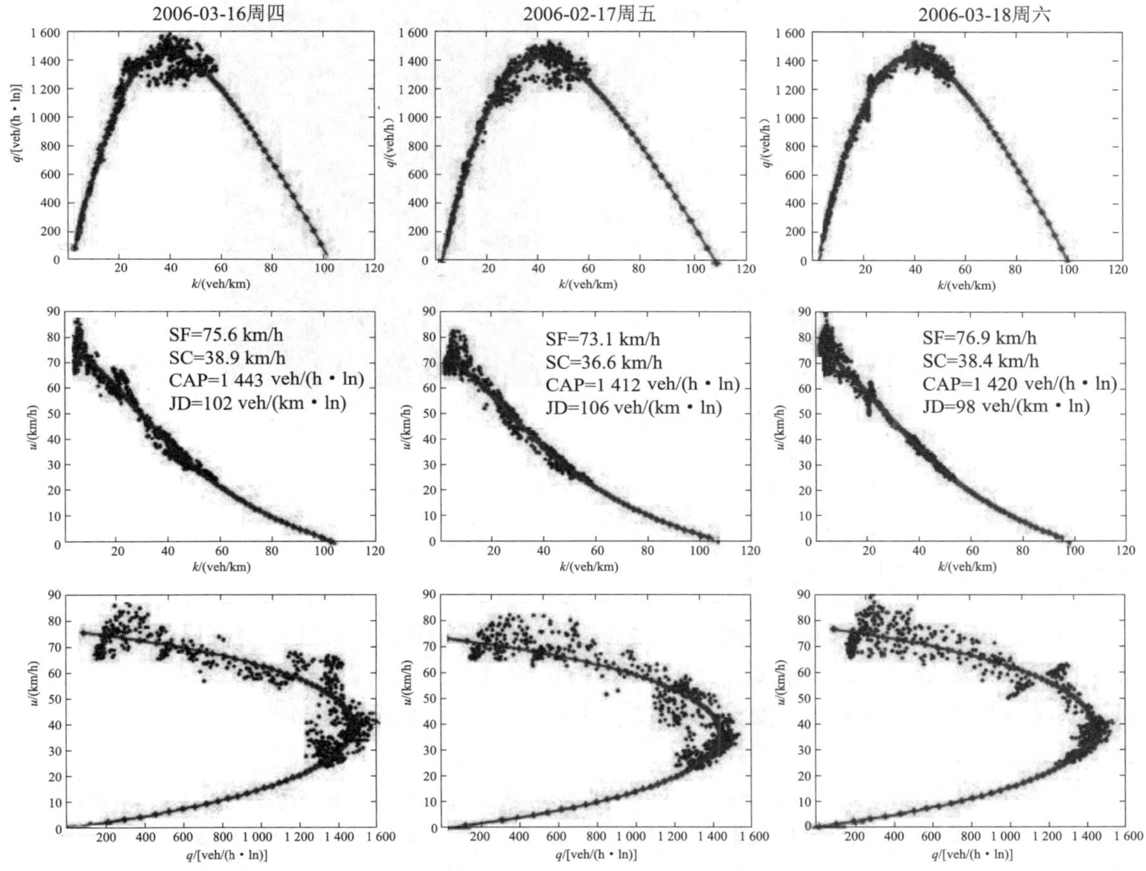

图 8-19　北京市西三环快速路网检测点平均交通流参数关系图

2. 路网车辆行驶里程与累积车辆数关系

路网车辆行驶里程（traffic production）是指每个时间间隔路网内路段上车辆行驶总里程；累积车辆数（accumulation）是每个时间间隔路段上所有行驶车辆数据，不包含驶出网络及停车场内的车辆。通过对圣弗朗西斯科路网交通出行完成量和路网累积车辆数进行分析，建立了二者之间的关系曲线，同时也构建了路网内车辆平均速度与累积车辆数之间的关系图。

二者关系亦可理解为网络平均流量和平均密度之间的关系。

3. 路网出行完成量与累积车辆数、车辆行驶里程关系

路网交通出行完成量（output）是指每个时间间隔内到达终点（或驶出网络）的出行量。在对旧金山路网的交通出行统计分析中，分析了如图 8-20 所示的相关关系。图 8-20（a）为出行完成量与累积车辆数的关系，图 8-20（b）为出行完成量与车辆行驶里程的线性关系，图 8-20（c）为仿真路网。

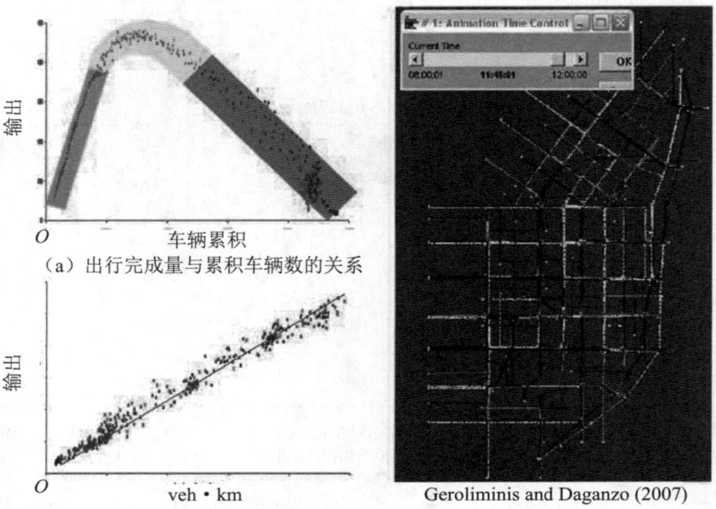

（a）出行完成量与累积车辆数的关系

（b）出行完成量与车辆行驶里程的线性关系

（c）仿真路网

图 8-20　路网出行完成量与累积车辆数、车辆行驶里程关系

8.5.4　MFD 模型的影响因素

Gerolimins 和 Daganzo 等人的研究已经证明了 MFD 的存在，而且证明 MFD 独立于交通需求而存在。随后 Daganzo 等人研究了 MFD 的影响因素，包括路网结构、信号周期、天气情况、关键路段、检测器距离交叉口位置、密度分布。这些因素对 MFD 的影响具体表现为以下几点。

（1）检测器位置。2009 年，Buisson 和 Ladier 等人在图卢兹的研究结果表明，在相同的交通状况下，检测器距离信号灯越近，MFD 中的拐点值（the sweet spot value）越大。因为距离信号灯近的检测器能够检测到由于红灯引起的排队情况，如图 8-21 所示。

（2）路网结构。在朱琳针对北京市西三环路网的研究中发现，当子路网大部分路段为快速路或主干路且路面交通状况差异小时，平均流量及密度偏高。岳园圆按照快速路、主干路、次支路上的车辆运行情况分别分析了各等级道路组成路网的宏观基本图，显示了不同道路等级 MFD 的显著差异，如图 8-22 所示。

（3）交通控制条件。信号周期和天气情况会对路段的通行能力产生影响，从而影响 MFD 模型。2010 年，马莹莹在其博士论文中论证了信号周期对 MFD 的影响，研究结果表明：当信号交叉口的周期过大时，会造成网络通行能力的降低；当网络内交叉口的信号周期在一定的合理范围内波动时，信号周期对宏观交通流模型的影响不大。很多学者就禁行、匝

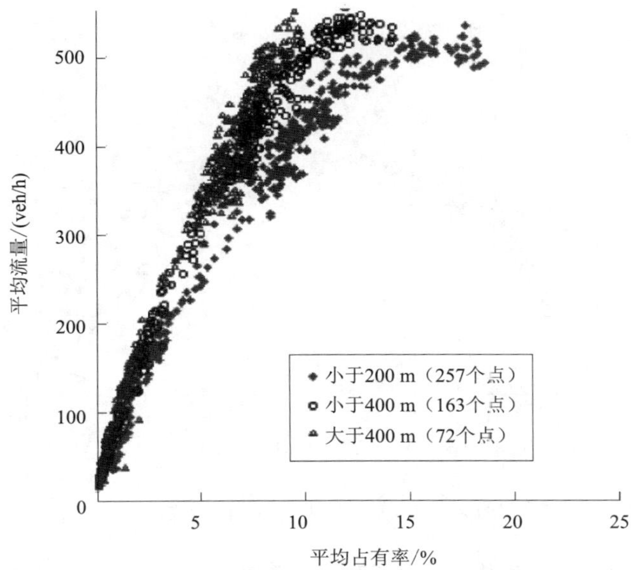

图 8-21 检测器与信号灯间距离对 MFD 的影响

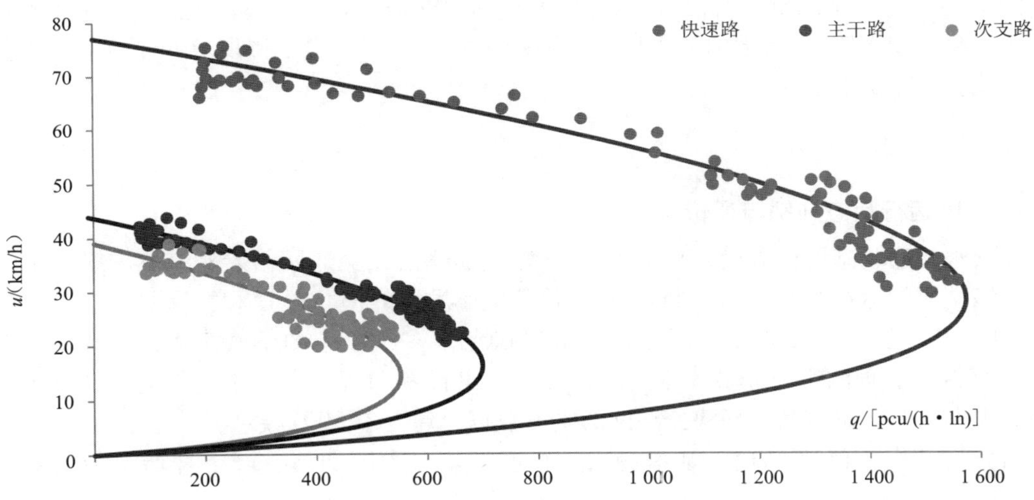

图 8-22 快速路、主干路、次支路平均速度-平均流量关系

道控制、环岛、公交专用道对 MFD 的影响展开了研究。

（4）天气情况。雨雪天气情况对整体路网通行能力产生影响，如图 8-23 所示。网络平均流量在降雨天气下显著降低。

（5）关键路段。关键路段对于建立城市道路的 MFD 起关键的作用，在实际中一定要收集到关键路段上的交通数据，基于此建立的 MFD 才能代表城市道路整体的运行特点。2010 年，姬杨蓓蓓等人以阿姆斯特丹道路网为例，运用 Vissim 仿真的方法论证了路网中不同路段对 MFD 的影响，确定了对 MFD 形状影响较大的关键路段，并提出在关键路段安装检测器

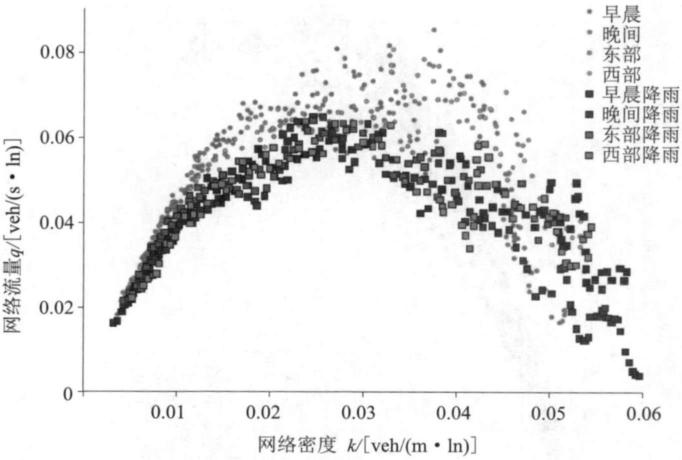

图 8-23 天气情况对 MFD 的影响

不仅可以保证 MFD 的精度，还节约了在所有路段都安装检测器所带来的人力、物力成本，从而为线圈检测器的布设提供了理论依据。

（6）是否是稳态交通流。交通状态在拥堵和畅通之间的变化，路网状态可能会伴随着大量的不均匀（inhomogeneity）。如果建立 MFD 的数据是在交通状态发生急剧变化的情况下采集的，将会使 MFD 有较大的离散性。路网拥堵发生前后，由于密度分布不均，交通流不稳定可能会产生磁滞现象。

8.5.5 MFD 模型应用

1. 路网运行状态判别与评价

在宏观交通状态评价方面，MFD 可以科学系统地描述交通网络宏观基本参数之间的关系和网络交通的运行状况，对分析网络交通发生、发展的演化过程和特征具有良好的适用性，同时 MFD 独立于交通需求而存在且可以避免很多预测中的不确定因素。因此，基于 MFD 可以制定合理的交通拥堵等级判断指标，为出行者和管理者提供有效的交通运行状况信息。朱琳基于北京市西三环快速路网的实测数据，建立了 MFD 模型，并基于 MFD 将路网状态划分为 5 个等级（畅通、基本畅通、轻度拥堵、中度拥堵、严重拥堵），如图 8-24 所示。

2. 路网性能评价

由于 MFD 是路网结构、控制方式等路网自身属性的反映。因此，如同图 8-18 中圣弗朗西斯科（San Francisco）、横滨（Yokohama）、内罗毕（Nairobi）的对比一样，MFD 可以用于不同路网性能的分析评价，有助于从道路等级结构的匹配优化、线形设计、车流组织、管理控制优化等自身属性方面改善路网性能。基于实测数据，岳园圆利用该方法分析了北京各区域平均速度-平均流量关系对比，如图 8-25 所示。

3. 交通网络边界控制

随着对 MFD 研究的不断深入，对宏观基本图的运用也有了初步认识。根据 Daganzo 的

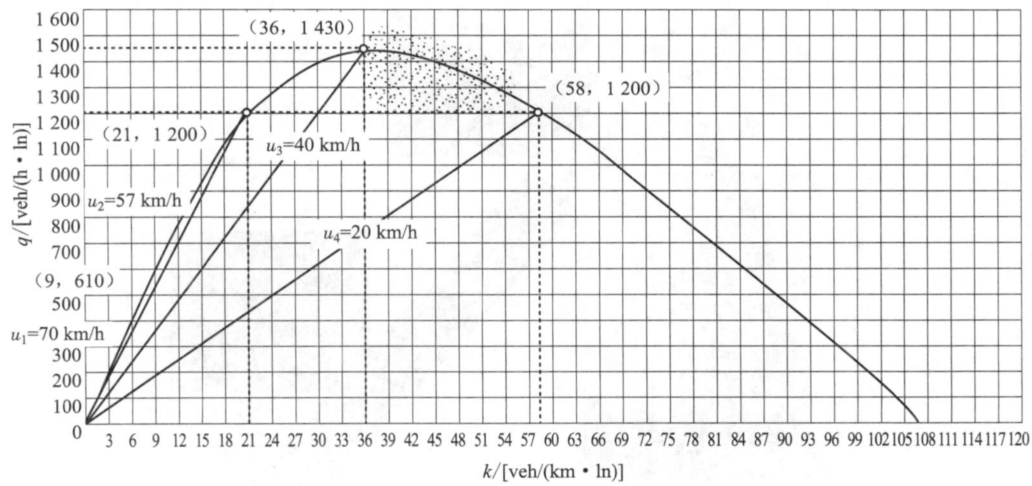

图 8-24　基于 MFD 的路网宏观交通状态判别

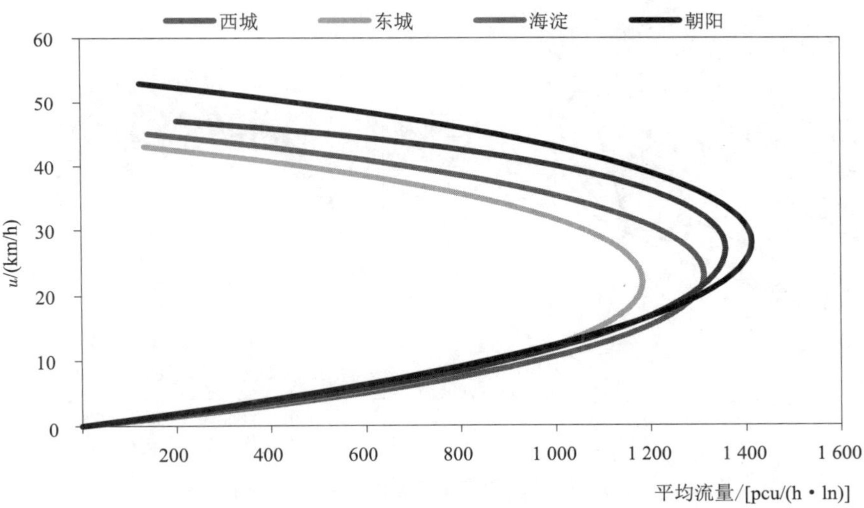

图 8-25　北京各区域平均速度-平均流量关系对比

例子得出 MFD 可用于反映所研究的网络中驶入交通量与驶出交通量之间的函数关系及车辆行驶时间与行驶路程之间的关系等，如图 8-26 所示。因此，需要尽可能保持网络在图 8-26 的左侧运行。

Daganzo 和 Geroliminis 论述了 MFD 可以通过控制交通需求来提高道路运行，如图 8-27 所示。在监测（或预测）到流量即将达到顶部时，可以通过“边界控制”策略来控制区域累积车辆数，以使区域交通处于高效、稳定状态。这类“边界控制”措施包括拥堵收费、匝道控制、车速控制等。

随着智能交通系统的快速发展，对实时交通数据的应用提出了更高的要求。基于网络动

图 8-26 MFD 应用于网络控制的基本逻辑

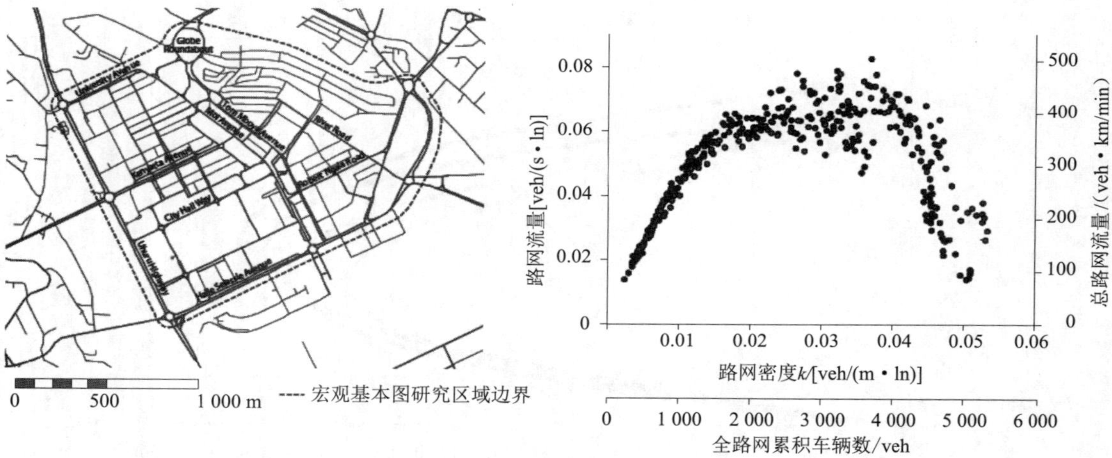

图 8-27 基于 MFD 的路网交通需求控制

态的宏观基本图，可以实现对车辆聚集状态的实时监控和调整（如拥堵收费时间、车型、费率、点位的确定），进而提高城市的机动性能，缓解城市拥堵。对 MFD 应用的研究不仅具有深远的可行意义，而且具有重要的工程应用价值。

4. 路网最优效能状态判定与管理

MFD 是针对网络交通流特性之间的关系进行分析建模的方法，为判定路网效能最优状态提供了新思路。大家知道，满足个体出行者的时间最短（速度最快）出行意味着流量低，其实对应路网效能的损失。如何判断路网效能最优，有助于交通管理措施制定和发展规划编制。以反映路网平均流量、平均密度、平均速度关系的 MFD 为例，可以将路网平均流量或产出量最大的状态，作为理论效能最优状态（见图 8-28）。在实际的交通管理中，应将路网流量（或是与路网流量相关的其他交通评价指标）控制在该状态附近，以保证路网高效运行。

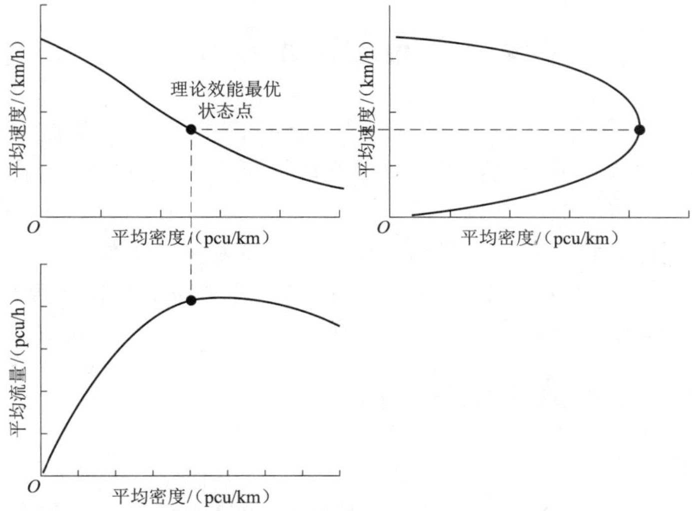

图 8-28　路网理论效能最优状态示意图

需要指出的是，由于最优效能点的运行状态不稳定，伴随发生交通流骤降的风险，因此实际的效能最优状态应该出现于该点之前。如果一味追求理论效能最优，虽然暂时可能达到效能顶点，但发生骤降的概率也较大，进而导致造成路网整体的效能损失（见图 8-29）。因此，需要考虑路网效能和骤降风险的平衡，而不追求达到理论效能最优，应预留一定的合理区间进行提前交通需求管理。预留的合理区间的大小可以结合交通流骤降概率和风险接受程度来确定，不同的交通管理者和情景目标对于骤降风险承受能力不同，选用的合理区间也有所差异。

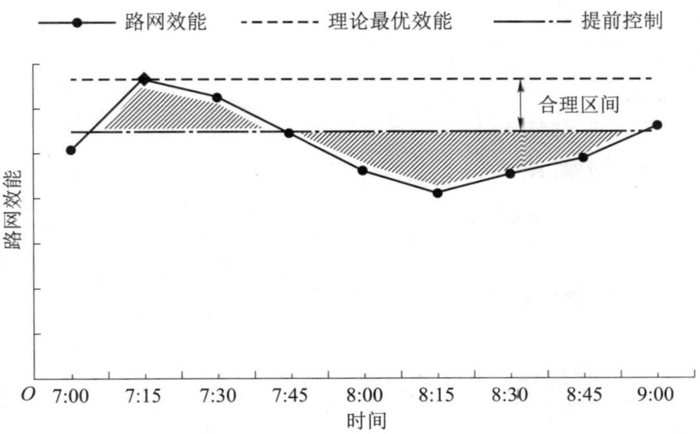

图 8-29　路网效能最优导向的交通需求管理示意

在实际的交通管理过程中，可以采用一些交通需求管理手段进行提前控制，例如，采取预约出行削峰填谷，降低高峰时段路网的交通压力，引导出行者在弹性时间内错峰出行，可以进一步提升路网时空整体的效能。

8.6 交通运行指数模型

交通拥堵已经成为城市发展和运行中备受关注的问题，为了准确地量化交通拥堵，评价交通政策措施的实施效果，需要能够评价整个交通网络运行状况的综合指标，以期用简单、直观的方式为管理者提供有效的决策参考。

针对该问题，国外的政府管理部门和研究机构，如美国、日本、欧洲等地的交通管理部门及商业机构，从道路 V/C 比、出行时间比、拥堵里程分布等不同角度出发，建立了不同交通运行指数和模型算法。

8.6.1 基于 V/C 比的交通拥堵评价指数

1. 道路拥堵指数

为评价城市道路交通密度，宏观描述拥堵强度和持续情况，美国德州交通研究所的 Schrank 和 Lomax 提出经验指标——道路拥堵指数（road congestion index，RCI）。道路拥堵指数可由高速公路和主干路相应区域范围内的车辆行驶里程与车道里程的比值经加权平均而得。计算方法如下。

（1）计算日车英里数。公式为

$$\mathrm{DVMT}=\frac{\mathrm{AVMT}}{365} \tag{8-36}$$

$$\mathrm{DVMT}_{高速公路}=\mathrm{UDVMT}_{高速公路}+\mathrm{RDVMT}_{高速公路} \tag{8-37}$$

$$\mathrm{DVMT}_{主干路}=\mathrm{UDVMT}_{主干路}+\mathrm{RDVMT}_{主干路} \tag{8-38}$$

式中：

DVMT——日车英里数；

AVMT——年车英里数；

UDVMT——城市的日车英里数；

RDVMT——乡村的日车英里数。

（2）计算日车道英里数。公式为

$$\mathrm{PLM}_{高速公路}=\frac{\mathrm{UDVMT}_{高速公路}}{\mathrm{ULM}_{高速公路}}+\frac{\mathrm{RDVMT}_{高速公路}}{\mathrm{RLM}_{高速公路}} \tag{8-39}$$

$$\mathrm{PLM}_{主干路}=\frac{\mathrm{UDVMT}_{主干路}}{\mathrm{ULM}_{主干路}}+\frac{\mathrm{RDVMT}_{主干路}}{\mathrm{RLM}_{主干路}} \tag{8-40}$$

式中：

PLM——日车道英里数；

ULM——城市车道里程；

RLM——乡村车道里程。

计算道路拥堵指数。公式为

$$\mathrm{RCI}=\frac{\mathrm{DVMT}_{高速公路}\times\mathrm{PLM}_{高速公路}+\mathrm{DVMT}_{主干路}\times\mathrm{PLM}_{主干路}}{14\ 000\times\mathrm{DVMT}_{高速公路}+5\ 000\times\mathrm{DVMT}_{主干路}} \tag{8-41}$$

式中：

分母中常数 14 000 和 5 000 分别代表高速公路和主干路每日车道英里容量估计值。此处取值以 2012 年美国城市畅通性报告为标准，不同文献中取值有所不同。

若所得 RCI≥1.0，则区域交通处于拥堵状态。由于 RCI 用于宏观评价区域整体、长周期的交通状况，而非区域路网内动态或部分特定路段的交通状况，因此当用 RCI<1.0 判断区域整体交通处于非拥堵状态时，有可能忽略部分路段正处于拥堵状态的情况。同时 RCI 对于拥堵改善措施实施效果的反应也不够灵敏。早期多使用 RCI 作为判断拥堵状态的基本指标，现今它基本已被其他诸如基于时间比等的指标所取代。但由于 RCI 易于理解，它在一些应用中仍然是很有效的宏观评价指标。

2. 拥堵持续指标（$\mathrm{LKDI_F}$）

$\mathrm{LKDI_F}$作为评价周期性交通拥堵严重程度和时间特征的指标已被美国加州的 35 个城市采用，以宏观地反映整个区域拥堵的严重程度。$\mathrm{LKDI_F}$的具体计算方法如下。

（1）判别拥堵路段。判别指标为年平均日交通量与通行能力之比（V/C 或 AADT/C），当 $V/C>1$（LOS 为 F 级）或 AADT/C>9.0 时，认为该路段发生拥堵。

（2）计算区域 $\mathrm{LKDI_F}$值。采用路段上发生拥堵的车道长度与拥堵持续时间定义 $\mathrm{LKDI_F}$，具体公式为

$$\mathrm{LKDI_F} = \sum_{i=1}^{N} L_i t_i \tag{8-42}$$

式中：

L_i——拥堵路段 i 的车道长度；

t_i——路段 i 拥堵的持续时间。

由式（8-42）可以看出，若存在路段 α 与 β，其中路段 α 长度l_α较短但拥堵持续时间t_α较长，而路段 β 长度l_β较长但拥堵时间t_β较短，只要满足$l_\alpha \times t_\alpha = l_\beta \times t_\beta$，则路段 α 与 β 对于拥堵判断指标$\mathrm{LKDI_F}$的贡献度是相同的。故推测$\mathrm{LKDI_F}$可以更加全面地考虑整个区域各路段的交通运行状况，适用于路网复杂、范围较大的地区。

3. 拥堵度

日本在道路交通形势调查中使用拥堵度（degree of congestion，DC）作为交通畅通性的评价指标。拥堵度（DC）定义为某路段实际交通量与一天 24 h 或白天 12 h 的评价基准量之比。以白天 12 h 为例，具体计算公式为

$$\mathrm{DC} = \frac{\gamma \times Q}{C} \tag{8-43}$$

式中：

Q——白天 12 h 交通量；

γ——权重系数，$\gamma = 1 - \frac{T}{100} + \mathrm{ET} \times \frac{T}{100}$，

T——大型车辆混入率，

ET——大型车辆的标准车当量系数；

C——评价基准 12 h 交通量，评价基准交通量可由规划等级、设计通行能力、峰值率和同方向率求出。

根据日本道路交通情势调查资料分析结果设定：当 DC<1.0 时，认为白天 12 h 不发生交通拥堵，车辆能畅通行驶；当 1.0≤DC<1.75 时，拥堵时段逐渐增加；当 DC≥1.75 时，道路上呈现严重拥堵状态。拥堵度是反映白天 12 h 整体交通状态的指标，而不能直接反映各时刻、各地点的交通状态，因此该指标应限于进行宏观性评价。

8.6.2 基于出行时间比的交通拥堵评价指数

1. 出行时间指数

美国城市畅通性报告中广泛使用出行时间指数（travel time index，TTI）作为评价拥堵强度和持续时间的指标。TTI 定义为平均高峰出行时间与自由流下的出行时间之比。它着重考虑高峰出行时间比自由流速度下多用的出行时间。区域平均 TTI 指数值可由路段各自的车英里数（vehicle miles of travel，VMT）作权重对路段 TTI 进行加权求得。具体公式为

$$\mathrm{TTI}_i=\frac{\text{平均高峰出行时间}}{\text{自由流下出行时间}}=\frac{\text{延迟时间}+\text{自由流下出行时间}}{\text{自由流下出行时间}} \tag{8-44}$$

$$\mathrm{TTI}_{\text{区域平均}}=\frac{\sum\limits_{i=1}^{n}(\mathrm{TTI}_i\times \mathrm{VMT}_i)}{\sum\limits_{i=1}^{n}(\mathrm{VMT}_i)} \tag{8-45}$$

TTI 全面考虑了城市交通者要面对的常发性和偶发性交通拥堵状况。由于 TTI 为时间比，故其没有单位，因此可用于不同旅行距离之间的比较。此外，TTI 仅限于对高峰交通拥堵状态的描述。

2. 拥堵严重度指标

Lindley 根据道路和城市地区的不同特性对拥堵指数参数进行优化，并提出拥堵严重度指标（congestion severity index，CSI），用于反映宏观范围内常发性交通拥堵的相对拥堵水平。CSI 定义为高速公路每百万车公里出行总延误时间。拥堵开始的阈值设定为部分高速公路的 $V/C\geqslant 0.77$（服务水平为 LOS D 或更差）。随后，美国联邦公路管理局（FHWA）在其公路运行监控系统（highway performance monitoring system，HPMS）的数据结果分析报告中应用 CSI 作为量化拥堵的指标。1992 年，Turner 通过考虑主干路延误完善了 CSI 指标。

如果只考虑高峰期且该指标的统计标准定义为千车公里出行时，则拥堵严重度指标可由下式计算：

$$\text{拥堵严重度指标}=\frac{\text{每高峰小时的总延误}}{\text{每高峰小时的总千车公里出行}} \tag{8-46}$$

此式表示高峰期每千车公里出行的车辆延误时间。由式（8-46）可知，拥堵严重度指标可以有效地消除不同地区人口数量、公路系统范围和交通量对地区拥堵状态判定的影响，故拥堵严重度指标可用于不同地区间的比较。

应用基于时间比的交通拥堵评价的典型服务商是 TomTom 公司。TomTom 公司基于其所拥有的数据提出拥堵指数（congestion index，CI）。CI 定义为由拥堵造成的出行增加时间与自由流下出行时间的比例，具体计算公式为

$$\mathrm{CI}=\frac{T-T_{\mathrm{f}}}{T_{\mathrm{f}}}\times 100\% \tag{8-47}$$

式中：

T——实际出行时间；

T_f——自由流下出行时间。

该方法已被 TomTom 应用于全球超过 200 个城市的交通拥堵分析。

8.6.3 基于严重拥堵里程比的交通运行指数

上述几个指数多数是 2000 年之前建立的基于统计的宏观静态运行指数模型。2000 年之后由于大量交通实时监测数据（包括浮动车、智能手机等）的出现，研究人员建立了基于实时数据的动态运行指数模型。目前，国内很多城市及商业机构开展了交通指数模型的研究和应用，城市包括北京、广州、深圳、上海；商业机构包括高德交通、四维图新等。其指数模型计算方法的基础大致可以归纳为基于严重拥堵里程比、出行时间比和混合评价等几类。

严重拥堵里程比定义为在一定统计时间间隔内，道路网中各等级道路处于严重拥堵等级的路段里程比例。利用基于严重拥堵里程比的交通运行指数方法求拥堵指数时要先根据标准求出各等级道路的严重拥堵里程比；再以各等级道路的车公里数（vehicle kilometers of travel，VKT）作权重，加权得到全路网的严重拥堵里程比；然后按照一定的转换关系，计算得到道路交通运行指数（traffic performance index，TPI），并以此反映全路网的实时交通运行状况。具体计算方法如下。

（1）按照 GB 50220—1995 划分的道路标准，以不大于 15 min 为统计间隔，计算路网中各路段的平均行程速度。

（2）根据路段交通运行等级划分标准（见表 8-1），分别计算各道路等级即快速路、主干路、次干路和支路中处于严重拥堵等级的路段里程比。

表 8-1 路段平均行程速度等级划分 单位：km/h

	等级				
	畅通	基本畅通	轻度拥堵	中度拥堵	严重拥堵
快速路	>65	(50，65]	(35，50]	(20，35]	≤20
主干路	>45	(35，45]	(25，35]	(15，25]	≤15
次干路	>35	(25，35]	(15，25]	(10，15]	≤10
支路	>35	(25，35]	(15，25]	(10，15]	≤10

（3）以各等级道路的 VKT 比作权重，对各等级道路严重拥堵里程比进行加权，整合为道路网严重拥堵里程比例。

（4）依照路网严重拥堵里程比与道路交通指数的线性转化关系，将路网严重拥堵里程比转换为取值区间为［0，10］的道路交通运行指数。

（5）根据路网交通运行水平划分标准，将 TPI 值转换为对应的道路网运行水平。

其中各等级道路的 VKT 的计算方法如下。

① 计算统计时段内某道路等级的各路段的 VKT 值，具体公式为

$$\mathrm{VKT}_{S_i}=V_{S_i}\times L_{S_i} \tag{8-48}$$

式中：

VKT_{S_i}——统计时段内路段S_i的 VKT 值，pcu · km；

V_{S_i}——统计时段内通过路段S_i的当量小汽车交通量，pcu；

L_{S_i}——路段S_i的长度，km。

② 汇总统计时段内该道路等级的 VKT 值。公式为

$$VKT_{道路等级} = \sum_{i=1}^{N_1} VKT_{S_i} \tag{8-49}$$

式中：

$VKT_{道路等级}$——某道路等级的 VKT 值；

N_1——某道路等级的路段条数。

③ 计算各等级道路 VKT 值占道路网总 VKT 值的百分比。

需要注意的是，从系统（或管理者）的角度分析，严重拥堵是路网能力（总容量或效率）显著下降的状态。轻度和中度拥堵是路网能力较大、效率较高（高于畅通和基本畅通）的状态——可结合 MFD 模型中的路网交通产出量（production）和路网出行完成车辆数（output）这两个指标来理解。因此，从系统运行角度出发，轻度和中度拥堵状态并不可怕，而严重拥堵应该尽可能避免。北京和广州等城市的交通指数采用此种基于严重拥堵里程比的计算方法。北京市某一天道路交通运行指数如图 8-30 所示。

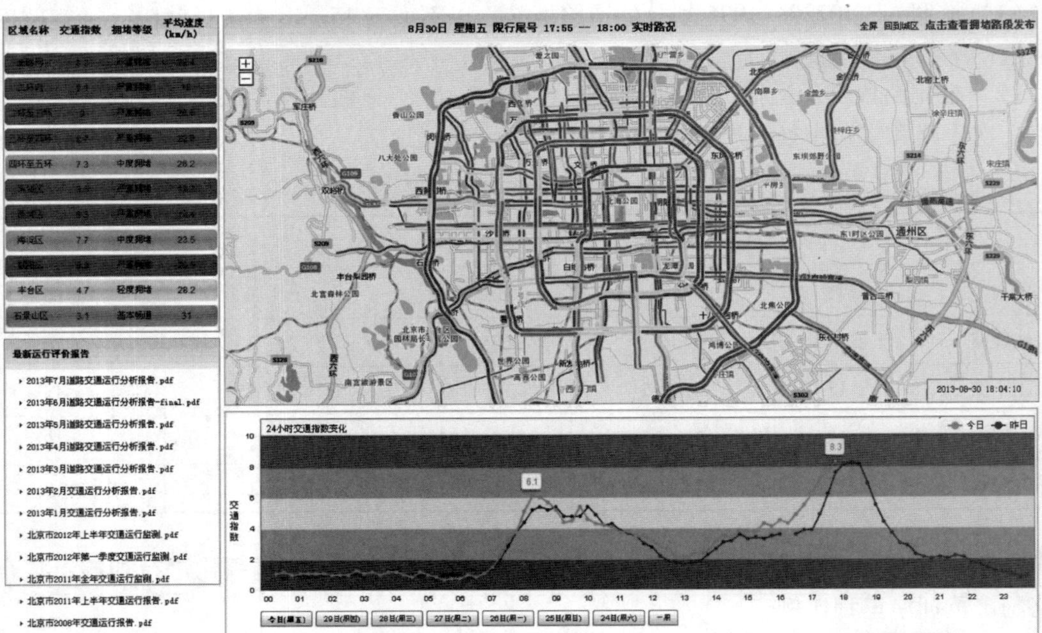

图 8-30　北京市某一天道路交通运行指数

8.6.4　基于时间比的交通运行指数

出行时间比是路段或路网实际行程时间与期望行程时间的比值，表示当前道路情况较期望车速情况下多花费的时间的剧烈程度。基于此，通过专家打分，进行出行时间比与交通运

行指数的换算，换算公式为

$$\mathrm{TPI}=F(R_T) \tag{8-50}$$

式中：

R_T——特定时段内的行程时间比；

$F(\,)$——专家打分所确定的换算关系。

具体计算方法如下。

（1）计算路段平均车速，即指定时间内通过路段 i 的所有样本车辆的平均速度。公式为

$$\bar{u}_i=\frac{\sum_{j=1}^{m} l_{ij}}{\sum_{j=1}^{m} t_{ij}} \tag{8-51}$$

式中：

分子表示通过及部分通过的样本车辆 j 在路段 i 内的总行驶距离；分母表示与分子相对应的总行驶时间。

（2）计算路网平均速度，即指定时间内路网所有样本车辆的平均速度。路网平均速度采用路段车公里数（VKT）作权重，加权平均路段车速而求得。公式为

$$\bar{u}=\frac{\sum_{i=1}^{n} \bar{u}_i\, l_i\, q_i}{\sum_{i=1}^{n} l_i\, q_i} \tag{8-52}$$

（3）计算路网期望车速。在实际中通常采用自由流状态下，各类汽车在车速累积分布曲线上的第 85 位百分点的车辆行驶速度，作为确定限制车辆最大行车速度的依据。故此处定义以 VKT 比作权重对各等级道路的第 85% 位累计车速进行加权平均，求得路网的期望车速 $\bar{u}_{\mathrm{d}}$，公式为

$$\bar{u}_{\mathrm{d}}=\sum_{i=1}^{4}(\mathrm{VKT}_i\cdot u_{85\%i}) \tag{8-53}$$

式中：

VKT_i——道路等级为 i 时的 VKT 值；

$u_{85\%i}$——道路等级为 i 时的第 85% 位累计车速；

$i=1,2,3,4$——道路等级分别是快速路、主干路、次干路和支路。

（4）计算出行时间比 R_T。公式为

$$R_T=\frac{\bar{T}}{\bar{T}_{\mathrm{d}}}=\frac{\dfrac{L}{\bar{u}}}{\dfrac{L}{\bar{u}_{\mathrm{d}}}}=\frac{\bar{u}_{\mathrm{d}}}{\bar{u}} \tag{8-54}$$

式中：

$\bar{T}$——路网实际行程时间；

$\bar{T}_{\mathrm{d}}$——路网期望行程时间。

（5）根据换算公式 TPI=$F(R_T)$ 计算路网 TPI 并根据路网运行水平划分标准，将 TPI 值转换为对应的道路网运行水平。

基于出行时间比的 TPI 也已被应用，如为高德交通与四维图新等应用服务商所采用。随着大数据的发展，越来越多的数据支持指数的发展和应用。高德交通基于其积累的历史交通信息数据，采用拥堵延时指数作为城市拥堵程度的评价指标，即城市居民平均一次出行的实际旅行时间与自由流状态下旅行时间之比。公式为

$$拥堵延时指数=高峰旅行时间/自由流(畅通)状态下旅行时间 \tag{8-55}$$

延时指数越大表示出行延时占出行时间的比例越大，即越拥堵。与此类似，四维图新基于其地图数据及交通出行数据，在道路的实际速度和通行条件基础上，加入对交通拥堵的主观感受，采用定量化指数评估道路交通运行状况。

8.6.5 基于混合评价的交通运行指数

不同的交通网络运行指数在国内外得到了广泛应用，在交通状态评估、交通政策评价和辅助决策，以及引导居民合理出行方面发挥了重要作用。如图 8-31 所示，国内典型城市建设的城市道路网络交通运行监测系统。

（a）北京　（b）上海

（c）广州　（d）深圳

图 8-31　国内典型城市道路网络交通运行监测系统

根据北京市《城市道路交通运行评价指标体系》（DB11/T 785—2011）和广州市《城市道路交通运行评价指标体系》（DBJ440100/T 164—2013），北京和广州两个城市主要基于严重拥堵里程比例测算道路交通运行指数，并且测算方法相似，其运行状态分为“畅通、基本畅通、轻度拥堵、中度拥堵和严重拥堵”5个等级，取值区间为［0，10］。

上海市以各个路段实时采集的运营车辆GPS数据计算的车辆行程速度为基本参数，按不同路段几何特征、通行能力等参数，加权集成并经过标准化后计算生成综合指标道路交通状态指数，其运行状态分为“畅通、基本畅通、拥挤和阻塞”4个等级。

深圳市采用浮动车数据计算行程速度，结合不同等级路段计算出行时间比，并通过大量实地调查和问询标定参数计算交通运行指数，其运行状态分为“畅通、基本畅通、缓行、较拥堵和拥堵”5个等级，取值区间为［0，10］。

国内的商业机构包括高德地图、百度地图主要是采用基于时间比或延误的交通拥堵评价指数（拥堵延时指数或拥堵指数），如图8-32。高德地图还针对6项不同的指标进行了信息熵权重分配，定义了交通健康指数。

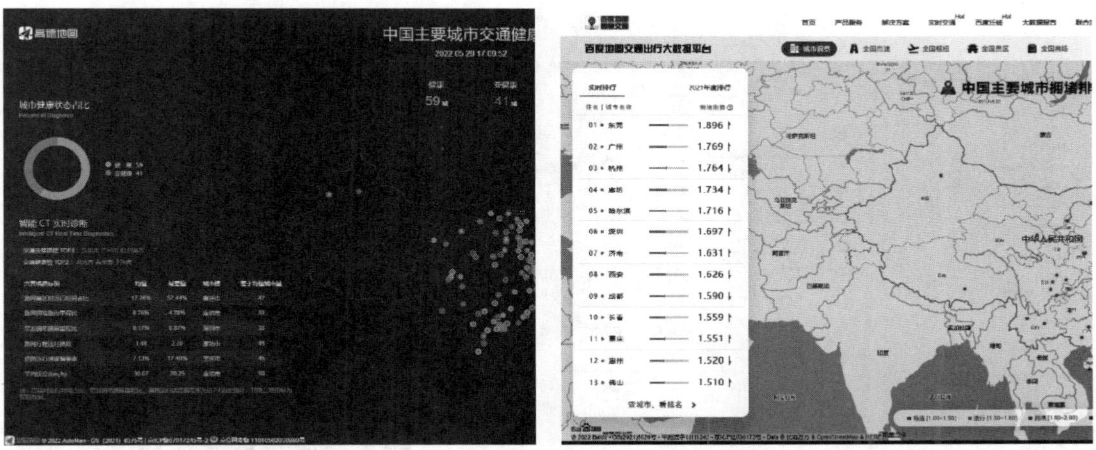

（a）高德地图　　　　（b）百度地图

图8-32　国内商业机构交通网络运行实时监测系统

美国德州交通研究所（TTI）建立了两个交通运行分析工具，都主要采用基于出行时间比和时间比的交通拥堵评价指数。如图8-33所示，图8-33（a）用于货运交通运行分析，图8-33（b）用于MPO交通运行分析。

国外的商业机构也建立了各自的交通运行情况监测系统来帮助城市规划部门和出行人群，如图8-34所示。TomTom基于其所拥有的数据提出基于出行时间比的拥堵指数CI。TomTom使用4种不同的颜色来表示城市拥堵程度（额外出行时间）的严重程度（红色：>50%，黄色：>25%～50%，橙色：>15%～25%，绿色：<15%）。Houston TranStar对采集到的实时交通数据基于严重拥堵里程比进行处理得到交通运行指数，为休斯敦地区的出行者提供不同形式的交通运行信息，包括：可视化的休斯敦地区实时交通地图、动态交通信息标志DMS和广播、电视媒体报告交通状况。

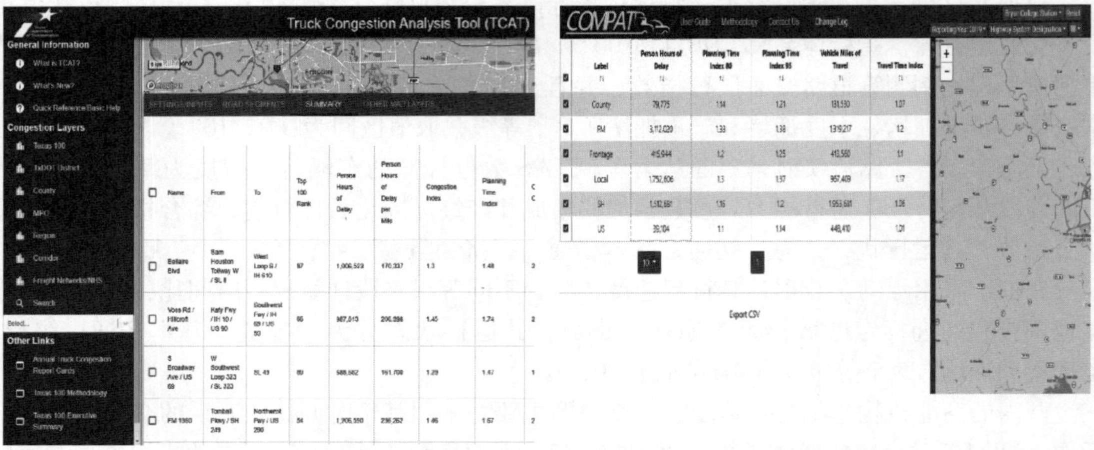

（a）TCAT　　　　　　（b）COMPAT

图 8-33　美国德州交通网络运行分析工具

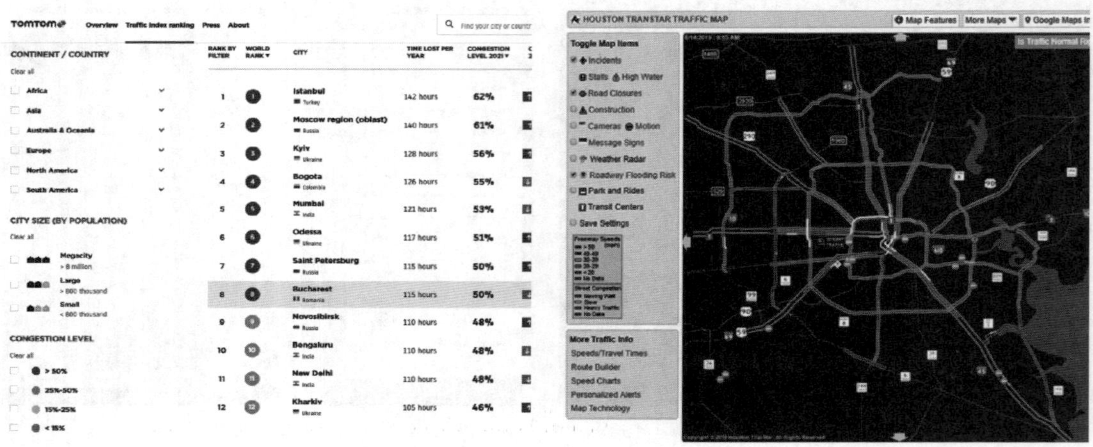

（a）美国TomTom　　　　　　（b）Houston TranStar

图 8-34　国外机构交通网络运行实时监测系统示例

复习思考题

1. 宏观交通流模型的作用是什么？请尝试从交通管理者和交通出行者两个角度进行分析。
2. 请阐述二流模型中的两个参数的含义。
3. 请论述宏观交通基本图（MFD）模型及其应用。
4. 请思考各类宏观交通流模型之间的区别与联系。
5. 从路网等级结构、路网密度、信号灯密度、控制方式等因素，分析各因素影响路网性能的逻辑及其在各宏观交通流模型中的体现。
6. 请论述各类交通运行指数模型的应用现状及其适用性。

第 9 章

交通运行与交通影响模型

交通运行的效率、安全和环境影响一直是交通分析的 3 个重要方面。本章主要从交通流的角度，分析道路交通运行的效率指标，以及其对安全和环境的影响，包括交通安全模型、交通能耗排放与空气质量模型、交通噪声模型等几个方面。

9.1 交通运行效率评价

9.1.1 行程时间

1. 行程时间定义

行程时间指从起点到终点所用的时间，与速度反相关；给定距离 d 时，行程时间（TT）的数学表达式为

$$\mathrm{TT}=\frac{d}{u_{\mathrm{avg}}} \tag{9-1}$$

式中：

d——起、终点间的距离，km；

u_{avg}——行程平均速度。

图 9-1 展示了车辆在行驶过程中的时空图，即从 A 点到 B 点的行程时间，横轴表示行程时间。行程时间是一个很有用的指标，驾驶人非常关注并根据它制订行程计划。虽然驾驶人自身很容易采集行程时间，但是在对大量车流的交通分析中，采集行程时间却不那么容易，因为需要识别和匹配研究网络中每个特定车辆。当存在多个起、终点和试图匹配这些起、终点间的多个车辆时，行程时间的测量是复杂的。目前，浮动车（floating car 或 probe car）技术是采集行程时间的主要方式。

2. 行程时间分布

当分析评估政策措施对道路交通运行的影响时，长期（如一年）的行程时间的分布非常重要，因为行程时间受各种因素影响而波动，并不是固定值。行程时间分布常常用于早/

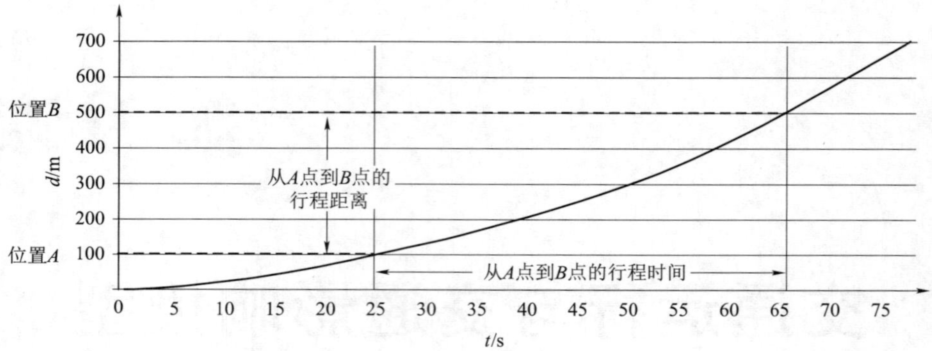

图 9-1 行程时间和行程距离示例

晚高峰时段出行可靠性的评估，以及评估交通设施和管理政策的可靠性（如交通事故清除、施工区和特殊事件等）。

图 9-2 是一段交通走廊典型的行程时间分布示意图，该分布描述了长期某固定时间段的行程时间，如一年中早高峰时段的行程时间分布。图左边分布对应较低行程时间（高速）和非拥堵条件，而图右边分布对应较高行程时间（低速）。分布的确切形状根据计算的时间段的不同而相异。例如，若是一年中晚高峰的行程时间分布，那么交通拥堵时间间隔的频率相对高，分布曲线较平缓；若是一年中早高峰的行程时间分布，则分布曲线存在较大波峰。当得到一个这样的分布，也就可以得出相应的参数值，如行程时间的均值和标准差，这些值（或这样一组参数）往往用于行程时间预测。

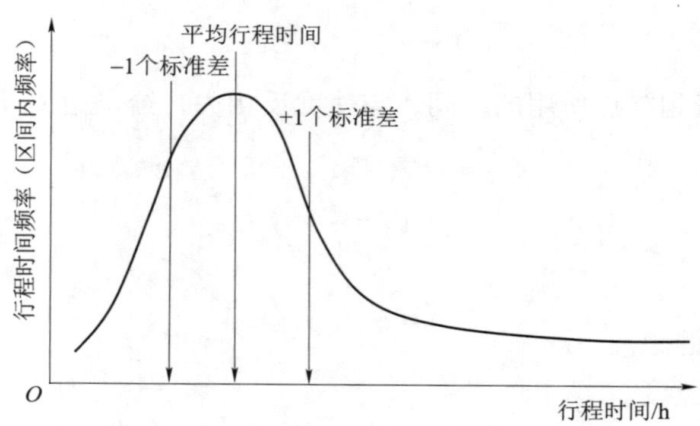

图 9-2 早高峰行程时间分布示例

3. 以出行信息发布为目的的行程时间

由于行程时间是一个交通用户能容易理解的指标，行程时间对出行者计划他们的出行路线和交通方式非常有用。问题是，行程时间该怎样计算，以及如何发布给出行者？例如，一种方法是测量车辆在特定路段的行程时间以报告平均行程时间。该方法的问题是报告的时间是以前的时间间隔（$n-1$），适用于已行驶完的道路。下一个时间间隔（n）的行程时间和时间间隔（$n-1$）并不一定相同。两者区别的大小取决于研究区段的长度、研究时间间隔的长度、事故发生的概率及路线拥堵情况等。另一种方法是通过积累特定路线一天的历史行程时间并报告基于历史数据的行程时间。该方法可使用如图 9-2 所示的行程时间分布并基于一个标准差报告行程时间的区间范围。当然，上述两种方法的结合（当前实时信息和历史数据趋势）会给出更好的预测，也是研究热点之一。

近年来，商业公司已开发了多个获取和报告特定路段行程时间的工具，如国外的 TomTom（http://www.tomtom.com）、INRIX（http://www.inrix.com）和国内的高德（http://ditu.amap.com）、百度（http://map.baidu.com）等公司提供基于实时交通信息的特定路线的导航，如图 9-3 所示。然而，其具体算法并不是完全公开的。

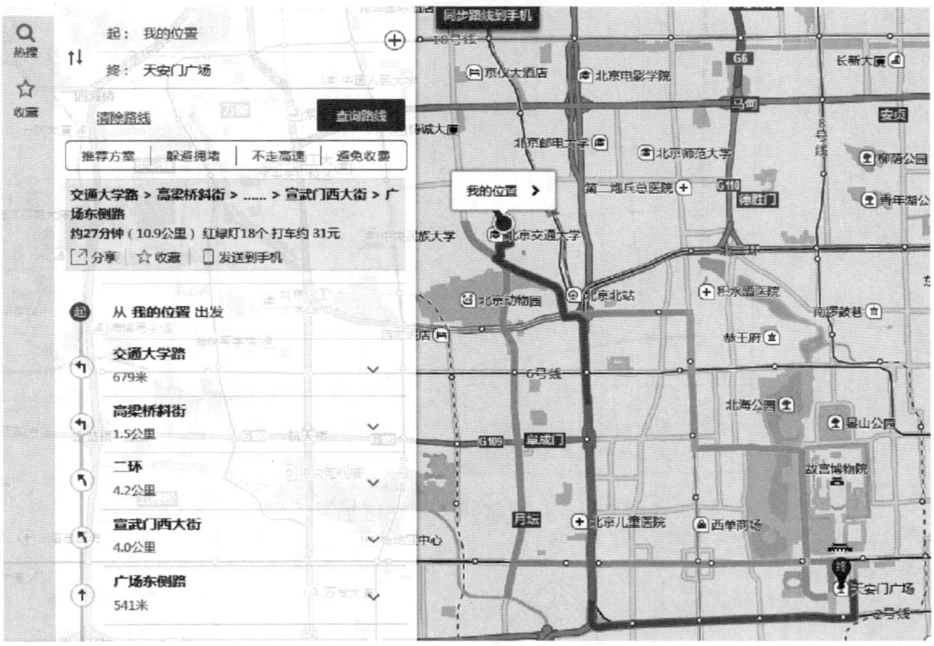

图 9-3　基于实时路况的行程时间的估算与发布

9.1.2　行程时间的可靠性

受驾驶行为和交通流的随机性影响，以及交通事故、道路施工等事件的影响，行程时间具有随机性，仅利用平均行程时间来评价某路段或路径的运行性能是不全面的。考虑图 9-3 中的情景，如果周一早上一个人要尽可能在 30 min 内赶到工作地点，A 路径平均行程时间为 25 min，行程时间小于 30 min 的概率为 70%；而 B 路径的平均行程时间为 27 min，但行程时间小于 30 min 的概率为 95%，应该选择哪一条路径呢？

虽然 A 路径的平均时间更短，但选择 A 路径仍然有 30% 的概率不能在 30 min 内到达工作地点，而选择 B 路径则有 95% 的把握在规定时间内到达工作地点。因此，在所描述的情景下，选择 B 路径是更加可靠的。

可靠性用于描述在工程系统里提供高质量服务水平的稳定性。它一般通过在特定的时间和给定的环境、运行条件下，实现某种预期的功能并达到可接受的服务水平的概率来计算。在行程时间的背景下，可靠性即行程时间不超过预先给定阈值的概率。图 9-4 展示了行程时间分布及其行程时间可靠性，在该案例中，假设 PI 是 70%，换言之，70% 的行程时间观测值低于预先给定的阈值。假设该阈值 θ 为 30 min，那图 9-5 说明，如果提前 30 min 出门，则有 70% 的把握在规定时间内到达目的地。

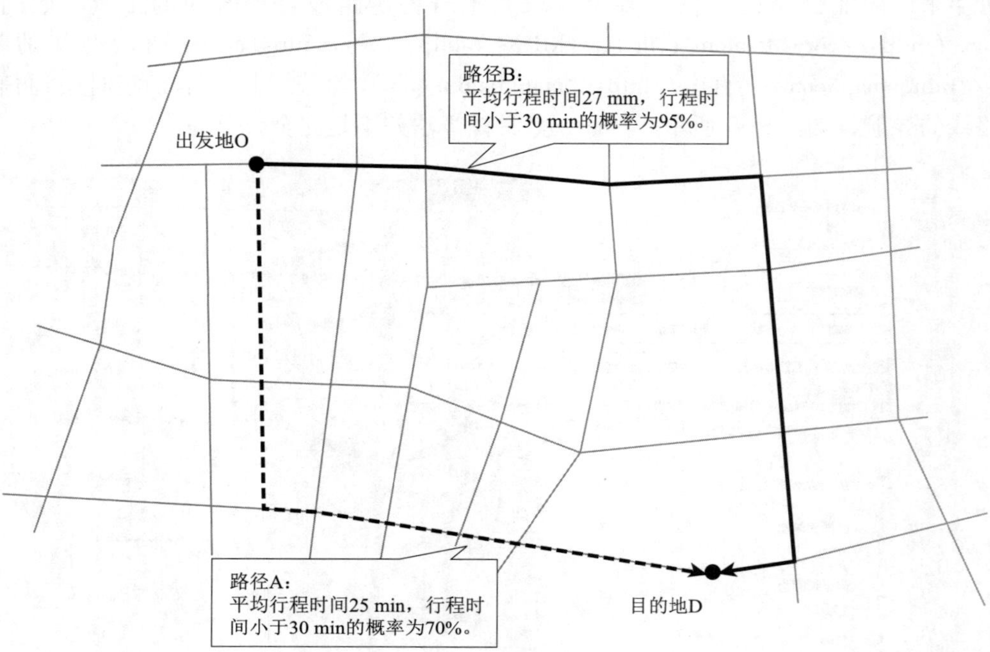

图 9-4　行程时间可靠性情景案例

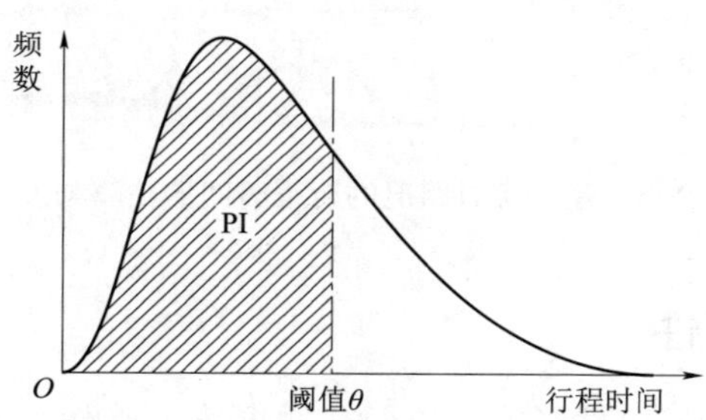

图 9-5　行程时间可靠性计算案例

行程时间可靠性也被广泛应用于评估其他运输模型，例如，航空公司利用准点率评估航空行程的可靠性。如果延误时间不超过 15 min，就认为是“准点的”。

尽管在工程中可靠性的定义已被广泛一致地认可，但在道路交通中却并非如此。研究者们提出了多种测量行程时间可靠性的指标与方法，并且术语“变异性”和“可靠性”也常常被交替使用。与行程时间可变性相关的定义主要是描述出行者对行程时间的不可预测性的感知，常见指标包括“行程时间指数”（travel time index，TTI）和“预留时间指数”（buffer time index，BTI）。行程时间指数（TTI）常被定义为高峰时间段内指定路段或路径上的行程时间的平均值与自由流状态下的行程时间的比值：

$$\text{TTI} = \text{高峰时间段的平均行程时间} / \text{自由流平均行程时间} \tag{9-2}$$

预留时间指数（BTI）是指为保证一定的到达概率（如95%），出行者需要额外准备的行程时间与该时段平均行程时间的比值，公式如下：

$$BTI=(95\%\text{把握的行程时间}-\text{平均行程时间})/\text{平均行程时间} \tag{9-3}$$

在使用这些运行指标时，分析人员对其优点和缺点需要有清晰的理解。例如，如果图9-3表示一条路全天的分布，则对交通管理部门有用，可以用它来描述该道路在特定运行状态下的时间百分比。但这样的指标可能对出行者并不那么有价值，他们最有可能希望得到具体时间段的行程时间估计值，以便他们能计划接下来的行程（参见图9-2）。

行程时间指数（TTI）是一个很好的指标，用于评价“理想状态”中特定时段行驶时间偏差的方法。预留时间指数（BTI）针对的是行程时间的变化，是一个对出行者有用的指标。然而，BTI不应用来评估道路的整体性能，因为较低的BTI既可能出现在道路严重拥堵时，也可能出现在自由流状态。

9.1.3 延误

延误指用于通过特定路段的相对于理想行程时间的额外行驶时间，如图9-6所示的曲线所示。延误分为以下几类。

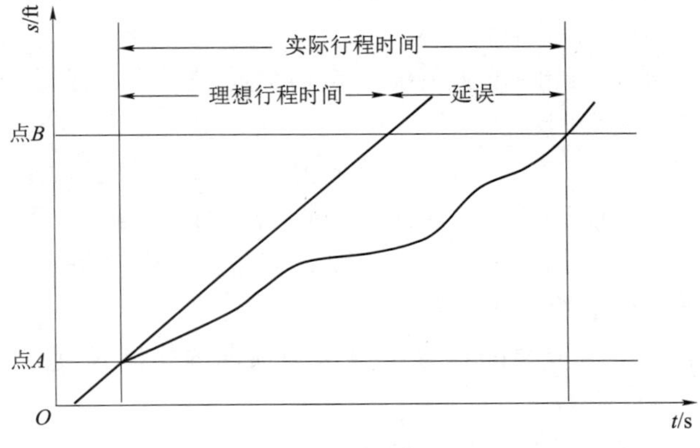

图9-6 延误曲线

（1）停车延误。指车辆因完全停止或其速度低于预先定义的“停车阈值”而导致的延误。

（2）行程时间延误。指实际的行程时间和理想的行程时间的差值，一般地，和自由流速度或道路限速有关。

（3）控制延误。指由于交通控制（信号灯、停车标志）导致的延误，包括排队和加减速损失时间。

在HCM手册中，控制延误是用于评价交叉口的性能指标（信号、无信号及环岛）。这些延误的定义如图9-7所示。

一般地，延误的计算或测量单位是s/veh，集计的延误指标也可能使用车辆秒、车辆分或车辆时为单位。现场延误较难测量，现有的近似计算延误的方法是基于整个周期的排队的测算。本书第10章阐述Webster延误公式，与HCM中控制延误的测量方法一致。

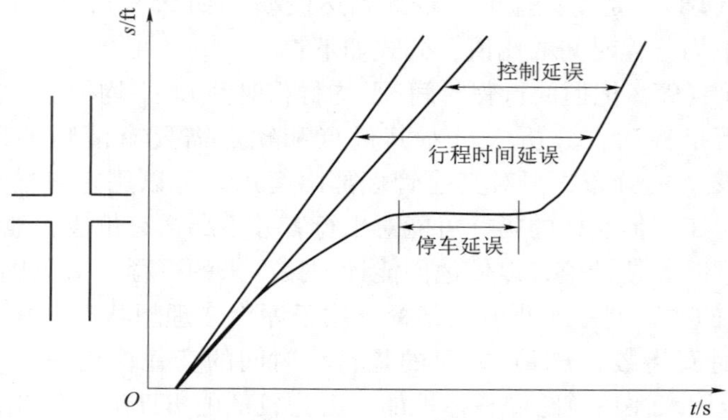

图 9-7 不同类型的延误

9.1.4 排队长度

一般地，排队车辆的数量即排队长度。在交通运行评价中，排队长度是一个重要指标，因其对交通流的影响重大。例如，因左转车道堵塞而导致排队后溢。类似地，匝道的排队后溢会严重影响快速路主路的交通运行。

在理论上，排队论研究各种的排队系统（包括交通、工业、银行和其他），并试图回答如排队长度、等待时间长度等问题。

当排队后溢严重时（如在左转、右转或匝道情况下），排队长度通常会被作为一个重要的运行指标。对于连续的交通流（如快速路），排队长度是较难定义和测量的，因此其更多地用于分析非连续的交通流（如主干路、次干路、支路等平交道路）。

有几个用来表示排队长度的方法如下。

（1）排队百分位长度：选取时间百分位数作为预期的排队长度（如 85% 位排队、95% 位排队等）。

（2）平均排队长度：排队长度的期望值。

（3）排队容积率：排队长度期望值（或某排队百分位长度）与排队存储能力的比值。

排队长度的实地测量是复杂的，图 9-8 所示是一车队的行驶轨迹，当到达交叉口时因红灯而减速，然后信号灯转为绿灯时，车队加速。可简单地说，时间 t 的排队长度是 t 时刻停在交叉口前的车辆数。然而，一个重要的问题是“排队”车辆的定义。哪些车辆属于排队车辆？速度为 0 或速度低于某给定的阈值？如果是后者，阈值为多少？5 mile/h？10 mile/h？在图 9-8 中，前 3 辆车在 t 时刻没有停止，速度也并非很低。第四辆车还保持较高的速度。因此，依据速度阈值，第四辆车是否属于排队车辆？类似地，第五辆车受排队车辆的影响，但根据排队车辆的定义，它是否应属于排队车辆的最大队列？队列测量的难题在交通仿真模型中也会遇到（详见第 11 章）。

当考虑到排队车辆沿着快速路或高速公路等控制出入的道路缓慢移动时，问题会变得更加复杂。此时，排队长度更难以定义和测量，因为交通流在较长距离内可能处于“走走停停”模式。

排队长度测算的另一个问题是车辆长度，排队分析模型一般将一个交通单位作为一个

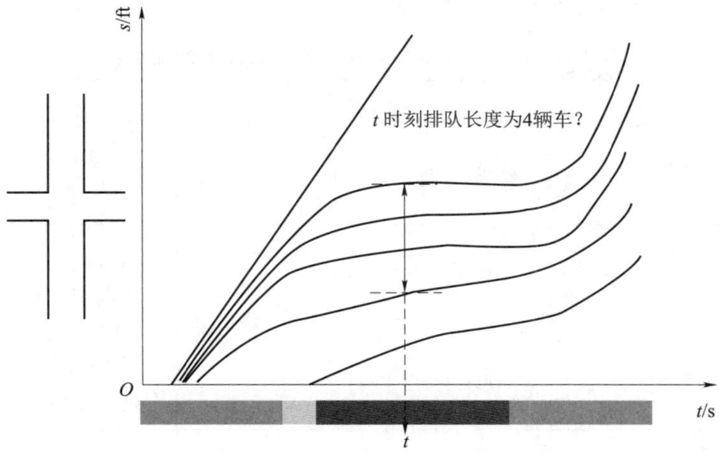

图 9-8　信号交叉口的队列

点；然而，车辆的队列包括车辆长度和相邻车辆间的安全距离，而安全距离是随速度变化的。

9.1.5　其他与机动性相关的指标

除上述讨论的性能指标外，还有几个常见的与机动性（mobility）相关的运行指标。

（1）*V/C*：交通需求和通行能力的比值，是通行能力利用率的度量，既用于信号控制交叉口，也用于区分交通拥堵和非拥堵。在 HCM 中，用其定义通行能力和道路服务水平 E 的上界。

（2）停车次数：这个指标通常用来评估城市平交道路上交通流的运行质量，也称作停车率（平均单车的停车次数）。

（3）VMT/VKT：车辆的行驶距离，用于衡量道路的利用率。也可用于交通规划、管理中计算因新的开发而产生的额外的交通增长。

（4）VHT：车辆行驶时间，包含延误在内。

（5）人员运送能力：在选定的时段内，在规定的运行条件下，没有不合理的延误、不冒险、没有限制时，通过公路或公交专用道的某一点，合理地期望能运送的最大乘客数，以 p/h 计。

其他和机动性相关的指标包括相关基础设施的指标（如车道英里和土地利用指标）、通达性（如设施的可用性和可达性）和可持续性（如排放量）。在交通系统的评估中，运行指标的选取和应用是很重要的，不同的衡量指标具有不同的视角；研究人员需选取适合的指标作为分析的基础和特定研究对象的函数。

9.1.6　运行效率和服务水平的评估

HCM 利用交通运行指标来定义道路的服务水平（见表 9-1）。服务水平是“一个代表服务质量的量化分级的性能指标，用于代表从 A（最好）到 F（最差）的服务水平。根据既反映用户体验又对交通管理部门有用的一个或几个指标来定义”。服务水平概念提出的目的，是为了便于与非交通专业进行交通运行质量的沟通。

表 9-1　HCM 2010 的效率标准：连续交通流道路

道路类型		效率标准	注　释
高速公路基本路段		密度/[pcu/(mile·ln)]	当密度>45 时，F 级；假设该密度对应通行能力
高速公路交织区		密度/[pcu/(mile·ln)]	当密度>35 时，F 级；假设该密度对应通行能力
高速公路合流与分流区		密度/[pcu/(mile·ln)]	当密度>35 时，F 级；假设该密度对应通行能力
两车道道路	一级道路	跟车时间百分比（PTSF）及平均行程速度（mile/h）	服务水平的边界限因道路等级不同而不同；服务水平 E 的上界为通行能力
	二级道路	跟车时间百分比（PTSF）	
	三级道路	自由流速度百分比（PFFS）	
多车道道路		密度/[pcu/(mile·ln)]	服务水平的边界随自由流速度不同而不同；服务水平 F 对应于通行能力；通行能力下的密度是 FFS 的函数，在 40 至 45 之间变化
双车道和多车道道路的自行车模型		自行车服务水平分数	这是用户基于（含需求和路面状况）5 个变量的感知指数

用于服务水平设定的性能指标又称为效率指标（MOEs），表 9-1 列出了 HCM 2010 中针对连续交通流道路的效率指标。表 9-2 列出了非连续交通流道路的 MOEs。如表 9-1 所示，密度是首要指标。虽然速度和行程时间是出行者最关心的参数，但在交通非拥堵情况下，它们的变化范围不大，因此不能用它们定义服务水平。双车道的道路被细分为不同道路等级（基于它们的主要功能是通达性还是机动性），不同道路等级具有不同的 LOS 标准。

表 9-2　HCM 2010 的效率标准：非连续交通流道路

道路类型		效率标准	注　释
城市道路	机动车道	自由流速度百分比和 V/C	V/C 是交叉口中最大的直行车辆比率
	人行道	人行道服务水平分数和平均速度，人均空间	服务水平分数是道路每部分路段的加权平均值（道路长度为权重）
	自行车道	基于用户感知的服务水平分数	
城市道路路段	机动车道	自由流速度百分比和 V/C	V/C 是下游交叉口的直行车辆比率
	人行道	人行道服务水平分数和平均速度，人均空间	包括路段和交叉口的服务水平分数
	自行车道	基于用户感知的服务水平分数	

续表

道路类型		效率标准	注　释
信号交叉口	机动车道	控制延误（s/veh）和 V/C	可以计算每组车道、每个进口道方向、整个交叉口的LOS；进口道方向和整个交叉口的服务水平，仅取决于控制延误
	人行道和自行车道	基于用户感知的服务水平分数	针对行人，计算每个人行道和每个方向的LOS分数；针对自行车，计算每一自行车进口道方向的LOS分数
立交匝道		控制延误（s/veh）和 V/C，排队容积率、剩余队列	计算每一O-D的服务水平，当该O-D中任意车道的 V/C 或排队容积率大于1.0时，服务水平为F
双向停车控制交叉口	机动车道	控制延误（s/veh）和 V/C	服务水平取决于次要道路而非主要道路，当 V/C 大于1时，服务水平为F（不考虑控制延误）
	人行道	控制延误（s/行人）	计算通过非停车让行的行人流和二次过街行人通道的LOS
全向停车控制		控制延误（s/veh）和 V/C	当 V/C 大于1时，服务水平为F（不考虑控制延误）；进口道方向和整个交叉口的服务水平，仅取决于控制延误
环岛		控制延误（s/veh）	当 V/C 大于1时，服务水平为F（不考虑控制延误）；进口道方向和整个交叉口的服务水平，仅取决于控制延误
人行辅路和自行车道	行人专用通道/楼梯	人均空间（ft^2/p）	人均空间是主要MOE指标，相关指标包括人流率[p/(min/ft)]，平均速度（ft/s），V/C
	行人/自行车共用通道	加权事件率/h	自行车和行人相遇即是一个事件；相关指标包括单方向自行车服务量（自行车数/h）
	自行车专用和共用通道	自行车服务水平分数	分数包含每分钟的相遇次数、每分钟主动通过率、中心线施划、路径宽度、延迟的通过数

对于非连续的交通流，城市道路的服务水平是基于行程中的自由流速度百分比，而交叉口的服务水平主要取决于控制延误。对于非连续交通流，通行能力与特定的速度或控制延误并没有严格对应关系，所以使用 V/C 来定义服务水平F。

HCM中的服务水平起初是用于从用户的角度描述道路的运行质量。然而，还缺乏对出行者感知与服务水平之间相关性的研究。出行者对拥堵的感知在不同城市、不同时间段是变化的。出行者甚至考虑到更广泛的指标，包括道路美学、安全性、舒适性和方便性等。有些指标并不在交通工程的控制范围内，也很难以量化，因此难以包含在HCM中。不过HCM 2010年版开始考虑用户的这些观点，以建立更适用于自行车、行人和公交服务水平。非连续交通流更广泛地考虑了自行车、行人和公交，并基于各类用户感知建立了不同的服务水平评分制度。

服务水平的研究依然面临一些挑战。首先，服务质量是主观的，因此难以对“理想的”服务水平建立统一的定义。例如，60 s/veh的延误在城区可能微不足道，但是在乡村地区却很严重。因此，交通部门应该基于各地实际情况制定因地制宜的服务水平评价标准。其次，目前 HCM 服务水平的框架是在交通拥堵频繁发生之地建立的，主要聚焦于非拥堵状态。交通需求超过通行能力后，HCM 只定义了一个服务水平 F，并没有进一步区分不同的拥堵程度。然而，在现今的交通环境中，评估拥堵的严重程度变得越来越重要。关于此问题，国内城市近十年来有较好的研究与应用，本书已在第 8 章宏观交通流模型部分进行了进一步讨论。

9.2 交通安全模型

9.2.1 交通事故

各国对交通事故的定义不尽相同。《中华人民共和国道路交通安全法》的定义是：车辆在道路上因过错或意外造成的人身伤亡或财产损失的事件。构成道路交通事故应具备车辆、在道路上、运动中、发生事态、具有过失、造成后果 6 个要素。

依据不同的分析角度，交通事故有很多不同的分类方法。例如，按事故发生原因可以把交通事故分为主观原因造成的事故和客观原因造成的事故两类；按事故的对象可将交通事故分为车辆间的交通事故、车辆与行人间的交通事故、机动车与非机动车间的交通事故、车辆自身事故、车辆对固定物的事故 5 种类型；按交通事故的主要责任方所涉及的车种和人员，可将交通事故分为机动车事故、非机动车事故和行人事故 3 种。

9.2.2 交通流与安全

道路安全性通常按照以下定义进行评估：路段上单位时间内某种事故的可能发生次数。事故种类包括一辆或多辆车造成的追尾、侧碰、人员伤亡、财产损失等。根据定义，交通安全性就是一连串的可能事故频率，m_1，m_2，…，m_p，它们分别与每种事故类型相对应。在这里只讨论一种事故类型的情况，那么可能的交通事故率就表示成为 m_i。事故率是一个考虑了交通的实际使用情况的相对指标。标准式为

$$\text{事故率}=\frac{\text{事故次数(或死亡数、受伤数)}\times\text{基数}}{\text{使用状况}} \tag{9-4}$$

常用的事故率基数有每百万车（MEV），每亿车公里（HMVK），每万辆登记车（MV）。

交通事故率 m_i 和交通流之间存在一定的函数关系，即“交通安全性能函数（safety performance function，SPF）”，图 9-9 为某一路段的交通安全性能函数，事故发生率随交通量变化的情况。纵坐标表示从 1972—1976 年某一特定路段每年发生重大事故频率的可能值，横坐标 AADT 表示 1972—1976 年的年平均日交通流量。

通常，当交通流多于一股时，m_i 本身就是一个多元函数模型。例如，对面碰撞可能依赖于两股相冲突的交通流。行人和左转车辆发生碰撞依赖于行人的量、直行车流量和左转车流量等。简而言之，交通事故预测模型的讨论有很多种情况。

事故率是原点和交通事故预测模型上的点连线的斜率。在做安全性的对比分析时，通常需要限定各路段或时间段内具有相同的交通量。只有当交通安全性能函数为一条直线时，才可以不用考虑交通量而直接比较事故率，这需要事先知道事故预测函数的形状，但这通常是不可能的。

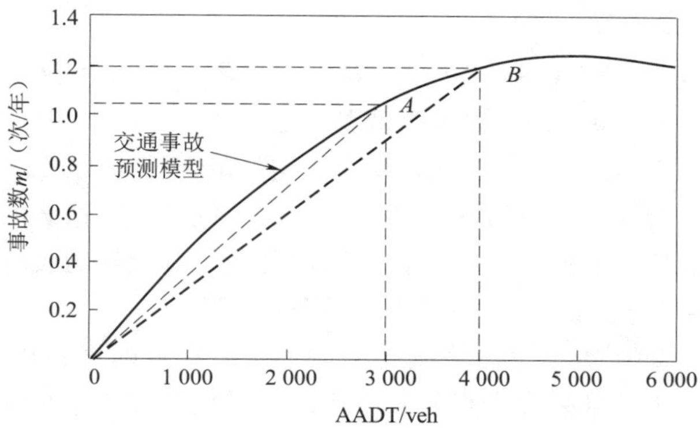

图 9-9 交通安全性能函数

9.2.3 交通安全性能函数

交通流与交通安全之间有一定的关系，无交通流就不会有事故发生，因此交通安全性能函数必须通过原点。同时，交通流的 3 个相互关联的特性（流量、速度和密度）影响交通安全的相互关联的 3 个方面：发生事故的可能概率、概率的偶然性及事故的严重性。因此，依靠纯粹的归纳演绎方法很难得出交通流与交通安全之间关系的数学模型。

通过逻辑分析可以得出：事故的发生与通过路段或交叉口的车流量存在一定的概率关系。若进一步假设车流量不是很大，从而使此概率关系不受车流通过频率影响时，可以得出下列关系式：

$$m_{\text{单车}}=q\cdot p(q) \tag{9-5}$$

式中：

$m_{\text{单车}}$——某一时期内某类事故发生次数；

q——交通量；

p——单车道下每辆车发生事故的概率。

这里的 p 一般不受 q 的影响。但是随着车流量和车辆密度的增加，车辆之间的距离会影响事故发生的概率。此时 p 是 q 的正比例函数，用 $q\cdot p(q)$ 表示。此时 $m_{\text{单车}}$ 的变化率要大于 q 的变化率。相反，若车流量和车辆密度很小时，$m_{\text{单车}}$ 的变化率会小于 q 的变化率。实际当中甚至会出现当车流量增大到某一点时，q 增大反而会使 $m_{\text{单车}}=q\cdot p(q)$ 减小的情况。因此，由逻辑分析的方法可以得出这样的结论：交通安全影响函数在靠近原点的某一范围内近似为一条直线。当交通安全取决于两股或更多相冲突的交通流（汽车-火车、交叉口汽车-行人等）时，m_i 会随两股交通流量变化而变化。

逻辑分析有利于建立交通安全性能函数。若一年当中交通流比较平稳（如取 AADT），模型当中事故与交通量之间的关系如何呢？Quaye 研究发现，当交通流分别取 15 min 流量、1 h 流量和 7 h 流量时，最终结果会稍有不同。Persaud 和 Dzbik 两位学者补充说，模型当中平均每小时流量与事故发生之间的关系是“微观的”，而 AADT 与事故发生之间的关系则是“宏观的”。

关于交通流量和事故频率之间关系的研究，通常通过对数据拟合来建立模型，其一般步骤为：① 数据收集；② 模型选择；③ 参数标定。

1. 数据收集

为了确定交通事故率与交通量的关系，需要调查若干时期的交通事故数和相应的交通量数据（最好是较大变化范围），通常有以下两种方法。

（1）近似路段（或交叉口）法。即选择许多类似的路段或交叉口，忽略其交通流的差别，这种方法最常用。但是，这种方法中的事故次数不仅反映交通量的影响，还包含了其他随交通量变化的因素的影响。例如，交通量大的道路往往有较好的设施和维护标准，如醒目的标志和交通控制设备等，从而比交通量小的道路更安全。

（2）时间序列法。即调查同一道路或交叉口不同时期或时间段的交通量和相应的事故数。这种方法不常用，因为如果数据点是若干年的年平均日交通量和年事故数，那么年平均日交通量的变化范围通常太小，而且车队、天气和许多其他因素也在变化；如果数据点是一天中不同时段的交通量和事故次数，事故数量又很少。

2. 模型选择

通过选择适当的模型可以拟合数据，标定模型参数。交通量作为自变量的交通事故预测模型有以下两种。

（1）当只有一股相关交通流时，幂函数和多项式模型为

$$m=\alpha q^{\beta} \tag{9-6}$$

$$m=\alpha q+\beta q^2+\cdots \tag{9-7}$$

$$m=\alpha q^{\beta+\gamma\ln(q)} \tag{9-8}$$

$$\ln(m)=\ln(\alpha)+\beta\ln(q)+\gamma[\ln(q)]^2 \tag{9-9}$$

式中：

m——某一时期内某类事故发生次数（事故频率）；

q——交通量；

α，β，γ——待标定的参数。

式（9-6）比较简单，并且满足当 $q=0$ 时，$m=0$ 的条件。$\beta=1$ 可表示与一股交通流相关，$\beta=2$ 可表示与两股交通流相关。但是，当 $\beta=1$ 时，模型是线性的，不适合交通量大的情况。同样，当 $\beta=2$ 时不适合交通量小的情况。式（9-7）的优点是通过引入更多的参数，可以得到更好的拟合曲线，但它不太适合交通量小的情况。式（9-8）、式（9-9）是类似于式（9-7）的对数形式模型。

图 9-10 为这些函数的图示，可以通过取对数来简化模型参数的估计。

（2）当交通安全取决于两股或更多相互冲突的交通流（汽车-火车，交叉口汽车-行人等）时，常采用幂函数乘积模型，即

$$m=\alpha q_1^{\beta} q_2^{\gamma}\cdots \tag{9-10}$$

如果随着交通量的增加，$m(q)$ 的斜率逐渐减小，甚至变成负数，这时可以使用以下模型：

$$m=\alpha q^{k}e^{\beta q} \tag{9-11}$$

参数 $k=1$ 或 2。当 $\beta<0$ 时，函数在 $q=-k/\beta$ 处取最大值，图 9-11 是该模型的图示。这个模型的优点是它可以拟合原点附近的条件并且可以遵循数据的原型，而且不论交通量大小，都有很好的拟合效果。

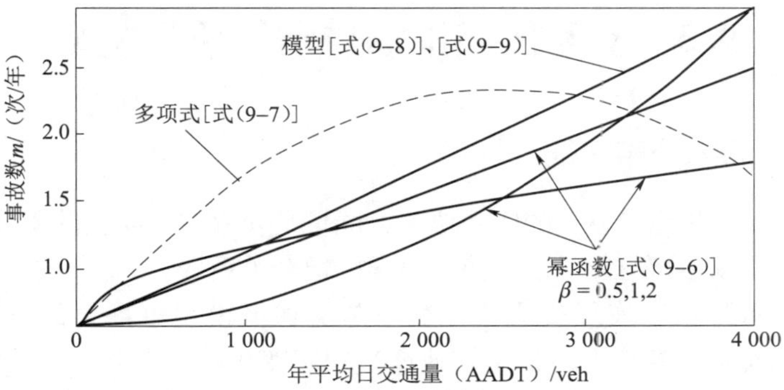

图 9–10　各种交通安全性能函数曲线

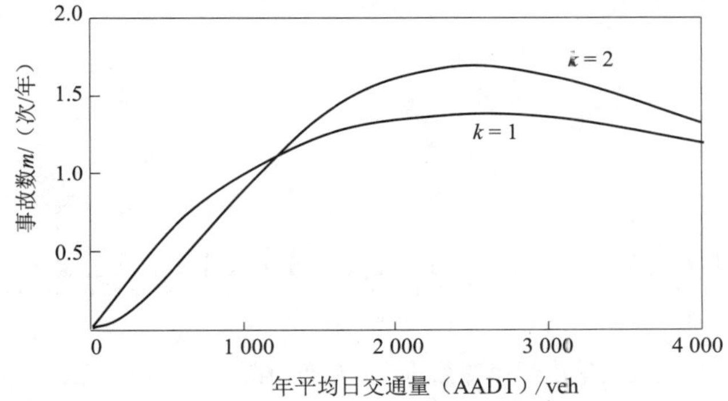

图 9–11　式（9–11）的两种曲线形状

3. 参数标定

采用回归分析的方法可以进行参数（α，β，γ，…）估计。根据不同路段（市区/乡村/高速公路、车道宽度/路肩宽度/是否有分隔带）、交叉口（T 形、信号交叉口）、步行交通及若干年事故资料等，美国、英国、日本等研究人员均进行了参数标定。但这些研究结果差别较大，其原因有：① 数据调查方法的差别；② 使用年平均日（小时）交通量等与事故发生时的具体交通状况没有直接联系的统计资料；③ 模型的简单化；④ 不同国家或地区对交通事故判定上的差别；⑤ 参数标定方法的差别；⑥ 更主要的是因为交通事故取决于包括交通量在内的很多复杂因素。

除了上述统计模型之外，还可以引入交通流其他相关特性，如速度、交通量、密度、车头时距和冲击波等对模型加以改进。

在交通安全模型中，还有一类宏观评价模型，包括 Smeed 模型、Trinca 模型、Towill 模型、Koornstra 模型、Navin 模型等，研究死亡数、事故数等安全变量与机动车保有量、人口、道路里程、行驶里程等变量之间的关系。但这些模型分析的角度过于宏观，与交通流特征相去甚远，在此不再展开讨论。

9.3 交通能耗排放与空气质量模型

9.3.1 交通流的功率分布特征

交通流的物理本质是能量驱动的物质位移，能量是功率在时间上的积分。交通流的功率分布的刻画可为交通流参与与能量之间建立科学的耦合关系。

交通流功率分布是指在实际交通流工况下与交通流模型可耦合的车辆输出功率分布[图 9-12 展示了随交通流速度（空间平均速度）规律变化的功率分布、图 9-13 展示了实际交通流工况下的车辆输出功率分布]，其随道路类型、坡度、车型、速度、载重等参数的变化呈现出谱系化的变化特征。

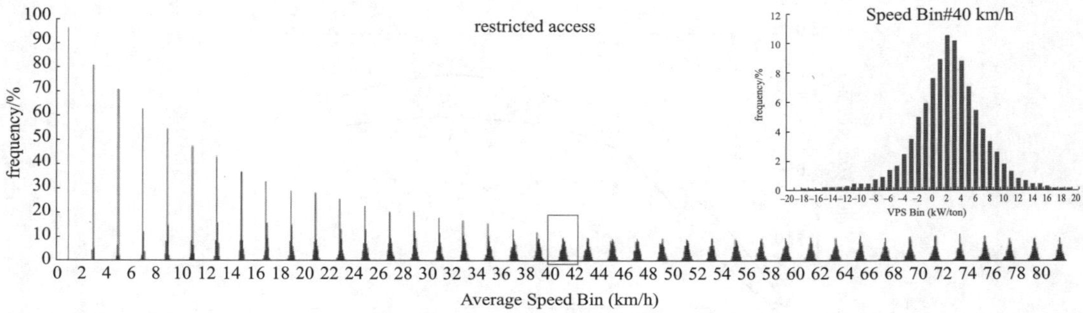

图 9-12 随交通流速度规律变化的功率分布图谱（以平坡路上轻型车为例）

不同车辆类型、速度、载重、坡度、道路类型等因素的动态变化影响了车辆的动能、势能，从而同时在发动机做功和交通流状态等方面造成了随交通流变化的车辆功率分布的谱系化变化特征（见图 9-13），本书称之为交通流的流速密功率分布图谱。该图谱是各车型自身静态物理属性和交通流动态运行属性的结合。通过该图谱特征的提取与应用，可以在实际交通流状态下动态判断该状态下的能耗。

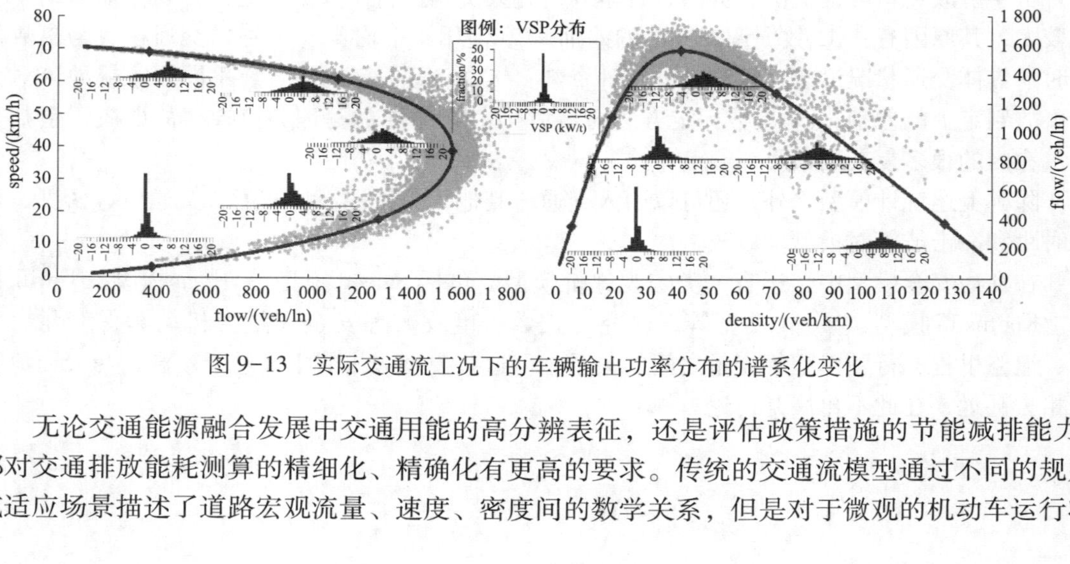

图 9-13 实际交通流工况下的车辆输出功率分布的谱系化变化

无论交通能源融合发展中交通用能的高分辨表征，还是评估政策措施的节能减排能力，都对交通排放能耗测算的精细化、精确化有更高的要求。传统的交通流模型通过不同的规则或适应场景描述了道路宏观流量、速度、密度间的数学关系，但是对于微观的机动车运行状态的描述尚有欠缺，使得难以建立宏观交通流状态和道路能耗或排放的直接联系。引入交通流功率分布这一参数，通过对不同交通流状态下车辆功率分布的变化规律的总结，则可以更好地将交通流运行状态和机动车能耗、排放联系起来。尤其在排放或能耗测算建模过程中，对于一个宏观路网不同路段、不同时段的交通流功率分布的刻画，可以帮助我们更好地理解不同交通状态下路段或路网的能耗排放变化规律。

9.3.2　交通流的能耗及碳排放模型

1. 燃油车油耗模型

研究者们从宏观、中观、微观等多层次建立了油耗模型；本书从交通流理论出发，讨论一种可以刻画实际交通流的参数特征且反映该交通流条件下能耗规律的燃油车能耗模型。

先前的研究表现，使用机动车台驾测试法、隧道测试法、红外遥感测试法、车载排放检测法等可以采集到丰富的车辆油耗率数据。以轻型燃油车为例，建立比功率（vehicle specific power，VSP）和油耗率的关联，如图9-14所示。当比功率为负时，油耗率趋于稳定且接近怠速油耗；当比功率为正时，油耗率随比功率呈线性正相关关系。

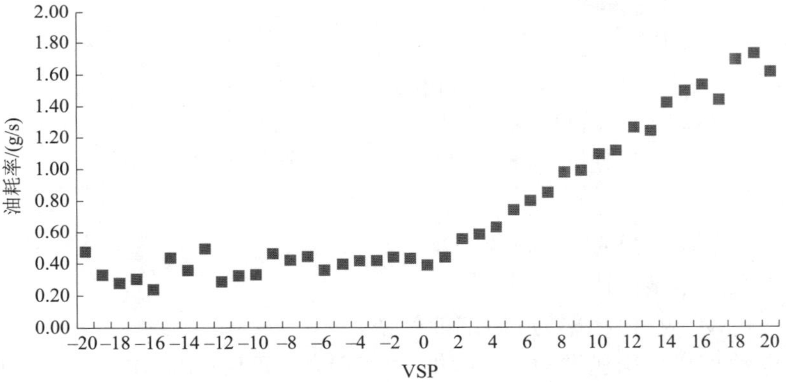

图9-14　随功率变化的轻型车油耗率

以轻型车为例，结合交通流功率分布（见图9-12）和各功率下的消耗率（见图9-14），可以刻画该类轻型车在实际交通流工况下的燃油消耗，如式（9-12）所示。

$$FC_{轻} = Flow_{speed=i} \cdot Fre_{轻} \cdot \sum_j (FCR_{轻,j} \cdot Fre_{i,j}) \tag{9-12}$$

式中：

$FC_{轻}$——轻型车在该交通流工况下总油耗；

$Flow_{speed=i}$——速度为 i 下的路段流量；

$Fre_{轻}$——轻型车车型占比；

$FCR_{轻,j}$——轻型车在比功率为 j 时的油耗率；

$Fre_{i,j}$——轻型车在平均速度为 i，比功率为 j 时的时间占比。由 9.3.1 节中的交通流的功率分布计算。

根据路段车型结构变化，累计各类车型下的油耗量，即可测算该路段在实际交通流下的总燃油消耗。

2. 电动车能耗模型

与传统燃油汽车相比，电动汽车在行驶经济性、环境友好性等方面有明显的优势，建立比功率和电动车能耗率的关联如图 9-15 所示。电动车制动时存在能量回收等情况，因此当功率为负时，能耗率为负值；当功率为正时，能耗率和燃油车类似，呈线性正相关关系。使用公式（9-12）的轻型车油耗测算模型，替换燃油车的能耗率为电动车能耗率，结合实际交通流工况，可以测算电动车在该交通流下的能量消耗如公式（9-13）所示。

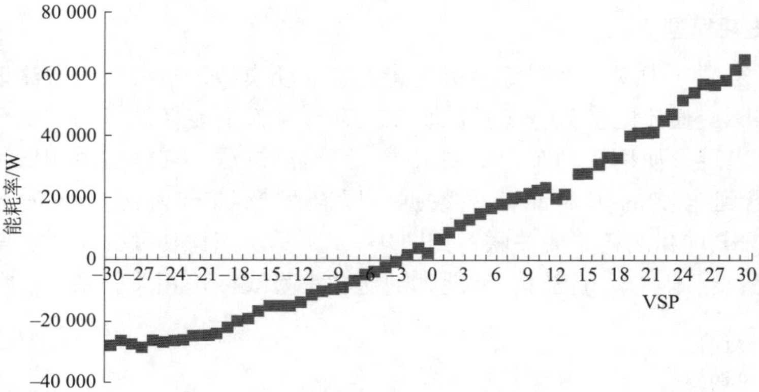

图 9-15　随功率变化的电动车能耗率

$$EC_{电} = Flow_{speed=i} \cdot Fre_{电} \cdot \sum_j (ECR_{电,j} \cdot Fre_{i,j}) \tag{9-13}$$

式中：

$EC_{电}$——电动车在该交通流工况下总能耗；

$Fre_{电}$——电动车车型占比；

$ECR_{电,j}$——电动车在比功率为 j 时的能耗率；

$Fre_{i,j}$——电动车在平均速度为 i，比功率为 j 时的时间占比。由 9.3.1 节中的交通流的功率分布计算。

9.3.3　交通流的污染物排放模型

在建立道路交通能耗模型、道路交通碳排放模型的同时，交通流研究学者们还关注到了道路交通污染物的排放测算方法。由于道路大多分布在人口密集、出行者众多的城市区域，机动车污染物的排放对空气质量、人体健康有直接的利害关系。

机动车排放是一种排放部位低、不易扩散的移动污染源，是城市大气污染的重要源头。基于交通流功率分布的排放模型使得传统排放模型与交通流模型能够更好衔接。以轻型车 CO 为例，结合图 9-11 及图 9-12 中反映的交通流-功率分布规律，可以测算指定交通流条件下的轻型车 CO 排放量 E_{CO}，如公式（9-14）所示。

$$E_{CO} = Flow_{speed=i} \cdot Fre_{轻} \cdot \sum_j (ER_{CO,j} \cdot Fre_{i,j}) \tag{9-14}$$

式中：

E_{CO}——轻型车在该交通流工况下 CO 排放总量；

$ER_{CO,j}$——轻型车在比功率为 j 时的 CO 排放率；

$Fre_{i,j}$——轻型车在平均速度为 i，比功率为 j 时的时间占比。由 9.3.1 节中的交通流的功率分布计算。

根据路段车型结构不同，累计各类车型下 CO 排放量，该模型可测算该实际交通流下的 CO 排放总量。与交通流能耗、碳排放类似，根据 9.3.1 节中交通流的功率分布特征，读者可建立实际交通流条件下 NO_x、HC、PM 等其他污染物的排放测算模型。

9.4　交通噪声预测模型

在城市各种噪声源中，无论从污染面还是居民影响看，交通噪声都是最重要的噪声源。道路交通噪声预测对于评价建设项目的环境影响、控制交通噪声等都具有重要意义。早期道路交通噪声预测模型仅考虑交通流特性（车流量、车速、车种比例等）与道路交通噪声统计声级之间的关系。从 20 世纪 70 年代初开始，为了满足任意条件下道路交通噪声预测的需要，各国相继研究了包括道路条件和传播因素在内的多因素道路交通噪声经验预测模型。具有代表性的模型有美国联邦公路管理局的 FHWA 模型、英国交通部的 CRTN88 模型、联邦德国与意大利合作建立的意大利城市交通噪声预测模型、日本声学学会道路交通噪声委员会的道路交通噪声预测模型等。

我国对道路交通噪声环境影响的研究主要是在借鉴国外道路交通噪声预测模型的基础上，建立适合于我国道路的交通噪声预测模型。从本质上讲，国内规范和声环境导则推荐的道路噪声预测模型均是在美国 FHWA 模型基础上经过修正得到的。为了将美国的 FHWA 模型更好地应用于我国的实际道路上，国内学者做了大量的研究工作，包括模型推导、参数修正，以及开发新的预测模型。

9.4.1　道路交通噪声预测模型

1. 第 i 型车辆交通噪声计算公式

$$(L_{\mathrm{Aeq}})_i = L_{\mathrm{w},i} + 10\lg\left(\frac{N_i}{u_{\mathrm{r}i}T}\right) - \Delta L_{\text{距离}} + \Delta L_{\text{纵坡}} + \Delta L_{\text{路面}} - 13 \tag{9-15}$$

式中：

$(L_{\mathrm{Aeq}})_i$——第 i 型车辆行驶于昼间或夜间，预测点接收到的小时交通噪声值（Aeq 简称等效声级，指在规定测量时间 T 内 A 声级的能量），dB；

$L_{\mathrm{w},i}$——第 i 型车辆的平均辐射声级，dB；

N_i——第 i 型车辆的昼间或夜间的平均小时交通量，veh/h；

$u_{\mathrm{r}i}$——第 i 型车辆的平均行驶速度，km/h；

T——L_{Aeq} 的预测时间，在此取 1 h；

$\Delta L_{\text{距离}}$——第 i 型车辆行驶噪声，昼间或夜间在距噪声等效行车线距离为 r 的预测点处的距离衰减量，dB；

$\Delta L_{\text{纵坡}}$——道路纵坡引起的交通噪声修正量，dB；

$\Delta L_{\text{路面}}$——道路路面引起的交通噪声修正量，dB。

2. 各类车辆在预测点产生的交通噪声值公式

$$(L_{\mathrm{Aeq}})_{\text{交}} = 10\lg\left[10^{0.1(L_{\mathrm{Aeq}})_{\mathrm{L}}} + 10^{0.1(L_{\mathrm{Aeq}})_{\mathrm{M}}} + 10^{0.1(L_{\mathrm{Aeq}})_{\mathrm{S}}}\right] - \Delta L_1 - \Delta L_2 \tag{9-16}$$

式中：

$(L_{\mathrm{Aeq}})_{交}$——预测点接收到的昼间或夜间的交通噪声值，dB；

$(L_{\mathrm{Aeq}})_{\mathrm{L}}$，$(L_{\mathrm{Aeq}})_{\mathrm{M}}$，$(L_{\mathrm{Aeq}})_{\mathrm{S}}$——大、中、小型车辆昼间或夜间在预测点接收到的交通噪声值，dB；

ΔL_1——道路曲线或有限长路段引起的交通噪声修正值，dB；

ΔL_2——道路与预测点间障碍物引起的交通噪声修正值，dB。

3. 环境噪声预测值公式

$$(L_{\mathrm{Aeq}})_{预}=10\lg\left[10^{0.1(L_{\mathrm{Aeq}})_{交}}+10^{0.1(L_{\mathrm{Aeq}})_{背}}\right] \tag{9-17}$$

式中：

$(L_{\mathrm{Aeq}})_{预}$——预测点昼间或夜间环境噪声预测值，dB；

$(L_{\mathrm{Aeq}})_{背}$——预测点预测时的环境噪声背景值，dB。

9.4.2 预测模型中参数的确定

1. 各类车型车辆的平均辐射声级 $L_{\mathrm{w},i}$

对各类型车辆的平均辐射声级 $L_{\mathrm{w},i}$，可以根据不同的车型建立车速与声压级的关系，其模型可表示为

$$L_{\mathrm{w},i}=a+bu_{\mathrm{r}} \tag{9-18}$$

式中：

a，b——模型参数；

u_{r}——车辆平均行驶速度，km/h。

2. 距离衰减量 $\Delta L_{距离}$ 的确定

$$d_i=1\ 000\frac{u_{\mathrm{r}i}}{N_i} \tag{9-19}$$

式中：

d_i——第 i 类型车辆的车间距离，m；

$u_{\mathrm{r}i}$——第 i 类型车辆的平均行驶速度，km/h；

N_i——第 i 类型车辆的平均小时交通量，veh/h。

$$r=\sqrt{D_{\mathrm{N}}D_{\mathrm{F}}} \tag{9-20}$$

式中：

r——预测点至噪声等效行车线距离，m；

D_{N}——预测点至近车道的距离，m；

D_{F}——预测点至远车道的距离，m。

$$\begin{cases}当\ r\leqslant\dfrac{d_i}{2}时，\Delta L_{距离i}=20K_1K_2\lg\left(\dfrac{r}{7.5}\right)\\[2ex] 当\ r>\dfrac{d_i}{2}时，\Delta L_{距离i}=20K_1\left[K_2\lg\left(\dfrac{0.5d_i}{7}\right)+\lg\left(\sqrt{\dfrac{r}{0.5d_i}}\right)\right]\end{cases} \tag{9-21}$$

式中：

K_1——预测点与道路之间地面状况常数，硬质地面 $K_1=0.9$，土质地面 $K_1=1.0$，绿化草地面 $K_1=1.1$；

K_2——与车间距离 d 有关的常数，见表 9-3。

表 9-3 与车间距离有关的常数

d_i/m	20	25	30	40	50	60	70
K_2	0.17	0.5	0.617	0.716	0.78	0.806	0.833
d_i/m	80	100	140	160	250	300	
K_2	0.840	0.855	0.88	0.885	0.89	0.908	

3. 道路纵坡引起修正量 $\Delta L_{纵坡}$ 的确定

$$\begin{cases}大型车\ \Delta L_{纵坡}=98\times\beta \\ 中型车\ \Delta L_{纵坡}=73\times\beta \\ 小型车\ \Delta L_{纵坡}=50\times\beta\end{cases} \tag{9-22}$$

式中：

β——道路的纵坡坡度，%。

4. 道路路面引起修正量 $\Delta L_{路面}$ 的确定

修正值见表 9-4。

表 9-4 道路路面引起的修正量

路面	$\Delta L_{路面}$/dB	路面	$\Delta L_{路面}$/dB
沥青混凝土路面	0	水泥混凝土路面	1～2

5. 道路弯曲或有限长路段引起的交通噪声修正量

$$\Delta L_1=-10\lg\left(\frac{\theta}{180}\right) \tag{9-23}$$

式中：

θ——预测点与道路两端视线间的夹角，(°)。

$$\Delta L_2=\Delta L_{2树林}+\Delta L_{2建筑物}+\Delta L_{2声影区} \tag{9-24}$$

式中：

$\Delta L_{2树林}$——树林障碍物引起的等效 A 声级衰减量。当树林相当密集、高度大于 4.5 m，且林带宽度为 30 m 时，$\Delta L_{2树林}=5$ dB；当林带宽度为 60 m 以上时，$\Delta L_{2树林}=10$ dB，最大修正量为 10 dB；

$\Delta L_{2建筑物}$——建筑障碍物引起的等效 A 声级衰减量。当第一排建筑物占预测点与道路中心线间面积的 40%～60% 时，$\Delta L_{2建筑物}=3$ dB；当第一排建筑物占预测点与道路中心线间面积的 70%～90% 时，$\Delta L_{2建筑物}=5$ dB；每增加一排建筑物，$\Delta L_{2建筑物}$ 值增加 1.5 dB，最大修正量为 10 dB；

$\Delta L_{2声影区}$——预测点在道路路堤或低路堑两侧声影区引起的等效 A 声级衰减量。当预测点处于声照区，$\Delta L_{2声影区}=0$；当预测点位于声影区，则根据声波路程差 δ 确定。

复习思考题

1. 简述交通流理论模型在交通效率、安全、环境分析中的应用有哪些。

2. 为什么要分析行程时间的可靠性？有哪些因素影响行程时间可靠性？

3. 请论述行程时间可靠性的指标及其计算原理。

4. 请思考在不同类型的服务水平评估中，用到了哪些交通流参数，选择这些参数的原因是什么。

5. 请解释交通安全性能函数的意义及其建立方法。影响交通安全性能函数形态的主要因素有哪些？

6. 影响交通能耗、排放的交通流参数有哪些？其影响机理是什么？

第10章

典型城市道路的交通流分析方法

城市快速路、主干路、次干路、支路是构成城市道路的4种基本道路类型。其中，只有快速路是控制出入并且提供非间断交通流的道路。在间断交通流中，根据交通控制的方式，一般可分为信号控制和无信号控制两类。由于交通流特性各不相同，上述各类道路分别对应典型的交通流分析方法。

10.1　城市快速路交通流的特性

城市快速路是能够提供非间断交通流的道路，故而其具有出入控制特征。出入控制指的是，车辆只能通过特定的设施（通常指出口匝道和入口匝道）才能出入快速路。因此，比起城市主干路等其他道路，快速路通常能够保持较高的速度和较大的通行能力。根据快速路入口标志的指示，车辆通过入口匝道进入快速路的主路（以下简称“主路”）；因此，当车辆驶向快速路时，可以维持原有速度甚至加速。同样地，车辆也可以通过出口匝道离开快速路，进入与匝道相连的辅路或其他平面交叉道路。本章先定义快速路路段的类型和交通流特性，然后介绍其控制方式。

10.1.1　快速路路段和系统

从驾驶人的角度来看，快速路是连续的设施。驾驶人通过入口匝道进入快速路，沿着主路行驶直到到达他们想要到达的出口，驶离快速路。从交通流分析的角度出发，快速路路段可以分为以下4种类型（见图10-1）。

（1）合流段：合流段是入口匝道与主路相连的部分。车辆通过加速至一个合适的速度后，选择合适的间隙汇入主线车流。当驶入路段的车辆数大于快速路的通行能力时，该处往往会成为“瓶颈”。

（2）分流段：分流段是出口匝道与主路相连的部分，连接干道网络。车辆通过减速至一个合适的速度从快速路驶出到其他城市道路上。当驶出的交通需求高于匝道的能力时，该处往往会成为“瓶颈”。由此造成的交通拥堵可能会影响相邻的车道甚至主路的交通。

（3）交织段：交织段是连接相邻的入口匝道和出口匝道的路段，由相距较近的入口匝

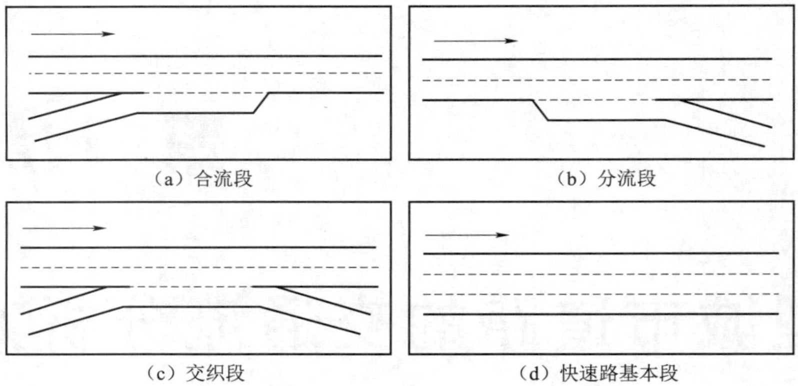

图 10-1 快速路路段类型

道（合流段）和出口匝道（分流段）组成。交织结构的多样化带来了控制特性的多元化。车道的频繁换道行为导致车辆在前进过程中不断交织，由此形成了交织区特殊的交通性质。

（4）快速路基本段：快速路基本段是快速路上没有出入口匝道的路段，在其范围内，道路横断面基本没有变化。道路几何线形设计的问题也可能导致其成为“瓶颈”（如平竖曲线的组合不当）。

本节首先讨论合流段、分流段和交织段的控制方式。然后将城市快速路视为一个系统，对其进行分析，考虑各组成部分之间的相互作用。

1. 合流段

从交通控制的角度来看，合流段是快速路系统中的关键组成，因为合流段较容易成为“瓶颈”。下面先从微观的角度讨论合流段的控制。图 10-2 示意了一个车辆（灰圈所示）从入口匝道驶入合流段，在寻找一个合适的间隙。可以看到，该车有两个选择。若其采取减速措施，便可以利用间隙 1 驶入；若其采取加速措施，便可以利用间隙 2 驶入。还有一种可能是，另一车辆在相邻车道中行驶（黑圈所示），想要通过间隙 3 驶入中间车道，由此为所研究的车辆（灰圈所示）创造出一个新的间隙，这个新的间隙长度为间隙 1 和间隙 2 之和。

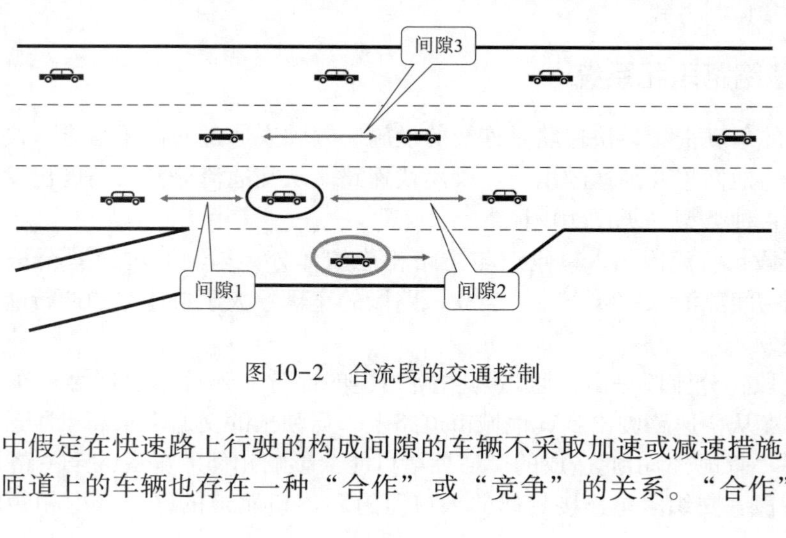

图 10-2 合流段的交通控制

先前分析中假定在快速路上行驶的构成间隙的车辆不采取加速或减速措施。然而，快速路上的车辆与匝道上的车辆也存在一种“合作”或“竞争”的关系。“合作”关系即快速路上的车辆采取减速措施，扩大了自身前面的间隙，以便匝道上的车辆通过；“竞争”关系即快速路上的车辆采取加速措施，快速通过匝道上的车辆所等待的位置，此时就关闭了自身前面的间隙。最后，许多驾驶人可能为了躲避大量的匝道车辆，选择在匝道的上游处汇入快速路主路内侧车道。这种情况经常发生在对合流段交通情况很熟悉的驾驶人身上。需指出的是，在交通仿真中，对驾驶人尽早汇入快速路的模拟往往会失败，因为车辆在从被检测到至进入合流段的时间段内，它们尚未维持一个稳定的速度，也未稳定地在某一车道上行驶。同时，当将主路的检测区域设置在靠近合流段时，会使入口匝道车辆没有充足的时间进入快速路。因此，在合流段中，大量的选择和驾驶人行为的不可预见性都让微观模拟模型的构建存在一定的难度。近期在有关驾驶人合流段行为的研究中，将驾驶人划分成 3 种类型（积极的、一般的和保守的），并且基于合流车辆与周围车辆的互动情况，将合流行为也划分成 3 种类型（自主合流、合作合流和强行合流。）

一般情况下，合流区的驾驶人行为会显著影响该区域的交通模式和通行能力。有关匝道交通的调查发现，当成队的车辆从匝道进入快速路时，会因换道和减速对主线车流造成扰动。当主路的交通需求较大时，这样的扰动可能会导致交通事故。研究表明，事故发生的可能性更多地取决于匝道车辆数，而更少地取决于快速路上的车辆数。换句话说，匝道车辆数对通行能力和安全的影响高于快速路车辆数。

从交通控制的角度来看，合流段的控制受主路间隙的有效性（大小和数量）和可利用性（利用或不利用此间隙的取舍）影响。从数学上，间隙的有效性可以视为主路交通流的车头时距分布。可利用性可以视为间隙的被接受程度（详见 5. 5 节间隙接受模型）。

一般情况下，影响合流段控制的主要因素有以下几项。

（1）主路和匝道的需求。主路上间隙的数量和大小取决于主路交通需求和车辆到达的方式，而这些间隙的可利用性取决于匝道的交通需求和车辆到达的方式（如是否有匝道控制或是否有交通信号）。

（2）上下游匝道、上下游匝道与目标入口匝道的距离，以及上下游匝道各自的交通需求。靠近目标入口匝道的上游入口匝道会导致较多的车辆选择最靠近路肩的车道行驶，进而减少了目标入口匝道合流的可能性。目标入口匝道距离上游匝道越近，车辆及时进入快速路的可能性就越小。类似地，当目标入口匝道的下游存在出口匝道时，主路车辆也会驶入最靠近路肩的车道以求更好地离开，因此便难以为目标入口匝道上的车辆提供较大的间隙。

（3）加速车道的长度。加速车道越长，入口匝道的车辆就拥有更多的机会合流进入快速路。文献表明，在合流段上，较长的加速车道一般会导致更高的通行能力。

（4）匝道和主路的自由流速度，以及两者之间的速度差。这些要素影响间隙的可利用性，两者速度差越大，对于要进入快速路的车辆来说，适应主路交通的速度并且寻找合适的间隙就越困难。

（5）视距。入口匝道至主路的视距会影响间隙的被接受特性。同时，主路至入口匝道的视距会影响主路车辆的行驶位置。

（6）几何元素。入口匝道与主路的夹角，合流段附近的道路等级，道路横断面和水平曲线曲率都对交通控制有一定的影响。苛刻的几何线形一般会影响自由流速度，并且可能在需求条件较低时产生“瓶颈”。

2. 分流段

在分流段，通常驶入车道的总数小于或等于离开车道的总数，因此，较不容易出现拥堵。但是，当驶出交通需求超过了出口匝道的通行能力时，或者出口匝道下游设有信号影响车辆通过时，将会产生“溢流”（spillback），这将严重干扰快速路系统的运行。图 10-3 表示一个分流段的交通拥堵“溢流”到主路。图中，快速路最右侧的车道产生了排队，干扰了主路交通运行。此外，当车辆高速到达此路段，没有提前意识到需要停车或减速，会产生安全隐患。当能见度较低时（如有雾或下雨），危险性会进一步增加。

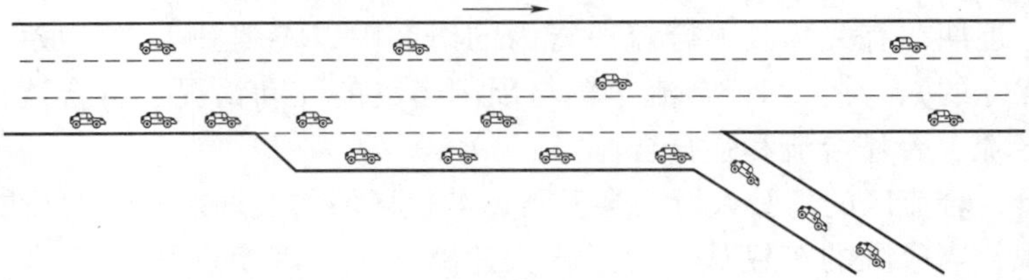

图 10-3　分流段的交通控制

分流段的特点是有较高的换道活动，驾驶人行为会对交通运行产生显著影响。交通控制极大地受换道行为、V/C 影响。影响分流段控制的最重要的交通和设计元素有以下几项。

（1）主路和匝道的交通需求。驶出出口匝道的交通需求和通行能力是影响分流段交通控制的关键变量。如果其超过了通行能力，产生拥堵后将会影响主路交通。主路交通需求越大，该影响也将越严重。同时，主路较高的交通需求不利于驶出车辆的换道行为。

（2）上下游匝道的存在、它们与目标出口匝道的距离，以及它们分别的交通需求。若靠近目标出口匝道存在上游入口匝道，会导致较多的车辆选择最靠近路肩的车道行驶，减少了出口匝道分流的可能性。目标出口匝道距离上游入口匝道越近，车辆及时离开快速路的可能性就越小。类似地，当目标出口匝道的下游附近存在出口匝道时，车辆也会行驶在最靠近路肩的车道以求更好地离开，因此便增加了最右侧车道的交通需求。

（3）减速车道的长度和类型。减速车道越长，能够为驶出的车辆提供更多的空间，也能对主路的交通产生较小的影响。如果出口匝道的交通需求较大，可以增加一条平行车道以增加通行能力和减少交通拥堵。

3. 交织段

交织是指在同一方向上行驶的两股或多股交通流，自发地沿着一定长度的距离行驶的交通现象。当合流段紧邻分流段（入口匝道紧邻出口匝道）时，两者之间的区域就是常见的交织区。图 10-4 示意了 4 种类型的交织段。图中，根据不同的组合形式，这两股交通流可能需要一次或多次的换道行为。对于单侧匝道交织［见图 10-4（a）］，两股交织交通流都需要变化至少一次的车道，才能驶入目的车道。然而对于双侧交织来说，从入口匝道至出口匝道的车辆［见图 10-4（d）］至少需要两次的换道行为。

换道次数和各行驶方向的交通需求对通行能力有影响。而且，一个方向道路的通行能力取决于其他方向道路的交通需求，因为此需求决定了间隙的数量和长度。在每个交织段类型中，都可以定义 4 个不同的起、终点组合，如图 10-5 所示。

影响交织段控制的重要交通设计元素有以下几项。

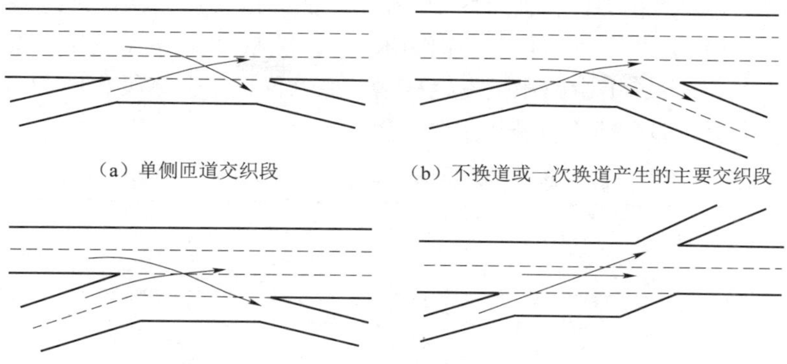

（a）单侧匝道交织段　（b）不换道或一次换道产生的主要交织段

（c）双面交织段　（d）从入口匝道至出口匝道

图 10-4　交织段的结构

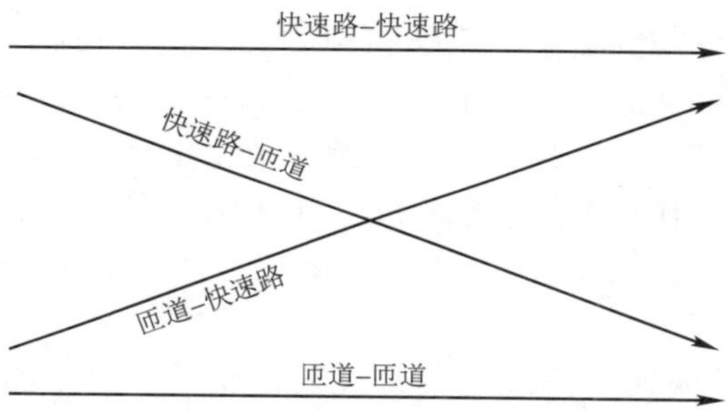

图 10-5　交织段各行进方向的起、终点组合需求

（1）交织段组成。交织段的组成会影响换道需求的总数，从而影响交织段中的扰动数量。

（2）交织段中 4 个不同的起、终点的需求。每种路径的需求决定了所提供的间隙数量和间隙大小，进而决定了所允许的车辆换道能力。一般情况下，交织段的需求越大，带来的扰动数量也越多，使通行能力越低。

（3）交织段的长度。出口道与入口匝道之间的距离越长，车辆的换道机会就越多，从而有利于改善其交通控制。当交织段长度增加时，其换道行为的容纳能力也增大了。

与合流段和分流段相同，交织段也是“瓶颈”区域，特别是驶出车道的数量少于驶入车道的数量时，或者某一驶出路径的交通需求超过了其通行能力。

4. 快速路基本段

快速路基本段是指不受合流、分流和交织影响的，车道数量变化相对较少的路段。在这些路段中，车道的总数保持不变，而且没有冲突的交通流。

5. 快速路系统

在分析快速路运行时，需要从“系统”的角度进行系统的分析。

当交通需求低于通行能力时，可以对上述所有路段进行独立分析，判断其运行状态（如密度和速度）。然而，当一段或多段快速路路段发生拥堵时，周围的路段便不能独立分析。此时需要将快速路看作一个整体，进行系统的分析，同时考虑系统中所有相关的运行路段。为了说明路段之间的相关性，通过图 10-6 所示的多段快速路系统来理解。在这个系统中“瓶颈”为合流段 A。当“瓶颈”发挥作用时，排队从合流段 A 开始，至基本段 A，再到上游的分流段 A。于是，上游路段也发生拥堵。原因仅仅是合流段 A 的拥堵。如果仅仅将各路段视为独立路段，那么排队后溢将不会发生。

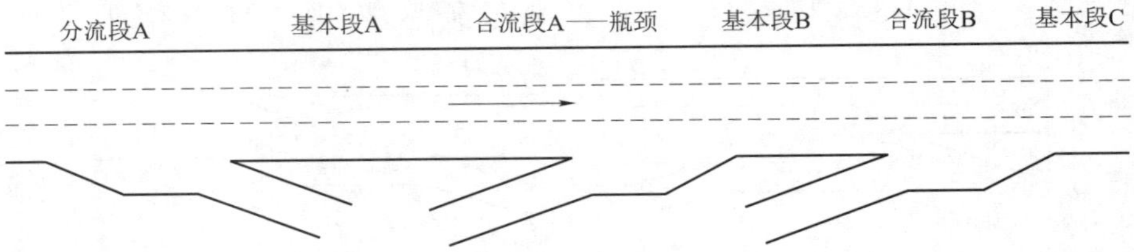

图 10-6　多段快速路系统

在同一时间，当车辆都拥堵在合流段 A 及其上游，下游路段将会出现交通需求不足，进而有较高的运行速度。考虑到整个快速路和合流段 A 的入口匝道的交通需求，如果将合流段 B 单独分析，该路段可能发生拥堵。然而，在该区域并未发生拥堵，因为一部分的交通需求以排队的形式滞留在了合流段 A 的“瓶颈”处。因此，当拥堵状况蔓延到多个路段时，有必要将整个快速路看作一个整体来分析。需要考虑所有路段之间可能的相互作用和相互依赖关系。特别是在拥堵已经发生时，更应该将快速路看作一个整体，在时间和空间上进行评价。

图 10-7 为图 10-6 的快速路系统的分析说明，展示了每个路段晚高峰时间（3:30—6:30 pm）每 15 min 的平均运行速度。每行表示各路段在某一时间段内（15 min）的平均运行速度，每列表示某一路段的速度变化情况。在第 1 个时间段内，在快速路上没有产生拥堵。在第 2 个时间段内，两个合流段的速度开始下降，从第 4 个时间段开始，合流段 A 已经进入拥堵状态中。合流段 A 的拥堵过程导致了上游路段的速度下降。而在下游路段中，速度仅仅是略有下降，在基本段 C 中交通流一直维持在自由流状态。

基本段C	60	61	59	61	60	59	61	60	58	61	60	61
合流段B	58	49	52	53	54	53	53	55	54	56	59	60
基本段B	57	56	50	50	51	52	51	50	51	52	57	57
合流段A——瓶颈	56	54	41	35	34	35	30	29	38	47	55	57
基本段A	59	57	42	37	35	34	32	28	38	40	52	57
分流段A	60	58	45	40	41	39	35	36	36	38	51	60
时段（pm）	3:30—3:45	3:45—4:00	4:00—4:15	4:15—4:30	4:30—4:45	4:45—5:00	5:00—5:15	5:15—5:30	5:30—5:45	5:45—6:00	6:00—6:15	6:15—6:30

图 10-7　固定时间间隔的快速路路段速度/（mile/h）

（图例：26～35 mile/h，黑色；36～45 mile/h，深灰色；46～55 mile/h，浅灰色；56～65 mile/h，白色）

整个高峰时间的评价对排队的蔓延和消散的分析起关键作用。在某一时间段内（如第 6

个时间段），分析该时间段及其相对应的交通需求，并不能够完整和准确地描述排队的长度和整个快速路的交通状态。而图 10-7 表示对快速路更加全面的评估，通过该图可以识别出“瓶颈”的位置及其在时间和空间上的影响。

快速路分析需要考虑从“瓶颈”处排队的蔓延和消散，并考虑对相邻路段的影响。当考虑缓解某一“瓶颈”时，需要考虑所有受影响的快速路路段，原因是当该“瓶颈”的通行能力增加时可能会导致下游交通需求的增加，从而在下游形成新的“瓶颈”。例如，合流段 A“瓶颈”的缓解可能会导致合流段 B 的交通需求增加，导致该位置成为“瓶颈”。

10.1.2 快速路的通行能力及其变化

由于城市区域内较大密度的出入口、较多的车流交织、较复杂平纵曲线构成等因素，城市快速路通行能力一般低于高速公路。以北京市二环、三环、四环的典型断面为例，二环的自由流速度、临界速度和通行能力均较低；三环次之；四环的通行能力最接近高速公路。

需指出，如 6.6.3 节通行能力下降与两类通行能力中所述，同一快速路路段存在两个通行能力：陡降前通行能力和拥堵消散通行能力，后者低于前者。其主要原因是，拥堵消散时人的感知反应和车辆启动/加速延迟导致了额外车头时距损失，使得拥堵消散时的通行能力低于陡降前通行能力。表 10-1 为北京市不同环路断面交通流参数示例，表中的通行能力指陡降前通行能力。

表 10-1 北京市不同环路断面交通流参数示例

路段	自由流速度/（km/h）	临界速度/（km/h）	通行能力/［pcu/（h · ln）］
二环	60	30	1 798
三环	70	35	1 808
四环	70	51	2 009

10.1.3 快速路的匝道控制

有很多策略被研究或应用于快速路的交通流控制，包括入口匝道控制、高承载率收费车道（high-occupancy toll lane，HOT lane）和高承载率车道（high-occupancy vehicle lane，HOV lane）、可变限速（variable speed limits，VSL）等。其中，匝道控制（ramp metering）是目前应用最广的一种控制形式。

匝道控制的定义是：应用控制设备，如交通标志标线、交通信号等设施调节进入快速路车辆的数量和汇入状态，以实现运行优化的目标。与城市道路交叉口的信号控制方式相似，匝道控制信号也包括固定式、响应式、预测型及单点调节、多匝道协调控制等。

车辆从入口匝道驶入快速路的过程可分解为两个阶段：① 车辆从匝道进入加速车道；② 车辆从加速车道汇入主线。匝道控制围绕这两阶段的交通控制来展开。对第①阶段的控制主要是调节驶入主线的交通流量，使得匝道下游的主线流量不超过其通行能力或服务流量，称为“流量控制”；对第②阶段的控制则主要是帮助驶入车辆安全地汇入主线，并尽可能地减少驶入车流对主线车流运行的影响，称为“汇入控制”。流量控制（常使用匝道信号）设置在匝道入口处，利用信号灯控制进入快速路的流率。为了避免快速路主路的拥堵，匝道控制算法通常以主路流量为输入变量来计算和控制入口匝道的流入量。图 10-8 示意了某一匝道的匝道控制。匝道控制算法使用从上游/下游检测到的实时数据，判断从入口匝道可以允许进入的最大流量值。除了减少入口匝道的交通需求以外，匝道控制也打断了某些车队，减少车队进入快速路后可能增加的扰动，以及避免交通流陡降的加速形成。

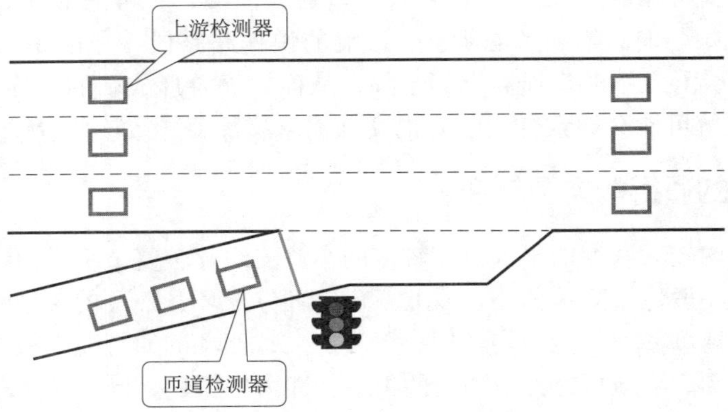

图 10-8　匝道控制示意图

此算法通常监视匝道上的排队长度，评估是否有潜在的可能导致相邻的主干道和当地街道网络发生排队后溢。当然，当交通需求非常大时，拥堵不可避免，匝道控制算法不得不在快速路拥堵与干道网络拥堵间进行权衡（在降低入口匝道交通流的限制与匝道更长的排队长度和排队后溢之间权衡）。

有参考文献指出：在明尼苏达州的 Minneapolis 市的研究中，匝道控制减少了 21% 的交通事故，增加了 9% 的主路交通量。多数匝道控制系统的每个绿灯时间（每个绿灯时间为 4～4.5 s）允许一辆车通过，若同时允许两辆车通过，通行能力则会增加。在这种情况下，周期内绿灯时间的长度应该增加至 6～6.5 s，那么匝道通行能力能够达到 1 100 或 1 200 veh/h。另一种增加匝道通行能力的方式是拓宽匝道，使其车道数增至两条或更多，每个绿灯时间内允许车辆并排通过。

10.2　信号控制的交叉口交通流的特性

信号交叉口通过交通信号来控制交通运行，信号灯能够循环地给一股交通流或几股交通流的组合分配通行权。理论上，对各交通流时间的分配要使得出行时间与延误和/或网络中停车次数最少，并且要合理分配通行能力。主干路指的是沿线设有一系列信号交叉口的大路，城市网络或地面道路网通常由一些连通的主干路和支路组成。

本节主要内容为交通和信号控制的基本关系，从交通流的角度论述信号控制的原则，包括信号控制中常用的关键术语，信号控制的基本原理，交通需求、信号控制、通行能力和延误之间的关系。本节不涉及信号控制设计、信号控制设备和操作等。

10.2.1　信号控制原则和交通运行

信号交叉口是整个交通系统中一个最为复杂也最为常见的环节，在交叉口处设置交通信号灯的作用是在时间上将相互冲突的交通流进行分离，使之能安全、快速地通过交叉口。信号交叉口车流的运行特性及其通行能力，直接取决于信号配时的情况。

交叉口是相互冲突的交通流争夺共同的区域，一小时内的总时间应该被合理地分配，以最大化利用通行能力并且使得车辆通过交叉口的延误最小。每一股交通流的运行质量决定于绿灯时间的配置，并且间接地决定于冲突交通流的需求。

10.2.2　关键术语及其定义

本节首先定义信号控制中的常用术语，然后给出信号交叉口进口道通行能力和延误的估算方法。

一般来说，当交叉口交通量接近停车或让路标志交叉口所能处理的能力极限时，会设置交通信号灯进行控制。《道路交通信号灯设置与安装规范》（GB 14886—2016）规定了道路交通信号灯的设置条件、安装方式等方面的相关要求。下面是信号控制中一些关键的术语。

（1）周期（C）：指信号交叉口放行各进口道所有交通流的所有信号显示所需要的时长。信号周期长通常在60～120 s，但在一些复杂和更重要交通的交叉口，信号周期会更长。

（2）相位：指一个周期内服务一股或几股交通流组合的时间，包括绿灯、黄灯和全红时间。一个信号周期内有几个信号相位，则称该信号系统为几相位系统，如图10-9所示。

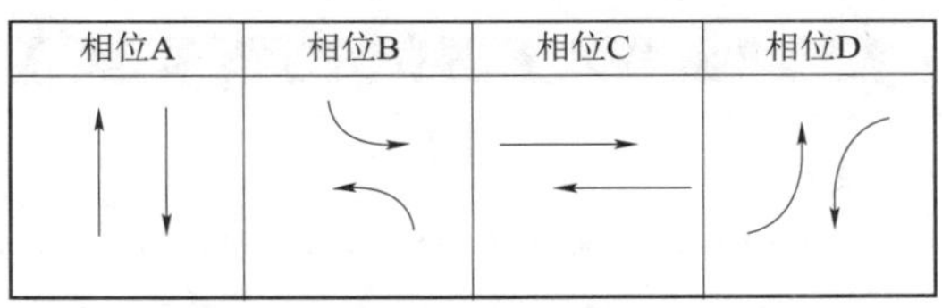

图10-9　典型的四相位设计方案

（3）黄灯和全红清空时间：通常指在通行权分配转换时的时间间隔（也叫绿灯间隔时间），包括黄灯时间和全红时间。黄灯时间用于警告即将到达的司机，信号将会变为红色，一般时长与进口道车速有关（通常为2～4 s）。全红时间通常较短（一般1～3 s），它的设置是为了保证交叉口在交换相位时车辆已经被清空。

（4）绿灯时间（G）：指一个相位中各交通流获得通行权的时间。绿灯时间的设置应该在满足交叉口各个冲突交通流需求的条件下，尽量使出行时间和网络的延误最小。

（5）损失时间（L_P）：指在一个相位中实际上没有被任何一股交通流利用的时间。它包括启动损失时间和清空损失时间。启动损失时间（l_1）指在绿灯亮起之初车辆的损失时间，包括车辆开始通过交叉口之前的反应时间；清空损失时间（l_2）指车辆没有完全利用的黄灯和全红时间的损失时间。

（6）有效绿灯时间（g）：指在一个相位中各股交通流有效利用的时间，除去周期开始之初的损失时间和相位末期黄灯和全红时间未能完全利用的时间。计算公式如下：

$$g_i = G_i + Y_i - (l_{1i} + l_{2i}) = G_i + Y_i - L_P \tag{10-1}$$

式中：

g_i——相位 i 的有效绿灯时间；

G_i——相位 i 的绿灯时间；

Y_i——相位 i 的黄灯时间；

$l_{1i}+l_{2i}$——相位 i 的损失时间之和；

L_P——相位 i 的损失时间。

（7）有效红灯时间（r）：指在一个相位中各股交通流没有有效利用的时间，如下式：

$$r_i=C-g_i \tag{10-2}$$

信号交叉口的信号显示是周期性运行的，在一个信号周期内所有相位都要显示一次。由于每个相位都是确定的损失时间，所以对整个交叉口而言，每一信号周期中都包含一个总的损失时间（L）。这一部分时间被“浪费”掉了。这里的“浪费”并非真正的浪费，因为周期损失时间并非真正无用，这对于信号显示的安全更迭、确保绿灯阶段通过停车线的尾车真正通过交叉口（潜在冲突点）是必不可少的。信号周期的总损失时间为各关键相位的损失时间之和。图 10-10 是与图 10-9 相对应的典型的四相位信号配时图。

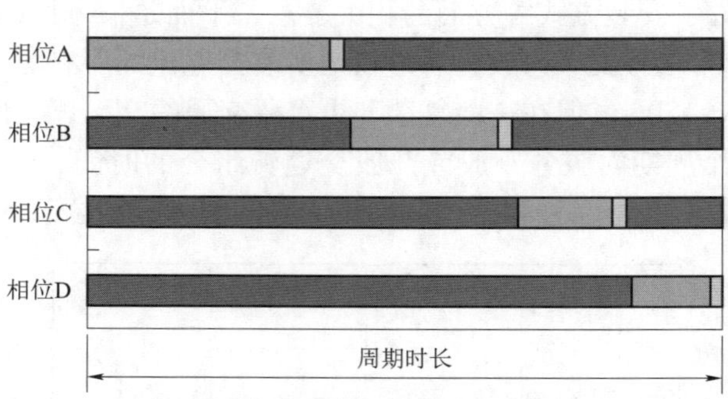

图 10-10　典型的四相位信号配时图

当交叉口相位确定后，车流通过交叉口时的基本运动特性如图 10-11 所示。这一基本模式是由克莱顿（Clayton）于 1940 年提出的，后来沃德洛尔、韦伯斯特和柯布等学者沿用并发展了克莱顿的模式。这一模式一直作为研究信号交叉口车流运行特性的主要依据。

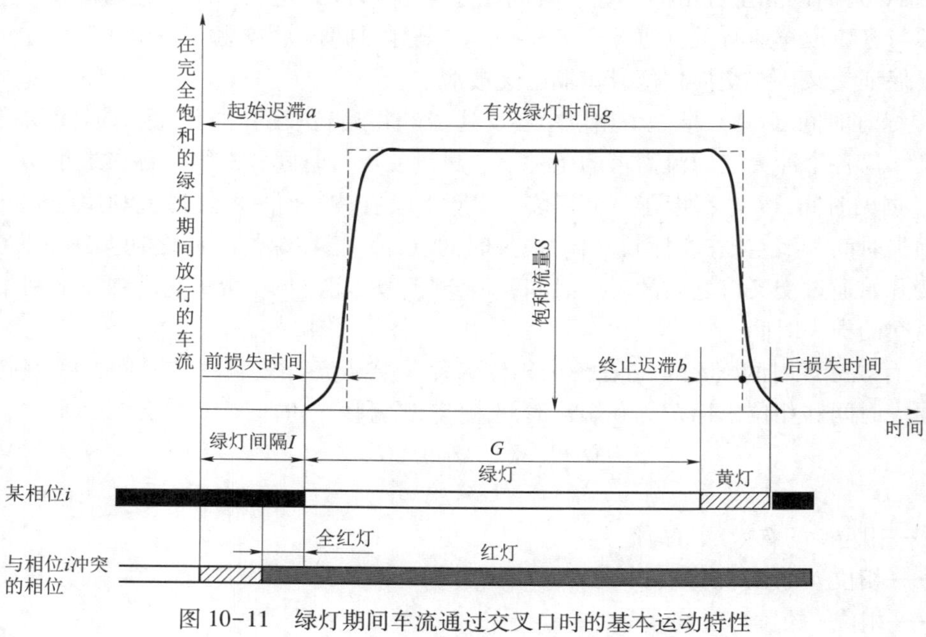

图 10-11　绿灯期间车流通过交叉口时的基本运动特性

10.2.3 信号控制交叉口的通行能力

信号控制交叉口的通行能力是信号控制进口道能够处理的交通流的数量，可以通过各股交通流和绿灯时间计算。为了更好地理解交通流通过信号控制交叉口的模式，首先来看车辆通过信号控制交叉口的轨迹和放行车头时距，如图 10-12 所示。当信号灯变成红色，车辆在停车线后排队；当绿灯亮起，它们加速驶离交叉口。排队驶离交叉口车辆的车头时距称为排队消散车头时距（discharge headways）。

在微观层面，排队消散车头时距遵循一个独特的规律。图 10-13 表示一个典型的排队消散车头时距的变化。图中横轴表示连续驶离的车辆，纵轴表示该车与前车之间的车头时距。图中首个放行车头时距是绿灯亮起和第一辆车驶离的时间差。首个放行车头时距通常是前几辆车中最大的，因为它包括大部分的启动损失时间（也就是说，包括第一辆车对于信号变化做出反应的额外时间）。接下来的几个车头时距只包括一小部分启动损失时间，因为车辆会加速越过停车线（并且比第一辆车有更好的启动预判），进而会更快地通过交叉口。放行车头时距会逐渐减小，最后稳定到一个基本恒定的数值。

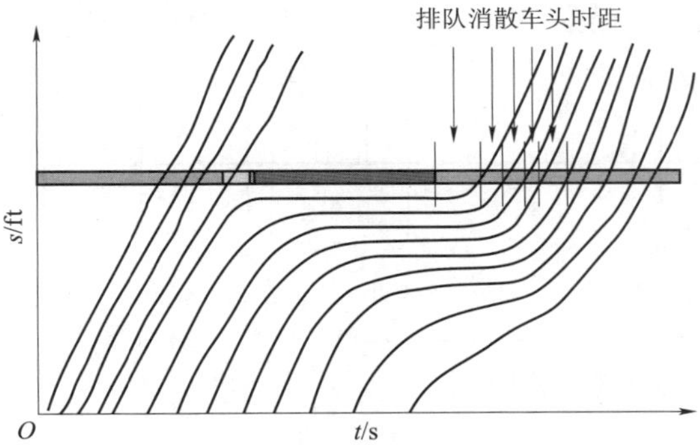

图 10-12 车辆轨迹和放行车头时距

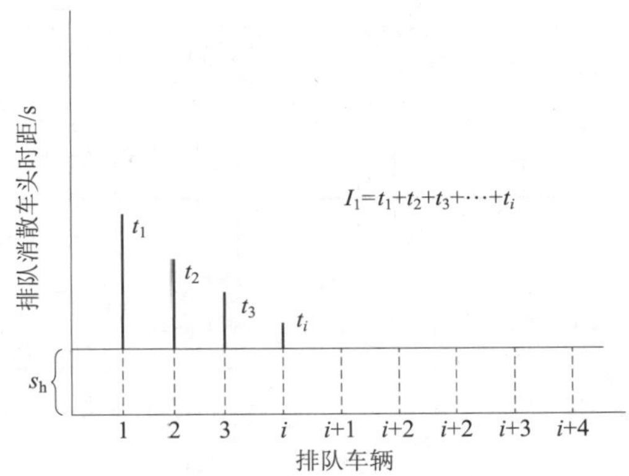

图 10-13 信号控制进口道的排队消散车头时距

这个基本稳定的放行车头时距称为“饱和车头时距”（s_h），它被定义为排队的前几辆车驶离之后连续排队车辆的观测车头时距。这个基本稳定数值的计算方法为：初始队列的第 N 辆车至初始队列最后一辆车驶离交叉口的平均车头时距。车头时距大小的影响因素有交通流转向类型（左转、直行或右转），交叉口设计和交通流特性。前几辆车的车头时距分别减去饱和车头时距即为启动损失时间（l_1），也是前几辆车的损失时间之和。

根据饱和车头时距，也就是交通流的最小车头时距，可以得到饱和流率（S），即如果进口道 1 h 内全部为绿灯，能够通过交叉口的最大交通量。单车道饱和流率计算公式为

$$S=3\ 600/s_h \tag{10-3}$$

式中：

S——单车道饱和流率，veh/(h · ln)；

s_h——饱和车头时距，s/veh。

因为驶入信号控制交叉口的交通流会被冲突交通流（红灯）打断，因此饱和流量并不能代表通行能力，但是它可以用来计算通行能力。进口道的通行能力（c）可以通过一定时

间段内分配给交通流的有效绿灯时间来计算。公式为

$$c = Sg/C \tag{10-4}$$

式中：

S——单车道饱和流率，veh/(h·ln)；

g——该进口道的有效绿灯时间长度，s；

C——交叉口信号周期，s。

对于信号交叉口进口道，g/C 是一个重要的参数，代表一股或几股交通流有效利用交叉口的时间比。信号交叉口所有相位的 g/C 之和应该小于 1（考虑到整个交叉口也有损失时间）。式（10-4）是信号交叉口分析中一个重要的关系式，应对该参数及其含义有充分理解。

例 10.1 如图 10-14 所示，一队车辆驶离信号交叉口，沿着时间轴（水平线）行进，竖线表示车辆驶离。交叉口周期长为 100 s。当绿灯开始时，交叉口进口道有 10 辆车排队。如图 10-14 所示，绿灯时间有 16 辆车通过。求饱和车头时距、饱和流率、启动损失时间和进口道通行能力。

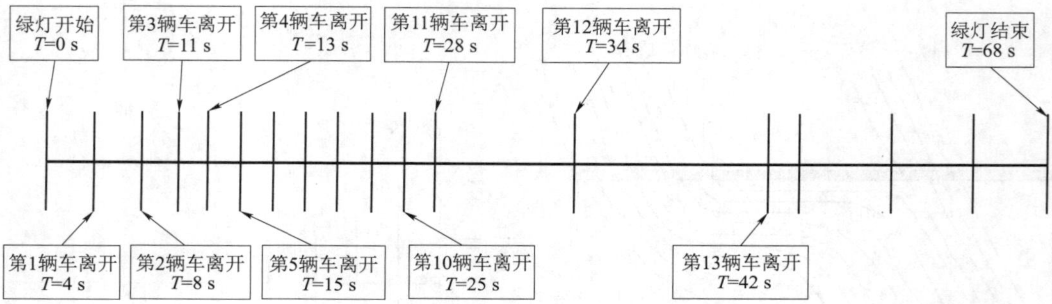

图 10-14 例 10.1 车头时距示意图

解： 如图 10-14 所示，排队消散车头时距在第 3 辆车之后稳定下来，第 3 辆至第 10 辆车的放行车头时距为 2 s/veh。因此，饱和车头时距为 2 s/veh。

饱和流率为

$$\begin{aligned} S &= 3\ 600/s_h \\ &= 3\ 600/2 \\ &= 1\ 800[\mathrm{veh/(h \cdot ln)}] \end{aligned}$$

启动损失时间是每辆车去除饱和车头时距花费的额外时间。因此前 10 辆车花了 25 s 通过停车线，而饱和车头时距为 2 s/veh，因此启动损失时间为

$$25-10\times2=5\ (\mathrm{s})$$

进口道的通行能力为

$$c = Sg/C$$

假设交通流没有利用后面的黄灯和全红时间（$l_2=0$），则有效绿灯时间为

$$\begin{aligned} \text{有效绿灯时间} &= \text{实际绿灯时间}-\text{损失时间} \\ &= 68-(25-10\times2) \\ &= 63\ (\mathrm{s}) \end{aligned}$$

利用这个参数，进口道的通行能力为

$$c=1\ 800\times63/100=1\ 134(\text{veh/h})$$

通行能力还可以通过每个周期的能力与周期数相乘得到。利用这种方法，每个周期的通行能力为

$$\begin{aligned}一个周期的通行能力&=有效绿灯时间/饱和车头间距\\&=63/2\\&=31.5\ (\text{veh}/C)\end{aligned}$$

一小时内周期个数为

$$周期个数=3\ 600/100=36\ (C/\text{h})$$

因此，一小时内通行能力为

$$\begin{aligned}通行能力&=每周期通行能力\times周期个数\\&=31.5\times36\\&=1\ 134\ (\text{veh/h})\end{aligned}$$

10.2.4　信号控制交叉口进口道的延误

延误是评价交通运行尤其对信号控制交叉口而言的关键指标。HCM 2010 采用的交叉口服务水平（LOS）就是基于控制延误的。图 10-15 表示车辆在信号控制交叉口处的到达与离开。横轴为时间，表示该进口道的有效绿灯时间和红灯时间。纵轴为车辆到达累计次数。

在图 10-15 中假设车辆到达和离开是均匀分布的。当信号灯为绿灯时，到达的车辆能够通过交叉口。当信号灯变红时，车辆的到达率保持不变，但是驶离的车辆数变为零。当信号灯变绿后，车辆起始离开率等于饱和流率，直到排队清除。当排队清除后，车辆总的驶离再次等于车辆总的到达。

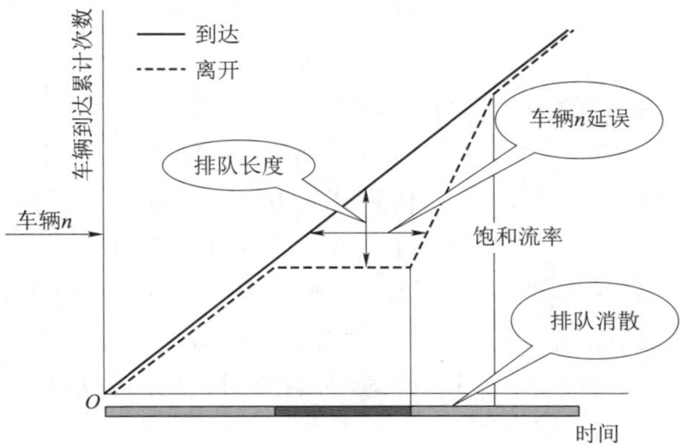

图 10-15　信号控制进口道的到达、离开和延误

如果在图 10-15 中绘制一条水平线，对于每一辆车而言，它的到达和离开之间的时间差表示信号造成的延误。绘制垂直线，就可以得到特定时间的排队长度。红灯期间车辆到达和离开所形成的三角形就是所有造成延误车辆的总延误。如果知道到达流率、饱和流率、有效绿灯时间和红灯时间，就可以计算信号进口道的总延误和车均延误。其推导过程如下。

根据几何形状，给定周期的总延误（也就是三角形区域面积）为

$$\mathrm{DL}=0.5RN_{\mathrm{d}} \tag{10-5}$$

式中：

R——红灯时间，s；

N_{d}——周期中发生延误的车辆数。

接下来，将把参数 R 和 N 转换成信号控制参数，如周期长、绿信比（g/C）、小时交通需求等。红灯时间也可以写成周期长和有效绿灯时间的函数，即

$$R=C-g=C[1-g/C] \tag{10-6}$$

周期中发生延误的车辆数为

$$N_{\mathrm{d}}=V(R+Q_{\mathrm{c}}) \tag{10-7}$$

式中：

Q_{c}——排队通过交叉口的时间，s；

V——到达率。

为了计算 Q_{c}，假定在 $R+Q_{\mathrm{c}}$ 这段时间内，到达车辆总数等于离开车辆总数，则

$$V(R+Q_{\mathrm{c}})=SQ_{\mathrm{c}}\Rightarrow$$

$$R+Q_{\mathrm{c}}=(S/V)Q_{\mathrm{c}}\Rightarrow$$

$$R=(S/V)Q_{\mathrm{c}}-Q_{\mathrm{c}}\Rightarrow$$

$$R=Q_{\mathrm{c}}(S/V-1)\Rightarrow$$

$$Q_{\mathrm{c}}=R/(S/V-1) \tag{10-8}$$

把式（10-8）代入式（10-7），则

$$N_{\mathrm{d}}=V[R+R/(S/V-1)]\Rightarrow$$

$$N_{\mathrm{d}}=VR[1+V/(S-V)]\Rightarrow$$

$$N_{\mathrm{d}}=R[SV/(S-V)]$$

把式（10-6）代入最后的等式，可以得到

$$N_{\mathrm{d}}=C[1-g/C][SV/(S-V)] \tag{10-9}$$

最终，把式（10-6）和式（10-9）代入式（10-5），能够计算总延误为

$$\mathrm{DL}=0.5C^{2}[1-g/C]^{2}[SV/(S-V)] \tag{10-10}$$

该数值表示存在延误的车辆的总延误（单位为 s 或 h）。为了计算均车延误，把式（10-10）的计算结果除以周期内到达的总车辆数，$N=VC$（V 为车辆到达率，即单位时间到达车辆数；C 为周期，即时间，二者乘积表示周期内到达的车辆数），则

$$\mathrm{DL}_{\mathrm{avg}}=\frac{\mathrm{DL}}{N}=\frac{\mathrm{DL}}{VC}=0.5C[1-g/C]^{2}[S/(S-V)]\Rightarrow$$

$$\mathrm{DL}_{\mathrm{avg}}=\frac{1}{2}C\frac{\left[1-\frac{g}{C}\right]^{2}}{\left[1-\frac{V}{S}\right]} \tag{10-11}$$

如果将 $S=c/(g/C)$ 代入其中，就可以得到韦伯斯特延误公式，这也是 HCM 中提到的第一种延误——均匀延误。均匀延误，在 HCM 中用 d_1 表示，指的是假设车辆均匀到达时的延

误。随着周期长度的增加，延误会增加；在进行信号控制优化时，这是应该注意的重要结论。

如果交通需求超过通行能力或在周期结束之后仍有排队车辆未通过，那么公式（10-11）是不适用的。因为如果存在拥堵，车辆停车时间超过一个信号周期，那么延误的区域形状就不是一个封闭的三角形了，则延误也不能仅通过这一公式进行计算。图 10-16 表示过饱和情况下的车辆到达、离开、延误和剩余排队。在到达线和中间细斜线之间的区域表示交通需求超过通行能力造成的初始排队附加延误（过饱和延误），其计算公式为

$$\text{过饱和延误} = T\times(\text{到达车辆数}-\text{离开车辆数}) \tag{10-12}$$

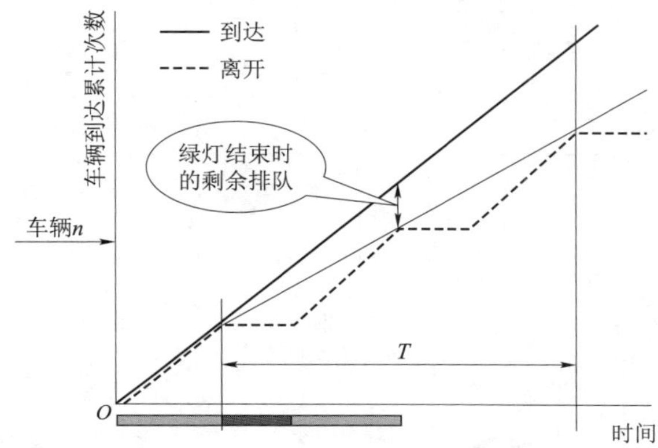

图 10-16 考虑过饱和情况造成的延误

例 10.2 信号交叉口进口道车辆到达率为 800 veh/h，饱和流率为 1 800 veh/h，信号周期为 60 s，绿信比（g/C）为 0.5。计算该信号控制进口道的通行能力和均匀延误。

解： 通行能力为：$c=Sg/C=1\ 800\times0.5=900$（veh/h）

因为 $V/c=800/900=0.89<1$，均匀延误可以根据公式（10-11）计算：

$$\text{DL}_{\text{avg}}=\{0.5\times60[(1-0.5)]^2\}/(1-800/1\ 800)=13.5(\text{s/veh})$$

10.3 无信号控制的交叉口交通流的特性

无信号控制的交叉口（无信号交叉口）是最普通的交叉口类型，虽然它的通行能力可能低于信号交叉口，但它在网络交通控制中起到非常重要的作用。

10.3.1 无信号控制交叉口的控制方式

无信号交叉口一般有两种控制方式：停车标志控制与让路标志控制，统称为主路优先控制。在主路优先控制中，对于相交的两条道路，常常把交通量较大的道路称为主要道路，交通量较小的道路称为次要道路。在无信号交叉口处，主要道路的车辆优先通行，通过路口不用停车；沿次要道路行驶的车辆，应让主要道路的车辆先行，再寻找可接受间隙，穿越主要道路上的车流，通过路口。

无信号交叉口包括双向停车控制（two-way stop control，TWSC）和全向停车控制（all-way stop control，AWSC）交叉口及环形交叉口，图 10-17 分别对这 3 种控制方式进行描述。图 10-17（a）为双向停车控制交叉口，次要流向包括次要道路（NB 和 SB）的左转、直行

和右转，以及主要道路（EB 和 WB）的左转。主要道路的高需求交通流限制了次要道路交通流的通行能力。主要道路的左转优先于次要道路的交通行为，次要道路的直行和右转优先于次要道路的左转。这些优先规则、交叉口的几何形状及每个流向的需求，都影响次要流向的通行能力。

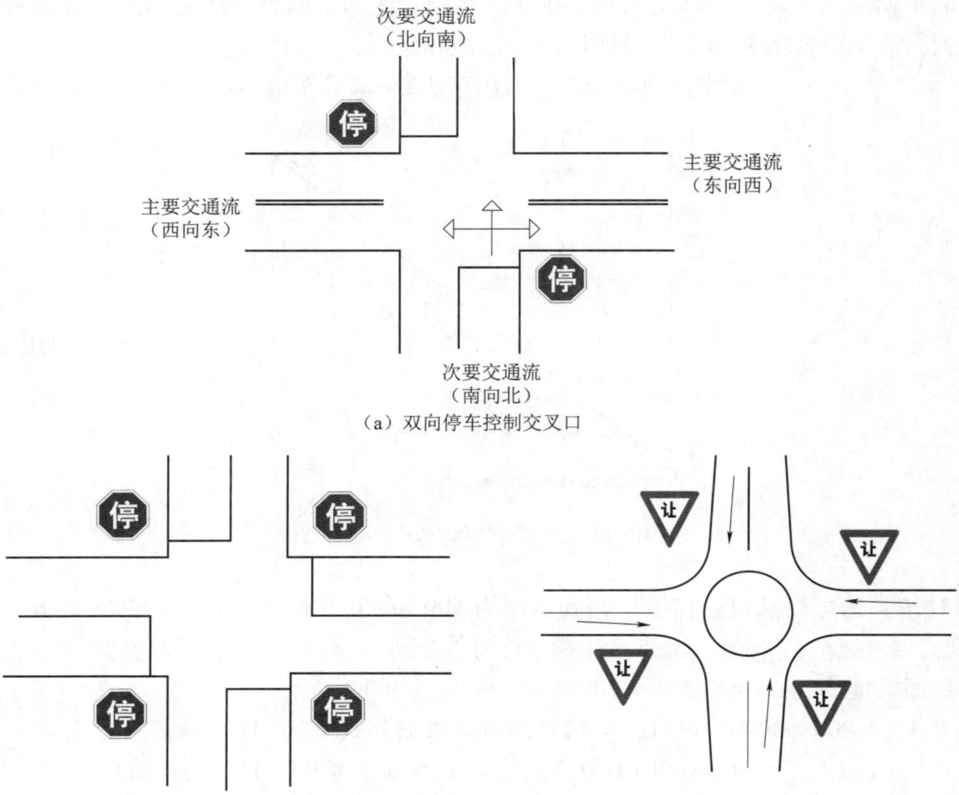

（a）双向停车控制交叉口

（b）全向停车控制交叉口　　（c）环形交叉口

图 10-17　无信号控制交叉口的 3 种类别

全向停车控制交叉口［见图 10-17（b）］，到达车辆优先通行顺序是先到先通行，因此，AWSC 与 TWSC 的交通运行存在差异。对于 AWSC，驾驶人不需判断间隙的大小，但需观察他们相对于该交叉口其他方向车流的优先级别，每一流向的通行能力都是其他流向交通需求的函数；其他流向的交通需求越大，该流向的通行能力越低。

环形交叉口［见图 10-17（c）］是在几条相交道路的平面交叉口中央设置一个半径较大的中心岛，所有经过交叉口的直行和左转车辆都绕着中心岛做逆时针方向行驶。在其行驶过程中车流的冲突点变为交织点，从而保证交叉口的行车安全。在环形交叉口处，相对于准备进入环形交叉口的车流，循环流具有优先通行权。因此，驾驶人需判断循环流的间隙。驶入环形交叉口的各种车辆可连续不断地单向运行，在其他条件相同的情况下，相对于停车控制交叉口，环形交叉口具有较高的通行能力和较少的交叉口延误。图 10-18 是车辆通过停车让行交叉口和减速让行交叉口（环形交叉口）的交通轨迹对比图。如图中所示，次要道路的交通流在停车让行控制的交叉口处具有更高的延误和更长的行程时间。

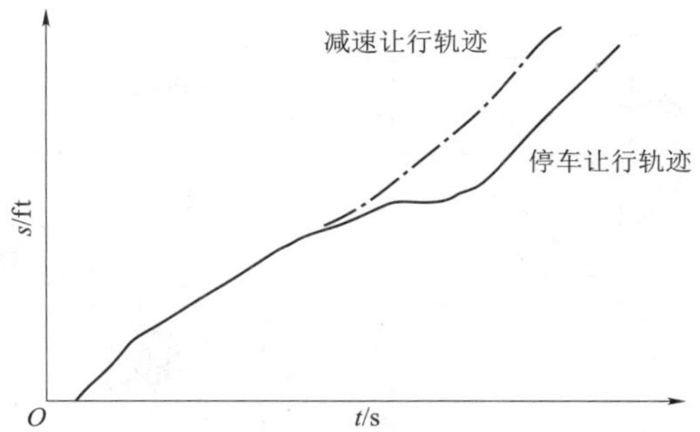

图 10-18 停车让行与减速让行（环形交叉口）的交通轨迹对比示例

10.3.2 无信号控制交叉口的通行能力

可接受间隙原则：TWSC 和环形交叉口的交通运行不同于信号控制交叉口，因为驾驶人在停车或减速标志交叉口需判断间隙以通过冲突交通流。在停车或减速让行控制方式下，驾驶人必须估计冲突流间隙的大小，并判断其是否可以安全进入交叉口。在停车或减速让行控制方式下的通行能力是下列参数的函数。

（1）主要道路（非控制）交通流间隙的可用性。间隙指主要道路的两连续车辆，头车的后挡板和跟随车的前保险杠通过某一断面的时间间隔。间隙的可用性可以通过主要道路交通流到达分布的函数来测算。

（2）可接受间隙的特征和次要流驾驶人的行为特性。对不同的驾驶人，相同的间隙可能被接受，也可能被拒绝。当一个驾驶人等待了较长时间时，其可能接受更短的间隙。在可接受间隙中，最常用的参数是临界间隙（或临界车头时距），即使得次要道路的车辆能安全通过交叉口的主要道路连续车辆间最小的时间间距。

（3）排队等候车辆的跟随时间。在可接受间隙理论中，进入交叉口的第一辆车之后的排队车辆间的车头时距为“跟随时间”，是驾驶人反应时间的函数。

（4）较高优先权或共用车道交通流对主要道路交通流间隙的利用。这使得较低优先权流向或共用车道交通流的机会降低（这对环形交叉口并不适用，因为它只有一个次要流）。

图 10-19 是停车或减速让行控制下通行能力计算的过程示例。在图 10-19 中，由南向北（NB）次要流向通行能力的计算，是基于实测的交叉口数据。该交叉口只有一个主要流向（EB）和一个次要流向（NB）。

例 10.3 在图 10-19 中，测量所得 NB 的临界间隙为 5 s。假设任何大于 5 s 的间隙都被接受，而小于 5 s 的间隙都被拒绝。测量得到的跟随时间为 3 s。假设收集的主要流向 EB 的一组跟随间隙数据如下：5 s、12 s、15 s、7 s、9 s、11 s、2 s、8 s、3 s、17 s、4 s、4 s、10 s、2 s、17 s，计算 NB 的通行能力。

解： 表 10-2 总结了现场数据并计算给出每个间隙的通行能力。表 10-2 的第一列是现场测量主要流向的间隙；第二列判断该间隙是否可用，即该间隙是否大于临界间隙；第三列是计算得到的每个可用间隙的通行能力。两辆车共用一个间隙的最短时距为

$$5(\text{头车})+3(\text{后车})=8\ (\text{s})$$

下式可用来计算间隙 X 的最大通过车辆数为

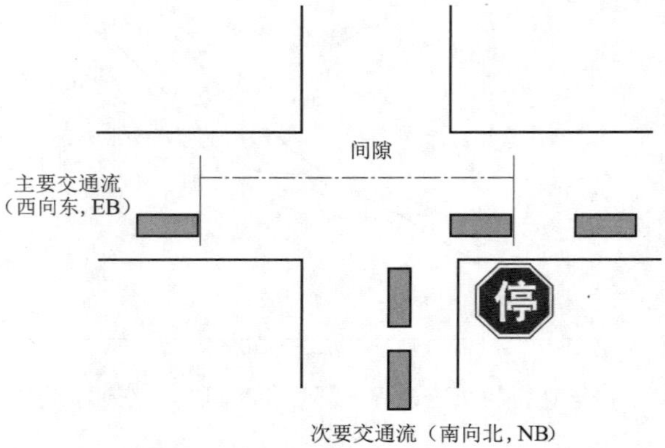

图 10-19　停车让行控制交叉口的通行能力

$$通过车辆数=1+(间隙\ X\ 的值-临界间隙)/跟随时间 \qquad (10-13)$$

NB 流向总的通过车辆数为第三列最后一行的数据（126 s 通过 28 辆）。假设上述间隙在该交叉口具有代表性，则通行能力的计算如下：

$$(3\ 600/126)\times 28=800(\text{veh/h})$$

表 10-2　停车让行控制交叉口的通行能力计算

间隙大小/s	间隙可用性（Y 或 N）	NB 流向利用该间隙的车辆数/veh
5	Y	1
12	Y	3
15	Y	4
7	Y	1
9	Y	2
11	Y	3
2	N	0
8	Y	2
3	N	0
17	Y	5
4	N	0
4	N	0
10	Y	2
2	N	0
17	Y	5
合计：126	10 个可用间隙	合计：28

可接受间隙理论涉及主要道路交通流间隙的可用性及间隙被次要道路交通流接受的情况，决定了次要道路的交通流特性。对不同交通流、不同道路类型和不同驾驶人的临界间隙已有广泛的研究，本部分讨论的原则也适用于允许左转的信号控制交叉口，以及城市快速路

的合流与换道。

此外，现存各种分析非信号交叉口的方法和模型，一般地，一种方法针对一种交叉口，因此不同类型的交叉口（包括信号交叉口）之间的特性对比是非常困难的。HCM 2010 可以计算所有类型交叉口的控制延误以对比它们的特性，然而，不同道路类型具有不同的服务水平阈值。例如，信号交叉口 40 s/veh 的延误对应 D 级服务水平，而在双向停车控制的交叉口，则对应 E 级服务水平。目前还没有针对驾驶人对不同类型交叉口感知的研究。因此，服务水平的标准不一定反映驾驶人的感知。

10.4　车辆排队分析方法

排队现象在道路上十分普遍，如交叉口进口道处的排队、公路收费站入口处的排队、由于交通事故等所导致的排队等。车辆排队导致车辆延误，因而降低道路的服务水平。研究排队现象的目的，就是定量地预测各种情况下的车辆延误，为道路设计、制定交通管理措施提供依据。

排队论是研究“服务”系统因“需求”拥挤而产生等待行列（排队）的现象，以及合理协调“需求”与“服务”关系的一种数学理论，是运筹学中以概率论为基础的一门重要分支。排队论的基本思想是1910年丹麦电话工程师 A. K. 埃尔朗在解决自动电话设计问题时开始形成的。在交通工程中，排队论在研究车辆延误、通行能力、信号灯配时及停车场、收费亭、加油站等交通设施的设计与管理方面得到了广泛的应用。

10.4.1　排队系统的基本概念

1. “排队”与“排队系统”

“排队”单指等待服务的车辆，而“排队系统”既包括了等待服务的车辆，又包括了正在服务的车辆。例如，收费站处排队等待收费的车队与收费站就构成了一个排队系统。其中尚未轮到交费并依次排列等候的汽车行列，称为“排队”。所谓“排队车辆”或“排队（等待）时间”，都是仅针对排队本身而言，而“排队系统中的车辆”或“排队系统（消耗）时间”则把正在接受服务者也包括在内，显然，后者大于前者，如图 10-20 所示。

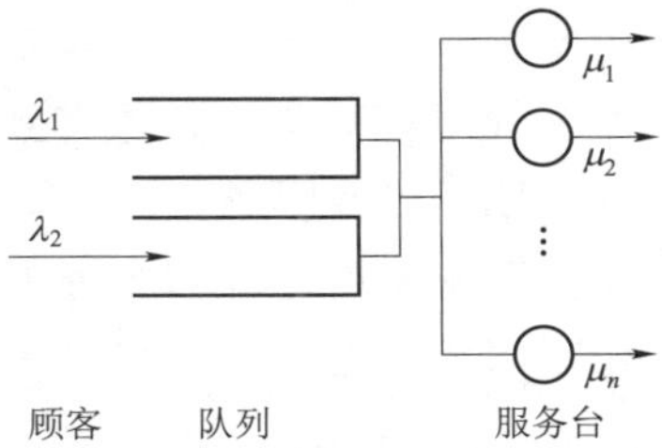

图 10-20　排队论示意图

2. 排队系统组成部分

排队系统由输入过程（到达规则）、排队规则、服务方式组成。

1）输入过程

输入过程指各种类型的“顾客（车辆或行人）”按照怎样的规律到来，考察的是顾客到达服务系统的规律。它可以用一定时间内顾客到达数或前后两个顾客相继到达的间隔时间来描述，一般分为确定型和随机型两种。

确定型输入为顾客等时距到达，如定期运行的班车、班机等都属于确定型输入。随机型输入是指在时间 t 内顾客到达数 $n(t)$ 服从一定的随机分布。如泊松输入是指顾客到达时距符合负指数分布。这种输入过程最容易处理，因而应用十分广泛。埃尔朗分布输入为顾客到达时距满足爱尔朗分布。

2）排队规则

排队规则指到达的顾客按照怎样的次序接受服务。可以分为等待制、损失制和混合制3种。

（1）等待制为当顾客到达时，若所有服务台均被占，它们就排成队伍，等待服务，服务次序有最常见的先到先服务（如收费站、购票台）、优先服务（如急救车、消防车）和有优先权服务（如医院接待急救病人）等多种制度。

（2）损失制为当顾客到达时，若所有服务台均被占，该顾客自动消失，永不再来。

（3）混合制为当顾客到达时，若排队长度小于 L 时，就排入队伍；若队长大于或等于 L，顾客就离去，永不再来。它是上两种排队规则的混合。

3）服务方式

服务方式指同一时刻有多少服务台可接纳顾客，每一顾客接受服务了多长时间。多个服务台可以并行排列，也可以串联排列。每次服务可以接待单个顾客，也可以成批接待，如公交车一次就可装载大批乘客。

服务时间的分布主要有以下几种。

（1）定长分布为每一顾客的服务时间都相等。

（2）负指数分布为各顾客的服务时间相互独立，服从相同的负指数分布。

（3）埃尔朗分布为各顾客的服务时间相互独立，具有相同的埃尔朗分布。

3. 排队系统主要特征量

（1）队长与排队长度。队长是指在系统中的顾客数，包括排队等待接受服务的和正在接受服务的顾客。排队长度又称为队列长，是指在系统中排队等候服务的顾客数。

（2）逗留时间和等待时间。逗留时间指顾客在系统中停留的总时间，包括等待时间和服务时间。等待时间为顾客在系统中排队等候的时间。

（3）忙期与闲期。从顾客到达空闲的服务台起，到服务台再次空闲为止，这段时间的长度为忙期，以及服务台连续繁忙的时间长度。忙期关系到服务台服务员的工作强度。忙期与一个忙期中平均完成的服务顾客数都是衡量服务台效率的指标。与忙期相对应的就为闲期，是指服务台连续处于空闲状态的时间长度。

10.4.2 单通道排队服务系统

1. 概述

排队理论大量地汲取了概率论的原理，系统具有下列参数和特性。

（1）到达特性，即平均到达率和每次到达之间的时间间隔在统计上的分布。

（2）服务设施的特性，即服务时间的平均比率及分布和可同时得到服务的顾客数，或者可供利用的通道数。

（3）排队纪律的特性，如选择下一个服务对象的方式，可采用“先来先服务”或“最有利的先服务”。

英国数学家肯德尔提出了用肯德尔记号 a/b/c 描述排队系统以上特性，a 代表到达类型，b 代表服务类型，c 代表服务通道数。

a、b 处的符号表示如下。

- M：到达时距或服务时间呈指数分布（随机的）；
- D：到达时距或服务时间是确定的或固定的；
- G：服务次数为正态分布；
- G_i：到达时距呈正态分布；
- E_k：采用埃尔朗参数形式的到达时距或服务次数的埃尔朗分布。

因此，M/G/1 表示一个随机到达的队列、正态分布服务和一个服务通道。

在有些论述中，认为最好能够将排队长度的限制和排队规则也表示出来，即采用服务：M/M/1（L/disc）。其中 L 表示排队长度的许可最大值，在 disc 处填写采用的排队纪律符号。

一般的排队纪律如下。

- FIFO：先进先出（按到达顺序服务）；
- SIRO：按随机顺序服务；
- LIFO：后进先出。

可见，E_k/D/2（∞/FIFO）表示一个具有埃尔朗到达、固定的服务、两个服务通道、排队长度不限（排队长度不受限制）及先到先服务规则的系统。

2. M/M/1 系统状态

表示排队特征的基本数量是系统的状态，如该系统恰好包含 n 个项目（包括所有正在服务的项目和等候服务的项目），那就说它处于 n 状态。n 值可以是零或某个正整数 k。如平均到达率为 λ，则两次到达之间的平均间隔为 $1/\lambda$。如系统的服务率为 μ，则平均服务时间为 $1/\mu$。比率 $\rho=\lambda/\mu$，有时叫作交通程度，或者称为利用系数，可确定各种状态的性质。如果 $\rho<1$，即 $\lambda<\mu$ 并且时间充分，则每个状态将会循环出现。这意味着在任何 n 状态中的排队都有一个有限的概率。当 $\rho\geqslant1$ 时，每个状态都是不稳定的，而排队长度（系统中的数目）将会变得越来越长。因此要保持稳定状态及排队能够消散的条件为 $\rho<1$，如图 10-21 所示。

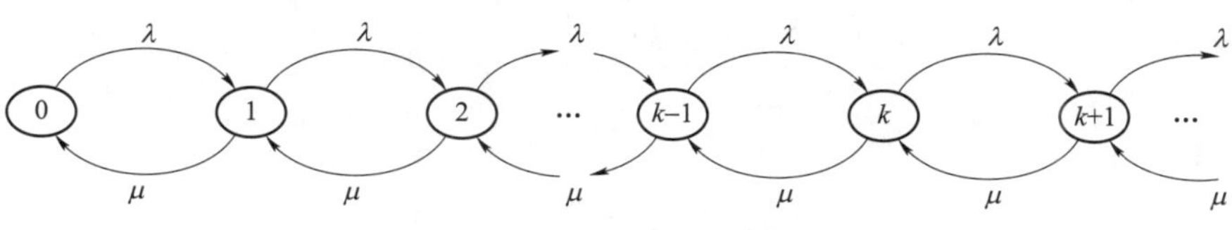

图 10-21　状态转移图示

研究单一通道的排队系统，其平均到达率服从泊松分布：在单位时间内有 λ 个顾客，该系统的服务次数为独立的，具有平均率为 μ 的指数分布。设 $p_n(t)$ 为排队系统在 t 时间内有 n 个项目的概率。考虑在时间 $t+\Delta t$ 的情况，此处 Δt 很短，以致在这段时间里只能有一个单位可以到达或离开系统，如图 10-22 所示。

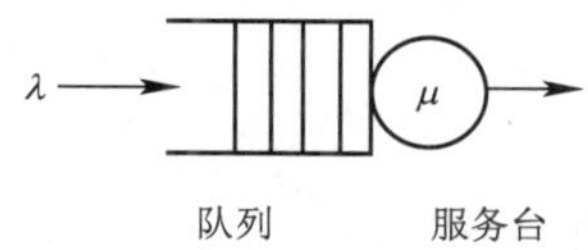

图 10-22　M/M/1 模式

这样，在 Δt 期间的概率可以表述如下。

- $\lambda\Delta t$：有一个单位进入系统的概率；
- $1-\lambda\Delta t$：没有任何单位进入系统的概率；
- $\mu\Delta t$：有一个单位离开系统的概率；
- $1-\mu\Delta t$：没有任何单位离开系统的概率。

在 t 时间内，该系统有以下 3 种方式可以到达 n 状态（当 $n>0$ 时）。

（1）在时刻 t，系统处于 n 状态，在 Δt 时间内没有顾客到达或离去（在 Δt 时间内，同时到达或离去的概率为零。）

（2）在时刻 t，系统处于 $n-1$ 状态，在 Δt 时间内有一位顾客到达。

（3）在时刻 t，系统处于 $n+1$ 状态，在 Δt 时间内有一位顾客离去。

在 $t+\Delta t$ 时刻，系统处于 n 状态的概率如下。

当 $n>1$ 时，有

$$P_n(t+\Delta t)=P_n(t)[(1-\lambda\Delta t)(1-\mu\Delta t)]+P_{n-1}(t)[(\lambda\Delta t)(1-\mu\Delta t)]+P_{n+1}(t)[(1-\lambda\Delta t)(\mu\Delta t)] \tag{10-14}$$

展开并合并同类项得

$$P_n(t+\Delta t)-P_n(t)=-P_n(t)(\mu+\lambda)\Delta t+P_{n-1}(t)\lambda\Delta t+P_{n+1}(t)\mu\Delta t+\mu\lambda(\Delta t)^2[P_n(t)-P_{n-1}(t)-P_{n+1}(t)] \tag{10-15}$$

略去二阶无穷小项，并除以 Δt，得

$$\frac{P_n(t+\Delta t)-P_n(t)}{\Delta t}=\lambda P_{n-1}(t)-(\mu+\lambda)P_n(t)+\mu P_{n+1}(t) \tag{10-16}$$

设 $\Delta t\to 0$，有

$$\frac{\mathrm{d}P_n(t)}{\mathrm{d}t}=\lambda P_{n-1}(t)-(\mu+\lambda)P_n(t)+\mu P_{n+1}(t) \tag{10-17}$$

在 $t+\Delta t$ 时刻，系统处于零状态，有两种情况：一是在 t 时刻没有一个单位在停车线等候，并且在 Δt 间隔内没有到达的；二是在 t 时刻有一个单位在停车线上，在 Δt 间隔内有一个单位离去而没有到达的。用概率表示如下：

$$P_0(t+\Delta t)=P_0(t)(1-\lambda\Delta t)+P_1(t)[(\mu\Delta t)(1-\lambda\Delta t)] \tag{10-18}$$

展开合并同类项，略去二阶无穷小项并除以 Δt，得

$$\frac{P_0(t+\Delta t)-P_0(t)}{\Delta t}=\mu P_1(t)-\lambda P_0(t) \tag{10-19}$$

设 $\Delta t\to 0$，有

$$\frac{\mathrm{d}P_0(t)}{\mathrm{d}t}=\mu P_1(t)-\lambda P_0(t) \tag{10-20}$$

当论及系统的稳定状态时（当一定状态的概率不随时间的改变而改变时），在 t 时刻的所有 n 值，有

$$\frac{\mathrm{d}P_n(t)}{\mathrm{d}t}=0 \tag{10-21}$$

则可得到

当 $n>1$ 时，

$$\lambda P_{n-1}+\mu P_{n+1}=(\mu+\lambda)P_n \tag{10-22}$$

式中：

P_n——当 $t\to\infty$ 时 $P_n(t)$ 的值。

当 $n=1$ 时，

$$\mu P_1=\lambda P_0 \tag{10-23}$$

当 $n=2$ 时，

$$\lambda P_0+\mu P_2=(\mu+\lambda)P_1 \tag{10-24}$$

当 $n=3$ 时，

$$\lambda P_1+\mu P_3=(\mu+\lambda)P_2 \tag{10-25}$$

因为 $\rho=\lambda/\mu$，于是有 $P_1=\rho P_0$，代入式（10-24）和式（10-25）可得

$$P_2=(\rho+1)P_1-\rho P_0=\rho^2 P_0 \tag{10-26}$$

$$P_3=(\rho+1)P_2-\rho P_1=\rho^3 P_0 \tag{10-27}$$

当 $n\geqslant 0$ 时，

$$P_n=\rho^n P_0 \tag{10-28}$$

因为所有概率之和为 1，所以

$$\sum_{n=0}^{\infty} P_n = 1 \tag{10-29}$$

当 $\rho<1$ 时，

$$1=P_0+\rho P_0+\rho^2 P_0+\cdots=P_0(1+\rho+\rho^2+\cdots)=P_0\left(\frac{1-\rho^{n+1}}{1-\rho}\right)$$

当 $n\to\infty$ 时，

$$1=P_0+\rho P_0+\rho^2 P_0+\cdots=P_0\left(\frac{1-\rho^{n+1}}{1-\rho}\right)=P_0\left(\frac{1}{1-\rho}\right)$$

因此

$$P_0=1-\rho \tag{10-30}$$

交通强度 ρ 可以解释为系统被使用的那部分时间（P_0 为系统处于空闲状态的概率，而 $1-P_0$ 则为系统使用的概率）。

3. M/M/1 系统中单位数（顾客数）的平均值及方差

系统中顾客数的平均值记为 L_s。

当 $\rho<1$ 时，有

$$L_s = E(n) = \sum_{n=0}^{\infty} nP_N = (1-\rho)\left[\frac{\rho}{(1-\rho)^2}\right] = \frac{\rho}{1-\rho} \tag{10-31}$$

方差为

$$V(n)\sum\ [n-E(n)]^{-2}P_n = \frac{\rho}{(1-\rho)^2} \tag{10-32}$$

4. M/M/1 系统中的排队时间及服务时间

在系统中，一位顾客消耗的总时间是由两部分组成的：服务之前的等候时间（排队时间）和服务所需要的时间（服务时间）。系统中的平均值是系统中平均时间 W_s 与到达率 λ 的积，即 $L_s=\lambda W_s$，$W_s=L_s/\lambda$。

将上面的结果代入式（10-31），得到

$$W_s=\left(\frac{\rho}{1-\rho}\right)\left(\frac{1}{\lambda}\right)=\left(\frac{\lambda}{\mu-\lambda}\right)\left(\frac{1}{\lambda}\right)=\frac{1}{\mu-\lambda} \tag{10-33}$$

W_s即为一个到达单位消耗在系统中的平均时间。在服务之前等待的时间（排队时间）为

$$W_q = W_s - 1/\mu \tag{10-34}$$

$$W_q = \frac{1}{\mu-\lambda} - \frac{1}{\mu} = \frac{\lambda}{\mu(\mu-\lambda)} \tag{10-35}$$

等候服务的顾客平均数（平均排队长度）L_q为平均等候时间 W_q与到达率 λ 的乘积：

$$L_q = E(N_q) = \lambda W_q = \frac{\lambda^2}{(\mu-\lambda)\mu} \tag{10-36}$$

式（10-36）为在全部时间内的排队平均长度，包括队列是空当的部分时间在内。值得重视的是排队长度大于零的平均排队长度，可定义为

$$E(N_q | N_q>0) = （平均排队长度）\times（非空排队的概率）= L_q P(N_q>0)$$

若系统处于 0 或 1 的状态，则非空排队的概率为

$$P(N_q>0) = 1-(P_0+P_1) = 1-[(1-\rho)+\rho(1-\rho)] = \rho^2 = \frac{\lambda^2}{\mu^2} \tag{10-37}$$

最终得到

$$E(N_q | N_q>0) = \left[\frac{\lambda^2}{\mu(\mu-\lambda)}\right]\left(\frac{\lambda^2}{\mu^2}\right) = \frac{\rho^4}{1-\rho} \tag{10-38}$$

10.4.3 具有指数到达和指数服务次数的多通道情形

一个停车场地可以看成具有平行服务通道系统的例子，N 个停车通道即表示 N 个服务通道。若有一个通道可以利用，则到达的车辆将占用这个空的通道。若任何一个通道都不能利用，则来车就要加入等候的行列中去。假定进入系统的到达车辆数具有随机率 λ，每个服务通道的服务时间（停车持续时间）也是随机的，平均服务时间为 $1/\mu$，ρ 规定为 λ/μ。此外，ρ/N 规定为全部设备利用系数，表示占用通道（全部停车位置）的平均比值。对于多通道情况，ρ 值可以大于 1，但是下列公式仅仅利用到 $\rho/N<1$ 的情况。

多通道排队计算公式如下所示。

系统只有 n 个单位的概率：

当 $n \leqslant N$ 时，

$$P_n = \frac{\rho^n}{n!} P_0 \tag{10-39}$$

当 $n>N$ 时，

$$P_n = \frac{\rho^n}{N^{n-N} N!} P_0 \tag{10-40}$$

系统中没有单位的概率：

$$P_0 = \frac{1}{\sum_{n=0}^{N-1} \frac{\rho^n}{n!} + \frac{\rho^N}{N!\ (1-\rho/N)}} \tag{10-41}$$

排队平均长度：

$$L_q=\frac{P_0\rho^{N+1}}{N!\ N}\left[\frac{1}{(1-\rho/N)^2}\right] \tag{10-42}$$

非空排队平均单位数：

$$E(N_q|N_q>0)=\frac{\left(\frac{\rho}{N}\right)^4}{1-\frac{\rho}{N}} \tag{10-43}$$

系统中平均单位数：

$$L_s=\rho+L_q \tag{10-44}$$

系统中一个到达单位消耗的平均时间：

$$W_s=L_s/\lambda \tag{10-45}$$

队列中平均等候时间：

$$W_q=W_s-1/\mu \tag{10-46}$$

等候一个空位的概率：

$$P_{X>N}=P_0\frac{\rho^{N+1}}{N!\ N(1-\rho/N)} \tag{10-47}$$

10.4.4 交通排队理论的应用

1. 公路收费口排队系统

例 10.4 某收费公路入口处设有一收费亭，汽车进入公路必须向收费亭交费，收费亭的收费时间服从负指数分布，平均每辆汽车的交费时间为 7.2 s，汽车的到达率为 400 veh/h，并服从泊松分布。试求：

(1) 收费亭空闲的概率；

(2) 收费亭前没有车辆排队的概率；

(3) 收费亭前排队长度超过 12 辆车的概率；

(4) 平均排队长度；

(5) 车辆通过收费亭所花费时间的平均值；

(6) 车辆的平均排队时间。

解： 由题意知，该问题为一个 M/M/1 的排队系统，收费亭即为服务台，汽车为顾客，汽车向收费亭交费便是接受服务。其中，

$$\lambda=400\ \text{veh/h},\ \mu=\frac{3\ 600}{7.2}=500(\text{veh/h}),\ \rho=\lambda/\mu=400/500=0.8<1$$

故本系统稳定。则

(1) 收费亭空闲的概率。收费亭空闲的概率就是系统中没有车辆到达的概率 P_0，即

$$P_0=1-\rho=1-0.8=0.2$$

(2) 收费亭前没有车辆排队的概率。收费亭前没有车辆排队有两种情况：一是系统中没有车辆，二是系统中有一辆车，且正在接受服务。所以，没有车辆排队的概率为

$$P(X\leqslant 1)=P_0+P_1=P_0+\rho P_0=(1+\rho)P_0=1.8\times 0.2=0.36$$

(3) 收费亭前排队长度超过 12 辆车的概率。排队长度超过 12 辆车的概率，即为系统中

车辆超过 13 辆车的概率，所以

$$P(X>13)=1-\sum_{n=0}^{13}P_n=1-\sum_{n=0}^{13}\rho^nP_0=1-(1-\rho)\times\frac{\rho^0(1-\rho^{13+1})}{1-\rho}$$
$$=\rho^{14}=0.8^{14}=0.044$$

（4）平均排队长度。

$$L_q=\frac{\lambda^2}{(\mu-\lambda)\mu}=\frac{400^2}{(500-400)\times500}=3.2(\mathrm{veh})$$

（5）车辆通过收费亭所花费时间的平均值。

$$W_s=\frac{1}{\mu-\lambda}=\frac{1}{500-400}=0.01(\mathrm{h})$$

（6）车辆的平均排队时间。

$$W_q=\frac{\lambda}{\mu(\mu-\lambda)}=\frac{\rho}{\mu-\lambda}=\frac{0.8}{500-400}=0.008(\mathrm{h})$$

例 10.5 收费公路入口并排设有 3 个收费亭，车辆进入收费公路需要在收费亭缴费，因而在收费亭前常出现排队现象，收费亭前的排队引道可考虑采用两种方案（见图 10-23）。

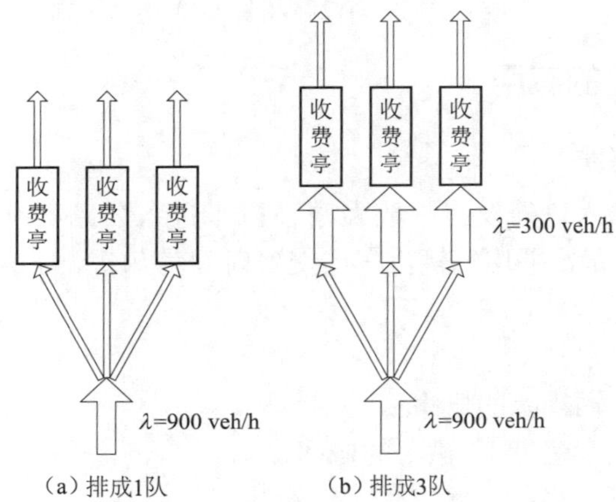

图 10-23 收费公路收费亭组织方案

图 10-23（a）方案为车辆到达后排成 1 队，依次向任一空闲的收费亭缴费进入公路；图 10-23（b）方案为车辆到达后在 3 个收费亭前排成 3 队，3 队中间设立分隔带，每队中的车辆只能从相应的收费亭进入公路。设 3 个收费亭的服务率是相同的，平均 10 s 处理 1 辆汽车，车辆的到达率为 900 veh/h，试比较两种排队系统的运行指标。

解：（1）图 10-23（a）方案排队系统分析。

该系统为标准的 M/M/S 排队系统，其中 $N=3$，$\lambda=900$ veh/h，$\mu=3\,600/10=360$ veh/h，则 $\rho=\lambda/\mu=900/360=2.5$，但是 $\rho/N=0.833<1$，故系统稳定。

因此，该系统空闲的概率 $P(X=0)$ 为

$$P(X=0)=\frac{1}{\sum_{n=0}^{N-1}\frac{\rho^n}{n!}+\frac{\rho^N}{N!\ (1-\rho/N)}}=\frac{1}{\sum_{n=0}^{2}\frac{\rho^n}{n!}+\frac{\rho^3}{3!\ (1-\rho/3)}}=0.045$$

车辆必须排队的概率 $P(X>3)$ 为

$$P(X=1)=\frac{\rho^n}{n!}P(X=0)=\rho P(X=0)=2.5\times0.045=0.113$$

$$P(X=2)=\frac{\rho^n}{n!}P(X=0)=\frac{\rho^2}{2!}P(X=0)=\frac{1}{2}\times2.5^2\times0.045=0.141$$

$$P(X=3)=\frac{\rho^n}{n!}P(X=0)=\frac{\rho^3}{3!}P(X=0)=0.117$$

$$P(X>3)=1-P(X\leqslant3)=1-P(X=0)-P(X=1)-P(X=2)-P(X=3)=0.584$$

排队的平均车辆数 L_q 为

$$L_q=\frac{P(X=0)\rho^{N+1}}{N!\ N}\left[\frac{1}{(1-\rho/N)^2}\right]=\frac{P(X=0)\rho^4}{3!\times3}\left[\frac{1}{(1-\rho/3)^2}\right]=3.516(\text{veh})$$

整个系统中平均车辆数 L_s 为

$$L_s=\rho+L_q=2.5+3.516=6.016(\text{veh})$$

汽车的平均排队时间 W_q 为

$$W_q=\frac{L_q}{\lambda}=\frac{3.516}{900}=0.0039(\text{h})=14.06(\text{s})$$

汽车通过收费亭所需花费的总时间 W_s 为

$$W_s=\frac{L_s}{\lambda}=\frac{6.016}{900}\times3600=24.06(\text{s})$$

(2) 图 10-23 (b) 方案排队系统分析。

该系统实际上就是 3 个并列的标准 M/M/1 排队系统。每个系统中

$$\lambda=300\ \text{veh/h},\ \mu=3600/10=360(\text{veh/h})$$

$$\rho=\lambda/\mu=300/360=0.833$$

每个子系统运行指标如下所示。

收费亭空闲概率 $P(X=0)$ 为

$$P(X=0)=1-\rho=1-0.833=0.167$$

车辆必须排队的概率 $P(X>1)$ 为

$$P(X=1)=\rho P(X=0)=0.139$$

$$P(X>1)=1-P(X=0)-P(X=1)=1-0.167-0.139=0.694$$

车辆排队的平均车辆数 L_q 为

$$L_q=\frac{\lambda^2}{(\mu-\lambda)\mu}=\frac{\rho^2}{1-\rho}=4.155(\text{veh})$$

整个系统中平均车辆数 L_s 为

$$L_s=\frac{L_q}{\rho}=\frac{4.155}{0.833}=5(\text{veh})$$

汽车的平均排队时间 W_q 为

$$W_q=\frac{\lambda}{\mu(\mu-\lambda)}=0.0139(\text{h})=50(\text{s})$$

汽车通过收费亭所需花费的总时间 W_s 为

$$W_s=\frac{W_q}{\rho}=\frac{50}{0.833}=60(\mathrm{s})$$

（3）两种方案的主要运行指标对比。

将上面计算的两个系统的主要运行指标列于表 10-3。可见在相同的到达率及相同的服务率下，M/M/S 排队系统明显优于多个 M/M/1 并联系统，表面上看起来车流被分散到 3 个服务台，但实际上受到排队车道与服务台一一对应的束缚，当某一服务台空闲时，其他服务台前的排队车辆不能改道来利用该服务台，造成某些服务台空闲，而有些服务台前还有车辆排队的现象。在 M/M/S 排队系统中，排在第一位的车辆可以到任一空闲的服务台接受服务，比较机动。因此，M/M/S 系统疏散排队车流的速度比多个 M/M/1 并联系统的要快得多。

表 10-3　两种方案主要运行指标

运行指标	M/M/S	M/M/1
服务台空闲概率 P_0	0.045	0.167（每个子系统）
汽车必须排队的概率	0.584	0.694
排队车辆的平均数 L_q	3.516 veh	4.155 veh（每个子系统）
系统中平均车辆数 L_s	6.016 veh	5 veh（每个子系统）
汽车的平均排队时间 W_q	14.06 s	50 s
汽车在排队中花费的总时间 W_s	24.06 s	60 s

2. 道路交叉口规划

某主要道路与次要道路相交的无控制交叉口，主要道路有优先通行权，即主要道路上的汽车通行不受次要道路上的汽车影响，次要道路上的汽车必须等主要道路上汽车流中较大的车头时距横穿通过，两条道路上的车流到达过程符合泊松分布，把车辆通过交叉口看成是车辆接受了服务，那么次要道路上排队车流中的第一辆汽车为正在接受服务的顾客，第一辆汽车从到达停车线到通过交叉口的时间为服务时间，它与主要道路上车流的车头时距分布有关，当主要道路上车流符合泊松分布时，次要道路上车辆的服务时间服从负指数分布的，在次要道路车流中，从第二辆起的汽车即为排队等候服务的顾客，因此该交叉口系统就是一个标准的 M/M/1 系统，设次要道路车流的交通量为 350 veh/h，次要道路上车流从到达停车线到通过交叉口的平均服务时间为 10 s，试求系统的运行指标。

在该系统中，$\lambda=350$ veh/h，$\mu=3\,600/10=360$ veh/h，$\rho=\lambda/\mu=350/360=0.972$。

交叉口没有车辆的概率 $P(X=0)$ 为

$$P(X=0)=1-\rho=0.028$$

在交叉口前排队车辆（包括等待通过的第一辆车）超过 50 辆车的概率 $P(X>50)$ 为

$$P(X>50)=1-\sum_{n=0}^{50}P_n=1-\sum_{n=0}^{50}P(X=0)\rho^n=1-(1-\rho)\times\frac{1-\rho^{50+1}}{1-\rho}=\rho^{51}=0.235$$

交叉口前的平均排队车辆数（包括第一辆）L_s 为

$$L_s=\frac{\rho}{1-\rho}=35(\mathrm{veh})$$

车辆从到达到通过交叉口所需的平均时间为

$$W_s = \frac{L_s}{\lambda} = 0.1(\text{h}) = 6(\text{min})$$

从上面的这些指标可以看出，该交叉口是相当拥挤的，交叉口前有97%的时间出现排队现象。平均排队长度高达35辆，有23.5%的时间排队长度超过50辆，车辆在交叉口前平均需要排队6 min，阻塞相当严重，应采取一定措施加以改善，如可以拓宽进口，设置两条进口车道，或者设置交通信号灯等。

3. 停车场问题

拟建一个服务能力为240 veh/h 的停车场，设置一个出入通道。根据调查，每小时有144辆车到达，假设车辆到达服从泊松分布，每辆车服务时间服从负指数分布。如果出入通道能容纳5辆车，是否合适?

该系统为M/M/1系统，并且 $\lambda=144$ veh/h，$\mu=240$ veh/h，则有

$$\rho = \frac{\lambda}{\mu} = 0.6 < 1$$

因此，该系统是稳定的。

系统中的平均车辆数为

$$L_s = \frac{\rho}{1-\rho} = 1.5(\text{veh}) < 5(\text{veh})$$

系统中的平均车辆数小于通道能容纳的车辆数，故合适。

还有一种判断方法，通过计算系统中车辆数超过5辆车的概率。

$$P(X=0) = 1-\rho = 0.4$$
$$P(X=1) = \rho(1-\rho) = 0.24$$
$$P(X=2) = \rho^2(1-\rho) = 0.14$$
$$P(X=3) = \rho^3(1-\rho) = 0.09$$
$$P(X=4) = \rho^4(1-\rho) = 0.05$$
$$P(X=5) = \rho^5(1-\rho) = 0.03$$

系统中车辆数超过5辆车的概率为

$$P(X > 5) = 1 - \sum_{n=0}^{5} P(n) = 0.05$$

因此，系统中车辆数超过5辆车的可能性只有5%。

10.4.5　交通事件排队分析

当道路上发生交通事件（如交通事故、车辆抛锚等）时，通行能力会减小，也会形成车辆排队。假如正常情况下道路通行能力（服务率）为μ，由于超过车辆到达率为λ，不会有排队现象出现。当有交通事件时，服务率为μ_r，其值小于到达率，排队形成；经过一段时间t_r以后，交通事件得以排除，排队逐渐消散。

信号交叉口排队问题和交通事件排队问题相似，但是也有所不同。其主要区别是信号交叉口在红灯时服务率为0，而交通事件发生时服务率往往不为0。另外，信号交叉口的服务率变化是周期性的，而交通事件的服务率变化是一次性的。信号交叉口和交通事件排队分析计算公式见表10-4。从表中可以看出两种情况的计算公式有许多相似之处。

表 10-4 信号交叉口和交通事件排队分析计算公式

性能指标	信号交叉口	交通事件
排队持续时间t_q/h	$\frac{\mu_r}{\mu-\lambda}$	$\frac{t_r(\mu-\mu_r)}{\mu-\lambda}$
排队时间百分比Pt_q	$\frac{100\,t_q}{C}$	—
排队车辆数 N_q/veh	$\frac{\lambda t_q}{3\ 600}$	$\frac{\lambda t_q}{3\ 600}$
每周期到达车辆数 N/veh	$\frac{\lambda C}{3\ 600}$	—
排队车辆百分比PN_q	$\frac{100\,t_q}{C}$	—
最大排队长度Q_{max}/veh	$\frac{\lambda r}{3\ 600}$	$\frac{t_r(\lambda-\mu_r)}{3\ 600}$
排队车辆平均排队长度$\overline{Q}_q$/veh	$\frac{\lambda r}{7\ 200}$	$\frac{t_r(\lambda-\mu_r)}{7\ 200}$
平均排队长度$\overline{Q}$/veh	$\frac{\lambda r\,t_q}{7\ 200C}$	—
最大延误d_{max}/min	r	$\frac{t_r(\lambda-\mu_r)}{\lambda}$
排队车辆平均延误$\overline{d}_q$/min	$r/2$	$\frac{t_r(\lambda-\mu_r)}{\lambda}$
车辆平均延误$\overline{d}$/min	$\frac{r\,t_q}{2C}$	—
车辆总延误 TD/(veh · h)	$\frac{r\,t_q\lambda}{2C}$	$\frac{t_r t_q(\lambda-\mu_r)}{2}$

对于一条通行能力为 6 000 veh/h 的单向三车道道路，假设在某一时段内交通需求为通行能力的 80%，即 4 800 veh/h。有一起交通事故发生，一条车道被占用，通行能力减少 1/3，即通行能力降低为 4 000 veh/h，持续时间为 45 min。由于在交通事故发生期间，交通需求超过道路通行能力，事故发生地点上游将会形成车辆排队，此时交通性能指标计算见表 10-5。表中列出的事故持续时间t_r=0. 25 h、0. 5 h、0. 75 h 和 1 h 时各项指标的计算结果，是对t_r的灵敏度分析，可用于评价安装交通监控设备等快速交通事件处理措施的效果。将事故持续时间t_r作为变量，从表中的简化公式可以看出，除车辆总延误之外，其他指标均为t_r的线性函数，而车辆总延误是t_r的二次函数。当事故持续时间从 45 min（0. 75 h）降至 30 min（0. 5 h）时，车辆总延误将减少 50% 以上，而其他指标都将减少 1/3。因此在交通管理中对道路进行实时监控、快速处理交通事故是极为必要的。

表 10-5 交通性能指标

性能指标	计算公式	简化公式	灵敏度分析，t_r/h			
			0. 25	0. 50	0. 75	1. 00
排队持续时间t_q/h	$\frac{t_r(\mu-\mu_r)}{\mu-\lambda}$	1. 67 t_r	0. 42	0. 84	1. 25	1. 67

续表

性能指标	计算公式	简化公式	灵敏度分析，t_r/h			
			0.25	0.50	0.75	1.00
排队车辆数 N_q/veh	λt_q	8 000 t_r	2 000	4 000	6 000	8 000
最大排队长度 Q_{max}/veh	$t_r(\lambda-\mu_r)$	800 t_r	200	400	600	800
排队车辆平均排队长度 $\overline{Q}_q$/veh	$\frac{t_r(\lambda-\mu_r)}{2}$	400 t_r	100	200	300	400
最大延误 d_{max}/min	$\frac{60t_r(\lambda-\mu_r)}{2\lambda}$	10 t_r	2.5	5.0	7.5	10.0
排队车辆平均延误 $\overline{d}_q$/min	$\frac{30t_r(\lambda-\mu_r)}{2\lambda}$	5 t_r	1.3	2.5	3.8	5.0
车辆总延误 TD/(veh · h)	$\frac{t_r t_q(\lambda-\mu_r)}{2}$	666.67 t_r^2	42	167	375	667

复习思考题

1. 从交通流特征角度出发，城市快速路的基本构成有哪几部分？其对应的交通流特性是什么？

2. 在快速路运行分析中，为什么要将相关的快速路出入口匝道、合流、分流、交织段，以及基本段作为系统整体分析？

3. 快速路匝道控制的基本原理是什么？实现方式有哪些？

4. 一个停车场有一个出入口，同时收费。假设车辆到达服从泊松分布，参数 λ 为 300 veh/h，收费平均持续时间为 10 s，服从指数分布，试求收费空闲的概率、系统中有 n 辆车的概率、系统中平均车辆数、排队的平均长度、排队系统中的平均消耗时间和平均等候时间。

5. 某停车场，白天车辆到达率为 4 veh/h，平均每辆车停留在停车场的时间为 0.5 h。停车场有 5 排，假设车辆到达服从泊松分布，停车时间服从负指数分布，试评价该停车场的服务情况。

6. 假设信号交叉口的车辆均匀到达并在绿灯期间均匀离去，请推导 Webster 延误公式中的均匀延误部分。

7. 结合交通流的车头时距分布和可插车间隙，请分析非信号控制交叉口次要道路通行能力的影响因素及其影响原理。

第11章

交通流仿真

11.1 概　　述

仿真通常被定义为系统或过程的模拟，而计算机仿真是在计算机上模拟一个系统或过程。仿真应用在多个领域，其目的是更好地理解系统要素之间的相互作用或评价可替代性方案。仿真有广泛应用，包括飞行员飞行模拟器的训练、天气预报、通信网络的设计及娱乐（如电子游戏）等方面。

仿真按范围、规模和方法可将其分为许多不同的类型。正如在11.2节中介绍的，交通流仿真可分为微观交通流仿真、中观交通流仿真和宏观交通流仿真，划分的依据取决于所描述的交通流集计层次。微观仿真模型将车辆的速度和加速度表达成周围车辆和道路环境状况的函数来模拟每一个车辆的运动。微观仿真模型主要包括跟驰模型、换道模型和间隙接受模型。通常情况下，路网中的车辆服从假定的到达分布，并且网络会对每个时间步长的车辆行为进行扫描和更新（如每秒一次）。基于上述原理，仿真模型（针对路段和时间段）输出集计运行指标，如车辆的行程时间和延误。

宏观仿真模型模拟车辆组的运动（如车队），它并不分析单个车辆的运动。宏观仿真模型是以交通流的流量、速度和密度的关系为基础。中观仿真模型是微观仿真模型和宏观仿真模型的混合，它能模拟车辆群或车队的运动，并运用方程表示这些车辆群或车队之间的相互作用。

根据推进机制，仿真一般可分为基于时间推进和基于事件推进的仿真。在基于时间推进的仿真中，仿真模型跟踪每个时间步长的车辆并在此基础上采集数据。在基于事件推进的仿真中，只有当一个事件发生时（如车辆到达或信号灯由红灯变为绿灯），模型才会启用与事件对应的运行规则和程序模块。大部分交通仿真的商用模型都要同时使用基于时间和基于事件的仿真机制，因为同时存在车辆跟驰和信号控制这样的连续事件和离散事件。

交通仿真模型的另一个分类标准是是否运用随机机制。如果模型不具备随机性，那么模型视为确定的，每次运行的结果都是一致的。如果模型中含有一个或一个以上的随机元素，则可认为模型具备随机性。在一个随机模型里，随机变量用来确定特定的要素（如到达时间间隔、期望速度）或所应采取的措施（如变换车道的概率、加速程度）。

本章重点讨论随机性的微观仿真，因为它是交通运行分析仿真中最常运用的仿真类型。本章首先讨论随机性的微观仿真的一些基本原理和3个重要模型（跟驰模型、换道模型和间隙接受模型），然后是常见的微观仿真软件原理及其应用。

11.1.1 交通流仿真的作用

1. 替代方案评价

通过仿真，工程师可以控制实验环境和交通条件。在历史上，交通仿真最初被用来评估信号控制策略。而今，通过仿真的方法来进行信号控制策略评价已经成为各种交通管理控制方案研究的一个非常重要的组成部分。

2. 设计方案测试

交通基础设施建设具有投资高、建设时间长、建设难度大等特点。在确定开发建设之前，对不同的设计方案进行仿真可以量化分析交通设施的综合性能，从而最大限度地节约资源。交通仿真方法的引入，能够极大程度地提高交通设计效率。仿真模型能够提供更为详细的资料，从而帮助设计人员发现设计中的问题和缺陷，并通过动画对不同设计的结果进行直观、形象的演示，从而指导他们改进设计和进行下一步的工作。

3. 与其他交通分析工具的结合

除了作为一个独立的工具使用，很多交通分析软件也包含有交通仿真模块，或者交通仿真模型与其他模型组合应用。例如，与 SYNCHRO 或 TRANSYT-7F 信号优化模型相结合、与 CMEM 或 MOVES 等排放模型相结合。

4. 人员培训

仿真系统可以建立实时实验平台来培养交通管理中心人员。仿真软件连接到实时交通控制计算机搭建的半实物仿真（hardware in the loop，HITL）模型，能够作为替代方式让交通工程师更加直观地利用真实的交通控制设备来进行培训。

5. 交通安全分析

在交通安全与事故分析中，交通仿真软件能够“再现”事故现场。这就使交通仿真模型成为交通安全分析中提高车辆和道路环境安全性的有效工具，如美国国家公路交通安全管理局（National Highway Traffic Safety Administration，NHTSA）广泛使用的 CRASH 软件。

11.1.2 交通流仿真的主要研究内容

交通流仿真主要包括以下研究内容。

（1）交通基础路网模型分析。目前，常用的交通仿真系统能够结合 GIS 数据、交通规划网络、卫星图片等背景数据，并经过简单加工后生成基础路网模型。以上数据结合交通规划和交通需求模型便能够用来预测伴随区域发展、人口和交通供给方面的变动而引起的对交通系统使用需求的变化。

（2）车辆运行状态分析。根据基础路网模型和给定参数计算得出仿真车辆的加速、减速、停车、让行、换道、超车、并道等多种行驶状态下的特性。此外，部分针对车辆运行状态的分析结合动态交通分配技术，能够对车辆的行驶路线进行优化分析。

(3) 交通管理与控制措施分析。通过模拟仿真，包括可变车道、单行线设置、可变信息提示等各类交通管理措施，以及对定时控制、感应控制和自适应控制等各类信号的控制策略，能够分析交通管理与控制措施对交通流特性及交通运行状况产生的影响。

(4) 混合交通特性分析。行人和非机动车是城市道路交通系统中的重要组成部分。对混合交通流的微观仿真研究，能够指导慢行交通设施的施划和慢行交通的管理与控制，有效诱导行人和非机动车流，避免和缓解交通拥挤，提高交通出行安全。

(5) 公共交通系统分析。微观交通流仿真能够根据车站的长度、上下车乘客人数和比例，以及线路发车频率、车辆类型等分析公交车辆行驶受到的影响。此外，还能够分析公交专用道、动态公交信号及公交优先策略对路网的影响及效果。

(6) 交通环境分析。交通仿真系统与能耗排放模型相结合，可以针对交通管理和控制措施进行机动车的油耗、温室气体排放、污染物排放的测算与评估；再结合空气质量模型，可以用于交通对人体健康的影响分析。根据机动车行为刻画的细致程度（瞬时速度、加速度、平均速度、行驶里程等），可以在微观、中观、宏观不同层次进行模型对接分析。

(7) 交通安全分析。通常分析交通事故对车流量和出行时间的影响，但目前对事故诱发因素的仿真分析较少。如何在交通流仿真中充分考虑道路交通系统中人、车、路和环境的综合作用，并对道路交通系统的现有安全水平进行充分的跟踪和评价后，对实际环境内的交通安全进行预测是交通安全分析的一个发展方向。

11.2 交通流仿真的分类

交通流仿真的研究起始于60年前。随着交通流仿真的发展，它已经广泛应用于交通系统的研究、规划、展示等各个方面。在交通流仿真研究的发展历程中，有以下几个方面的因素发挥了巨大的推动作用：交通流理论的发展，计算机软硬件技术的发展，互联网的发展，以及社会对于交通系统的研究需求的增长。

11.2.1 按描述的细致程度分类

根据对交通系统描述的细致程度不同，交通仿真分为宏观交通流仿真、中观交通流仿真、微观交通流仿真3种。

在宏观交通流仿真模型中，交通流被看成连续流，个体车辆不单独标识。一般来讲，宏观交通流仿真对计算机资源要求较低，它的仿真速度快，用于研究基础设施的新建、扩建及宏观管理措施等。宏观模型在描述系统中的实体、行为及其相互作用时，通常不会反映系统的细节内容。例如，宏观层面对交通流的描述可能更多地集中在一些如统计直方图或平均流量、平均密度、平均速度的总体关系上。换道行为在宏观模型内部可能完全不会有体现，其交通流特征只能通过路段中总体的平均特性得以体现。

中观交通流仿真模型可以用来拟定、评价在一定范围内进行的交通控制和干预措施。中观模型在描述系统内部的实体时，通常给予其较为细致的表述。但在描述系统内实体的行为及其相互作用时，仍然比较粗略。例如，中观层面的换道模型主要描述的是机动车在车道密度不同时选择密度低的车道，但在机动车换道时并不会考虑相邻车道是否有机动车会对其产生干扰。

微观仿真模型对系统内部的实体、行为及其相互作用的细节均有较为精细化的描述。例如，微观仿真模型在描述换道时，需要考虑目前所在车道前车的运行状态，还要考虑并入车道中前车与后车的相对位置及运动状态，同时结合驾驶人的个人驾驶行为参数，才能对整个换道过程做出计算。由此不难发现，微观仿真模型能够更加细致地表征交通系统内部各个实体间的影响，帮助研究人员更好地了解驾驶人、交通流、道路设施与交通环境间的相互影响关系。

相对于宏观仿真模型，细致程度更高的微观仿真模型需要花费更多人力和资金来进行开发、运行和维护。虽然这些微观仿真模型通常能够更为详细地对交通系统进行描述。但是由于交通系统的复杂性，微观仿真内部大量逻辑关系需要进行清晰的梳理，以及众多细节参数有待标定，反而使得微观仿真模型的精度无法保证。因此，宏观模型并不代表精度低，而微观模型也不一定代表精度高，而是依赖于模型的应用目标和标定程度。

11.2.2 按研究对象分类

根据研究对象，通常把仿真分为连续系统仿真与离散系统仿真两类。

连续系统仿真是指系统的状态随时间连续变化，其系统状态能够用一组连续的方程所描述，如车辆跟驰模型。在某些特殊情况下，部分连续系统，如数据采集系统的状态数据是在离散时间点上获得的，是非连续的，但其状态本身是连续变化的。对连续系统内部状态来说，其状态是随时间连续变化的，任意两个时间点上系统的内部状态都不尽相同。因此，在对连续系统进行仿真分析时，需要确定每个时间点上的系统状态，也就是求解出系统状态与时间的函数关系。

离散系统仿真的特点是系统的状态变化只在离散的时间点上发生，且发生时刻往往是随机的，系统的状态变化是由随机事件驱动的。例如，车辆遇到的信号灯状态或与行人、非机动车的冲突。对于离散系统而言，系统内部的状态变化是随机的，很难用函数关系来描述系统内部随时间变化而发生的转变。因此，离散随机系统通常研究系统从一种状态向另一种状态转变后的结果，而非研究其变化过程。也就是说，在建立离散系统仿真模型时，只需要考虑系统内部状态发生变化的时间点及产生这些变化的原因，而不用描述系统内部状态发生变化的过程。

11.2.3 按推进机制分类

几乎所有的交通仿真模型都建立在对动力系统的描述之上，其中“时间”始终是这些动力系统中最为根本的一个独立变量。连续仿真模型描述的是在连续刺激下系统元素的状态变化时如何随着时间的推移而反应的，而离散仿真模型描述的是现实世界中系统（连续或离散）状态在特定时间点的变化情况。

根据仿真系统的推进机制可以分为时间模型与事件模型两种类型。

时间推进模型是将系统变化细分到一个已知的时间间隔。在每个时间间隔内，仿真模型通过计算系统内部各种参数的变化来确定这一时间段内系统状态的改变。离散时间模型中的时间表示为整数序列（代表某一时间单位的整数倍），只考虑系统在这些时刻上的状态变化。这种模型的一个典型仿真程序包括下列步骤。

（1）置仿真时间 T 的初始值为t_0。

（2）置状态变量为初始值。

（3）给出当前仿真时间输入变量的值后，根据状态转移函数，确定下一时刻 $T=t+h$ 状态变量的值。再根据模型的输出函数确定在该时刻输出变量的值。

（4）把仿真时间 T 推进一个单位时间 h。

（5）检查 T 是否达到预定终止时刻。若已达到即停止，否则转移到步骤（3）。

针对事件推进模型，它们的状态在绝大部分时间保持不变。例如，路口的交通信号灯，当该信号灯变为绿色后，它的状态会在接下来一段时间里保持不变，直到其状态会在某一时刻改变为黄色。这种状态的突然变化，被称为一个事件。根据记录上述信号状态变化的关键节点，就能够对信号机的运行状态给予一个准确的描述。不难看出，这种由事件推动的模型能够避免时间推进机制对资源的消耗，更为高效地对系统进行描述。

对于某些系统规模不大，或者系统中实体变化较为不频繁的仿真对象，事件推进仿真是比较合适的，它比时间推进仿真的执行效率更高。然而，对于系统中大部分实体的状态频繁发生变化的情况（如道路交通系统），或者要求仿真模型提供更为详尽的输出结果的情况，时间推进模型可能是更好的选择。

11.3 微观交通流仿真的随机性原则

11.3.1 随机性及其仿真的必要性

仿真模型常模拟车辆的到达、运动（如跟驰模型）及驾驶人对间隙可否接受的判断。在本质上，微观交通流仿真模型将依次让车辆根据预先设定的规则运动；它控制每辆车的运动并生成车辆的轨迹。根据这些车辆的轨迹，仿真模型能够分析道路通行能力及各项运行指标，包括排队长度、行驶速度和延误等指标。

在微观交通流仿真过程中，由驾驶者的心理因素、车辆各项动力指标及交通环境在时空上的差异造成的车头时距、换道决策和制动距离等因素的随机性会带来显著的影响。

在一些场景下，忽视随机性而选用“平均值”或“期望”的简单刻画会使仿真模型严重失真。以主路优先的无信号控制交叉口的支路通行能力计算为例，如图 11-1 所示。这种交叉口没有信号灯控制，主路车流不受支路车流影响，支路车辆到达交叉口停车等待，待主路车流车头时距大于临界间隙时才通过交叉口，以免对主路车流造成延误。假设交通调查结果中主路单车道流量为 780 辆每小时，支路为 240 辆每小时，临界间隙抽样调查均值为 5 s。如果所有驾驶者驾车过程中保持的车头时距和临界间隙为固定值，即主路的车头时距始终是 4.62 s，支路车辆的临界间隙始终为 5 s，那么仿真结果中的支路通行能力将为 0，显然与实际情况不符。由此可见，交通流中的随机性是不可忽视的。

实现仿真的前提是建立模型并确定各项参数的分布，模型的合理性及分布的精确性决定了仿真模型能否表征实际交通规律。在仿真模型中实现上述案例，需要考虑以下几个要素并建立相应的模型。

（1）主路和支路车辆到达或到达时间间隔的分布。到达时间间隔分布可以用数学公式表达。

（2）各种车辆的加速、减速和跟驰规则。如果交通流中出现卡车或其他重型车辆，需要考虑不同车辆类型的性能差异。

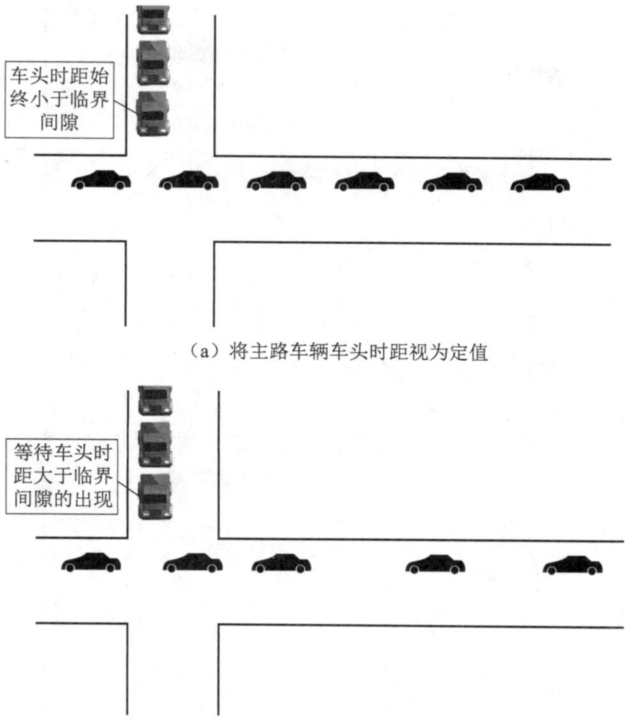

（a）将主路车辆车头时距视为定值

（b）考虑主路车辆车头时距差异

图 11-1 无信号控制交叉口支路车辆通行示意

（3）支路车辆临界间隙分布。由车辆各项动力指标及驾驶人的心理因素决定。与到达时间间隔分布相类似，临界间隙分布可以用数学公式表达。

（4）主路车辆的避险决策。在理想情况下支路车流不会对主路车流的通过造成干扰，但实际中总有驾驶者的临界间隙要小于车辆通过交叉口的时间。在这种情况下主路车辆会根据驾驶者的避险习惯采取不同程度的减速措施。

（5）通过采集数据来获得通行能力和其他相关的指标，例如，行程时间和延误。

由 S. M. 乌拉姆和 J. 冯·诺依曼在 20 世纪 40 年代提出的蒙特卡洛法表明，可通过计算机实现的随机抽样和模拟获得问题的近似解，以避免复杂的数学解析过程。蒙特卡洛法的精髓便是随机数的程序化应用。每一次仿真的结果都具有随机性，其均值会随着实验次数的增加逐步逼近问题的实际期望。因此仿真时长和轮次的设置要使仿真结果呈收敛趋势，也可直接参考既有案例。

11.3.2 随机数的生成与应用

假设上述实例中临界间隙服从 PERT 分布，该分布的概率密度函数（PDF）如图 11-2（a）所示，对应的累积分布函数（CDF）如图 11-2（b）所示。在累积分布函数图中，曲线纵坐标表示出现变量小于相应横坐标情况的概率。所有累积分布函数的取值介于 0～1 之间。因此，在参数标定后，可根据逆变换法（inverse transform method）由按照均匀分布生成的 0～1 之间随机数从累积分布函数图中得到一个特定的临界间隙。

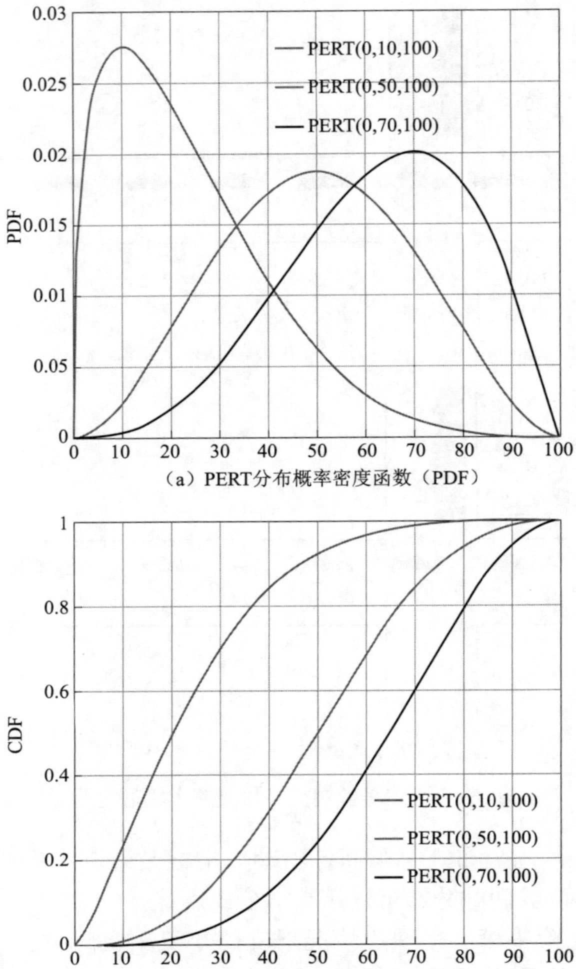

（a）PERT分布概率密度函数（PDF）

（b）PERT分布累积分布函数（CDF）

图 11-2 PERT 分布

随机数是仿真程序的重要部分，可通过计算机的随机数生成器（random number generator，RNG）来完成。随机数生成器根据给定的随机种子产生伪随机数。称其为伪随机数的原因在于当给定的随机种子相同时，RNG 会生成相同的随机数序列。例如，Python 中内置的 random( ) 模块和 NumPy 模块下的 numpy. random( ) 函数可以实现不同形状、范围及不同分布下随机数和随机数组的生成及随机种子的指定。

当使用编程语言进行数值仿真时，需要生成特定分布下的随机数。以上文提到的无信号控制交叉口通行能力计算为例，在进行数值仿真时需要对支路车辆的临界间隙进行随机生成。假设研究中将驾驶者分为速度追求型、平稳型和安全追求型 3 种类型，3 种类型驾驶者在研究交叉口的临界间隙分别为 4 s、6 s 和 8 s。交通调查结果表明研究区域 3 类驾驶类型占比分别为 0. 15、0. 55 和 0. 3，如图 11-3 所示。则可按照均匀分布生成［0，1］内随机数并按以下公式进行临界间隙的计算。

$$
t_{临} = \begin{cases} 4, & b < 0.15 \\ 6, & 0.15 \leqslant b < 0.55 \\ 8, & 0.55 \leqslant b \end{cases}
$$

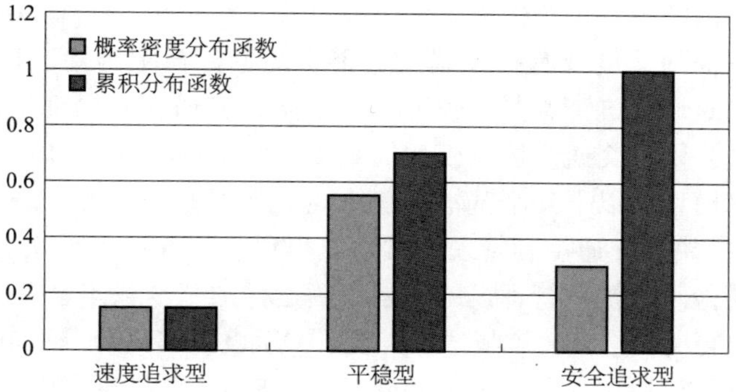

图 11-3　驾驶者驾驶类型分布

类似地，微观交通流仿真中车辆的期望速度、加减速程度、跟驰域、车型构成、交叉口是否转向、路段中是否换道等行为，大量使用了随机数来模拟真实交通行为中的随机性。图 11-4 展示了 VISSIM 中部分参数的设定界面，该界面背后是大量随机数的应用。

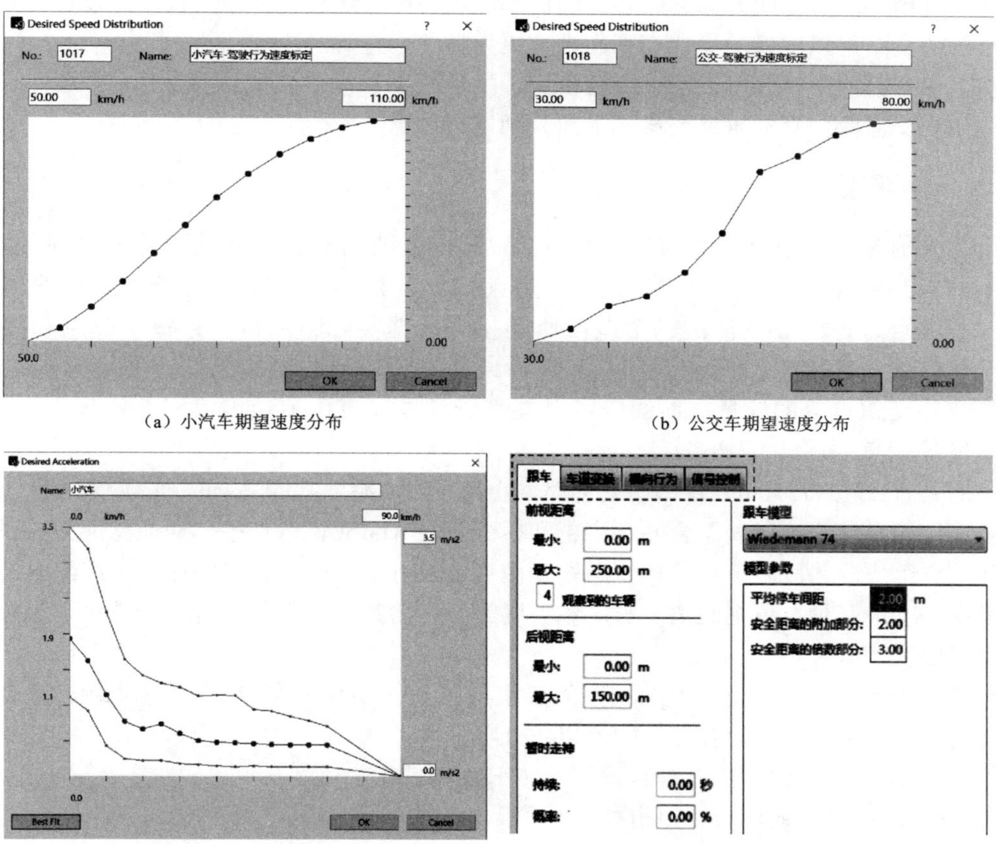

（a）小汽车期望速度分布　（b）公交车期望速度分布

（c）小汽车加速度分布　（d）跟驰模型参数设定

图 11-4　VISSIM 参数设定界面

11.4 微观交通流仿真的模型原理与开发

微观交通流仿真是把每一辆车作为一个研究对象，对所有个体车辆进行标识和定位，在每一个时间步长，车辆的速度及其他车辆的性能被更新，模拟出短时段内交通流的状态变化。微观交通流仿真对计算机资源要求较高，用于研究交通流与局部道路设施的相互影响，也用于交通控制仿真。微观交通流仿真模型的重要参数是每辆车的加速度、速度和位置。

微观交通流仿真模型由以下几个基本模块组成：路网表示模块、交通需求模块、车辆行驶模块、人-车属性模块、交通控制管理方案生成模块、仿真输出模块。路网表示模块包含道路几何网络、交通检测和控制管理设施，是车辆运行的基本载体。交通需求模块包含出行方式、出行路径、出行时间、OD 需求，它实现了 OD 表到路网流量的转化，作为车辆行驶模块的输入。车辆行驶模块包含路段上的跟驰模型、换道模型和间隙接受模型，决定仿真系统中的驾驶行为、环境因素等重要特征，是仿真系统的核心部分。人-车属性模块用以描述驾驶人、车辆、行人、非机动车的自身属性特征，如驾驶人在路上的期望速度、加减速分布、车辆的刹车性能、到达分布等。交通控制管理方案生成模块主要根据交通流仿真模块和交通检测系统产生的数据，生成交通控制管理方案，从而更新路网交通控制和管理设备状态。仿真输出模块包含两方面的内容，即仿真动画输出和运行指标输出，它可以将仿真过程和得出的仿真结果以图像的形式表现出来，更为形象、直观。

在上述各模块中，路网表示、跟驰模型、换道模型、间隙接受模型、人-车属性、运行指标是微观交通流仿真的重要要素，下面分别进行讨论。

11.4.1 路网表示

为了准确刻画交通流之间的相互作用，微观交通流仿真首先要建立路网描述的规则。能想到的对路网最直接、简单的表达方式是点-线结构，例如，将每个交通流的交汇都表达为一个节点，每个节点都被一个线段所连接。根据实际路网特征，每个节点和线段都被赋予相应的属性信息。例如，某个节点可以被赋予信号控制交叉口、非信号控制交叉口或快速路交织点等的信息。而线段可以被赋予长度、自由流速度、阻塞密度、车道数、车道宽度等信息。

举例来看，在 VISSIM 软件中，交通路网由路段/连接线（link/connector）来表示。连接线用来连接两个路段，以表示合并、穿越和拆分。在 AIMSUN 软件中，交通路网由一系列的路段和节点组成。路段由节点连接。路段是由一组具有相同交通方向的连续车道组成，具有最大速度、理论容量、可视距离、长度和坡度等特征参数。一个节点有一个或多个起点路段和终点路段。

影响车辆运行的几个道路设施相关的要素（见第 1 章中对驾驶环境的讨论）也应该在微观交通流仿真模型中予以描述，包括以下几项：

① 道路设计（车道宽度，是否设置右转车道等）；

② 道路控制（交通信号，匝道控制）；

③ 其他要素（是否存在施工区，交通事故等）。

上述几个要素直接影响车辆的运行（如交通信号、交通事故等）。其他要素间接影响车辆的运行，例如，可以通过调节自由流速度或期望速度模拟高速公路的车道和路肩的宽度对车辆运行的影响。为了考虑这些影响，需要数据和模型来阐述车道宽度与自由流速度之间的相关性，同时也需要考虑其他方面的环境因素影响和潜在的相关性。

11.4.2 跟驰模型

跟驰模型是研究无法超车的在单一车道上车辆列队行驶时，后车跟随前车的行驶状态，并用数学模式表达和分析车辆跟驰过程中发生的各种状态。

在道路上，当车流密度比较低，车辆间距较大时，车流中任一辆车的车速都不受前车的制约，驾驶人可采取自由车速，这种状态称为自由行驶状态。若车流密度比较高，当车辆间距较小时，车流中任一辆车的车速都要受前车的制约，驾驶人须按前车所提供的信息采取相应的车速，这种运行状态称为非自由行驶状态。跟驰模型主要是研究非自由行驶状态的车流行驶特性。

跟驰模型以前导车的运动状态为函数来估计跟驰车的运动轨迹。第5章论述了跟驰模型的发展历程，并介绍了目前在微观仿真模型中应用最广的跟驰模型。跟驰模型一般以车辆在时刻 t 的加速度和速度为函数来确定车辆在相邻时刻 $t+\Delta t$ 的加速度和速度。除了第5章的方程式之外，仿真模型一般还会使用附加规则，附加规则规定车辆的状态是处于跟驰状态还是自由流状态（例如，不受前方车辆影响的交通流）。跟驰模型的规则或满足的方程式依车辆类型和驾驶人而不同。

11.4.3 换道模型

在多车道的交通道路上，司机进行换道是一种常见的交通现象。所谓换道，即车辆从当前行驶的车道中进入邻近的目标车道。换道的原因很多，可能是当前车道的行驶状况不好，而相邻车道有较好的行驶条件，司机为了提高行驶速度、节约时间而进入行驶状况较好的车道（被称为自主性换道）。也有可能是接近交叉路口，车辆必须处于正确的车道，由此而做的换道等（被称为强制性换道）。

车辆换道模型模拟车辆换道的过程，从换道决策到换道完成。这个过程通常包括一系列的规则和假设，不仅仅是一系列的方程。图11-5为城市干道上的一般车辆换道流程。车辆换道模型还与间隙接受模型有关。

11.4.4 间隙接受模型

一般将交叉路口分为有信号灯的交叉路口和无信号灯的交叉路口两类。在有信号灯的交叉路口中，各车道的优先权随时间受信号灯控制。在无信号灯的交叉路口中各车道的优先权是固定的。一般来说，这种交叉路口是在通过能力的供需之间不存在大的矛盾或通过能力较富裕时采用，而此时的车辆行为常常使用间隙接受模型来描述。

间隙接受模型用于描述车辆穿越主街道、汇入高速公路或变换车道。在该情形下，即将通过或汇入的车辆必须评估冲突车流所提供的“间隙”的大小，进而决定是否接受该间隙，即可插车间隙。间隙接受模型也是车辆换道过程中必须考虑的部分。图11-6概念性地描述了车辆合流的过程，其中在高速公路合流时考虑了车辆换道及间隙接受模型。

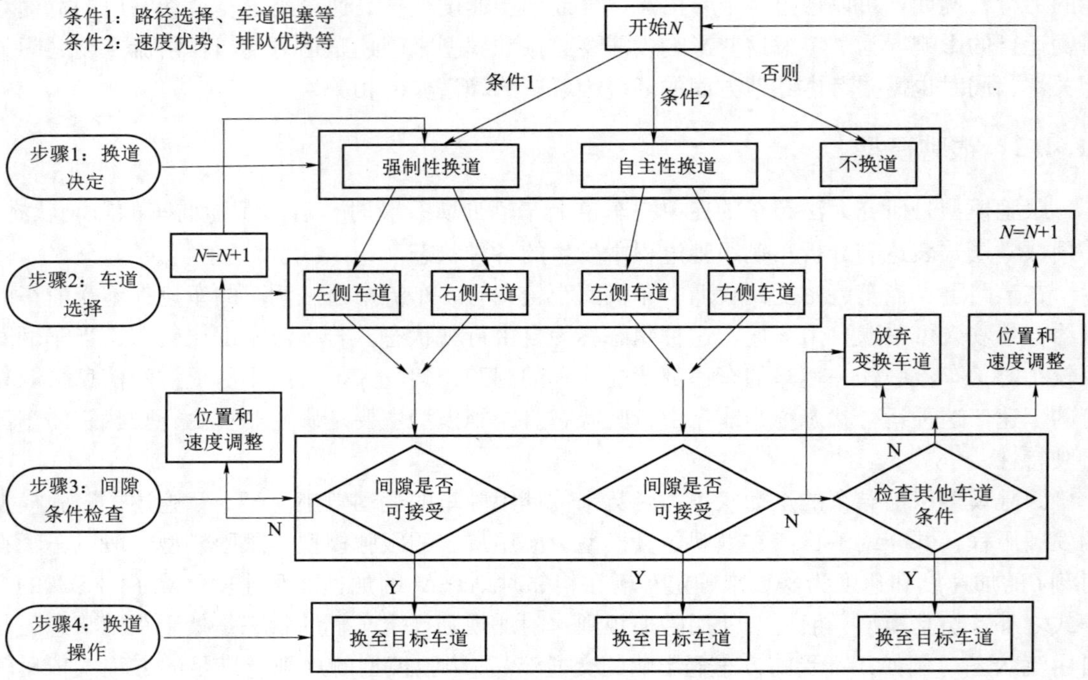

图 11-5 城市干道上的一般车辆换道流程

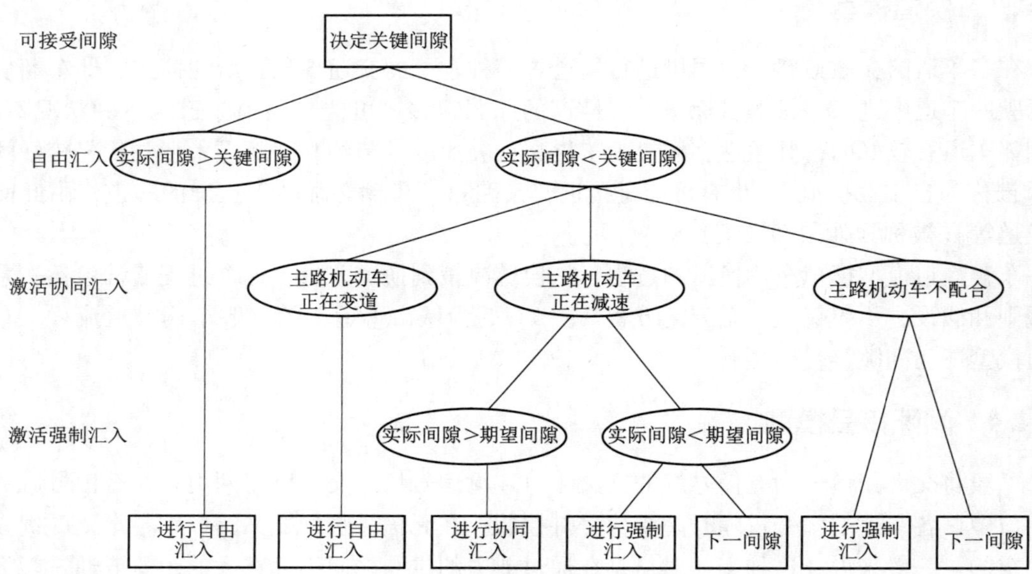

图 11-6 合流过程的概念描述

11.4.5 人-车属性

区分驾驶人类型的一个重要因素是期望车速（desired speed），期望车速是指驾驶人在行驶不受限制时所期望的行驶速度。期望车速理论上与限速或设施的设计速度有关，同时也因驾驶人类型的不同而不同。在跟驰模型中，如果车辆脱离跟驰前车的约束范围，将加速到自身的期望车速。期望车速也用来判断驾驶人是否尝试自主性换道，或者用来判断延误大小（通过比较实际的行程时间和期望车速下的行程时间来计算）。应该意识到：驾驶人的期望车速越高（尽管实际的交通运行状态未发生变化），所计算的延误时间会越大。

行人和自行车的行为及他们与交通流的相互作用是仿真中比较受关注的部分，特别是当有大量的非机动车出行时。行人和自行车的参数应该尽可能基于实地研究，而不能简单地应用模型的默认值。

仿真模型运用假定的到达分布生成车辆和驾驶人。仿真模型会给所有进入路网的车辆设置一个初始车速、驾驶人类型和进入的车道。仿真模型通常会设置一个最小的车头时距。该车头时距对应最大的车流量。最小车头时距的设置很重要，因为它影响进入路网的不同入口的流量。如果这些入口需求量大于容量，那么路网外将会出现车辆排队现象。而仿真模型无法采集这些路网外排队车辆的数据，所以这些车辆也不被考虑到任何的排队车辆中。因此，当路网外出现车辆排队时，路网可能会达到不饱和并且速度相对较高。

11.4.6 运行指标

交通流仿真模型的一个关键要素是估算具体的运行指标，包括行程时间、延误、平均速度和排队长度等。交通仿真模型以特定的、预先确定的方式采集这些数据。例如，要想获得排队长度这一指标，交通仿真模型必须定义什么是排队车辆——速度为零的车辆属于排队车辆吗？或者是速度小于 3 km/h 或 5 km/h 的车辆属于排队车辆吗？对排队车辆的定义会影响排队长度的估计。对于行程时间和延误的估计也是同样的道理。例如，当估计某个路段的行程时间时，是针对分析期内路段上的车辆还是只针对进入或离开路段的车辆？

不同的仿真模型定义的运行指标也不同。因此需要区分运行指标定义的不同，以仿真模型能够输出的结果并能够将输出值和实际观测值进行比较（详见 11.5 节微观交通流仿真的应用）并基于实际观测值来进行模型校准。

11.4.7 其他要素

动画和可视化是微观交通流仿真的一大优势。当决策者和公众在计算机的仿真模型中看到车辆、公交及行人的动画时，他们能够快速了解各种方案对交通运行的影响。大多数的微观仿真模型能提供 3D 动画效果，但完全依赖动画效果的缺陷是不了解仿真模型的基本假设和参数设置，并且会造成对其结果的错误判断。看似很小的参数设置，对仿真结果影响很大。例如，自由流或期望速度的选择会影响延误指标的计算；仅仅降低自由流速度会缩短延误数值，但不会引起路网的任何其他变化。

微观交通流仿真模型中的两个重要且密切相关的要素是驾驶人的反应时间和仿真的时间步长。反应时间是指驾驶人从接受信息到采取措施的时间。理论上，反应时间和时间步长应该一致，因此如果在步骤 n 时需要采取措施，驾驶人应该在步骤 $n+1$ 时采取措施。然而，不是所有的驾驶人都具有相同的反应时间。在仿真模型中考虑反应时间的差异性是比较困难的。一些微观交通流仿真模型允许用户设置驾驶人的反应时间，较短的反应时间意味着驾驶人操作更加敏捷，从而减少延误和行程时间。相反，较长的反应时间意味着驾驶人操作更加缓慢，从而增加延误。

11.5 微观交通流仿真的应用

当针对某一交通问题进行交通流仿真时，仿真模型的建立和使用可以分为以下 7 个主要阶段。

(1) 确定交通流仿真模型研究的范围、研究目标及研究方法。

(2) 数据采集和基础准备。

(3) 交通流仿真基础模型的建立。

(4) 错误校验。

(5) 模型标定。

(6) 方案比选。

(7) 撰写报告和技术文档。

为了理解交通流仿真建模过程中的主要内容，这里对上述 7 个阶段的工作进行详细说明。

1. 确定交通流仿真模型研究的范围、研究目标及研究方法

在交通流仿真研究的初期，首先需要确定一个"范围"，从而便于更好地进行后续的模型建模分析。这个范围不仅包括确定研究的目标、项目的影响范围等内容，还包括诸如仿真软件的掌握情况，人力、物力资源是否充足，模型质量控制计划及相应的研究计划等内容。

针对交通流仿真研究项目的管理，需要重点确认的关键问题有以下几项。

(1) 在模型的建立和标定过程中，能否保证足够的专业技术人员参与到该过程中。

(2) 投入充足的时间和资源用以开发和标定交通流仿真模型。

(3) 及时对交通流仿真模型建模过程和结果分析进行归档，从而保证后续开发、分析的连续性。

2. 数据采集和基础准备

此阶段工作主要涉及交通流仿真建模分析中所必需的各类型数据的收集和准备。交通流仿真模型，特别是微观交通流仿真模型，需要多种类型的输入数据，主要包括以下几项。

(1) 道路的几何条件（长度、车道、曲线半径等）。

(2) 交通控制系统（交通标志、交通信号、基础配时等）。

(3) 交通需求数据（基础 OD 数据、交叉口转弯流量等）。

(4) 模型标定所需数据（通行能力、行程时间、排队长度等）。

(5) 公共交通、自行车及行人等其他数据。

为了后续第四阶段对建模过程中的错误进行检查，以及满足第五阶段对模型进行标定、校准的需求，在本阶段对基础数据的采集过程中，也需要收集完备的信息以供后续数据错误检查和校正。在数据收集过程中，通行能力是比较容易获得的基础数据之一。虽然在整个项目的进行过程中都能够随时补测通行能力，但需要注意的是通行能力数据的收集需要和模型标定所需的如行程时间、延误和排队数据等同时进行。

3. 交通流仿真基础模型的建立

交通流仿真模型建模的目标是能够建立一个真实反映现实交通状况、便于检验、准确性高、重复性好的计算机模型来辅助交通工程研究。交通流仿真的建模过程通常比较费时和复杂，但总体来说交通流仿真的建模过程通常将交通系统细分为多个层级来进行。

交通流仿真模型的第一层级通常设置为基础路网层，也就是包含了节点-链路等数据道路网信息层，它是模型建立的基础。在此之上，第二层级通常设置为交通控制和运行组织层，以及在交通网络的基础上，将交通控制和运营组织的信息添加进来。第三层级为出行需求和出行行为层，主要是对交通需求信息、出行者信息、车辆信息等内容进行补充完善。第四层级也是交通流仿真建模的最后一个层级，以及仿真运行的控制层，主要是对模型控制所需数据进行输入。当然，在交通流仿真模型的建模过程中不一定要严格按照上述层级进行处理，针对不同的问题可以适当地调整上述几部分的先后顺序，或者适当增减其中的内容，但上述步骤基本涵盖了交通流仿真模型的完整建模过程。此外，在建模的过程中还应该包括质量保证/质量控制（QA/QC）计划的制订和实施步骤，以减少模型建模过程中的编码错误和数据输入错误。

4. 错误校验

错误校验阶段的主要工作是检查建模过程中的代码编写错误、数据输入错误、逻辑流程错误等问题，在进行模型标定之前排除这些干扰因素，使之不影响模型的准确性。如果不对这些模型在建立过程中存在的输入错误进行校正，这些基本的错误会极大地干扰模型标定过程，并导致交通研究人员最后得出不准确的标定参数。由于交通仿真建模过程实际的因素众多，错误检查通常会耗费大量的人力和资源进行测试。

5. 模型标定

任意一款交通仿真软件程序通常都会有一系列的参数允许用户进行调整，以更好地对当地的具体条件进行描述。参数的调整在交通流仿真建模过程中是非常必要的，因为任何一个仿真模型都无法涵盖所有的可能情况。模型标定这一阶段的主要任务就是通过仿真模型中的某些参数，将实测数据所反映出的特点体现在仿真模型中。因此，模型标定主要涉及两个问题：① 选定待标定的参数；② 确定这些参数的最佳值。

模型标定阶段是一个极为耗时的过程。因此，应当对模型标定过程中的每一步操作进行全面的记录，以便于其他人员可以理解标定过程中各种参数变化的原因。交通流仿真模型标定这一阶段中需要注意的关键问题有以下几项。

（1）确定模型标定目标。

（2）分配充足的时间资源来保证模型最终达到标定的目标。

（3）选用恰当的实测数据进行参数标定，从而保证模型能够最好地接近实际情况。

（4）对交通流参数进行标定，使之能够尽可能地接近实际的路径选择行为。

（5）利用如走行时间、延误和排队长度等系统整体的性能指标，对模型的整体精度进行校准。

6. 方案比选

方案比选阶段是在完成了交通流仿真模型的建模、检验、标定后，对模型进行应用的阶段，其主要任务是通过将不同场景的方案多次运行在经过标定之后的模型上，从客观的量化指标和主观的动画演示来了解不同方案的优缺点。方案比选阶段首先需要建立一个需求基线场景作为其基础方案。在此基础上，再对个别输入参数进行调整以建立不同的改善方案。随后，交通研究人员将选择一系列的有效性指标来记录不同方案的仿真结果。

方案比选阶段中需要注意的关键问题有以下几项。

（1）是否能准确地预测未来的交通需求。

（2）选择合适的有效性指标来进行不同方案间的对比分析。

（3）对不同方案中交通状态改善的原因进行全面、准确的分析。

（4）如果要进行服务水平分析时，建立恰当的微观仿真结果和服务水平之间转换的关系。

7. 撰写报告和技术文档

此阶段主要任务是根据交通方案对比分析的结果总结并撰写报告，以及将交通流仿真模型建模、检验、标定过程中的要点撰写为技术文档。在撰写最终报告时，所涉及的分析结果应当清晰、客观、全面、明确，以辅助决策者更准确地做出判断，应当充分地对仿真得到的结果进行总结，由于方案对比分析的过程通常会产生大量的数据和结论，那么对这些数据进行归类分析，对其他研究人员了解项目的具体情况就非常必要。技术文档应当保证其他研究人员利用相同的输入文件，能够重复上述建模、标定和方案对比分析的过程。

11.6 微观交通流仿真常用计算机软件系统

11.6.1 VISSIM

VISSIM 是德国 PTV 公司开发的 PTV-Vision 交通分析平台下的微观交通流仿真系统。VISSIM 是一种基于时间间隔和驾驶行为的仿真建模工具，用以建模和分析各种交通条件下（车道设置、交通构成、交通信号、公交站点等），城市交通和公共交通的运行状况，是评价交通工程设计和城市规划方案的有效工具，其主要特点如下。

（1）VISSIM 采用的车辆跟驰模型、换道模型和间隙接受模型可以描述不同的驾驶特性。关键参数的默认值由仿真系统给出，用户可以自行修改。

（2）VISSIM 交通模型向用户提供方便、友好的网络元素输入和编辑功能，以及用于定义输出结果的动态屏幕动画显示的设置，如图 11-7 所示。

图 11-7 VISSIM 仿真效果图

11.6.2　SYNCHRO/SimTraffic

SYNCHRO 交通信号协调及配时设计软件是美国 Trafficware 公司根据美国交通部标准 HCM 规范研发的，该标准中的参数是根据汽车性能、驾驶人的行为习惯、交通法规等设定的，计算得出的某些结果（如延误时间、服务水平、废气排放等），作为方案比较的相对参数，具有重要参考价值，信号配时也非常合理。

20 世纪 90 年代中期，美国 Trafficware 公司为了补充和完善 SYNCHRO 信号控制分析软件在微观交通分析方面功能的缺失，开发了微观仿真软件系统 SimTraffic。基于微观的分析工具 SimTraffic 与基于中观的分析工具 SYNCHRO 结合紧密，用户能够利用 SYNCHRO 的输出数据建立微观仿真模型，并对 SYNCHRO 中所建立的模型进行更为精确的评价。

SimTraffic 最初只用来演示 SYNCHRO 对信号配时优化的应用效果，其图形用户界面集成在 SYNCHRO 中。但随着其功能的扩展，后续版本中增加了很多对其他常用交通实体的仿真功能，如高速公路、匝道及环岛的仿真。在不断改进的过程中，尽管 SimTraffic 与 CORSIM 或 VISSIM 等专用仿真软件系统仍有一定的差距，但它也已成为一个功能较为齐全的仿真系统。

SimTraffic 仿真软件系统与 CORSIM 的结构非常类似。SimTraffic 也是建立在节点和路段的基础上，通过驾驶人-车辆模型来确定每辆机动车在模拟网络上的运行情况。在开发过程中，SimTraffic 部分使用了 CORSIM 中所应用的驾驶人行为模型和机动车动力参数。针对另外一部分模型，如反应时间模型和换道模型，SimTraffic 也采用了 CORSIM 中的算法，但对部分参数进行了一些细微的调整。

11.6.3　CORSIM

CORSIM 的开发研究始于 20 世纪 70 年代初期。尽管 50 多年来 CORSIM 得以不断改善和增强，但在最初版本中采用的基本理论模型一直被继承下来。原本针对城市道路开发的 NETSIM 模型和原本针对高速公路开发的 FRESIM 模型在 1994 年被合并在一起，使目前的 CORSIM 所具有的基本框架得以实现。CORSIM 具有以下特点。

（1）能模拟复杂几何条件。CORSIM 对路网的各组成部分编码灵活，能够仿真真实世界中各种复杂的路网几何形状，包括不同类型的城市道路平交（互通式）、立交、渠化道设置、高速公路多车道路段、不同类型出入口匝道等。

（2）能模拟不同交通现象。CORSIM 通过标定，能够在很大程度上模拟真实世界的各种交通现象，如变化的交通需求，拥挤或阻塞的交通现象，交通事故的产生，车队在交叉口处的排队、启动和消散。在模拟过饱和交通流现象时，CORSIM 比传统的经验分析方法具有优势。在交通需求接近道路通行能力时，如在实际应用中采用 HCM 2000 所述的传统分析方法就有严格的限制，而 CORSIM 则能够预测出拥挤现象的发展和消散过程。

（3）能模拟不同交通控制、管理和操作。CORSIM 能够模拟不同的交通控制设施，如城市平交路口的信号控制方案、固定配时和感应配时的相位变化。另外还能模拟匝道控制和 HOV 车道的运行，以及公交专用道等。

（4）能说明路网不同组成部分之间的相互作用。CORSIM 能够模拟由城市道路、高速公路主干道、匝道组成的完整的路网系统。许多传统的研究方法仅能够对路网的各组成部分孤立地进行交通分析，而 CORSIM 能够仿真一种集成风格的路网交通流，这使得 CORSIM 能模拟溢出等情况。例如，由于交通阻塞时的匝道与城市道路相互之间的排队溢出就能够利用 CORSIM 进行有效的模拟。

11.6.4 PARAMICS

PARAMICS 的开发始于 1986 年，旨在为道路交通模拟提供一种新方法。确定性宏观交通模型在评价预先未设定的解决方案的效果时有其局限性。PARAMICS 微观仿真通过模拟每个车辆和驾驶人行为及其相互作用，建立交通流和拥堵的整体模型。直到 20 世纪 80 年代末期，仿真运行所需要的硬件计算能力才开始呈现。PARAMICS 软件初期由 SIAS 公司内部进行研发，之后的研发过程包括了两个欧盟资助的研究项目。该软件于 1997 年首次投入商业使用。问世以来，PARAMICS 成为世界领先的道路交通微观仿真软件系统之一。

PARAMICS 的应用范围包括城市中心区和各种主次道路。其具体应用包括道路环岛和各种交叉口设计、公共汽车优先措施和专用道、高速公路设计、车辆尾气排放控制、收费站点设置、城市交通控制、大区域的交通管理、道路施工管理、停车场的选址和管理及事件管理等。其主要特点如下。

（1）与自适应信号控制系统的连接。PARAMICS 通过其高级控制接口技术能够连接西门子 SCOOT 自适应信号控制系统。这个独特的实时仿真功能能够对 SCOOT 系统进行实时的半实物仿真，从而得到适应各种交通变化的最佳信号操作方案。

（2）测试智能交通系统应用效果。PARAMICS 能够传送指令给模型中的车辆。这些指令包括速度限制、道路限制、隔离墩的运作，以及前方交通拥堵通告、天气等信息，从而测试 ITS 信息发布对司机驾驶行为的影响（如积极性、注意力等）。

（3）事故预警系统。PARAMICS 能够连接外部数据采集设备，将仿真的交通流量数据传送给可以预测车辆堵塞长度的控制器并将校正过的速度限制传回给仿真模型，从而帮助解决由车辆骤然增多而引起的拥堵问题。

（4）功能全面的数据分析系统。PARAMICS 中的数据分析工具（DAT）能够显示和分析 PARAMICS 的输出结果。作为一个独立的软件模块，DAT 使用了先进的图形生成技术，从而帮助交通研究人员更好地了解模型，排除了对第三方数据库和软件的依赖。

另外，还有其他的交通流仿真软件，如 INTEGRATION、AIMSUN、HUTSIM、TEXAS 等。

11.7 微观交通流仿真的应用实例——以首都国际机场为例

微观交通流仿真主要应用于对区域进行交通影响的评价，其主要步骤如图 11-8 所示。

下面，以北京首都国际机场 T3 航站楼一层部分开放方案为例，利用 VISSIM 进行停车楼改造方案车流组织的交通仿真和效果评估。

案例介绍：目前，由于北京首都国际机场 T3 航站楼社会车辆停车场（以下简称 GTC）距离航站楼较远，到港旅客携带行李从航站楼步行至 GTC 便捷性差、耗时长，整个接站过程较为烦琐。因此，导致了目前一些社会车辆选择在 T3 航站楼出港层停车接站，这样使得原本较为拥挤的T3航站楼出港层的交通压力更为突出。

为了缓解上述问题，北京首都国际机场提出在T3航站楼一层的外缘道设置路边临时上客区。通过在两侧车道施划“临时上客”标志，将两侧车道作为小型车辆临时上客接站的停车位（不施划具体停车位），同时中间车道用于小型车辆穿行。

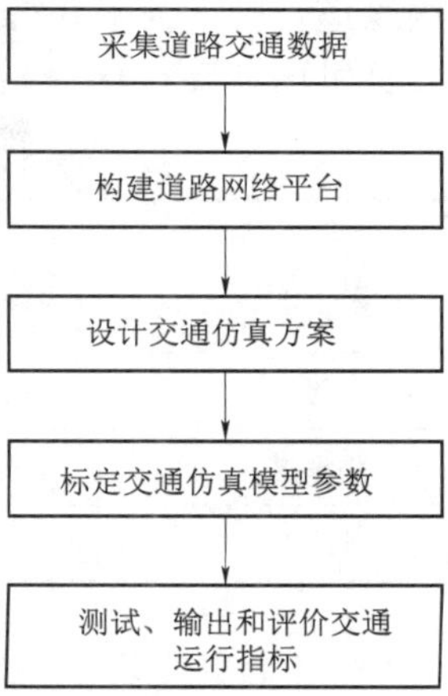

图11-8　微观交通流仿真流程图

11.7.1　数据采集

1. 静态交通数据采集

通过现场调研，明确了T3航站楼一层部分开放方案的具体组织方法和临时停车上客区的起讫位置（见图11-9），还采集了构建仿真路网所需的基本交通参数（见表11-1）。

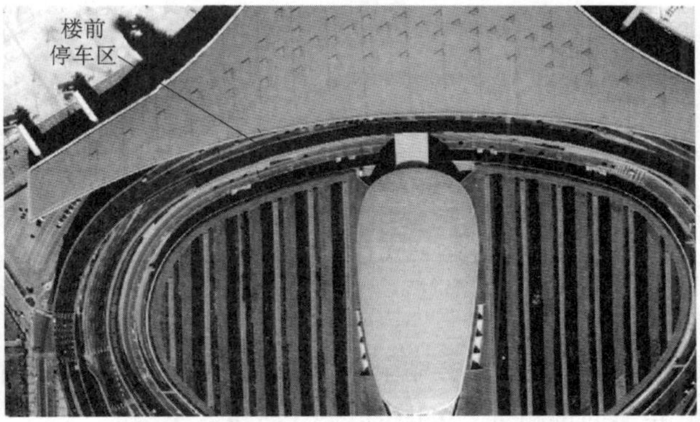

图11-9　T3一层开放区域示意图

表11-1　T3航站楼一层现场调研采集的数据

调查内容	调查结果
T3航站楼一层上客区长度	450 m
T3航站楼一层上客区设置停车位长度	6 m
T3航站楼一层上客区车道宽度	3.4 m
T3航站楼一层上客区供乘客穿行的人行横道数	7条
T3航站楼一层上客区人行横道宽度	2.5 m
T3航站楼一层上客区车辆行驶速度限制	30 km/h
GTC与航站楼出发层衔接建筑物宽度	33 m

2. 动态交通数据采集

1）车流量数据

目前，T3航站楼出发层车辆构成包括社会车辆、出租车和机场巴士。其中内缘道只供机场巴士行驶，中缘道和外缘道均为社会车辆和出租车混行。但也有部分社会车辆和出租车混入内缘道行驶。为了获得机场T3航站楼出发层高峰时段的车流量数据，对2014年3月12日典型日机场高峰6:00—7:00的车流量数据进行采集，具体数据见表11-2。

表11-2　T3航站楼出发层高峰时段现场调研车流量

路段进口	流量/（veh/h）		
	社会车辆	出租车	机场巴士
内缘道	583	88	73
中缘道	477	608	—
外缘道	217	718	—

2）车辆速度数据

VISSIM仿真平台中需要设置车辆行驶期望速度的分布曲线，车辆在没有限速点和期望速度决策的路段上行驶时，会按照这个期望速度分布曲线行驶。因此，精确地输入车辆期望速度分布对于仿真结果具有较大的影响。所以，针对T3航站楼出发层中缘道社会车辆的行驶速度数据进行采集（见表11-3）。

表11-3　T3航站楼出发层中缘道社会车辆各速度区间占比

速度区间/(km/h)	30～34	34～38	38～42	42～46	46～50
区间概率/%	8	33	29	23	7

3）车辆停靠时间数据

通过对T3航站楼出发层152辆社会车辆的抽样调查，得到社会车辆在T3航站楼出发层送站过程中停车行为的停车时间分布，如图11-10所示。

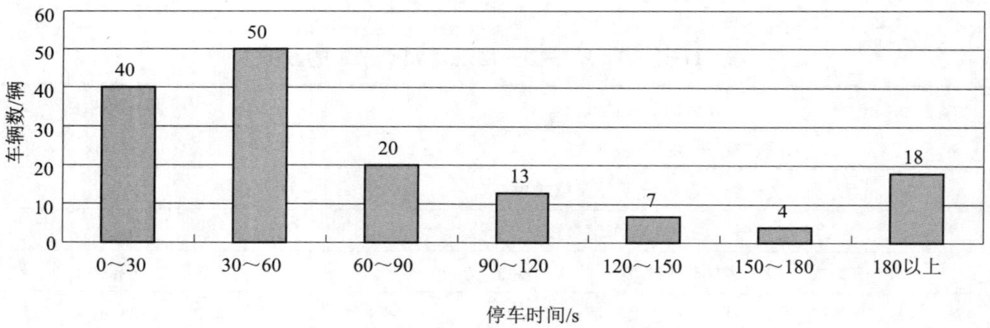

图11-10　T3航站楼出发层社会车辆停车时间分布图

4）行人流量数据

为了获得T3航站楼出发层行人的交通流量数据，对机场T3航站楼出发层高峰6:00—7:00的行人流量进行统计。由人工调查方法分别计量外缘道分隔带与中缘道分隔带和人行横道交叉点处的单位时间内产生的行人流量（人行横道从左至右编号依次为1～5，见图11-11）见表11-4。

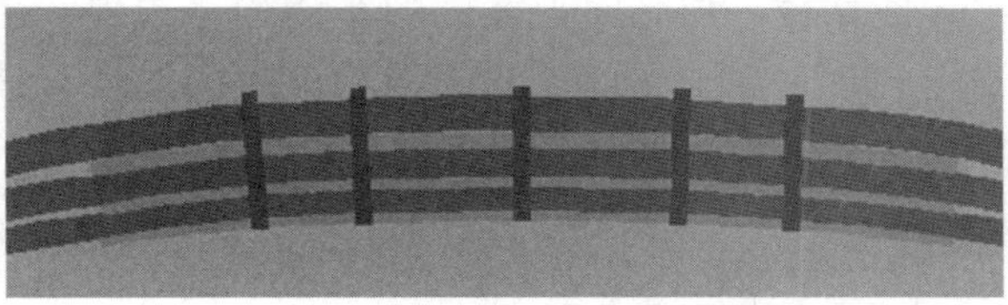

图 11-11 T3 出发层人行横道位置示意图

表 11-4 T3 航站楼出发层各人行横道流量

人行横道	流量/(人/h)	
	外缘道分隔带	中缘道分隔带
人行横道 1	336	190
人行横道 2	371	192
人行横道 3	352	206
人行横道 4	364	211
人行横道 5	349	184

5）行人速度数据

T3 航站楼出发层人行横道上行人速度的测量是在一条没有障碍的人行道上进行的。因为此时行人流较为通畅，速度受外界因素影响较小。在所选择的长度为 13 m 的人行横道附近用秒表监测行人的通过时间，数据见表 11-5。通过行人的行程距离除以行程时间，获取了行人的速度数据。

表 11-5 T3 航站楼出发层行人行程时间及所占比重

行人行程时间/s	9 及以下	10	11	12	13	14	15 及以上
所占比重/%	9.8	13.7	15.7	19.6	17.6	15.7	7.9

11.7.2 平台搭建

1）路网绘制

根据现场调研采集的数据，结合通过百度地图获得的北京首都国际机场 T3 航站楼的底图，绘制 T3 航站楼一层上客区的路网。具体如图 11-12 所示。

2）路边停车的实现

由于 T3 航站楼一层上客区采取“路边停车，即停即走”的模式，因此需要利用仿真软件模拟车辆在 T3 航站楼一层的短暂路边停车行为。根据 VISSIM 中的停车场模块，通过在 T3 航站楼一层外缘道两侧车道设置实际停车位并设置相应的路径决策来实现车辆的路边停车行为。

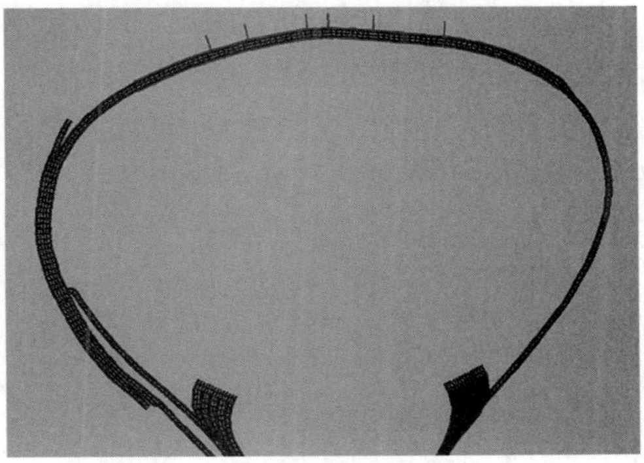

图 11-12 路网俯视图

为了保证所有驶入 T3 航站楼一层临时上客区的车辆均靠边停车接站，将路径决策中的停车场停车率设置为 100。同时，通过设置各个停车场的吸引值来模拟接站车辆在 T3 航站楼一层不同停车位置停车概率的差异，如图 11-13 所示。

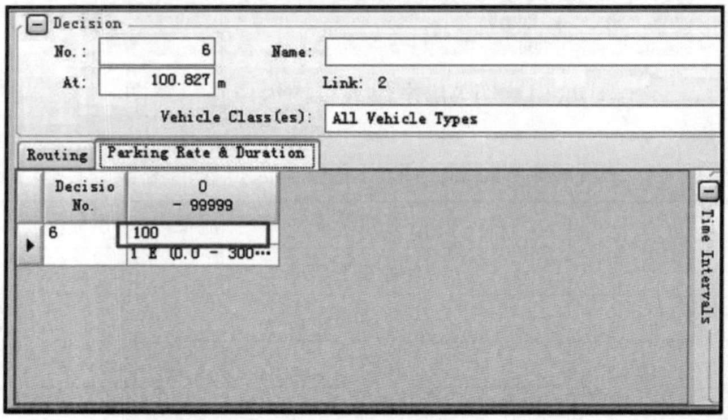

图 11-13　路径决策停车率设置

3）人车交织情景的仿真

按照 T3 航站楼一层部分开放的预定方案，北京首都国际机场 T3 航站楼一层将有 6 条贯穿至外缘道的人行横道，在车辆驶过上客区时将频繁地与行人产生交织。而 VISSIM 在默认情况下，行人与车辆相互独立运动，未考虑其相互影响（如行人与车辆的博弈行为），因此经常出现相互碰撞的现象，这显然与实际情况不符。为了解决这一问题，在车辆与行人发生冲突的区域设置优先规则。

11.7.3　仿真方案设计

本例首先通过实地调研获取车道尺寸、数量等静态数据及车速、流量、停靠时间、行人速度等动态数据，根据所得的数据在 VISSIM 中绘制路网、设置检测点，从而构建出模拟仿真平台。而后，根据实测数据对所构建的模型进行参数标定。进而运行仿真程序，得出仿真评价结果。最后，分析结果，总结，进行决策。

11.7.4　模型参数标定

在仿真路网搭建完毕后，需要根据仿真场景的实际情况录入相应的交通参数。

1）停车时间分布

由于 T3 航站楼出发层社会车辆路边短暂停车的送站过程与 T3 航站楼一层部分开放后社会车辆短暂路边停车的接站过程恰好相反，且 T3 航站楼出发层中缘道的车道数与 T3 航站楼一层部分开放后的车道数相同，二者的停车时间分布具有较高的相似度。因此，对于 T3 航站楼一层部分开放后，小型车辆接站的停车时间分布是根据 T3 航站楼出发层的社会车辆停车时间录入的。

本例根据《北京首都国际机场交通季度报告》中关于社会车辆停车时间的收集和整理，统计出了 T3 航站楼出发层社会车辆的停车时间区间及概率分布图，并将该概率分布图作为本次仿真中 T3 航站楼一层接站车辆停车时间分布的基础，在统计和整理后输入仿真平台。

其中，社会车辆停车时间超过 180 s 后区间的确定，本书根据 T3 航站楼一层部分开放方案的要求，确定为 180～300 s。与此同时，对于仿真平台中各个停车位最大停车时间的确定，也是按照 300 s 输入，即 T3 航站楼一层接站车辆的最大允许停车时间为 5 min，超过 5 min 后会被强制驶离或按违章处理。图 11-14 是本次仿真平台中车辆停车时间的经验分布图。

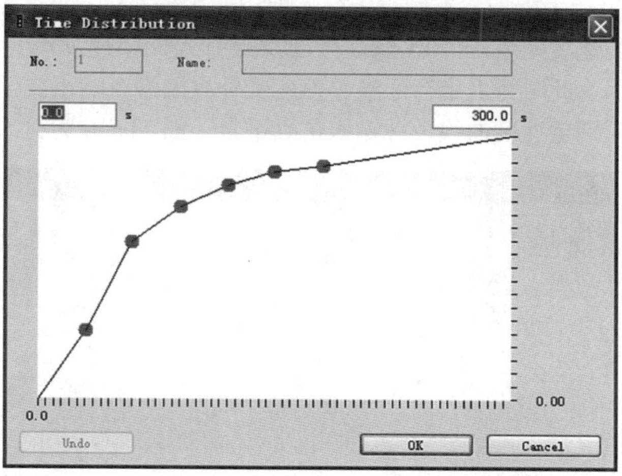

图 11-14　车辆停车时间经验分布图

2）车辆期望速度分布

VISSIM 仿真平台中需要设置车辆行驶期望速度的分布曲线，当车辆在没有限速点和期望速度决策的路段上行驶时，会按照这个期望速度分布曲线行驶，如图 11-15 所示。因此，精确地输入车辆期望速度分布对于仿真结果具有较大的影响。

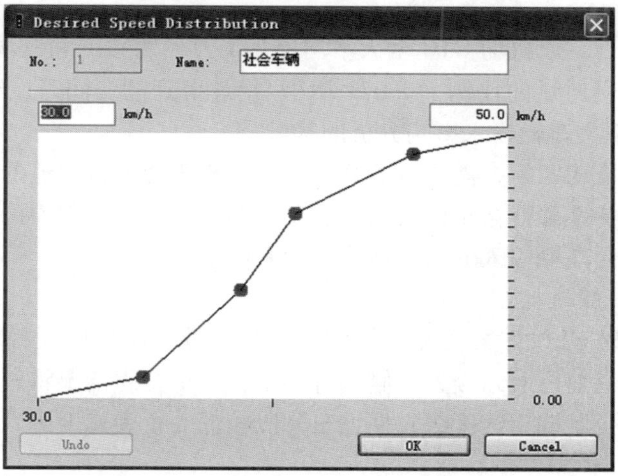

图 11-15　社会车辆期望速度分布曲线

由于在车流状况良好的情况下，T3 航站楼出发层中缘道社会车辆的行驶速度与 T3 航站楼一层部分开放后社会车辆从 GTC 入口处附近驶入临时上客区的速度较为近似，所以本次仿真对于期望速度分布的获取，是通过统计出 T3 航站楼出发层中缘道社会车辆在 21:00—22:00 车流状况不拥堵情况下的行驶时间，再利用指定距离除以各取样的行驶时间而得到各样本的速度值。然后将采集到的速度样本输入仿真平台，作为本次仿真的期望速度分布。

3）行人期望速度分布

T3 航站楼一层部分开放后，乘客在人行道上期望速度的分布会影响人车交织的具体状况，进而会对仿真结果产生影响。本例对于行人期望速度分布的录入，也是参照 T3 航站楼出发层乘客在人行横道的速度完成的。T3 航站楼出发层行人期望速度测量是在一条没有障碍的人行横道上进行的，因为此时行人走行通畅，速度受外界因素影响小。记录行走距离和行人的行程时间，获取了行人期望速度曲线，并输入仿真平台。图 11-16 为行人期望速度分布曲线。

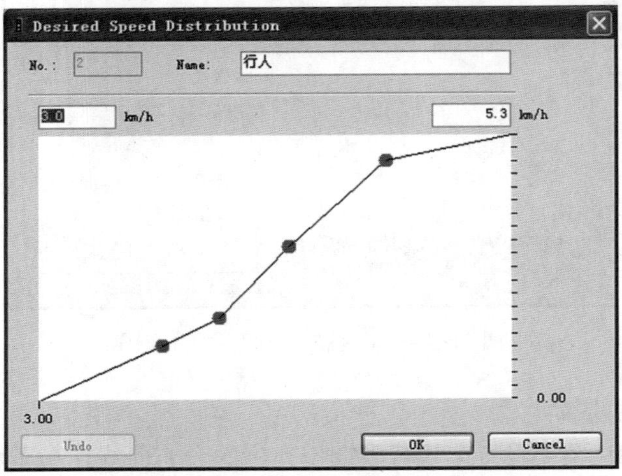

图 11-16 行人期望速度分布曲线

4）车辆输入

对于车辆的输入，是以机场 GTC 全天平均停车 1 万辆的数据和机场 T3 航站楼出发层高峰小时交通量与全天交通量的比例（0.073 787）相乘得到的。同时，将该平均高峰小时交通量 738 veh/h 作为下文车辆输入影响分析的基础。

为了与车辆输入值相匹配，需要对仿真平台输入相应的人行横道的行人流量。本例根据机场出发层交通运行特性和社会车辆人均载客值，认为机场社会车辆人均载客量为 1.5 人。因此，对仿真平台按照车辆输入的 1.5 倍输入行人流量。

5）上客区车辆行驶速度

T3 航站楼一层部分开放方案实施后，该层的交通量会比目前大幅增加。此外，由于部分乘客要经过人行横道前往航站楼另一侧等待接站，人车交织情况将较为严重。因此，需要在仿真平台上客区前设置期望速度线，保证车辆以较低的行驶速度进入临时上客区并保持低速停靠接站和驶离。

对于期望速度大小的确定，鉴于目前 T3 航站楼一层上客区的限速值（30 km/h），并考虑到 T3 航站楼一层部分开放后交通压力的急剧增加，本例在充分确保临时上客区乘客和车辆安全的前提下，将仿真平台中 T3 航站楼一层上客区的期望行驶速度设置为 15 km/h。图 11-17 为仿真平台期望速度线位置示意图。

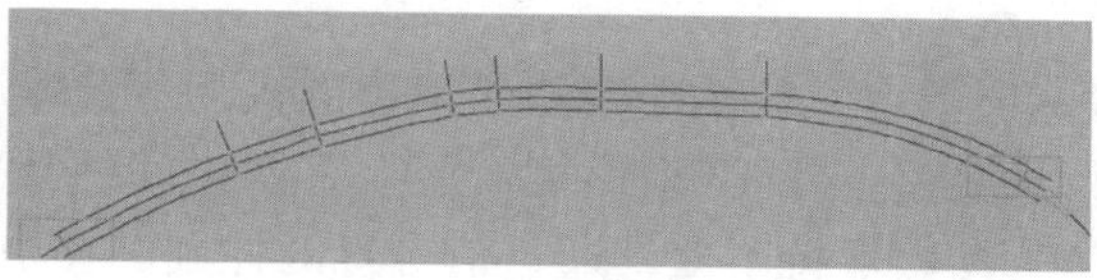

图 11-17 仿真平台期望速度线位置示意图

11.7.5 分析和评价

本例对仿真平台的结果分析，主要结合小时通行能力、行程时间、平均延误和占用率4个指标来展开。小时通行能力指的是在T3航站楼一层临时上客区入口处车辆输入一定的情况下，一小时内所能接站并驶离上客区的车辆数；行程时间指的是接站车辆在T3航站楼一层临时上客区的行程时间；平均延误指的是相比于正常行驶时间，接站车辆在T3航站楼一层临时上客区所产生的延误；占用率指的是T3航站楼一层临时上客区位于两侧车道的停车位被占用时间与仿真时间比。

1）车辆放行数量影响分析

在预定方案的情况下，为了分析T3航站楼一层部分开放后入口处所能允许的饱和车辆输入值，以738 veh/h的平均高峰小时流量为基础，在T3航站楼一层临时上客区入口处分别选择538、638、738、838、938、1 038、1 138和1 238作为小时交通量进行车辆输入，进而分析不同车辆输入对于T3航站楼一层上客区整体接站能力的影响。

为了与不同的车辆输入值相匹配和较好地模拟不同车辆输入下的现实情况，在各个场景更改车辆输入值的同时也相应调整各个人行横道的流量输入。

除此之外，由于T3航站楼一层上客区中间两个人行横道距离航站楼出口较近，乘客会首先选择中间两个人行横道附近等待接站。因此，为了体现T3航站楼一层中间部分停车位对于乘客的较高吸引度，给位于T3航站楼一层中部的停车位以较高的吸引值来模拟现实情况，仿真结果见表11-6。

表 11-6 T3航站楼一层上客区入口处不同车辆输入值仿真结果

分析指标	入口处车辆输入值/（veh/h）							
	538	638	738	838	938	1 038	1 138	1 238
通行能力/（veh/h）	494	601	699	779	851	887	911	868
占用率/%	16.4	25.4	33.9	39.5	41.1	46.3	48.9	48.1
行程时间/s	191.0	197.0	217.0	256.2	289.9	352.1	350.3	390.8
平均延误/s	15.7	20.1	38.0	78.0	111.6	174.1	172.3	214.2

由表11-6可以看出，随着T3航站楼一层上客区入口处车辆输入值的变化，通行能力和占用率均在1 138 veh/h处出现最大值。因此可知，在预定方案的情况下，当T3航站楼一层上客区入口处每小时放入1 138辆车时，T3航站楼一层上客区的接站能力达到饱和的911 veh/h，道路两侧的停车位也达到最大的利用率48.9%。根据上述分析，T3航站楼一层上客区部分开放方案实施后，为了保证上客区交通运行通畅，建议入口处每小时放行车辆控制在1 100辆以内。

2）设置信号灯影响分析

为了提高 T3 航站楼一层上客区航站楼两侧停车位的占用率，本例设置以下场景进行仿真模拟并对仿真结果进行了分析：在 T3 航站楼一层上客区中间两条人行横道处和车辆通行车道设置信号灯，其他仿真参数保持不变；通过信号灯的控制，在中间两条人行横道禁止乘客穿行时，使得一部分乘客选择向航站楼两侧的停车位等待接站；为了和预定方案有较好的可比性，在 T3 航站楼一层上客区入口处选择以 1 138 veh/h 作为车辆输入值。

为了模拟上述仿真场景，还需要对仿真平台做相应的修改：

① 在 T3 航站楼一层上客区中间两条人行横道处和车辆通行车道设置信号灯；

② 相应提高航站楼两侧停车场的吸引值；

③ 调整中间两条人行横道乘客流量的路径决策，提高靠近航站楼一侧的向外侧的路径流量值。

表 11-7 为 T3 航站楼一层上客区加入信号灯前后仿真结果对比。

表 11-7　T3 航站楼一层上客区加入信号灯前后仿真结果对比

仿真场景	分析指标			
	通行能力/（veh/h）	占用率/%	行程时间/s	平均延误/s
原预定方案	911	48.9	350.3	172.3
加入信号灯	930	49.2	348.6	169.1

由表 11-7 可以看出，T3 航站楼一层上客区中间两条人行横道设置信号灯后，通行能力和占用率均有小幅提高，而行程时间和平均延误则均有所降低。

从仿真结果来看，T3 航站楼一层上客区中间两条人行横道设置信号灯后，其整体接站能力提高并不明显。但是，考虑到 T3 航站楼一层部分开放方案实施后，相当比例的乘客会选择在 T3 航站楼一层等待接站，T3 航站楼一层到港旅客量的急剧增加会使得 T3 航站楼一层的交通压力急剧增大、交通组织更为复杂。因此，在 T3 航站楼一层部分开放预定方案的前提下，建议在中间两条人行横道处设置行人信号灯（可参照目前 T3 航站楼出发层最中间人行横道处设置的手控信号灯）。通过在 T3 航站楼一层上客区穿行流量较大的中间两条人行横道设置信号灯，可以缓解 T3 航站楼一层上客区的人车交织情况并提高乘客的人身安全。

11.8　仿真是正确的工具吗

仿真作为一项非常强大的技术，已被广泛用于交通分析。然而，仿真的使用需要大量的时间和资源，可能并不适用于所有的研究。一般来说，当交通系统发生拥堵、排队长度过长或出现溢流时，这时仿真对于交通系统的评价是有价值的。仿真可以考虑驾驶人、车辆的不同类型对交通运行的影响。对于解析方法不能解决的问题，仿真是分析交通状态的有效方法。仿真可用来帮助我们理解和评价新的或不寻常的设计、新的交通控制算法、交通系统中的特定要素之间的相互作用及该领域实施之前的措施。

然而，如果有可用的解析方法（如 HCM 方法）来分析问题，那么仿真的使用不一定是必要的，因为仿真很可能费时且不经济。尤其是仿真模型的标定过程，为了确保模型符合实际情况，这个过程很可能较费时。HCM 2010 对各种交通状态提供了使用仿真或其他必要的替代工具的指导性建议。

复习思考题

1. 交通流仿真模型的推进机制分为哪两类？其推进原理是什么，在交通流仿真中分别适用于哪些推进过程或场景？可结合跟驰模型、换道模型、信号控制等要素展开分析。

2. 结合交通流理论课程的所学内容，请论述在交通流仿真模型开发（不是模型应用）中，交通流理论及相关模型的作用。

3. 以 VISSIM 或 PARAMICS 评估干道信号协调控制方案为例，请论述交通流仿真模型应用的主要工作流程。

4. 交通流仿真中的常见参数“期望速度分布”的含义是什么？该参数如何获取？

5. 按照刻画交通流的细致程度，交通流仿真模型可分为哪几类？这几类模型有何区别？适用性是什么？其代表性的应用软件有哪些？

6. 随机性是真实世界交通流的重要特性，请论述随机性在交通流仿真中的具体体现和实现方式。

7. 请思考：在分析实际交通问题中，应用交通流仿真工具的必要性和适用条件有哪些？

英文缩写的中英文解释

AADT：annual average daily traffic，年平均日交通量

ABS：antilock brake system，制动防抱死系统

ACCS：autonomous cruise control system，自主巡航控制系统

ADT：average daily traffic volume，平均日交通量

A-GPS：assisted global positioning system，辅助卫星定位法

AICCS：autonomous intelligent cruise control system，自主智能巡航控制系统

AWSC：all-way stop control，全向停车控制

BTI：buffer time index，预留时间指数

CI：congestion index，拥堵指数

CSI：congestion severity index，拥堵严重性指数

CV：coefficient of variation，变异系数

DC：degree of congestion，拥堵度

DT：daily traffic，日交通量

EPA：Environmental Protection Agency，美国环保署

FCFS：first come first served，先到先服务

FHWA：Federal Highway Administration，美国联邦公路管理局

FVDM：full velocity difference model，全速度差模型

GFM：generalized force model，广义力模型

GIS：geographic information system，地理信息系统

GM：general motors，通用汽车

GPS：global positioning system，全球定位系统

HCM：*Highway Capacity Manual*，《道路通行能力手册》

HITL：hardware in the loop，半实物仿真

HOT：high occupancy toll（lane），高承载率收费车道

HOV：high occupancy vehicle（lane），高承载率车道

HPMS：highway performance monitoring system，公路运行监控系统

HV：hourly volume，小时交通量

ITS：intelligent transport system，智能交通系统

LBS：location based service，定位服务模式

LOS：level of service，服务水平

MADT：monthly average daily traffic，月平均日交通量

MFD：macroscopic fundamental diagram，交通流宏观基本图

MLE：maximum likelihood estimate，极大似然估计

MT：movement time，运动时间

MUTCD：*Manual on Uniform Traffic Control Devices*，（美国）《交通控制设施手册》

NHTSA：National Highway Traffic Safety Administration，（美国）国家公路交通安全管理局

OVM：optimal velocity model，优化速度模型

PEMS：portable emission measurement system，车载排放检测系统

PHF：peak hour factor，高峰小时系数

PRT：perception-response time，感知-反应时间

RCI：road congestion index，道路拥堵指数

RNG：random number generator，随机数生成器

RTMS：remote traffic microwave sensor，远程微波交通检测器（传感器）

SMS：space mean speed，空间平均车速

SSD：stopping sight distance，停车视距

TDOA：time difference of arrival，到达时间差

TMS：time mean speed，时间平均车速

TPI：traffic performance index，交通运行指数

TRB：Transportation Research Board，（美国）运输研究委员会

TT：travel time，行程时间

TTI：travel time index，行程时间指数

TWSC：two-way stop control，双向停车控制

V/C：volume/capacity，交通量/通行能力

VHT：vehicle hours of travel，车辆行驶小时数

VKT：vehicle kilometers of travel，行驶里程（车千米数）

VMS：variable message sign，可变情报板

VMT：vehicle miles of travel，行驶里程（车英里数）

VSL：variable speed limits，可变限速

VSP：vehicle specific power，机动车比功率

WADT：weekly average daily traffic，周平均日交通量

参考文献

[1] 邵春福，魏丽英，贾斌. 交通流理论［M］. 北京：电子工业出版社，2012.

[2] 张生瑞. 交通流理论与方法［M］. 北京：中国铁道出版社，2010.

[3] ELEFTERIADOU L. An introduction to traffic flow theory［M］. New York：Springer，2014.

[4] TRB. Traffic flow theory［M］. Washington：Transportation research board，2000.

[5] MAY A D. Traffic flow fundamentals［M］. New Jersey：Prentice hall，1990.

[6] 鸠洛夫，休伯. 交通流理论［M］. 蒋璜，任福田，肖秋生，等译. 北京：人民交通出版社，1983.

[7] WIKIPEDIA. Fundamental diagram of traffic flow［EB/OL］（2015-09-28）［2015-10-10］. https://en.wikipedia.org/wiki/Fundamental_diagram_of_traffic_flow.

[8] 姚祖康，顾保南. 交通运输工程导论［M］. 北京：人民交通出版社，2003.

[9] 赵娜乐. 基于物理属性的城市快速路交通流特征参数模型［D］. 北京：北京交通大学，2010.

[10] LIGHTHILL M J，WHITHAM G B. On kinematic waves II. A theory of traffic flow on long crowded roads［J］. Proceedings of the royal society A：Mathematical and physical science，1955，229（1178）：317-345.

[11] RICHARDS P I. Shock waves on the highway［J］. Operations research，1956，4（2）：42-51.

[12] STEPHANOPOULOS G，MICHALOPOULOS P G，STEPHANOPOULOS G. Modeling and analysis of traffic queue dynamics at signalized intersections［J］. Transportation research part A，1979，13（5）：295-307.

[13] WHITHAM G B. Linear and nonlinear waves［M］. New York：Wiley&sons，1974.

[14] BURGERS J M. The nonlinear diffusion equation：asymptotic solutions and statistical problems［M］. Dordrecht：Springer，1974.

[15] PAYNE H J. Models of freeway traffic and control［J］. Mathematical methods of public systems，1971，1（1）：51-61.

[16] NEWELL G F. Nonlinear effects in the dynamics of car following［J］. Operations research，1961，9（2）：209-229.

[17] PAYNE H J. FREFLO：a macroscopic simulation model of freeway traffic［J］. Transportation research record，1979（722）：68-77.

[18] ROSS P. Traffic dynamics［J］. Transportation research B，1998，22（6）：421-435.

[19] MICHALOPOULOS P G，YI P，LYRINTZIS A S. Continuum modeling of traffic dynamics for congested freeways［J］. Transportation research B，1993，27（4）：315-332.

[20] ZHANG H M. A theory of nonequilibrium traffic flow [J]. Transportation research B, 1998, 32 (7): 485-498.

[21] KUHNE R D. Macroscopic freeway model for dense traffic-stop-start wave and incident detection [C] // Proceeding of the Ninth International Symposium on Transportation and Traffic Theory. Utrecht: VNU science press, 1984: 21-42.

[22] KERNER B S, KONHAUSER P. Cluster effect in initially homogeneous traffic flow [J]. Physical review E, 1993, 48 (4): 82335-82338.

[23] LEE H Y, LEE H M, KIM D. Origin of synchronized traffic flow on highways and its dynamic phase transition [J]. Physical review letters, 1998, 81 (5): 1130-1133.

[24] 王殿海，汪志涛. 车队离散模型研究 [J]. 交通运输工程学报，2001，5 (1)：68-71.

[25] PACEY G M. The progress of a bunch of vehicles released from a traffic signal [R]. London: Road research laboratory, 1956.

[26] GRACE M J, POTTS R. B. A theory of the diffusion of traffic platoons [J]. Operation research, 1964, 12 (2): 255-275.

[27] EDIE L C. Discussion of traffic stream measurements and definitions [C] // Proceedings of the 2nd international symposium on the theory of traffic flow. Paris: OECD, 1963: 139-154.

[28] GONZALES E J, CHAVIS C, LI Y, et al. Multimodal transport in Nairobi, Kenya: insights and recommendations with a macroscopic evidence-based model [C] // 90th Transportation Research Board Annual Meeting CD-ROM. Washington D. C.: Transportation research board, 2011.

[29] 郑淑鉴，杨敬锋. 国内外交通拥堵评价指标计算方法研究 [J]. 公路与汽运，2014 (1)：57-61.

[30] BOARNET M G, KIM E J, PARKANY E. Measuring traffic congestion [J]. Transportation Research Record, 1998 (1512): 93-99.

[31] SCHRANK D, EISELE B, LOMAX T. TTI's 2012 urban mobility report [R] College station, Texas: Texas transportation institute, 2012: 1-64.

[32] SCHRANK D, TURNER S, LOMAX T. Estimates of urban roadway congestion: 1990 [R]. College station, Texas: Texas transportation institute, 1993: 1-69.

[33] VAZIRI M. Development of highway congestion index with fuzzy set models [J]. Transportation research record, 2002 (1802): 16-22.

[34] SPASOVIC L, ROWINSKI J. Alternative performance measures for evaluating congestion [R]. Washington: Department of Transportation Research and Special Programs Administration, 2004: 1-149.

[35] HOUSTON TRANSTAR. Houston transtar traffic map [EB/OL]. https://traffic.houston-transtar.org/layers/.

[36] TURNER S, MARGIOTTA R, LOMAX T. Monitoring urban freeways in 2003: current conditions and trends from archived operations data [R]. College station, Texas: Texas transportation institute, 2004: 1-46.

[37] AFTABUZZAMAN M. Measuring traffic congestion: a critical review [C] // Proceedings the 30th Australasian Transport Research Forum. Melbourne: Australasian Centre for the Governance and Management of Urban Transport (GAMUT), 2007: 1-16.

[38] HABIB K M N. Evaluation of planning options to alleviate traffic congestion and resulting air pollution in Dhaka city [D]. Dhaka: Bangladesh university of engineering and technology, 2002.

[39] LINDLEY J A. Urban freeway congestion: quantification of the problem and effectiveness of potential solutions [J]. ITF journal, 1987, 57 (1): 27-32.

[40] TOMTOM. TomTom traffic index stay ahead of the economic curve [EB/OL] (2015-02-10) [2023-05-22]. http://www.tomtom.com/en_gb/trafficindex/#/about.

[41] 北京交通发展研究中心. 城市道路交通运行评价指标体系: DB11/T 785-2011 [S]. 北京: 北京市质量技术监督局, 2011.

[42] 广州市交通运输研究所. 城市道路交通运行评价指标体系: DBJ440100/T 164-2013 [S]. 广州: 广州市质量技术监督局, 2013.

[43] 陈蔚, 段仲渊, 周子益, 等. 基于出行时间的道路交通运行指数算法与应用研究 [C] // 公交优先与缓堵对策: 中国城市交通规划 2012 年年会暨第 26 次学术研讨会论文集. 福州: 中国城市规划学会城市交通规划学术委员会, 2012: 1722-1730.

[44] 高德软件有限公司高德交通团队. 2015 Q1 中国主要城市交通分析报告 [R]. 北京: 高德软件有限公司高德交通, 2015.

[45] 世纪高通. 2014 年四维交通指数年度分析报告（通用版）[R]. 北京: 北京四维图新科技股份有限公司, 2014.

[46] 郭敬. 基于浮动车数据的北京市道路交通运行状态评价指标与方法 [D]. 北京: 北京交通大学, 2006.

[47] 朱琳. 城市快速路交通态势评估理论与方法研究 [D]. 北京: 北京交通大学, 2013.

[48] KOONCE P, RODEGERDTS L, LEE K, et al. Traffic signal timing manual [R]. Washington: Fedral highway administration, 2008.

[49] TRANSPORTATION RESEARCH BOARD, NATIONAL ACADEMIES OF SCIENCE, ENGINEERING AND MEDICINE. Highway capacity manual: A guide for multimodal mobility analysis [M]. 7th ed. Washington: The national academies press, 2010.

[50] KLEIN L A, MILLS M K, GIBSON D R P. Traffic detector handbook [R]. Washington: Federal highway administration, 2006.

[51] ROESS R P, PRASSAS E S, MCSHANE W R. Traffic engineering [M]. 4th ed. New Jersey: Prentice hall, 2010.

[52] AKCELIK R. Time-dependent expressions for delay, stop rate and queue length at traffic signals [C] // Internal Report AIR 367-1. Melbourne: Australian Road Research Board, 1980.

[53] AKCELIK R. Traffic signals: capacity and timing analysis [C] // Research report ARR No. 123. Melbourne: Australian Road Research Board, 1981.

[54] TEXAS A & M TRANSPORTATION INSTITUE. Congestion management process assessment

tools [EB/OL]. https://compat.tti.tamu.edu/? region_id=19&year=2019.

[55] 苏跃江. 城市道路交通运行指数的对比和思考 [EB/OL] (2022-08-30). https://blog.csdn.net/weixin_55366265/article/details/122195304.

[56] TRANSPORTATION INSTITUTE OF UNIVERSITY OF FLORIDA. TRANSYT 7F [EB/OL] (2011-05-20) [2023-05-22]. http://mctrans.ce.ufl.edu/featured/TRANSYT-7F/.

[57] GARTNER N H. OPAC: a demand - responsive strategy for traffic signal control [J]. Transportation research record, 1983 (906): 75-84.

[58] MIRCHANDANI P, HEAD L. A real - time traffic signal control system: architecture, algorithms, and analysis [J]. Transportation Research Part C, 2001 (9): 415-432.

[59] UNITED STATES DEPARTMENT OF TRANSPORTATION. Bureau of transportation statistics [DB/OL] (2015-05-10) [2023-04-22]. http://www.transtats.bts.gov/HomeDrillChart.asp.

[60] KYTE M, TIAN Z, MIR Z, et al. Capacity and level of service at unsignalized intersections: final report volume 1 - two - way - stop - controlled intersections [M]. Washington: The national academies press, 1996.

[61] RODEGERDTS L, BLOGG M, WEMPLE E, et al. Roundabouts in the United States [M]. Washington: Transportation research board, 2007.

[62] 陈宽民，严宝杰. 道路通行能力分析 [M]. 北京：人民交通出版社，2003.

[63] CALVERT S C, KESSEIS W, HOOGENOOORN S P. Capacity drop through reaction times in heterogeneous traffic [J]. Journal of traffic and transportation engineering, 2018, 5 (2): 96-104

[64] FHWA US DEPARTMENT OF TRANSPORTATION. CORSIM user's guide [M]. Mclean: Office of operations research, development and technology , Mclean, VA, 2006.

[65] PORTRAIT SOFTWARE INTERNATIONAL LTD. Paramics overview [EB/OL][2015-05-12]. http://www.paramics-online.com/paramics-features.php.

[66] 袁振洲. 道路交通管理与控制 [M]. 北京：中国铁道出版社，2007.

[67] RODEGERDTS L, BLOGG M, WEMPLE E, et al. NCHRP Report 572: roundabouts in the United States [R]. Washington, D. C.: Transportation report board, 2007.

[68] COURAGE K. Implementation and evaluation of a moving merge control system in Tampa [J]. Drivers, 1978 (1).

[69] ELEFTERIADOU L, ROESS R P, MCSHANE W R. Probabilistic nature of breakdown at freeway merge junctions [J]. Transportation research record, 1995 (1484): 80-89.

[70] BRILON W, ELEFTERIADOU L, KONDYLI A, etc. Proactive ramp metering based on breakdown probabilities [C] // 6th international symposium for highway capacity. Stockholm: Elsevier Ltd., 2011.

[71] COIFMAN B, MISHALANI R , WANG C, etc. Impact of lane - change maneuvers on congested freeway segment delays: pilot study [J]. Transportation research record, 2006 (1965): 152-159.

[72] FHWA. Freeway management and operations handbook [R]. Washington D. C.: Federal

Highway Administration (FHWA), 2003.

[73] ELEFTERIADOU L, WASHBURN S, YIN Y, etc. Variable speed limits: best management practice [J]. Bottlenecks, 2012.

[74] 刘竹，耿涌，薛冰，等. 城市能源消费碳排放核算方法 [J]. 资源科学，2011，33 (7): 1325-1330.

[75] 朱琳. 城市快速路交通态势评估理论与方法研究 [D]. 北京交通大学，2013.

[76] AKCELIK R. Time-dependent expressions for delay, stop rate and queue lengths at traffic signals [J]. Highway traffic control, 1980.

[77] Fundamental diagrams [EB/OL]. https://ocw.tudelft.nl/wp-content/uploads/Chapter-4.-Fundamental-diagrams.pdf.

[78] CHARLIER D, RISCHA A. Evaluation of the impact of environmental public policy measures on energy consumption and greenhouse gas emissions in the French residential sector [J]. Energy policy, 2012, 46 (C): 170-184.

[79] ELEFTERIADOU L, LIST G, LEONARD J, et al. Beyond the highway capacity manual framework for selecting simulation models in traffic operational analyses [J]. Transportation research record, 1999, 1678 (1): 96-106.

[80] SUN D J. A lane-changing model for urban arterial streets [D]. Florida: University of Florida, 2009.

[81] SUN D, ELEFTERIADOU L. Research and implementation of lane changing model based on driver behavior [J]. Transportation research record, 2010 (2161): 1-10.

[82] KONDYLI A, ELEFTERIADOU L. Modeling driver behavior at freeway-ramp merges [J]. Transportation research record, 2011 (2249): 29-37.

[83] DOWLING R, SKABARDONIS A, ALEXIADIS V. Traffic analysis toolbox volume III: guidelines for applying traffic microsimulation modeling software [R]. Washington, D. C.: Federal highway administration, 2004.

[84] RAKHA H, SNARE M, DION F. Vehicle dynamics model for estimating maximum light-duty vehicle acceleration levels [J]. Transportation research record: Journal of the transportation research board, 2004, 1883 (1): 40-49.

[85] WANG H, WANG W, CHEN J, et al. Estimating equilibrium speed-spacing relationship from dynamic trajectory data [C] // 91st Annual Meeting of the Transportation Research Board. Washington, D. C.: Transportation research board, 2012.

[86] WANG H, DUAN S, ZHENG Y, et al. Using model aircraft to collect vehicle trajectory data [C] // 93rd Annual Meeting of the Transportation Research Board. Washington, D. C.: Transportation research board, 2014.

[87] TAYLOR J D. Computational methods for investigating intradriver heterogeneity using vehicle trajectory data [D]. Salt Lake City: The university of Utah, 2014.

[88] THIEMANN C, TREIBER M, KESTING A. Estimating acceleration and lane-changing dynamics based on NGSIM trajectory data [J]. Transportation research record, 2008 (2088): 90-101.

[89] PUNZO V, BORZACCHIELLO M T, CIUFFO B. On the assessment of vehicle trajectory data accuracy and application to the next generation simulation (NGSIM) program data [J]. Transportation research part C: Emerging technologies, 2011, 19 (6): 1243-1262.

[90] BRACKSTONE M, MCDONALD M. Car-following: a historical review [J]. Transportation Research part F: Traffic psychology and behaviour, 1999, 2 (4): 181-196.

[91] WIEDEMANN R. Simulation des Strassenverkehrsflusses [M]. Karlsruhe: University of Karlsruhe, 1974.

[92] WIEDEMANN R, REITER U. Microscopic traffic simulation: the simulation system mission, background and actual state//Project ICARUS (V1052) final report [R], Brussels: CEC, 1992.

[93] FRITZSCHE H T. A model for traffic simulation [J]. Traffic engineering and control, 1994, 35 (5): 317-321.

[94] HOOGENDOORN S, HOOGENDOORN R G, DAAMEN W. Wiedemann revisited: New trajectory filtering technique and its implications for car - following modeling [J] Transportation research record: Journal of the transportation research board, 2011 (2260): 152-162.

[95] LOCHRANE T W P, AL-DEEK H, DAILEY D J, et al. A multidimensional psycho-physical car-following framework for modeling work zone and non-work zone driver behavior [C] // 94th annual meeting of the transportation research board. Washington, D. C.: Transportation research board, 2015.

[96] WILSON R E. An analysis of Gipps's car-following model of highway traffic [J]. IMA journal of applied mathematics, 2001, 66 (5): 509-537.

[97] CASAS J, FERRER J L, GARCIA D, et al. Traffic simulation with AIMSUN//JAUME BARCELÓ. Fundamentals of traffic simulation [M]. New York: Springer, 2010: 173-232.

[98] RAKHA H, WANG W. Procedure for calibrating Gipps car - following model [J]. Transportation research record: Journal of the transportation research board, 2009 (2124): 113-124.

[99] VASCONCELOS A L, SECO Á, SILVA A B. Hybrid calibration of microscopic simulation models [M] //Computer based modelling and optimization in transportation. New York: Springer, 2014.

[100] CIUFFO B, PUNZO V, MONTANINO M. 30 years of the Gipps' car-following model: applications, developments and new features [C] // 91st annual meeting of the transportation research board. Washington, D. C.: Transportation research board, 2012.

[101] PUNZO V, CIUFFO B, MONTANINO M. May we trust results of car-following models calibration based on trajectory data? [C] // 91st annual meeting of the transportation Research Board. Washington, D. C.: Transportation research board, 2012.

[102] VASCONCELOS L, NETO L, SANTOS S, et al. Calibration of the Gipps car-following model using trajectory data [J]. Transportation research procedia, 2014 (3): 952-961.

[103] TREIBER M, HENNECKE A, HELBING D. Congested traffic states in empirical

observations and microscopic simulations [J]. Physical review E, 2000, 62 (2): 1805-1824.

[104] KESTING A, TREIBER M, HELBING D. Enhanced intelligent driver model to access the impact of driving strategies on traffic capacity [J]. Philosophical transactions of the royal society A, mathematical, physical and engineering sciences, 2010, 368 (1928): 4585-4605.

[105] BANDO M, HASEBE K, NAKAYAMA A, et al. Dynamical model of traffic congestion and numerical simulation [J]. Physical review E (statistical physics, plasmas, fluids and related interdisciplinary topics), 1995, 51 (2): 1035-1042.

[106] JIANG R, WU Q, ZHU Z. Full velocity difference model for a car-following theory [J]. Physical review E (statistical physics, plasmas, fluids and related interdisciplinary topics), 2001, 64 (1): 017101.

[107] ZHAO X, GAO Z. A new car-following model: full velocity and acceleration difference model [J]. European physical journal B, 2005, 47: 145-150.

[108] LIU L, ZHANG N. A new car-following model considering the acceleration of leading car [C] // 2010 International Conference on E-Product E-Service and E-Entertainment. Henan, China: IEEE, 2010.

[109] PENG G H, CAI X H, LIU C Q, et al. Optimal velocity difference model for a car-following theory [J]. Physics letters A, 2011, 375 (45): 3973-3977.

[110] JING P, JUAN Z, GAO L. Improvement of the full velocity difference car-following model [J]. Journal of computational information systems, 2011, 10 (7): 3651-3659.

[111] GE H X, MENG X P, MA J, et al. An improved car-following model considering influence of other factors on traffic jam [J]. Physics letters A, 2012, 377 (1-2): 9-12.

[112] PENG G H, CHENG R J. A new car-following model with the consideration of anticipation optimal velocity [J]. Physica A: statistical mechanics and its applications, 2013 (392): 3563-3569.

[113] YU S, LIU Q, LI X. Full velocity difference and acceleration model for a car-following theory [J]. Communications in nonlinear science and numerical simulation, 2013, 18 (5): 1229-1234.

[114] CAO B. A new car-following model considering driver's sensory memory [J]. Physica A, 2015 (427): 218-225.

[115] SUN W B, HE Z C, ZHONG R X, et al. Modeling car-following behavior with lateral separation and overtaking expectation [C] // 93rd annual meeting of the transportation research board. Washington, D. C.: Transportation research board, 2014.

[116] HOOGENDOORN S, HOOGENDOORN R. Calibration of microscopic traffic-flow models using multiple data sources [J]. Philosophical transactions of the royal society A: mathematical, physical, and engineering sciences, 2010 (368): 4497-4517.

[117] ABBAS M M, HIGGS B, ADAM Z, et al. Comparison of car-following models when calibrated to individual drivers using naturalistic data [C] // 90th annual meeting of the

transportation research board. Washington, D. C.: Transportation research board, 2011.

[118] GUNAWAN F E. Two-vehicle dynamics of the car-following models on realistic driving condition [J]. Journal of transportation systems engineering and information technology, 2012, 12 (2): 67-75.

[119] MONTEIL J G, BILLOT R, SAU J, et al. Calibration, estimation and sampling issues of car-following parameters [C] // 93rd annual meeting of the transportation research board. Washington, D. C.: Transportation research board, 2014.

[120] RAHMAN M, CHOWDHURY M, KHAN T, et al. A parameter estimation and calibration method for car-following models [C] // 93rd annual meeting of the transportation research board. Washington, D. C.: Transportation research board, 2014.

[121] SORIA I, ELEFTERIADOU L, KONDYLI A. Assessment of car-following models by driver type and under different traffic, weather conditions using data from an instrumented vehicle [J]. Simulation modelling practice and theory, 2014 (40): 208-220.

[122] TREIBER M, KESTING A. Microscopic calibration and validation of car-following models: a systematic approach [J]. Procedia, 2013 (80): 922-939.

[123] HIGGS B, HALL P. Multi-resolution comparison of car-following models using naturalistic data [C] // 93rd annual meeting of the transportation research board. Washington, D. C.: Transportation research board, 2014.

[124] JIN P, YANG D, RAN B, et al. Bi-directional control characteristics of general motors and optimal velocity car-following models: implications for coordinated driving in a connected vehicle environment [J]. Transportation research record, 2013, 2381 (1): 110-119.

[125] MORIDPOUR S, SARVI M, ROSE G. Lane changing models: a critical review [J]. Transportation letters: the International Journal of Transportation Research, 2010, 2 (3): 157-173.

[126] ZHENG Z. Recent developments and research needs in modeling lane changing [J]. Transportation research part B, 2014 (60): 16-32.

[127] KESTING A, TREIBER M, HELBING D. General lane-changing model mobil for car-following models [J]. Transportation research record, 2007 (1999): 86-94.

[128] LAVAL J A, LECLERCQ L. Microscopic modeling of the relaxation phenomenon using a macroscopic lane-changing model [J]. Transportation research part B, 2008 (42): 511-522.

[129] LIU P, KURT A, ÖZGUÜNER U. Trajectory prediction of a lane changing vehicle based on driver behavior estimation and classification [C] // 17th International IEEE Conference on Intelligent Transportation Systems. Qingdao, China: IEEE, 2014.

[130] WANG Q, LI Z, LI L. Investigation of discretionary lane-change characteristics using next-generation simulation data sets [J]. Journal of intelligent transportation systems, 2014, 18 (3): 246-253.

[131] XU G, LIU L, OU Y, et al. Dynamic modeling of driver control strategy of lane-change behavior and trajectory planning for collision prediction [J]. IEEE transactions on

intelligent transportation systems, 2012, 13 (3): 1138-1155.

[132] VAROTTO S F, HOOGENDOORN R G, VAN AREM B, et al. Empirical longitudinal driving behaviour in case of authority transitions between adaptive cruise control and manaual driving [C] // 94th annual meeting of the transportation research board. Washington, D. C.: Transportation research board, 2015.

[133] OLIA A, ABDELGAWAD H, ABDULHAI B, et al. Traffic - flow characteristics of cooperative vs. autonomous automated vehicles [C] // 94th annual meeting of the transportation research board. Washington, D. C.: Transportation research board, 2015.

[134] YAO W, ZHAO H, BONNIFAIT P, et al. Lane change trajectory prediction by using recorded human driving data [C] // Proceedings of IEEE intelligent vehicles symposium. Australia: IEEE, 2013: 430-436.

[135] LV W, SONG W G, FANG Z M, et al. Modelling of lane-changing behaviour integrating with merging effect before a city road bottleneck [J]. Physica A: statistical mechanics and its applications, 2013, 392 (20): 5143-5153.

[136] LECLERCQ L, CHIABAUT N, LAVAL J, et al. Relaxation phenomenon after lane changing: experimental validation with NGSIM data set [J]. Transportation research record, 2007 (1999): 79-85.

[137] RANJITKAR P, NAKATSUJI T. A trajectory based analysis of drivers' response in car following situations [C] // 89th annual meeting of the transportation research board. Washington, D. C.: Transportation research board, 2010.

[138] HIGGS B, ABBAS M M, MEDINA A. Analysis of the Wiedemann car following model over different speeds using naturalistic data [C] // 3rd international conference on road safety and simulation. Indianapolis: Indiana department of transportation, 2011.

[139] TAYLOR J, ZHOU X, ROUPHAIL N M. Method for investigating intradriver heterogeneity using vehicle trajectory data: a dynamic time warping approach [C] // 91st annual meeting of the transportation research board. Washington, D. C.: Transportation research board, 2012.

[140] SORIA I S, ELEFTERIADOU L. Assessment of car - following models using field data [C] // 90th annual meeting of the transportation research board. Washington, D. C.,: Transportation research board, 2011.

[141] CHEN C, LI L, HU J, et al. Calibration of MITSIM and IDM car-following model based on NGSIM trajectory datasets [C] // IEEE International Conference on Vehicular Electronics and Safety. Qingdao: IEEE, 2010: 48-53.

[142] WU F, LU J, JIANG J. Estimation of car-following model parameters distribution using bootstrap method [C] // 3rd International Conference on Road Safety and Simulation. Indianapolis: Indiana department of transportation, 2011.

[143] ABBAS M M, CHONG L. Car - following trajectory modeling with machine learning: a showcase for the merits of artificial intelligence [C] // 92nd Annual Meeting of the Transportation Research Board. Washington, D. C.: Transportation research board, 2013.

[144] ZHU F, UKKUSURI S V. Accounting for traffic oscillation under the mixed connected vehicle environment in microscopic traffic simulation [C] // 94th Annual Meeting of the Transportation Research Board. Washington, D. C.: Transportation Research Board, 2014.

[145] MARCZAK F, BUISSON C. A new filtering method for trajectories measurement errors and its comparison with existing methods [C] // 91st Annual Meeting of the Transportation Research Board. Washington, D. C.: Transportation research board, 2012.

[146] BEVRANI K, CHUNG E. Car following model improvement for traffic safety metrics reproduction [C] // Australasian Transport Research Forum 2011 Proceedings. Adelaide, Australia: ATRF, 2011.

[147] PUNZO V, CIUFFO B, MONTANINO M. Can results of car-following model calibration based on trajectory data be trusted?[J]. Transportation research record: Journal of the transportation research board, 2012, 2315 (1): 11-24.

[148] WILSON R E, WARD J A. Car-following models: fifty years of linear stability analysis: a mathematical perspective [J]. Transportation planning and technology, 2011, 34 (1): 3-18.

[149] SAIFUZZAMAN M, ZHENG Z. Incorporating human-factors in car-following models: a review of recent developments and research needs [J]. Transportation research part C: emerging technologies, 2014, 48: 379-403.

[150] TANG T Q, LI C Y, HUANG H J. A new car-following model with the consideration of the driver's forecast effect [J]. Physics letters A, 2010, 374 (38): 3951-3956.

[151] 唐毅. 基于前后多车信息的跟驰模型及其车流平稳性控制研究 [D]. 重庆: 重庆大学, 2014.

[152] 彭光含. 向前看多车跟驰模型稳定性分析 [J]. 系统工程理论与实践, 2011, 31 (3): 569-576.

[153] PUEBOOBPAPHAN R, VAN AREM B. Understanding the relation between driver/vehicle characteristics and platoon/traffic flow stability for the design and assessment of cooperative adaptive cruise control [C] // 89th Annual Meeting of the Transportation Research Board. Washington D. C.: Transportation Research Board, 2010.

[154] 杨达. 考虑后车的车辆跟驰行为建模及分析 [D]. 成都: 西南交通大学, 2013.

[155] TALEBPOUR A, MAHMASSANI H S. Influence of autonomous and connected vehicles on stability of traffic flow [C] // 94th Annual Meeting of the Transportation Research Board. Washington D. C.: Transportation Research Board, 2015.

[156] 车联网中基于英特尔架构的激光雷达 3D 点云处理与感知融合方案 [EB/OL]. https://www.intel.cn/content/www/cn/zh/internet-of-things/lidar-3d-point-cloud-perception-fusion-in-iov-en.html.

[157] ALDY J E. Per capita carbon dioxide emissions: convergence or divergence?[J]. Environmental and resource economies, 2006, 33 (4): 533-555.

[158] GIPPS P G. A model for the structure of lane-changing decision [J]. Transportation Research Part B: Methodological, 1986, 20 (5): 403-414.

[159] AHMED K, BEN-AKIVA M, KOUTSOPOULOS H, et al. Models of freeway lane changing and gap acceptance behavior [J]. Transportation and traffic theory, 1996, 13: 501-515.

[160] VON NEUMANN J. The general and logical theory of automata [EB/OL] [2023-05-21]. https://www.eecs.ucf.edu/~dcm/Teaching/COP5611-Spring2013/Papers/Old/vonNeumannSelfReproducingAutomata.pdf.

[161] WORRALL R D, BULLEN A G, GUR Y. An elementary stochastic model of lane-changing on a multilane highway [J]. Highway research record, 1970, 308: 1-12.

[162] QIN Y, WANG H, WANG W, et al. Review of car-following models of adaptive cruise control [J]. Journal of traffic and transportation engineering, 2017, 17 (3): 121-130.

[163] MILANES V, SHLADOVER S E. Modeling cooperative and autonomous adaptive cruise control dynamic responses using experimental data [J]. Transportation research part C, 2014, 48: 285-300.

[164] WANG Z, SHI X, LI X. Review of lane-changing maneuvers of connected and automated vehicles: models, algorithms and traffic impact analyses [J]. Journal of the Indian institute of science, 2019, 99 (4): 589-599.

[165] LI B, ZHANG Y, FENG Y, et al. Balancing computation speed and quality: A decentralized motion planning method for cooperative lane changes of connected and automated vehicles [J]. IEEE transactions on intelligent vehicles, 2018, 3 (3): 340-350.

[166] 王文璇. 恶劣天气下快速道路智能网联车辆可变限速控制策略研究 [EB/OL] (2022-09-16). https://wubing.tongji.edu.cn/info/1011/1742.htm.

[167] 于雷, 朱鸿钰, 郭继孚, 等. 基于 MFD 的路网理论效能最优交通指数计算方法: 以北京市为例 [J]. 北京交通大学学报, 2022, 46 (3): 26-33.

[168] 高德交通. 中国主要城市交通健康榜 [EB/OL]. https://report.amap.com/diagnosis/index.do.

[169] 百度地图交通出行大数据平台. 中国主要城市拥堵排名 [EB/OL]. https://jiaotong.baidu.com/congestion/country/city/